本书由国防科学技术大学专著专项经费资助出版

战争设计工程

沙基昌　毛赤龙　陈　超◎著

WAR DESIGN ENGINEERING

科学出版社
北　京

内 容 简 介

海湾战争以来的现代战争雄辩地说明：战争是打出来的，也是设计出来的。战争设计就是针对未来可能发生的某个战争提出战法与装备建设两个方面的决策建议。本书是中国第一部系统性研究战争设计的学术专著，开创性地从战争设计的理论基础、实施方法和应用示例等方面展开阐述，指出战争系统是一类复杂系统，战争设计要体现人类的干预，并且要用工程化的方法进行战争设计。应用示例是本书的亮点，同时也是本书的重要组成部分，不仅展示了战争设计工程可以如何实施，而且提出的一些观点和成果本身也具有重要的参考价值。

本书可供军事研究人员、装备研究人员以及军队院校相关专业的研究生使用，也可供从事社会设计工程研究的人员参考。

图书在版编目(CIP)数据

战争设计工程/沙基昌，毛赤龙，陈超著．北京：科学出版社，2009

ISBN 978-7-03-024521-2

Ⅰ. 战…　Ⅱ. ①沙…②毛…③陈…　Ⅲ. 战略理论-研究　Ⅳ.E8

中国版本图书馆 CIP 数据核字(2009)第 066651 号

责任编辑：陈　亮　张　宁/责任校对：包志虹

责任印制：吴兆东/封面设计：耕者设计工作室

科学出版社 出版

北京东黄城根北街 16 号

邮政编码：100717

http://www.sciencep.com

北京厚诚则铭印刷科技有限公司印刷

科学出版社发行　各地新华书店经销

*

2009 年 5 月第　一　版　　开本：787×1092　1/16

2026 年 1 月第九次印刷　　印张：22 3/4

字数：501 000

定价：168.00 元

（如有印装质量问题，我社负责调换）

作者简介

沙基昌 1945年生，国防科学技术大学信息系统与管理学院教授，博士生导师，C4ISR技术国防科技重点实验室学术委员会副主任，军事运筹学学会理事长，是国家有突出贡献的中青年专家，政府特殊津贴获得者。长期从事战争复杂系统、指挥自动化系统、军事运筹等方面的教学和科研工作，先后主持完成了国家自然科学基金、国防预研等25项国家和部委级重大科研项目，获国防科工委科技进步一等奖3项、二等奖9项、三等奖10项，国家实用新型专利3项。出版《数理战术学》等专著3部、教材1部、译著4部，在国内外核心期刊上发表学术论文100余篇。

毛赤龙 1977年生，博士，现为海军司令部少校参谋。曾参加国家"十一五"国防预研、国家自然科学基金、国家社会科学基金等项目的研究，发表论文20余篇。

陈超 1977年生，博士，现为国防科学技术大学信息系统与管理学院讲师。主要从事战争设计工程、指挥自动化系统等方面的教学和科研工作。曾参加国家"十一五"国防预研、国家自然科学基金、国家社会科学基金等项目的研究，发表论文20余篇。

序

《孙子兵法》开宗明义："兵者，国之大事，死生之地，存亡之道，不可不察也。"自古以来，战争一直是关系国家民族生死存亡的大事。虽然和平与发展已经成为当代世界的主题，但战争的阴霾从未消散。我国正处于重要的发展战略机遇期，既要应对传统安全威胁，又要应对非传统安全威胁；既要维护国家生存利益，又要维护国家发展利益；既要维护领土、领海、领空的安全，又要应对海洋、太空、电磁空间以及其他方面的安全威胁。民族分裂势力、宗教极端势力和恐怖活动势力也对国家主权、统一和安全构成严重威胁。国家安全问题的综合性、复杂性、多变性进一步增强，研究和把握新形势、新条件下战争的规律和特点非常必要。

现代科学技术特别是信息技术的迅猛发展及其在军事领域的广泛应用，使现代战争呈现出许多新特点，战争日益成为体系与体系之间的对抗。如何科学地认识与把握战争这个复杂的巨系统，成为当今国防战略研究和战争指挥决策的突出课题。《战争设计工程》一书在这方面作了有益探索。该书作者提出了现代战争日益成为复杂巨系统的理念，从战争设计工程的理论基础、实施方法和应用示例等方面作了富有创见的论述和介绍。该书运用现代系统理论，阐述了战争设计工程逻辑流程、群体专家智慧集成框架、定性分析与定量分析相结合模式、战法与装备的集成分析等战争设计工程方法。通过大量具体的战例分析，展示了实施战争设计工程的具体做法和成果。相信该书对拓展战争研究视野、提升战争设计工程理论和实践水平将起到积极作用。

马克思主义认为，战争指导理论作为上层建筑的一个组成部分，总是与生产力发展的一定水平相联系。有什么样的生产力水平，特别是有什么样的科技发展水平，就有什么样的战争形态和战争指导理论应运而生。然而，战争又不仅仅是单纯的技术问题。战争是政治的继续，战争胜负是综合力量博弈的结果，运筹战争有诸多要素需要把握。研究战争既要防止不重视数理研究、不重视科学技术的倾向，又不能落入"唯技术论"、"唯武器论"的窠臼。越是技术先进的战争，越需要先进的军事思想指导。坚持运用科学思想、科学理论、科学方法探索战争规律，是研究战争的必由之路。我们研究现代战争，应当借鉴古今中外杰出军事家的军事思想、军事哲学智慧，必须运用毛泽东军事思想、邓小平新时期国防和军队建设思想、江泽民国防和军队建设思想、胡锦涛关于国防和军队建设一系列重要论述提供的科学世界观方法论。

毛泽东在《中国革命战争的战略问题》中指出：“我们研究革命战争的规律，出发于我们要求消灭一切战争的志愿，这是区别我们共产党人和一切剥削阶级的界限。”《战争设计工程》作者在书中也表明，“研究战争设计工程，以保卫我们的国家安全，以最终消灭战争。”我想，这就是作者出版该书的本意所在，也是我们研究战争的终极目的所在。

2009 年 1 月 20 日

前　言

笔者从事武器装备论证、武器装备体系结构、作战训练模拟系统、军事专家系统、军事运筹学研究二十多年，有两个基本理论方法问题一直萦绕于心。

一是在一个特定的作战环境中武器装备的作战指数（作战能力、作战效用）与武器装备运用策略之间的关系。笔者坚持下述理念：武器装备的作战指数应以对敌的毁伤能力来表示，而武器装备的运用则以使对敌毁伤效果最大为原则。循着这一思路，将有关概念形式化，在 20 世纪 90 年代，笔者终于提出了规范交战模式等一系列概念，并证明了规范交战模式的存在与唯一性定理。笔者自认为这是自 Lanchester 方程问世以来最深刻的理论发展，在此基础上，2003 年由科学出版社出版发行了《数理战术学》一书。

二是作战环境与军事策略问题。无论是武器装备论证与体系结构研究，还是作战训练、模拟系统、军事专家系统均是针对一定的作战环境，而且往往是针对未来的作战环境。而未来的作战环境往往是研究中最薄弱的环节，这一点正是造成有些系统不能真正被应用的难以逾越的障碍。参战各方为了夺取自己的胜利，总是力图通过自己的策略，包括备战策略（其中最重要的是武器装备建设发展策略）和作战运用策略，能在未来的作战环境中取胜。这些策略、措施又都深刻地影响着未来作战环境。于是，我们又一次遭遇了策略与环境研究中互为因果的关系，这是导致战争系统成为复杂系统的最重要原因。不仅如此，更加令人深思的是“战争系统是不可重复系统”，任何一个指挥员都不会愿意完全重蹈以往失败者的覆辙，因此每一场战争都是新的。

提出战争系统是不可重复系统需要勇气，认识到战争系统的不可重复性而不愿陷入不可知论则需要智慧和毅力。

战争系统复杂性和不可重复性的根本起因在于人们的干预策略，涉及人类智慧。对于几千年战争史与战争研究中萌发的人类智慧，想用计算机生成智慧来代替是不现实的，至少近五十年内不行。对于如此复杂和不可重复的战争系统的研究，用太简单的方法肯定不行。这就决定了研究必将经历一个艰难的历程。由于战争对国家、民族生死存亡的重要性，这样的研究还是非常值得的。

循着这一思路，对该问题的研究逐渐集中到一个理念，就是进行战争设计。笔者于

2003年提出作战设计、战争设计的思想以来，组织了十多名博士生、硕士生展开了深入的研讨。从理论、方法到应用，再从应用中发现新问题，提炼新理论、新方法。这些博士生、硕士生中既有按部就班读上来的学生，也有具有军事指挥、装备知识以及丰富工作经历的学员。这不仅有利于发挥各自的优势实现知识互补，而且为我们进行不同领域专家智慧集成方法研究提供了一种实践。本书可以说是群体研讨的结晶，石建迈、刘新建、马国普、李志猛、刘剑锋、卜先锦、任义广、吴永波、蔡山、谢斐、姜鑫、陈俊良等多位同志也为本书的出版做了很多的贡献。

战争设计工程的概念有两大主要来源：

一是钱学森先生提出的复杂巨系统的概念和“从定性到定量综合集成研讨厅”的思想。从某种意义上可以说，本书的研究就是在钱学森先生的研究框架下，对战争复杂系统这一类特定对象研究的深化。

二是自海湾战争以来国际上发生的历次重大局部战争。虽然在这些战争的策划中，并未用过“战争设计”这一名词，但笔者认为“战争设计”的味道很浓。实际上，许多大的方案不仅是认真设计的，而且在计算机系统中反复验证过。

笔者参与或知悉的武器装备论证、武器装备体系结构研究、作战训练模拟系统、专家系统等的研究工作为战争设计工程理论方法研究提供了丰富的实践，与军事运筹学界同行们的学术探讨也对开拓思路极有裨益。在此向给予笔者启迪、帮助的所有朋友表示深切的谢意，其中，特别要提到的有汪浩、许国志、王寿云、常显奇、张最良、徐瑞恩、汪成为、常梦熊、李德毅、丁晓明、赵克实、胡晓峰等。

国防科学技术大学信息系统与管理学院C4ISR国防科技重点实验室主任张维明、副主任邓苏、刘忠，以及指挥自动化系领导与军事运筹教研室的同仁们，对于本书的撰写也给予了重要的支持并提出了许多很好的建议。

本书还有幸获得国防科学技术大学专著专项基金和国防科学技术大学军事运筹学重点学科建设项目的资助，一并表示深切的谢意。

借此机会我要特别感谢徐一天同志。徐一天在百忙之中对战争设计工程的研究给予了高度的关注和评价，与作者多次深入讨论有关问题，提出了一些重要的观点，吸纳到本研究之中，并对我们的研究工作给予了充分的支持。

最后，还要感谢我的妻子李玉枝，她的支持和对我生活上的悉心照料是本书得以完成的一个必不可少的因素。

战争设计工程极其重要、极其复杂。相对而言，本书内容还必然是非常粗浅的，但愿能起到抛砖引玉的作用，诚请各位专家和广大读者批评指正。

2009年1月8日

目 录

上篇　理论篇

第1章

绪　　论

1.1　战争设计工程的基本理念

要研究复杂系统，首先就要认识复杂系统，认识系统复杂性的来源。复杂系统的复杂性表现为多个层次、多个方面。从国内外对复杂系统的研究来看，各种复杂系统理论是从复杂系统所表现出来的某些方面的复杂特征或现象出发，揭示复杂系统在某些点面的规律。对系统复杂性的认识逐渐从局部到整体，从低层到高层。

1.1.1　狭义的军事

政治是经济利益的集中表现，而战争是政治斗争的暴力形式。

战争伴随着人类社会的诞生而出现，伴随着人类社会的发展而发展。出于政治、经济、外交、宗教等各种原因，战争就一直没有间歇过。战争极大地影响和引导着人类社会的进程。战争的胜利者会将自己的意志强加于对方，而失败者得到惨痛的命运，甚至种族灭绝。

正因为战争对参战的各个集团发展的命运有如此重大的决定性影响，因此各个集团一定会动员自己一切可能的政治、经济、外交、宗教等手段与狭义的军事手段相结合来谋求压倒对方，取得胜利。从这个意义上讲，“军事”或者“广义的军事”应包含政治、经济、外交、宗教等各个方面，而“狭义的军事”只是“广义的军事”的一小部分。

政治、经济、外交、宗教等各个方面对战争结局有重要影响，甚至是决定性的，这是毋庸置疑的。在军事斗争中，如何综合运用政治、经济、外交、宗教等各个方面的研究方法与如何运用“狭义的军事”的研究方法有很大的不同。

本书将局限于研究“狭义的军事”，而不涉及政治、经济、外交、宗教等各个方面。假定交战各方在政治、经济、外交、宗教等各个方面都已经做得很到位了，亦即：①各方力量都已经做到同仇敌忾、齐心协力，不存在内耗，从而不仅可将每一方看作为利益完全一致的整体，而且步调一致，有统一的意志和统一的行动。如果用博弈论的语言来讲，那就是每一方只是一个局中人。②各方都已经动员了一切经济潜力服从于战争的需要。③各方都已经团结了一切可以团结的力量，从而战争中就只有两方。

从“狭义的军事”的角度进行研究，不仅因为战争太复杂了而必须采用一种简单的方式，还因为它提供了进行政治、经济、外交、宗教等各个方面研究的目标，所有政治、经济、外交、宗教等各个方面的努力应确保在“狭义的军事”斗争中能取得胜利。

要求以上各个条件成立是相当苛刻的，实践中很难做到。即便战争实际进行时可以认为这些条件基本成立，在漫长的战争准备阶段也是绝对做不到的。因此，必须考虑如何通过宣传、教育和组织等工作实现上述各条件。站在“狭义的军事”角度进行的研究依然为宣传、教育和组织等工作提供了目标。

本书的研究将建立在这些条件基础之上。

1.1.2 纸上谈兵

“纸上谈兵”历来是作为贬义词用的。故事出自战国时期，赵国大将赵奢的儿子赵括自幼熟读兵书，谈起兵法来头头是道，许多名将在他面前都张口结舌，辩不过他。然而赵奢不以为然，认为他只会“纸上谈兵”，没有实战经验，如果委以重任，难免亡国。后来赵王派赵括为大将统领赵军与秦军战斗，结果一败涂地，导致赵国灭亡。因此，“纸上谈兵”是讽刺那些没有实战经验而自命不凡的人。

战争时期，实战经验十分可贵，和平时期无仗可打怎么办？人们总不能为了训练而制造一场战争。所以，和平时期只能进军校，研究军事历史、军事著作，搞训练，甚至演习，这些都是十分必要而有效的。但是从“纸上谈兵”典故批评的意义来说，这些都属于“纸上谈兵”的范畴，甚至包括最接近实战的方式——演习。一个连“纸上谈兵”都谈不好的指挥员，如何设想他能指挥千军万马打胜仗呢？典故的本意不是不要“纸上谈兵”，而是只会“纸上谈兵”不行。那么，如何补救呢？

第一种方法就是获取实际作战经验。例如，军队参加抗洪救灾、抗击冰雪灾害，参加国际上的维和部队等，还有抗战时期毛泽东提出的“从战争中学习战争”，这些都很重要，都很有效，但也都很有局限性。抗击自然灾害与对敌斗争很不相同，维和部队的任务与抗击强敌也决然不同。由于现代技术的进步导致战争的进程大大加快，从而往往在战争的初期就可以决定战争的胜负。从这个意义上来说，现代战争，尤其是未来战争将没有从战争中学习战争的时间。

第二种方法就是更科学更合理地“纸上谈兵”，研究更好的“纸上谈兵”的方法。这就是本书想要做的。

1.1.3 战争设计

战争是“打”出来的，但战争也是“设计”出来的。漂亮的战例都离不开军事家头脑中的精心策划。从古代的围魏救赵，到第二次世界大战时期的诺曼底登陆，都是如此。海湾战争以来的历次重大局部战争更是借助于计算机系统精心设计过的。

现代战争往往牵涉百十万人参与，从军事技术、武器装备等开始准备往往历时好几十年。很难想象，缺乏精心的设计和策划的活动会是高效率的。未来的战争是与未来的对手，运用未来的技术、装备，在未来时空中的较量。从这个意义上讲，任何一方都是没有经历过的，而胜利往往就在于设计策划比对手高明一点、更符合实际一点，从而在未来可能发生的实际战争中会更多地按照我方的设想进行，使敌人进入我方的圈套。

因此，将"纸上谈兵"发展为对战争的精心设计正是在未来战争中立于不败之地的最好方法，而如何精心设计就成为本书主要的研究内容。

1.1.4　"复杂"的相对性

一般认为战争系统是复杂系统。"复杂系统"与"复杂性"是时髦名词，到处都用。实际上"复杂性"是相对的，这至少有两层意思。

一层是针对复杂程度而言。而鲜为人知的是另一层："复杂性"不是"系统"本身固有的，而是要看人们对它的兴趣在哪一方面。例如，从生态系统的发展变化来看，地球显然是个极其复杂的系统，而从研究方法来看，地球可看作简单系统，甚至看作一个刚体、一个质点。

许多军事问题的研究并不一定要将战争系统看作复杂系统。例如，在一种特定的作战环境下，研究某种新型武器打击敌方装备的作战效果就可能将这种战斗作为一个相对简单的系统，用还原论的方法，通过建立数学模型、求解模型等方法解决。即使其中涉及几十个变量，需要用高速计算机来计算，从系统学角度看，也仍然是相对简单的系统。但是，如果研究问题的面比较宽，涉及作战环境（包括装备）的不确定性和双方战术运用的不确定性等，涉及双方的策略对抗、斗智斗勇，则就必须将其看作为复杂系统来对待。

一个战争复杂系统的研究往往需要将其分解，分解成的子问题大多数可作为简单系统（或简单问题）处理，真正必须将其作为复杂系统处理的只是其中少数几个，否则就无从得到任何有意义的结果。

1.1.5　不可重复性

不可重复性是复杂性中程度最高的。从哲学意义上讲，任何事物都是不可重复的，"一个人不可能过同一条河两次"。但是，是否需要将事物看作不可重复的也是与人们对事物感兴趣的角度有关。

在研究"简单系统"时，忽略掉与我们兴趣无关的（或关系极小的）因素，从而将实际系统看作为"简单系统"，并进而提炼出系统（事物）的基本规律，这就是还原论方法。还原论方法在科学发展历程中起到了重要作用，建立了如今庞大的科学体系。

在20世纪下半叶，世界进入了"系统"时代，"系统"进入了科学家的视野，"系统"内许多互相关联的因素成为人们关注的焦点。这时，"给定的环境"不存在了，因为"系统"本身在受到环境影响的同时也在改变着环境。因此还原论的方法也不适用了，人们不得不把系统看作为真正的"复杂系统"，不得不直面"复杂性"。

在战争问题研究中，为了夺取未来可能发生的战争的胜利，只研究历史上已经发生过的战争是远远不够的。因为必须把对手看作一个聪明的对手，而没有一个聪明的对手愿意重蹈覆辙，所以掌握了历史上所有军事家的经验都是远远不够的。为了获胜，必须研究对手可能的做法，对手也会如此，从而形成双方的博弈。每一次战争都不会完全重现过去的历史，因此在这个意义上，战争系统是不可重复的。造成战争系统不可重复性的根本原因在于双方利益的对抗性，根本机制是通过双方的策略对抗。不可重复系统是最不可捉摸的，但是，提出不可重复性，不是为了陷入不可知论，而是为了研究不可重复系统，从中找到一定的规律和研究方法，这就是本书的目标。

1.1.6 装备与战法

从狭义军事的角度来看，决定战争结局的有两大类因素。一是作战运用，就是针对战争的具体态势，如何灵活运用自己的所有力量，包括人员、武器、装备、物资等去夺取胜利。既包括战术，也包括战役指挥、战略决策，甚至还包括军事原则、部队编制体制、部队训练等一系列方面。对于具体的作战运用和战争设计，需要就其中每个方面深入展开，但本书在研究战争设计的一般理论、方法时经常不去细分，而是用战术、战法等名词统称。二是物质准备，特别是武器装备建设与后勤。这方面的工作需要战前长时期，甚至几十年的准备。没有这方面的准备，作战运用就失去了基础。有些战争，从一开始就容易判断双方胜负，因为双方实力相差太远，这就要归结为若干年前双方在武器装备与后勤等方面的物质准备相差太悬殊。这一类因素我们也常不去细分，统称为装备。

于是，本书将影响战争结局的重要因素分为两大类：装备与战法。

战争各方为了自己集团的利益，都千方百计地企图影响战争的进程以夺取胜利。而影响的途径主要就是对装备与战法建设的决策，可以说战争的失败往往首先在于装备与战法建设的决策失误。因此，从某种意义上可以说战争设计就是装备与战法建设决策，而目标只有一个，就是夺取未来可能发生的战争的胜利。

1.1.7 战争设计的合理性

战争能设计吗？按照战争设计进行战争策划并实施战争一定能胜利吗？遗憾的是，对第二个问题的答案是否定的。

这点很容易用反证法来证明，如果对任何战争都可通过战争设计而获胜的话，将导致矛盾。设想某个背景条件下，红蓝双方可能发生一场战争。红蓝双方都进行了必胜的战争设计，那么战争结果会是如何呢？显然，无论结果如何都会与上述假设矛盾。

因此战争不一定有成功的设计，战争设计也不能保证某一方必定胜利。战争设计只能保证自己有更多胜算，使自己可以给对方设下更多的陷阱。于是在交战双方实力基础相差不大的情况下，战争设计做得好的一方获胜机会多一些，战争设计做得不好或者干脆缺乏战争设计的一方失败的可能性多一些。

我们说战争系统是复杂系统，是不可重复系统。因此对未来战争的发展变化无法精确预测，甚至未来某一特定战争是否爆发都难以预料，更无从知道对方的统帅是谁，他有什么特点。一个好的战争设计必定是符合未来战争实际的设计，而未来战争实际的不可精确预见性带来了战争设计的难点和风险，从而战争设计就是要尽可能地克服这个难点，减少风险。

1.1.8 战争设计的基本思路

战争设计就是针对未来可能发生的某个战争提出装备与战法建设两个方面的决策建议。决定战争胜负的关键因素在于交战双方的决策，一项战争设计是否成功（或者说“合理”，或“能指导未来战争真正获胜”），决定于这一设计是否符合未来作战实际，而这在很大程度上就是指是否适应对手的“战争设计”。

由于战争系统的复杂性和不可重复性，精确判断对手的战争设计是不可能的。但是可以分析对手的战争设计有什么特点，在什么范围内，以及其中哪种设计是对自己最不利的。如果自己的战争设计在对手对我方最不利的战争设计情况下也能获胜，那么自己的这个战争设计成功的可能性就很大了。因为如果对手采用别的战争设计，结果会对己方更为有利。这就是我们进行战争设计的基本思路。

在战争设计中无论是自己的战争设计，还是对对方战争设计的揣摩，都是对人的决策行为的分析，需要站在有史以来一切战争经验智慧的基础之上。计算机的智能远远达不到这一等级，计算机只是一种工具，更重要的是依靠军事专家和装备专家，这是战争设计工程的一个重要特点。

战争设计中要不断分析在双方各自的战争设计条件下作战的效果和进程，这除了需要军事专家和装备专家外，还需要模型工程师，甚至还需要技术工程师帮助实现系统仿真和提供友好的环境，以方便各类专家间的沟通。

战争设计要真正服务于战争准备，必须将其工程化，停留在学术研讨的层面上是不行的。工程化的一个重要途径就是确定战争设计的流程，使其高效进行。战争设计中复杂的流程和专家间的沟通还需要系统工程师来进行组织。

1.1.9 简化与本书结构

解决简单的问题应采用简单的方法，解决复杂的问题需要用复杂的方法。

解决复杂的问题采用相对较为简单的方法意味着对问题的简化。如果这种简化正好反映了从人们对问题感兴趣的角度看不需要那样复杂，这样的简化就是科学的，否则难免带来误差，这种误差有时候甚至是致命的。

战争设计工程将战争系统看作为复杂系统来研究，因此必然会用相对来说比较复杂的方法。因此本书上篇首先介绍关于复杂系统的理论，这是战争设计工程的理论基础。关于复杂系统理论的研究颇多，其中还出了好几位诺贝尔奖获得者。然而用于战争设计工程，复杂系统的理论还需大大扩展。本书中篇介绍战争设计工程方法。战争设计工程的目的不仅仅是为了研究战争，更重要的是为了夺取未来战争的胜利。因此必须有具体的方法指导每一步如何做。这种方法不可能太简单，因为那样不足以适应研究战争复杂系统的需要，同时还必须在一定程度上工程化，便于推广使用。因此这种方法仍然是一种简化的方法，是一种将本质上复杂的问题用相对来说比较复杂的简化方法来处理。不求获得“胜利”策略（事实上如 1.1.7 所述，这也不一定存在），寻求的是一种在有限的资源（包括人力、物力、财力、时间等资源）的条件下可能获得的最好策略，而且如果对手未进行有效的战争设计就很容易败在我们手里。下篇介绍几个战争设计工程的例子。没有例子很难让读者了解相对复杂的战争设计工程方法究竟是如何处理问题的。因此例子很重要，是本书不可缺少的一部分。但是这些例子都不是完整的。一些小例子用以说明战争设计工程的一些原理或基本方法。“信息化战争高级形态”是用战争设计工程思想进行研究的一个重要案例，是对未来作战形态变化的预期，能否成为未来几十年中作战形态变化的重要趋势，可留待后人验证。关于实战中运用联合编队是精心设计的一个案例。由于军事问题的敏感性，在此发表的只能是一个简化版，一个大大简化了的版本。一项真正实用的战争设计是不可能出现在公开出版的专著、文章中的。

1.1.10 消灭战争

研究战争、研究战争设计工程是为了夺取战争的胜利。对于人类来说，夺取战争胜利并不是最终目的。战争双方不可能都获得胜利，最多只有一方获得胜利，而且从狭义的“军事”走出来，从广义的军事角度来看，更可能的情况是两败俱伤。

狭义的军事决定了双方的对策、较量是零和博弈。而广义的军事，从政治、经济和其他角度，可以看到的不是零和博弈。一方的获取并不一定意味着对方的损失，双方携手合作也许可以达到共赢。因此，用战争手段无法获得的东西，通过合作却能得到。

当然，利益各方的精诚合作不是一件容易的事情。即使利益各方中没有嗜战成性的战争贩子，即使大家都有良好的愿望，要将其变成合作的现实仍然需要人们高度的智慧和时间的磨合。但这毕竟是人类很久以来的向往。这就是战争的灭亡，和谐世界的来临。这也许需要社会设计工程。

研究战争设计工程既是为了有效地阻止战争狂人将世界拖入战争的泥潭，更是为了有朝一日彻底消灭战争。

战争关系到国家、民族、集团的生死存亡，战争是凶器。“不能谋万事者，不足以谋一时，不能谋全局者，不足以谋一域”。对待战争系统这样极其复杂的系统，不得不采用复杂一点的方法。战争设计工程是艰巨的工程，本书只是一种初步的探索，其中粗浅与不当之处在所难免。诚请各位读者不吝赐教。特别希望有更多的志同道合者共同研究战争设计工程，以保卫国家安全，以最终消灭战争。

1.2 战争设计问题的解与分解

战争设计是研究战争复杂问题的，是为了在未来可能发生的战争中夺取胜利，因此面临的问题是极其复杂的。

复杂问题的求解方法通常是将其逐层分解，化为一堆相对较为简单的问题，再来逐个分析，最后将这些分析结果集成。这就涉及如何分解，如何判断分解的正确性、合理性，以及如何集成等一系列问题。

为此，有必要对什么是战争设计问题的解（即对该战争问题的设计，也可称为战争设计），什么是战争设计问题的分解方案以及判断战争设计问题解的优劣从纯逻辑意义上作一番探讨，并作为后续讨论的铺垫。

从逻辑角度讲，问题就是命题，问题可能成立、也可能不成立或者尚不能确定成立与否。我们面临的战争设计问题，经常可能是在未来背景下红方与蓝方发生一场战斗，红方为了夺取胜利可以采用的设计策略，这种策略能保证红方获胜。

这里至少涉及几个需要深入研究的基本问题。

1.2.1 最终验证须待战争发生

设想在未来某背景下红方与蓝方发生一场战争。如果这场战争不发生，或者作战背景与当初设计时的设想不同，设计中提出的红方胜利策略就无从得到最后验证。这就说明战争设计的验证往往只能是相对的，只是一定意义上的验证。

1.2.2 胜利策略的逻辑形式

红方的策略或胜利策略，其外延是相当广泛的，包括战法、装备等各个方面，也可能历时十余年的准备等。这些内容在下文中还将详细研究。从纯逻辑的角度讲，红方策略经常表现为一系列措施。战争设计就是要证明在这些措施下红方必胜。由于战争问题的复杂性，在逻辑形式上经常表现为若采用该胜利策略，则能保证条件 A，B，…成立，而 A，B，…成立可以保证红方获胜，即原战争设计问题 P 成立。

这里就涉及两个问题，如何证明红方策略能保证 A 成立，保证 B 成立，…，以及如何证明当 A，B，…全部成立时能保证红方获胜，即 P 成立。

1.2.3 "好的"战争设计意味着什么

证明当 A，B，…全部成立时 P 必定成立是一件十分困难而复杂的事。如第 1.2.1 节所述，最后的证明只能是在未来该战争实际发生了，用实践来验证。在战争发生之前的设计，对其判断都只有相对性。

客观上讲，所有的这种思维中都包含了对未来情景，包括红蓝双方决策中许多因素的推测，而这些因素的实际值是无法在战争之前就确切知道的，甚至连这场战争是否会实际发生事先都难以预料，更何况各种细节。因此这种判断客观上很难做到完备。另外，专家的判断可以很不一样，某些专家的结论很可能被另一些专家轻易否定。战争设计最后用于决策必然需要一个权威的部门来抉择，但作为一个探索的过程，这种否定必须是有"充足理由"的。所谓充足理由是指如果乙否定了甲，乙必须指出甲在逻辑中存在的错误，而这种错误一经指出，甲也接受乙的观点。否则甲、乙双方必须心平气和地客观分析双方的分歧所在。这往往最终会归结到某个环节（或某些环节）上逻辑的错误，从而某一方放弃自己的意见；或者，甲、乙双方对某个假设、前提有不同的看法、预期，而对这些前提是否成立，双方都不能拿出强有力的说服证据。这时必须把这些假设、前提悬挂起来作进一步分析。

因此，战争设计过程中问题的分解是不断改进的。问题分解的每一步改进都可能相应于战术运用或者武器装备发展计划的一种创新，都可能影响未来或许会发生的战争的结局。

战争设计中这种判断的相对性，导致战争设计合理性的相对性。从某种意义上可以说，战争设计的改进就是意识到早期设计的版本中逻辑上存在不合理的地方，并进行了改进。而这种“认识”，只是在一定条件下的，也就是允许花在该战争设计问题上的人力、物力、财力、时间等条件下。

因此一个好的战争设计总是在一定的人力、物力、财力、时间等条件下可以获得的尽可能好的设计。之所以称它是“好”的，是因为如果在实践中采用它，而实际上未来也确实发生了那场战争的话，红方胜算大一些。因为如果没有较多的人力、物力、财力、时间，蓝方的所有决策都难以超过战争设计中的预期，而这一战争设计中已经考虑了这种预期，并且已经论证了在这种预期下红方能够获胜。

一项战争设计不能保证实际战争发生时红方必定获胜。导致红方不能获胜甚至失败的原因有很多，例如，实际战争的背景、格局有所不同，蓝方所采用的策略超乎预期，蓝方实力过强，甚至红方的战争设计未能顺利实施等。除了最后一个因素，其他的均可归结为战争设计的失误，因为没有对这些条件能否实现进行充分的论证。

并不能保证对任何一个战争问题都有成功的设计。战争实际发生时也无从保证每个设计都能兑现。这一点从逻辑上很容易证明。

假定在未来某背景下红、蓝双方将发生一场战争，红方的问题 P 是要进行战争设计使红方获胜，蓝方的问题 $\overline{P}$ 是要进行战争设计使蓝方获胜。如果 P、$\overline{P}$ 两个问题都有设计 D 与 $\overline{D}$，则当战争实际发生时不管红方胜还是蓝方胜，总有一个设计 D 或 $\overline{D}$ 被证明是错误的。

因此，在进行战争设计时既要尽力寻求胜利策略（即完成战争设计），也不可不顾客观规律，在胜利策略上作假。当不存在胜利策略时要明确指出不存在，且举出理由，并尽可能指出如果敌方犯什么错误会出现某种有利于我方的条件，我方仍有可能获胜。这种有条件的表述虽然不能将其称为设计，但仍然是非常有益的。

所有战争设计或“有条件的表述”虽不能保证战争必然胜利，但是经过战争设计的，并按设计策略规划的，战争实际发生时胜算就多一些，未经过战争设计的漏洞就多一些，失败的危险就大一些。

1.2.4 逻辑问题的分解

上述逻辑中涉及问题的分解，战争设计问题 P 的成立可归结于 A，B，…的成立。同样的，A，B，…仍然可能非常复杂，于是 A 又可进一步分解为 A_1，A_2，…，而 A_1 又可进一步分解。

如此对 P 分解的结果，可形成一棵“树”，其中 P 为根节点。不再进行分解的问题称为叶结点。一个问题的成立与否称为对该结点的赋值。

每一个节点分解时各子节点的成立与否对父节点的成立与否可形成各种逻辑关系，常用的如“与”、“或”、“非”、“m 取 n”等。

各非叶节点的成立与否取决于叶节点的赋值以及各非叶节点上的逻辑函数，而叶节点的成立与否需要另行论证。于是，各叶节点的赋值决定了根节点的值，即问题 P 成立与否。能使 P 成立的叶节点赋值称为成功条件或成功赋值。

一个战争设计问题 P 的分解就是以 P 为根节点的一棵逻辑树 T，并对其中每个非叶节点规定了逻辑函数。

逻辑树 T 中的每一个非叶节点的所有子节点，子节点的子节点……形成 T 的一棵子树。每一个叶节点，如果太复杂，还可继续分解，形成新的子树。

1.2.5 战争设计过程的两件事

战争设计过程就是做下述两件事。本书就是研究如何做好这两件事。

一是进行战争设计问题 P 的分解，形成逻辑树，努力分解使得各叶节点的成立与否较易判断，同时证明该逻辑树上非叶节点逻辑函数的合理性，指出哪些叶节点赋值能导致 P 成立，即为成功赋值。也就是解决第 1.2.3 节提出的问题。

二是验证逻辑树叶节点的赋值（即对每一个叶节点成立与否的判断），形成一个成功赋值。

必要时对某些叶节点可作进一步分解后再来推断对该节点的赋值。

对某些叶节点在许可的人力、物力、财力、时间条件下难以判断其赋值的情况，先尽可能分解，最后将其成立与否悬挂起来，作为战争设计的一个条件。

因此战争设计的解就是战争设计问题 P 的一个分解以及证明其叶节点的赋值构成成功赋值。战争设计的条件解介于战争设计的解与分解之间，对问题树中某些节点的赋值未能确定。

逻辑树某节点以下的子树常表示一个战争设计子问题。逻辑树或子树相应的作战背景、环境、目的则相当于下文中的设定，逻辑树的进一步分解和改进则相应于下文中设定的深化和演化。

1.2.6 因素树

在战争设计过程中经常需要对某些问题进行定性与定量相结合的分析。这时对某一指标的评价往往会涉及许多因素，而其中每一因素又取决于若干子因素。于是，如同命题组成的逻辑树一样，这些因素也构成了一棵树，称之为因素树。与逻辑树不一样之处在于一个因素的各个子因素之间不是简单的逻辑关系，而会是一个有待进一步探究的数学关系。这样，因素树上的节点就不能用$\oplus$、$\odot$等符号，而统一用 • 作符号。

第 2 章

复杂系统理论

现代复杂系统的研究是在系统科学的基础上发展而来的。20 世纪六七十年代，耗散结构论、协同学、突变论、混沌学、分形理论、超循环理论等的提出，从不同角度研究了系统的复杂性，揭示了一些系统复杂现象的规律。1984 年，圣塔菲研究所（Santa Fe Institute，SFI）的成立，掀起了复杂系统研究的热潮，标志着复杂性科学作为一门学科开始受到学术界的关注与认可。系统复杂性研究取得了很大进展，霍兰的复杂适应系统理论、钱学森的开放的复杂巨系统及其方法论等的提出，进一步推动了人们对复杂系统的认识。但到目前为止，复杂系统理论仍属于研究的初级阶段，各种学科交叉研究，提出的各种理论相互影响，甚至互相矛盾，对系统复杂性的认识也互不相同，没有达成统一的观点。

这里试着探索各种复杂系统理论内在的一些联系，从各种复杂系统理论提出的源头出发，探求复杂系统理论发展的规律，明确对复杂系统复杂性的认识，试图将各种主要的复杂系统理论统一到一个系统的框架内，从而找出当前复杂系统理论研究的不足，揭示今后复杂系统理论发展的趋势。

2.1 复杂系统理论研究现状

要研究复杂系统，首先就要认识复杂系统，认识系统复杂性的来源。复杂系统的复杂性表现为多个层次、多个方面。从国内外对复杂系统的研究来看，各种复杂系统理论是从复杂系统所表现出来的某些方面的复杂特征或现象出发，揭示了复杂系统在某些点、面的规律。对系统复杂性的认识逐渐从局部到整体，从低层到高层。

2.1.1 无机物质系统的复杂性

1. 耗散结构理论

耗散结构理论[1,2]是比利时自由大学教授普利高津于 1967 年提出的。他从线性非平衡热力学研究出发，指出一个远离平衡态的开放系统，当外界条件或系统的某个参量变化到一定的临界值时，系统就可能会从原来的无序状态自发转到在时间、空间和功能上的有序状态，系统的这种结构称为耗散结构。耗散结构的维持需要连续的物质、能量，非平衡是有序的根源。

2. 协同学

德国斯图加特大学理论物理学家哈肯于 1969 年提出协同学[3,4]。他从研究激光理论中，发现激光是一种典型的耗散结构，通过与物理学、化学、生物学等学科中的典型现象（如贝纳德对流现象、大陆漂移等）进行类比分析，创立了协同学。

协同学研究的是由大量子系统（诸如电子、质子、分子、细胞、神经元、力学元、光子、器官、动物等）所构成的复杂系统，研究这些子系统是通过怎样的竞争与合作，在宏观尺度上产生空间、时间或功能结构的自组织行为。统计力学作为一项从微观到宏观的分析技术，为哈肯研究系统行为提供了有力支持，同时还包括概率论、信息论、突变论等。

3. 突变理论

突变理论[5,6]是法国数学家托姆于 1972 年提出的。他从拓扑学、奇点、微分方程和结构稳定性角度出发，研究了自然界和社会现象中的各种形态、结构的不连续突变。现实世界中存在很多突变现象，如水的沸腾、细胞的分裂、基因的变异、岩石突然断裂、桥梁突然断塌、火山突然爆发、山体滑坡、股票崩溃、军队哗变等。

突变论是研究系统的状态随外界控制参数连续改变而发生不连续变化的数学理论，提供了一种研究跃迁、不连续性和突然质变的数学方法。突变现象的一个共同特点是外界条件的微变导致系统宏观状态的巨变，这里突变并不是普通意义上的突变（即系统遭到破坏并不可逆转地转变到另一种系统），而是系统内部状态改变，系统并没有遭到破坏，突变使系统继续下去，而不再像通常情况那样消失，这才是突变论意义上的突变。这种突变没有使系统消失，而是系统生存的一种方式。

4. 分形理论

分形是研究自然界中存在的大量不规则形体特征的几何学，如山脉、海岸线、雪花、树木、河流等。1967 年，美国 IBM 数学家曼德布罗特研究了“英国海岸线有多长?”这个长期困扰数学界的难题。经研究发现，采用的标尺越短，可测出的海岸线的弯曲就越多，相应测出的长度也越大，且海岸线长度的增加率是随它的分数维而增加的。因此，海岸线问题不应该研究它有多长，而应研究它有多复杂。在此基础上，1973 年，曼德布罗特在法兰西科学院讲学时提出了分维和分形的设想。[7,8]

分形是指组成部分以某种方式与整体相似。分形在自然界是普遍存在的，其自相似性反映了自然界中一类物质的局部与局部、局部与整体在形态、功能、信息、时间和空间等方面具有的统计意义上的自相似性。

5. 混沌理论

早在20世纪初法国数学家庞加莱对偶然现象进行了描述，提出了混沌存在的猜想。混沌现象是美国气象学家洛仑兹1963年进行天气预报研究时发现的。随后，20世纪70年代，生物学家发现人类的心脏中存在着混沌现象。1975年李天岩和美国数学家约克在美国数学期刊上发表文章“周期3意味着混沌”，阐述了从有序到混沌的演变过程。1977年，第一次国际混沌会议在意大利召开，标志着混沌理论的正式确立。[9,10]

混沌理论研究确定性非线性动力学系统的复杂行为产生的机理与特征，从有序到无序和从无序到有序的演化规律及其控制，其关注的是系统演化的过程，而非系统存在的状态。

耗散结构论、协同学、突变理论、分形理论、混沌理论等这些理论研究的共同特点是从观察、分析自然界中纯物质系统所表现出的一些典型复杂现象出发，研究纯物质复杂系统某一方面的复杂性规律。例如，耗散结构论研究系统远离平衡态时无序向有序的转变；协同学关注系统组成元素的关系；突变理论研究复杂系统在临界点附近的形态转变；分形理论研究系统的静态结构；混沌理论则研究系统的动态演化过程。

自然界中的纯物质复杂系统存在多个方面的复杂性，这些理论学派都研究了其在某一方面的复杂性规律，一定程度地提出和解决了这方面的复杂性问题。

2.1.2 分子生物系统的复杂性

这里分子生物系统指由化学分子和有机大分子构成的大分子生物，是生命起源之初出现的一种低等生命形态。反映分子生物系统复杂性规律的代表理论为超循环理论。

艾根在吸收了进化论思想和自组织理论的基础上，于1979年提出了超循环理论[11]。超循环是指生命起源过程中，化学分子和生物大分子的一种自组织机制。超循环理论把生命起源解释为自组织现象，阐述了自然界演化的自组织原理。超循环理论为达尔文的进化论在生物大分子层次上（即为生命存在环境中的进化机制）提供了理论基础。

艾根认为，生命现象包含许多酶的催化作用推动的各种循环，而基层的循环又组成了高层次的循环，即超循环，也可以形成更高层次的超循环。超循环中，可以出现生命现象所具有的新陈代谢、繁殖和遗传变异。艾根把控制论中的巨系统理论应用于生命现象，建立了具体的结构模型，描述了生命起源和发展的化学进化阶段与生物学进化阶段期间，有一个生物大分子自组织阶段，在这个阶段中，形成了具有统一的遗传密码的原生细胞结构。

2.1.3 低智能生物系统的复杂性

对低智能生物系统复杂性研究的成果主要是复杂适应系统（complex adaptive systems，CAS）理论。美国密歇根大学的人工智能和心理学教授霍兰在1994年圣塔菲研究所的乌拉姆系列讲座上所作的报告中提出了CAS理论。1995年霍兰出版了《隐秩序——适应性造就复杂性》[12]一书，系统地阐述了复杂适应系统理论，标志着复杂适应系统理论的正式创立。CAS 理论的许多重要概念都是从生物学中引申而来的。

CAS 理论的基本思想是把系统的成员看做是具有自身目的与主动性的积极的主体。主体能够与环境以及其他主体进行交流，在这种交流的过程中“学习”或“积累经验”，并且根据学到的经验改变自身的结构和行为方式，整个系统因此而产生演变或进化，包括新层次的产生、分化和多样性的出现，或新的、聚合而成的更大主体的出现等。CAS 理论认为，正是这种主动性以及它与环境的反复的、相互的作用，才是系统发展和进化的基本动因。霍兰把个体与环境之间这种主动的、反复的交互作用用“适应”一词加以概括，即 CAS 理论的核心思想“适应性造就复杂性”，这是在系统运动和演化规律认识方面的一个飞跃。

围绕主体这个核心的概念，霍兰进一步提出了 CAS 理论中需要注意的七个概念，即四个特征：聚集（aggregation）、非线性（non-linearity）、流（flow）、多样性（diversity）和三个机制：标识（tag）、内部模型（internal model）、积木（building block）。

在这些概念的基础上，霍兰进一步建立了主体适应与学习的三个步骤：建立行为系统的模型（Performance System），确立信用确认的机制（Credit Assignment），以及提供发现规则的手段（Rule Discovery）。

CAS 理论用规则作为描述主体的工具，将主体描述为一组 IF/THEN 规则的集合，表达了主体处理这些信息的能力。规则是一种使用单一的语法规定主体间的所有相互作用的描述手法。基于多Agent的建模与仿真是复杂适应系统理论解决问题的常用工具，目前在复杂适应系统研究领域中，所广泛应用的 Swarm 平台就是圣塔菲研究所基于Agent建模开发的仿真平台。

认为复杂适应系统理论主要反映的是低等智能生物系统的复杂性规律，这是因为：

1）规则描述的局限性

复杂适应系统理论将主体描述为一个规则集合，当然这里不同于一般意义上的“IF…THEN…”规则，CAS 理论把规则看做是有待于测试和认证的假设，并且提供多种多样的选择，允许存在矛盾、冲突和不一致。CAS 理论在规则描述上作了很大的改变，但仍不能完整地描述人的行为。人的行为分为理性行为和非理性行为，其中非理性行为很难用规则来描述，而社会系统的发展及其各种主要复杂现象的产生恰恰是由于人的非理性行为导致的。

在研究社会系统问题时，复杂适应系统理论应用规则描述主体，忽视了人的非理性行为、人的决策与博弈，无形中将社会系统简化为了低等智能生物系统。“人类性绝不能被还原为动物性，但是没有动物性，也就没有人类性。”这里莫兰在肯定人类生物学复杂性行为的同时，指出主导人类社会复杂性的根源主要还是由人的人类性引起的，即人的社会、心理、文化复杂性行为。

钱学森在关于复杂巨系统方法论中也曾指出，将人的社会性、复杂性、心理和行为的不确定性过于简化就难以很好地解决复杂巨系统问题。因此，在应用基于多 Agent 建模仿真平台来研究白蚁群落、蜂群等低等智能生物系统时，可以很好地得出这些系统的复杂性规律，而研究社会、经济、战争等领域的复杂系统时，则只能得到那些基本的、显而易见的规律。

2）主体与环境交互的有限性

CAS理论中主体通过执行系统学习、适应环境，虽然也存在积极地学习与适应(通过规则的选择与变异)，但主体更多的是被动地学习、适应环境。而人则在被动地学习、适应的同时，还在主动地改造环境，使环境更好地适应人类的发展。当然，改造的同时也存在对环境的破坏，正如西蒙所说的，“我们如今所生活的世界，与其说是自然界，远不如说是人造界或人工界。环境中的几乎每一事物都留下了人工的痕迹。”

3）CAS理论的核心概念与思想是从生物学中归结出的

CAS理论的核心概念有适应、多样性、选择、变异等，其核心思想适应造就复杂性、聚集进化等都是从生物学、进化论中归纳引申出的。CAS理论得到有效应用的领域也是生物科学领域。

莫兰[13]指出“人的概念有两个入口：一个生物—物理学的入口，一个心理—社会—文化的入口，两个入口相互依赖。”CAS理论反映了人在生物学方面表现出的复杂性。因此，在描述和研究人类社会中的一些基本的经济现象以及战争中的一些基本作战规律方面取得了较高的成就。但“人类同时是生物的、心理的、社会的、感情的、理性的”，忽视人的心理、社会、文化的方面，也局限了CAS在解决人类社会在心理、社会、文化等方面复杂性的能力。因此，目前的CAS理论反映的还是低等智能生物系统的复杂性规律。

2.1.4 研究主体——人的复杂性

前面介绍的复杂系统理论都是针对研究客体的，回避了研究主体——人的复杂性，即人脑在处理复杂系统问题时表现出的认知复杂性。在复杂系统理论研究中，明确提出研究主体的复杂性以及研究主体与研究客体相互作用导致的复杂性升级问题的典型理论学派是结构复杂性学派，其研究重点是人的认知复杂性。

结构复杂性学派的代表人物沃菲尔德（Warfield）[14]是美国乔治·梅森（George Mason）大学教授，长期研究如何管理复杂性，认为复杂性既可以管理，也可以使个人和社会不知所措。结合现代组织管理，他提出利用通用设计科学来管理复杂性。

沃菲尔德认为复杂性包含两个方面的含义，即研究问题时，问题本身所表现出来的被研究者注意到的某些现象的复杂性，以及对问题认知的研究主体——人的认知复杂性。这两种复杂性可分别称为客观复杂性和主观复杂性，又可称为情景复杂性和认知复杂性。沃菲尔德用“复杂性”来代表两种复杂性的组合（即交互作用），两种复杂性在相互作用中会使“复杂性”不断升级，因而需要通过四种方法来管理复杂性，即控制情景升级，减少研究人员的认知负担，消除可能对解决问题起副作用的情景影响因素，给研究人员提供增强解决问题能力的因素。

结构复杂性学派认为关键复杂性存在于研究者的头脑中，因而主要采用西方形式逻辑，综合运用管理心理学、组织行为学、系统分析、复合论、图论、点阵论、布尔代数等数学方法和理论来描述和管理复杂性。

此外，莫兰、西蒙和钱学森在复杂性研究中也关注到了研究主体——人的复杂性。

莫兰从哲学的角度研究了系统的复杂性问题，提出了“复杂思维范式”（The Paradigm of Complex Thinking）。莫兰认为，传统科学不仅受到了还原论的制约，还在科学实践中把人排除在外，将研究主体与研究客体分离，忽视了关键的研究主体——人。人脑认识事物的过程永远不是对现实的反映，而总是翻译和重构，这就包含了产生错误的危险，因而莫兰提出人脑——精神的不确定性原则。为了解决人脑的不确定性，莫兰指出需要“构造得宜的大脑”，需要进行一种这样的思考方式：不断尽力地使自己获得的信息和知识背景化和整体化，不断注意与错误和自欺的假象作斗争。

西蒙[15]是美国人工智能专家和认知心理学专家，在复杂性研究方面比较注重人工事物系统的复杂性。西蒙认为如今生活的环境中，几乎每一事物都留下了人工的痕迹：我们使用的工具是人造的，环境的温度、空气的湿度被人工增大或减小，呼入的空气被人净化（当然也是被人污染的），人类社会中的各种组织、甚至社会本身也是人设计或组织的。因此，在系统复杂性研究中需要注重人以及人为因素的影响。西蒙认知心理学的领域背景以及他对人的“有限理性”的深刻认识，使他认识到了人的因素对复杂性研究的影响，但西蒙并没有明确区分系统内的人和系统外的人（研究者），只是在他的研究与论述中隐含了这两方面的含义。事实上，西蒙在复杂性研究中影响较大的是他关于复杂系统层级结构的论述，以至于后来的学者在评论他的复杂性理论时，将其称为分层复杂性。

钱学森[16]提出的复杂巨系统方法论——从定性到定量的综合集成研讨厅，也已经关注到研究主体——人的复杂性，钱学森指出对于复杂巨系统问题，单个人的智慧已经不够，需要集大成智慧。定性定量相结合的综合集成方法，就其实质而言，是将专家群体（各种有关的专家）、数据和各种信息与计算机技术有机结合起来，把各种学科的科学理论和人的经验知识结合起来，这三者本身也构成了一个系统。这个方法的成功应用，就在于发挥这个系统的整体优势和综合优势。

总的来看，对于研究主体——人的复杂性的研究还十分薄弱，只有以钱学森、沃非尔德等为代表的一些学者在这方面进行了一些研究。

2.1.5　社会系统的复杂性

在此社会系统是指由人或以人为核心组成的系统。人是这类系统的主要组成部分，人的行为与决策是干预系统运行的主要因素，也是系统复杂性产生的主要根源，包括人的那些非理性行为与决策。

复杂的统一体如同人类和社会都是多维度的，因此人类同时是生物的、心理的、社会的、感情的和理性的，社会则包含着历史的、经济的、宗教的等方面。

人类是一个既充分的生物的又充分的文化的存在，他本身包含这种原始的合二为一性。

人首先是一个充分的生物学的存在，但如果他不充分地拥有文化，他将只是一个低级的灵长类动物。

人类同时是自然的和超自然的存在，能够在生物的和物理的自然中追溯到其根源，但他又通过文化、思想和意识从后者中涌现出与后者的区别。所以人类具有特殊的双重和复杂的性质：人类性绝不能被还原为动物性，但是没有动物性，也就没有人类性。

人的概念有两个入口：一个生物—物理学的入口，一个心理—社会—文化的入口，两个入口相互依赖。

2.1.6 小结

可以看出，对复杂性的研究，由客体到主体；由低级系统到高级系统；由系统的静态属性（结构、状态）到动态属性（行为、过程）。

2.2 对当前复杂系统理论研究的思考

通过前面对当前主要复杂系统理论的介绍，可以归纳出表 2.1。

表 2.1 当前复杂系统理论对比分析表

提出时间	理论	出发点	研究工具	系统
1967 年	耗散结构论	线性非平衡热力学现象	常微分方程	物质系统
1969 年	协同学	激光理论	偏微分方程、类比	
1972 年	突变理论	数学	拓扑、奇点理论	
1977 年	混沌理论	天气预报	非线性常微分方程	
1973 年	分形	英国海岸线	分形几何	
1979 年	超循环理论	生命起源	微分方程	分子生物系统
1994 年	复杂适应系统	白蚁群落等生物学系统	多智能体仿真	低智能生物系统
1990 年	结构复杂性	组织管理	形式逻辑	研究主体（人）
1999 年	复杂巨系统理论	复杂性的层次	综合集成研讨厅	社会系统

2.2.1 归纳—演绎方法的适用性

归纳—演绎方法最早是由亚里士多德提出的。所谓归纳，就是从特殊的事例中推导出事物的一般规律，或者从特例提出到证明一般命题的过程。培根在亚里士多德的简单枚举归纳法的基础上，进一步给出了探究事物因果联系的科学归纳法，穆勒提出了全归纳方法（又称穆勒五法：契合法、差异法、契合差异共用法、共变法、剩余法）。

人类在认识客观世界、探索自然规律时，总是建立在因果观念上。因果观念是人类理性发展的进步，是人类认识自身和世界的方式。因果性概念认为总能找到适当的原因造成所期望的结果。

很早的时候，休谟就对归纳的合理性表示了怀疑，他认为“归纳原则”就是一种“未来必然符合过去”的假设，而这个假设原则上是不可证明的。多次观察到某事件发生后出现另一事件，但在逻辑上并无理由认为前一事件出现之后必然出现后一事件。

要探讨归纳—演绎方法的合理性与适用性，就必然要涉及系统是否可重复的问题。那么系统到底是否可重复的呢？在还原论的基础上，通过对事物的观察、归纳、演绎，人类在自然科学领域取得了巨大的成就，建立起了庞大的科学体系。因此，从自然科学的角度来说，事物是可重复的，且必须是可重复的，只有可重复验证的结论才是科学的。这里的可重复是人们在忽略了某些被认为不重要的细节后的“可重复”。为了更好地研究问题，人们总是会对系统进行一定程度的抽象或简化，从而透过现象掌握事物的本质规律。

然而，随着各种复杂性现象逐渐引起人们的注意并被研究，人们发现这些现象很难用还原论方法进行解释。通过对还原论的反思，系统科学逐步建立并得到越来越广泛地认可。从某种角度来看，没有简单的事物，只有被简化了的事物。简化了的事物是可重复的，它保存了事物的某些基本规律，这时应用还原论可以很好地研究这些规律。当研究系统的复杂性问题时，很多时候是不能对事物进行如此简化的，这时事物不再是可重复的。古希腊哲学家赫拉克利特说过：“一个人不可能两次踏入同一条河流”。因为当第二次过河时，人非其人，河也非其河了。事物是否不可重复，不是事物本身决定的，而是研究者关心的问题决定的。

当研究系统的复杂性问题时，依据对系统感兴趣的角度，很多时候系统已不再是可重复的了。这并不是否认归纳—演绎方法本身的科学性，也不是为了陷入不可知论，而是为了更好地研究系统的复杂性问题，揭示系统的复杂性规律。在进行复杂系统理论研究时，将复杂系统看作不可重复的，慎重地应用归纳—演绎方法，最大限度地摆脱还原论思想的束缚。

现在回过头再来看复杂系统理论的研究，从耗散结构论、协同学、突变论、混沌、分形到超循环理论，再到复杂适应系统理论，这些理论都是从自然界中某些复杂现象出发，通过归纳演绎刻画出某类事物的复杂性规律。例如，耗散结构、协同学从贝纳德对流、激光现象，突变论从数学，混沌论从气象等。也就是说，这些复杂性理论在质疑还原论的同时，还在应用还原论的工具进行复杂性研究，其研究也无形中受到了还原论思想的制约：研究成果较好地解决了本领域的问题，而在其他领域应用时则表现出了不同程度的局限性。例如，突变论对数学领域的突变现象进行了很好的定量描述，而在经济社会领域则只能是一种定性的应用。

2.2.2 类比方法的适用性

类比方法是复杂系统理论应用研究的常用方法。相似是类比的基础，不同的事物、不同运动形式具有相似性是世界统一性的一种表现形式。各种复杂系统理论在提出后都会进行应用性研究，主要包括本领域的应用与跨领域的应用。在通过类比法进行应用研究时，隐含了这样的假设：事物如果产生相似的状态或行为，那么他们就遵循着相同的规律。显然，并不能证明两者之间存在必然性。

将类比分为领域内类比和跨领域类比。领域内类比是建立在同一领域内事物的相似性上，如生物领域中蚁群、蜂群等之间在组织结构、系统行为方面的相似性。这种相似性表现在外部特征上，它们都属于生物系统，因此组成个体在本质上也具有相似性，也就是说这种相似性还体现在内在本质上，所以也可以称为同质类比。跨领域类比是对不同领域内事物进行类比，如物理领域的贝纳德对流与社会经济领域内的自组织现象。这种类比只是对事物外部特征的对比，事物内部本质却有很大的差别。贝纳德对流中的分子与社会系统中的个体——人具有本质上的差别，所以跨领域类比也可称为异质类比。

在复杂系统理论应用研究中，同质类比是有效的，而异质类比则存在不同程度的局限性，有效性随本质差别的增大而减小。

2.2.3 元理论的存在性

当前复杂系统理论的研究中一个比较普遍的现象就是在寻求一种解决系统复杂性问题的元理论，即通过研究系统组成单元的行为、结构，来寻找系统上层复杂性产生的机理。这种观念在圣塔菲的研究者中表现得尤为明显，某种程度上讲，元理论身上显现的是一种还原论的影子。

复杂系统理论研究的另一个现象是在寻求一种更加普适的理论，即一种复杂系统理论的提出，总是希望可以反映多个领域的复杂性规律，可以用来解决多个领域的复杂性问题。

这里认为，并不存在一种普适的复杂系统理论。以还原论为指导，经过近四个世纪的发展，自然科学建立起的是一个丰富多彩的学科体系；以系统论为指导，系统科学所寻求的也应该是一个复杂系统理论的理论体系，每一种复杂系统理论解决一个领域或某类领域内的一类复杂性问题。

2.2.4 研究主体的存在性

人脑系统本身就是一个复杂系统。人脑的记忆、思维和推理功能以及意识作用，它的输入—输出反应特性都极为复杂。人脑可以利用过去的信息（记忆）和未来信息（推理）以及当时的输入信息和环境作用做出各种复杂反应。从时间角度看，这种反应可以是实时反应、滞后反应甚至是超前反应。从反应类型看，可能是真反应，也可能是假反应，甚至没有反应。

同时，人脑的认知能力是有限的，人在处理问题时的行为又不是完全理性的。人经常会凭感觉做出非理性行为，人的非理性给人的行为带来了很大的不确定性与不可预测性。

人在研究复杂系统问题时，实际上是两个复杂系统——主体人和客体复杂系统的相互作用。当前的一些复杂系统研究回避了研究主体——人的存在，同时也就回避了研究主体本身的复杂性以及研究主体与复杂系统相互作用产生的复杂性。沃菲尔德的结构复杂性理论对研究主体的复杂性进行了研究，交互式管理的提出也是为了处理研究者与研究对象——复杂系统的交互作用产生的复杂性。人的认知能力是有限的，因此沃菲尔德研究一般设计学来提高人处理复杂问题的能力。

在处理复杂系统问题时，一个人的智慧是远远不够的。因此，钱学森提出将专家群体（各种有关的专家）、数据和各种信息与计算机技术这三者有机结合起来构成一个系统，发挥这个系统的综合优势来解决复杂巨系统问题。这使研究主体得到了进一步扩展，其复杂性也更强。

在系统复杂性研究中，应该承认并重视研究主体的存在，尤其是研究主体是由专家群体和信息、计算机等辅助系统构成时，人脑的复杂性、专家协作和智慧集成的复杂性、人机协作的复杂性等都是复杂系统理论研究的重要组成部分。

2.2.5　对人与计算机地位的重新认识

计算机在系统复杂性研究中的地位越来越重要，尤其是在复杂适应系统理论、人工生命的研究中，计算机起到了非常重要的作用。计算机庞大的计算和模拟能力在研究非智慧个体组成的复杂系统中可以发挥巨大的作用。

在研究由人组成的复杂系统问题时，由于人的认知复杂性，计算机难以替代，则需要以人为主，以计算机为辅，充分发挥专家群体的智慧。

钱学森、莫兰、西蒙都从不同角度探讨了社会系统中由人引起的复杂性问题。

2.3　复杂系统的特征

复杂系统的一般特征包括非线性、开放性、动态性、多样性、涌现性、自适应性、自组织、自相似等。

2.3.1　复杂系统的层次性

构成这个宇宙的各个层次事物系统中，都被证实存在着复杂性。复杂系统的层次性既指系统内部的层次性，也指不同复杂系统的层次性，从进化论的角度来看，从最初自然界的物质系统，到有机物的出现，分子生物的形成，到低智能生物系统的出现，再到智慧的出现、社会的形成，系统的每一次进化都是系统复杂性一次质的飞跃，同时系统也上升到一个更高的层次。

这些不同层次的复杂系统对应了不同复杂系统理论，如从贝纳德对流、激光、天气变化等物质系统复杂现象研究出发得出的耗散结构、协同学、混沌论等。复杂系统理论则对应了无机物质系统的复杂性规律。

2.3.2　复杂性的多面性

同一层次的系统也会表现出不同的复杂现象，每一类现象表现了复杂性的不同侧面，对应不同复杂性理论。例如，分形反映了物质系统的结构复杂性，混沌论反映了物质系统演化过程的复杂性。

2.3.3　复杂系统的兼容性

上层系统是在下层系统的基础上进化而来的，因此会保留下层系统的复杂性，只是远比下层系统更复杂。如社会系统有时也会表现出物质系统的突变、混沌、分形等复杂现象，也会表现出生物系统的适应性。但是，下层系统不会表现上层系统所特有的复杂性现象，如无机物质系统不会表现出超循环，更没有学习、适应性。所以复杂系统具有一定程度的向下兼容性。

复杂系统理论则具有一定的向上兼容性，如反映物质层次系统复杂性的突变、分形、混沌等理论在生物系统层次和社会系统层次也有一定的应用，只是在面对上层系统所特有的复杂性问题时变得力不从心。

2.3.4 主导复杂性与非主导复杂性

复杂系统的复杂性表现为多个层次、多个方面，但并不是所有的复杂性同样重要，而是有主导复杂性和非主导复杂性之分。如在分子生物系统层次，系统具有突变、混沌、分形等复杂性，但这些复杂性并不常见，只有在特定的条件下才表现出来。它们是分子生物系统的非主导复杂性，而由循环、酶催化等引起的超循环、自催化才是分子生物层次的主导复杂性。

低层次复杂系统的复杂性规律在高层次复杂系统中也有所表现，但并不是高层次复杂系统的主导复杂性规律。因此，在应用低层次复杂系统理论解决高层次复杂系统问题时，总是多多少少的存在某些局限性。

2.4 复杂系统理论的体系框架

从研究主体与客体来看，复杂系统理论既有反映研究主体复杂性规律的理论，又有反映研究客体复杂性规律的理论。

从复杂系统层次来看，反映研究客体的复杂系统理论可以分为无机物质系统、分子生物系统、低智能生物系统、社会系统等不同层次系统的复杂系统理论。反映研究主体的复杂系统理论可以分为单个研究者的认知复杂性、专家群体的分布式认知复杂性、智慧集成的复杂性、专家群体与计算机以及信息等组成的系统的复杂性。

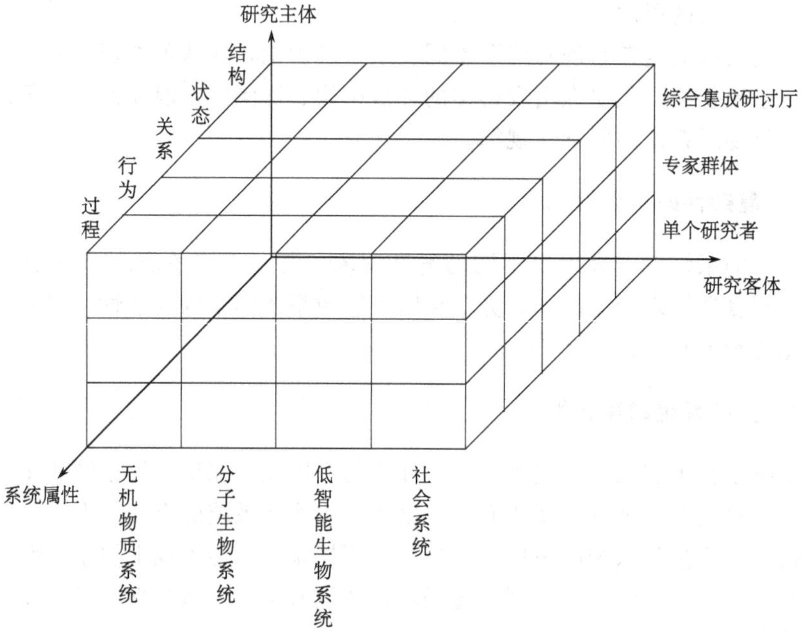

图 2.1 复杂系统理论体系

从系统复杂性表现的不同侧面来看，可以分为反映系统结构、状态、关系、行为、过程等不同方面规律的复杂性。

复杂系统理论的体系框架就是要分析复杂系统理论之间的规律，确定每一种理论反映的是研究主体的复杂性，还是研究客体的复杂性？反映的是哪个层次的系统的复杂性？反映的是系统哪一方面的复杂性？这样既可以指导复杂系统理论的发展，确定每一种系统理论的关注点，找出当前还有哪些层次、哪些层面的复杂性研究有所欠缺，还需要加强研究或弥补研究空白。同时，还可以指导复杂系统理论的应用研究，使每一种复杂系统理论在自己最适合的领域应用，取得最佳的效果。

图 2.1 反映了当前复杂系统理论的体系结构，但现在整个体系的研究还很不完整。反映无机物质系统复杂性规律的理论较多，而对于生物系统、社会系统等的复杂性理论研究则较少，这也符合人类认识事物的规律。

参考文献

[1] 李如生．非平衡态热力学和耗散结构．北京：清华大学出版社，1986：44～49.

[2] 湛垦华，沈小峰．普利高津与耗散结构理论．西安：陕西科学技术出版社，1982：21～26.

[3] 哈肯．协同学——大自然构成的奥秘．凌复华译．上海：上海译文出版社，1995：116～136.

[4] Haken H. Information and Self-organization：A Macroscopic Approach to Complex Systems. Springer Verlag，1988：69～72.

[5] Arnold I V. Catastrophe Theory. Springer Verlag，1986：1～10.

[6] 凌复华．突变理论及其应用．上海：上海交通大学出版社，1987：1～7.

[7] 曼德布罗特．大自然的分形几何学．陈守吉，凌复华译．上海：上海远东出版社，1998：3～14.

[8] Moffat J. Complexity Theory and Network Centric Warfare. Washington：CCRP Press，2000：3.

[9] 洛伦兹．混沌的本质．刘式达等译．北京：气象出版社，1997：6～15.

[10] 苗东升，刘华杰．混沌学纵横谈．北京：中国人民大学出版社，1996：21～30.

[11] 艾根，舒斯特尔．超循环论．曾国屏，沈小峰译．上海：上海译文出版社，1990：1～9.

[12] 霍兰．隐秩序——适应性造就复杂性．周晓牧，韩晖译．上海：上海科技教育出版社，2000：1～15.

[13] 埃德加·莫兰．复杂思想：自觉的科学．陈一壮译．北京：北京大学出版社，2001：1～20.

[14] 约翰·N. 沃菲尔德．复杂性的系统设计理论与方法．曹庆仁，甘大力等译．徐州：中国矿业大学出版社，2006：76～89.

[15] 西蒙．人工科学：复杂性面面观．武夷山译．上海：上海科技教育出版社，2004：1～24.

[16] 戴汝为．钱学森论大成智慧工程．中国工程科学，2001，3（12）：14～20.

第3章

战争复杂系统理论

战争系统由许多具有自主特性和适应能力的分系统、子系统等组成，具有物质、能量与信息的全面开放性，且分系统、子系统之间存在广泛的非线性作用机制。战争受到许多偶然因素的影响，其结果具有不可重复性。因此，战争系统可看做开放的复杂巨系统，复杂性造就了战争问题研究的困难。目前，战争系统中的复杂性研究有两个切入点。

战争系统中的复杂性研究第一个切入点是传统军事理论中所体现的复杂性。战争从本质上是复杂的。虽然在“复杂性”这个词还未提出之前，人们不曾从复杂性这个方面来研究战争，但从古代的军事家到今天的军事理论研究者，都离不开战争复杂性。从第二章复杂系统理论框架中可以看出，复杂性是有多个维度多个层次的，传统战争理论中的许多理论方法都涉及战争系统中某一个层面的复杂性，虽然没有用“复杂性”这个词，但体现了复杂性在某些层面的内涵。

首先，在古代传统的战争理论研究中就体现出了复杂性研究的端倪。《孙子兵法》[1]提到“兵者，诡道也”，就从一个侧面说明了战争是复杂的。“故兵无成势，水无恒形。能因敌变化而取胜者，谓之神”说明了战争的不确定性和对敌作战的自适应性。这部中国古代经典军事著作虽然未提及复杂性这个词，但论述中却处处显露出战争复杂性。

《战争论》[2]中提到“只要再加上偶然性，战争就变成赌博了，而战争中是不会缺少偶然性的”，同时提到“形成战争气氛的四个要素，即危险、劳累、不确实性和偶然性”，这些都说明了战争中充满了偶然性和不确定性，战争是复杂的！

然而在古代传统战争理论中虽然意识到了战争复杂性，但还缺乏规范性的解决办法，完全靠军事家的个人天才来应付出现的复杂情况。

随着军事理论的完善和军事技术的发展，现代战争理论着力于研究军事系统工程、军队指挥学、军事情报学、军事谋略学、军事决策学、军事协同学、军事预测学、军事管理学、军事后勤学、军事心理学等方面，其研究的无一不是处理战争中某个方面的复杂性问题，特别是军事系统工程的系统论思想涉及了复杂性中最为核心的问题之一——整体和局部的关系。传统军事理论在研究探讨打赢未来信息化战争的制胜策略时，以定性研究为主，通过定性分析来应对与干预策略相关的复杂性，是单个人智慧的结晶。而军事技术研究，在战争系统复杂性方面，通常主要以处理战争复杂系统中某个局部所涉及的复杂性为主。

战争系统复杂性研究的第二个切入点是复杂系统理论在战争系统研究中的应用。20世纪90年代初以来，对战争复杂系统的研究不断深入，军事理论界越来越重视用复杂系统理论来研究战争问题。1992年，艾伦·贝叶琴（Alan Beyerchen）博士发表论文“克劳塞维茨：非线性和战争的不可预测性”[3]。艾伦·贝叶琴认为克劳塞维茨在《战争论》中已经意识到了战争的“非线性特征、不可预测性和混沌”。1994年，美海军陆战队以复杂性理论和非线性动力学研究为基础，为陆战队机动作战条令提供了理论支持[4]。1996年，应美军统帅部（Commanding General）与海军作战发展司令部（Marine Corps Combat Development Command，MCCDC）的要求，美国海军分析中心评估了将“新科学”（new science），即非线性科学与复杂性科学，应用于地面战争研究的可行性[5,6]。同年11月，美国国防大学（National Defense University）与兰德公司（RAND Corporation）举办了题为“复杂性、全球政治与国家安全”的研讨会[7]，吸引了来自经济学、管理学、数学、军事学、政治学和国际关系学等众多专家，讨论了复杂性科学在国际事务、国家安全以及相关军事领域的应用问题，分析了战争的非线性以及复杂系统理论在军事指挥控制中的应用，从复杂理论的角度重新探讨了制空权理论，最后分析了混沌理论在军事战略与军队建设中的应用。1997年9月，美国军事运筹学学会发起了题为“战争分析与复杂性（新科学）”的专题研讨会[8]，来自圣塔菲研究所、海军分析中心、国防先进研究项目机构、兰德公司等多家机构的专家一起讨论了“新科学”与战争分析的关系及在战争分析中的应用。这次研讨会认为，在充满不确定性的21世纪，战争分析中必须采用“新科学”相关理论方法[8]。2000年，现任美国国防部转型办公室主任，海军上将亚瑟·K. 塞布罗斯基（Cebrowski）在英国皇家军队联勤学院所作的主旨发言中指出“网络中心战并不只是与技术相关的问题，它是一种新兴的战争理论，其早期朦胧概念是从‘复杂性理论’发展而来，它的主要特征是非线性、复杂性和混沌”。

在国内，在军事运筹学学会等机构的推动下，各方面的专家、学者也逐渐对战争复杂系统进行深入研究。近年来，军事运筹学学会年会都有“战争复杂性”的小研讨主题。2003年，由国防大学主办，军事运筹学学会在北京召开了我国第一次“战争复杂性与信息化战争模拟”[9]学术研讨会，该会议成为我国在战争复杂性研究方面的一次标志性会议。2005年，国内专家学者在国防大学参加主题为“战争系统复杂性”的研讨会[9]，对战争系统复杂性研究的理论、方法进行了深入探讨。同年，由中国人民解放军军事科学院发起的第262次香山科学会议，主要针对综合集成研讨厅体系以及作战实验的理论与实践进行了深入探讨，会议的基本思想就是提倡采用综合集成法对战争系统进行研究[10]；同年举行的269次香山科学会议——“体系开发规律与科学途径”研讨会[11]，在此次会议中，军事科学院和国防大学的一些专家探讨了战争系统复杂性，更进一步深入分析了战争复杂系统的理论、方法。2006年9月，中国系统工程学会军事系统工程专业委员会召开第十六届学术年会，其主题为“战争复杂性与军事系统工程”[13]。

国内外对战争复杂系统的研究主要集中体现在如下三个方面：经典复杂系统理论在战争复杂系统研究中的应用、建模仿真方法在战争复杂系统研究中的应用以及综合集成方法在战争复杂系统研究中的应用，下面分别用三节进行说明。此外，现在作战实验室在战争复杂系统分析实践中的应用以及讨论式模拟在战争复杂系统研究中的应用也属于综合集成法的范畴之内，但鉴于其方法的重要性，下面单独列出两节进行论述。

3.1 经典复杂系统理论在战争复杂系统研究中的应用

Moffat James 在美国国防部指挥与控制计划（CCRP）出版系列丛书之一《网络中心战与复杂性理论》中，详细分析了信息时代战争中有关的复杂性概念——非线性交互、分散控制、自组织、非平衡状态秩序、自适应以及集体主义动力学等。下面分别介绍耗散结构理论、自组织理论、突变理论、混沌理论、分形理论、非线性理论、涌现性理论、复杂自适应理论和复杂网络理论在战争复杂系统应用中的代表性研究成果。如表3.1所示。

1. 耗散结构理论在战争复杂系统应用中的代表性研究成果

耗散结构理论在战争复杂系统中的应用主要表现在：根据形成耗散结构系统四个条件论证战争系统或者某个子系统属于耗散结构系统。例如，张金春教授等通过研究提出军校研究生教育系统是一个耗散结构系统[13]，王荣辉教授提出军事技术创新系统是一种耗散结构系统[14]。

2. 自组织理论在战争复杂系统应用中的代表性研究成果

张金春教授等利用自组织理论详细分析了军事系统的特点，提出运用自组织理论解决复杂问题（包括军事系统）的一般方法，并建立了一个示例模型——海军武器装备系统的动力学模型[15]。宋黎定性分析了战斗力系统的自组织特征、战斗力系统结构的有序演化和序参量[16]。

3. 突变理论在战争复杂系统应用中的代表性研究成果

在美国科学家开发模拟尖点型突变程序的基础上，西欧科学家采用蒙特卡罗方法模拟空中正面攻击，通过计算机模拟程序能够确定攻击方，获取防守方的空中走廊的条件，为作战态势的分析提供依据[17]。卜先锦等运用突变理论讨论战场终态条件[18]。

4. 混沌理论在战争复杂系统应用中的代表性研究成果

苏珊（Maj. Susan E. Durham）应用混沌理论，分析了战争系统的非线性、对初值的敏感性和演变过程的跳跃性，给人们从新的角度认识军事问题以概念上的指导[19]。

段锁力[20]、袁晓凤[21]等研究了混沌技术在军事保密通信中的应用，方锦清[22]等总结了混沌技术在保密通信研究中的进展以及混沌在具体军事技术领域中的应用。

5. 分形理论在战争复杂系统应用中的代表性研究成果

在《网络中心战与复杂性理论》中，通过对历史战争数据的分析得出战争的分形界面分形维值 $D=0.685$。Michael・K. Lauren 基于分形理论研究了分散战场上的作战复杂性，提出了分散战场上人的智慧与 C2 指控网络的价值[23]。Yaneer Bar－Yam 从多尺度系统的角度研究了沿海作战的多尺度特性，提出了战争复杂系统与军事冲突的多尺度描述方法[24]。杨懿等把分形理论用于维修保障系统效能的评估研究中，提出了以分形理论为基础的维修保障系统效能评估算法[25]。

6. 非线性理论在战争复杂系统应用中的代表性研究成果

琳达（Linda P. Beckerman）博士在比较了线性与非线性系统的性质之后，研究了战争的非线性动力学，着重阐述了战争系统的稳定性与适应性的相互关系[26]。古斯塔夫（Gustaaf Geeraerts）博士研究了复杂性给战争问题带来的挑战，并应用非线性动力学，研究了战争爆发的预测问题[27]。郑素文教授[28]等应用非线性系统的定性理论方法，对一类军事竞争系统进行了定性分析，研究了该类军事竞争系统的平衡点的性态。牛庆银在其学位论文中研究了非线性动力系统在综合军事势力系统中的应用[29]。

7. 涌现性理论在战争复杂系统应用中的代表性研究成果

胡晓峰教授[30]等人在研究战争模拟和战争系统复杂性关系时认为：能否保持涌现性实际上就是能否解决系统复杂性问题的关键，而保持涌现性关键取决于对每个个体行为的模拟，特别是对介入系统中人的行为的模拟。战争系统的涌现性被破坏，很大程度上是对我们人类智能行为自身认识的不足，无法准确模拟个体行为。赵晓哲教授[31]等在研究现代战争的复杂性问题时，把涌现性作为现代化战争复杂性的三个主要表现形式之一，其他两个是非线性和流动性。马龙[32]等研究了组织决策过程的复杂性及其中的涌现现象，分析了涌现性对组织决策效能的作用和影响，分析了不同决策模式下的组织思维涌现性。

8. 复杂自适应理论在战争复杂系统应用中的代表性研究成果

美国海军分析中心阿里克塞博士（A. Ilachinski）在分析战争复杂性的基础上，证明了陆战几乎具有所有 CAS 的特性，他还归纳了包括复杂适应系统理论的复杂性科学在战争研究中应用的八个层次[33]。国防大学以胡晓峰教授为首的研究团队，一直致力于把复杂自适应理论运用于战争模拟之中，无论在理论上还是实践上都取得了一些成果[30,34,35]。国防科技大学以谭跃进教授为首的研究团队，在 CAS 理论的军事应用研究方面取得了相当大的进展，其团队成员陶凤翔和迟妍分别在其硕士学位论文《军事复杂适应系统模型及应用研究》[36]和博士学位论文《基于复杂适应系统理论的作战模型研究》[37]中研究了复杂自适应理论在军事系统中的应用问题，认为军事系统是复杂自适应系统，并且研究了军事复杂自适应系统的建模方法和相关应用案例。

9. 复杂网络理论在战争复杂系统应用中的代表性研究成果

复杂网络理论作为21世纪初兴起的理论，在军事领域的应用刚刚起步，吴俊[38]等运用复杂网络理论描述了军事系统抗毁性问题，谭东风基于复杂网络理论建立一种基于随机映射的战斗效能模型，认为复杂网络理论可以用于描述战争系统中各自主实体间的相互作用关系[39]。

表 3.1 经典复杂系统理论在战争复杂系统研究方面现状列表

经典复杂系统理论名称	研究内容或结论	研究者或机构
耗散结构理论	军事系统或者其局部子系统是耗散结构系统	张金春，王荣辉等
自组织理论	军事系统或局部子系统具有自组织特性	张金春，宋黎等
突变理论	运用突变理论描述战场态势	西欧科学家群体，卜先锦
混沌理论	分析战争系统中混沌现象；利用混沌研究保密通信技术	M. Susan，E. Durham，段锁力，袁晓凤，方锦清等
分形理论	用分形描述战场多尺度特征；分形理论用于某些军事技术领域	Moffat James，Michael K Lauren，Yaneer Bar－Yam，杨懿等
非线性理论	描述和刻画战争复杂系统中非线性现象	Linda P. Beckerman，Gustaaf Geeraerts，郑素文，牛庆银等
涌现性理论	军事领域中运用多智能体仿真中所表现出的涌现性；战争系统某个领域的涌现现象分析	澳大利亚防务部队学院，胡晓峰，赵晓哲，马龙等
复杂自适应理论	基于CAS理论的多智能体建模方法，基于多智能体仿真的战争复杂性实证研究	美国海军分析中心，谭跃进，胡晓峰等
复杂网络理论	基于复杂网络描述军事复杂系统结构；基于复杂网络描述军事复杂系统中交互关系	吴俊，谭东风等

［简评］ 经典复杂系统理论在战争复杂系统应用中，主要工作包括两个方面：①运用混沌、非线性、自组织、涌现和复杂自适应等概念，从不同的视角分别描述或实证战争复杂系统某个方面中的混沌、非线性、自组织、涌现、自适应等复杂性现象。②应用混沌、非线性、复杂自适应等理论解决战争复杂系统中某个局部军事技术方面的问题。例如，运用混沌理论解决军事保密通信的问题，运用分形理论解决战场描述问题。总体上而言，经典复杂系统理论在战争复杂系统应用研究中，主要侧重于对战争复杂系统局部复杂性现象的解释，而系统地分析战争系统复杂性的产生机理研究得比较少，缺乏对战争复杂系统本质性特征及其挑战的系统分析，也缺乏对战争复杂系统中各类复杂性现象进行集成式分析。

3.2 建模仿真方法在战争复杂系统研究中的应用

多智能体建模仿真在战争复杂系统研究中的应用现状方面，迟妍[37]、董忠林[40]等进行了非常周详的综述。

战争复杂系统的建模仿真方法主要是在CAS理论的基础上，采取多智能体建模仿真方法，其中最具代表性的是美国海军分析中心（Center for Naval Analyses）开发的ISAAC（Irreducible Semi-autonomous Adaptive Combat）以及Einstein（Enhanced ISAAC Neural Simulation Toolkit）系统[41,42]。这两个系统采用基于多智能体的仿真技术，对各种战争问题进行仿真分析。仿真结果表现出了前进、撤退、正面进攻、侧面迂回、渗透、包围、相持等多种战争态势，提供了一种作战研究的新思路。这两个系统还提供了遗传算法和神经网络工具箱，帮助研究人员分析模型中各种参数的作用效果。

围绕ISAAC和Einstein两个系统，许多学者展开了军事复杂性和作战模型问题的研究工作。阿里克塞博士在这两个系统开发工作和仿真实验研究的基础上，撰写了一系列的研究论文和报告[33,41~43]。在ISAAC系统上，霍恩（Horne）研究了机动性与战争消耗的关系[44,45]；伍德曼（Woodanman）研究了非战斗的军事行动（Military Operation Other Than War）问题[46]；布朗（Brown）研究了战斗中的人为因素；戴维研究了美国海军陆战队班的建制编成和火力编成的变化，以及导致这种变化的原因[47]。米切尔（Michael K. Lauren）等人应用分形理论对ISAAC系统的大量仿真实验数据进行了分析，用系统维数等参数对战斗的复杂性进行了定量描述[48]。MCCDC与新西兰防务运筹资助组织（Defence Operational Support Establishment）合作开展运筹集成（operational synthesis）的研究工作[49]，他们以新墨西哥大学的毛伊塔岛高性能计算机中心高性能计算机强大的计算能力为依托，开发了名为“Albert”的数据可视化工具箱，对ISAAC等基于多智能体的战争模型仿真实验产生的大量数据，应用非线性理论和统计分析等方法进行数据挖掘，从中寻找战争系统运行的内在规律。

目前，ISAAC小组在进一步完善Einstein系统的同时，正在与一个商业公司合作，改进SWARM建模仿真平台，开发称为“Swarrior”的系统，旨在将SWARM改进成一个基于多智能体、可多次重复运行的、研究未来军事行动的工具箱。Swarrior能够模拟类似ISAAC中的非对称对抗。一些研究报告认为这些模型的仿真结果与演习参加者的经历十分相近。他们通过对Hunter Warrior的实施条件和想定进行多次实验，增强了对真实演习的认识[50]。

澳大利亚防务部队学院（Australian Defense Force Academy）正在开展一个名为RABBLE（Reducible Agent Battlefield Behaviour through Life Emulation）的项目研究，该课题的主要研究内容是战场冲突的多智能体模型在仿真过程中表现出来的涌现行为。RABBLE中的智能体模型。在能力和结构上都与ISAAC中的智能体模型有很大不同。在结构方面，ISAAC中的智能体是不能继续分解的最基本的作战单元模型（即具有原子性），而RABBLE中的智能体是由基本单元构成的子群体的模型，它能够继续分解。在能力方面，ISAAC中的智能体主要依据一个描述其个性特征的权重向量确定行为方式，而 RABBLE 中的智能体除了这种行为决策方式以外，还能够利用机器学习技术，将系统的整体目标与自身的行为规则相结合，更科学合理地进行决策。

罗伯特等人为了研究智能计算技术在军事战术决策中的作用，开发了一个名为AGENDA的适应性指挥控制决策支持系统，该系统由基于多智能体的战斗模型、行动过程分析子系统、行动过程生成子系统、基于神经网络的地形分析子系统和基于多智能体的实时指挥控制子系统组成[54]。仿真实验表明，该系统能够提高战术计划编制效率。如果将它应用于计算机生成兵力系统（Computer Generated Forces），能够为训练模拟提供更加真实、更具智能性的作战对象。

国防大学以胡晓峰教授为首的研究团队在多年从事战争模拟研究和实践的基础上，提出了“战争工程”。应用复杂适应系统理论为指导，以基于多智能体的战争模拟平台为手段对战争问题进行研究[30,35,40,52,53]，并且认为综合集成建模方法是最终体现虚拟全球战争空间建模的最后形式。胡晓峰教授认为“这种方法是最可能完全适应战争中各种复杂情况的一种方法，但如何使得各种方法能够有效地综合集成，是这种方法能否成功的一个关键”。

［简评］ 建模仿真在战争复杂系统研究中的应用，主要是基于 CAS 理论，应用多智能体技术，开发基于多智能体的建模仿真平台与仿真结果分析系统，并应用这些平台对战争系统中的某一特定问题进行研究。目前，这些研究中的主要问题表现为：①智能体，特别是智能体的行为，过于简单和抽象，对实际作战单元的描述能力比较有限，不能反映人的创造性；②战争复杂系统的仿真分析结果往往只是验证了一些最基本的战争规律，这些结果往往是战争复杂系统中很容易预测到的部分，但难以获得非平凡的深刻结论[58]，关键原因在于：无法确定合理的个体行为，所以不能产生有效地涌现。

3.3 综合集成方法在战争复杂系统研究中的应用

战争系统中复杂性具有多个层次、多种形式、多种来源的特点，解决战争复杂系统中的复杂性问题，必然要求综合运用多种手段，所以综合集成法在解决战争系统复杂性问题方面具有优势，日益受到重视，已成为解决战争系统复杂性问题的重要方法。

3.3.1 国外综合集成方法研究现状

美军从“需求产生制度”到“联合能力集成与开发制度”[55~59]，体现了美军应用综合集成法研究军事复杂装备体系需求开发问题的探索过程。“联合能力集成与开发制度”以一套严密的程序与规范的制度，充分集成和发挥军事人员与其他各类主题领域专家的作用。在装备能力需求开发与确认过程中，强调作战人员、装备使用人员、研制人员、采办人员、技术人员、试验人员、经费预算人员和装备保障人员的有效协作，较好地完成了联合作战条件下武器装备体系的需求开发。从本质上看，美国国防部走的是一条定性定量相结合的装备体系规划道路。美军以制度程序结合各种专家委员会（如功能能力委员会、联合能力委员会、联合需求监督委员会、任务需求委员会、军事通信电子委员会等)，极大程度上弥补了定量分析的不足。

2002 年 5 月，兰德公司完成了一份题为《信息时代海军的效能度量（MOE)：网络中心行动对战果的影响》[60]的研究报告，该报告提出了一套在网络中心环境下反映 C4ISR 系统能力对战果影响的效能度量方法，以促进美军 C4ISR 系统的进一步发展。兰德公司的这份报告采用定性定量相结合的综合集成法分析未来武器系统和战术运用结合问题，以应对未来战争，体现了武器装备和战法相结合的思想。

3.3.2　国内综合集成方法研究现状

国内关于综合集成法研究，大多建立在钱学森提出的“综合集成研讨厅”思想基础之上。

1. 理论方面

军事科学院徐根初[61]研究员在分析信息化条件下军事决策科学化所面临挑战的基础上，指出综合集成理论对军事决策科学化具有重要价值，认为用综合集成法指导我军作战实验室的综合集成建设，其本质也是采用综合集成的方法对未来信息化战争进行研究。

江敬灼[62,63]研究员对综合集成法在战争复杂系统中的应用做了大量的研究工作，深刻分析了综合集成法在战争复杂系统研究中的重要作用以及综合集成法在作战实验室建设中的应用，并深入研究了基于综合集成法的作战实验室系统结构，取得了一定的成果。

中国科学院李忠民[64]教授等针对武器装备体系本身结构的复杂性和武器装备采办所面临的风险越来越大的问题，提出了基于综合集成方法为指导的武器装备全寿命动态风险管理的观点，建立了装备采办综合风险管理模型。

2. 系统研制方面

由于综合集成研讨厅在解决复杂性问题上的优势，国内学者对基于综合集成法的战争复杂系统环境建设进行了大量研究，并建立了军事复杂性综合集成研讨厅、作战模拟实验室等。

华中科技大学人工智能研究所李德华教授及其所在的团队，在多年研究的基础上，策划构建一个“军事战略综合集成研讨厅”，目的是研制一个能把军事战略家（包括其他方面有关专家）体系、知识体系、计算机与高速通讯网络体系融为一体的，以从定性到定量的综合集成法为核心的，能全面支持我军战略层各方面研究、决策、实施、领导工作的，具有较高智能化水平和政治—军事对抗、模拟功能的，人机结合、人网结合的，具有很高的信息安全性的综合集成研讨厅体系，并对该研讨厅的专家研讨模式、硬件环境、软件结构等进行了深入分析[65]。

胡晓峰教授及其所在的团队，以综合集成研讨法为基础，从 1998 年开始研制“决胜”系列战争决策综合集成研讨与模拟环境 SDE98，目前已发展到第四代，即“决胜 IV”系统，主要用于指导高层次的战略决策研讨与模拟[66~70]。

装备指挥技术学院常显奇教授及其所在的团队，将综合集成研讨厅应用于解决空间军事复杂系统问题，并取得了一定的成果[71~73]，建立了“空间军事系统综合集成研讨厅”，研讨我国应如何建立并应用经济高效的空间军事系统，对天战理论及作战模型、空间武器的评估体系及发展规划、空间 C3I-EW 系统及作战平台技术以及空间部队（天军）的建设等进行研究，为军事决策部门和作战指挥参谋部门的决策提供科学的理论依据与有效的技术手段。

南京理工大学韩祥兰教授[74]等从武器装备论证工作的需求及论证手段和技术的发展出发，提出研制“武器装备论证综合集成研讨厅系统”，以辅助决策人员完成武器装备论证与研发工作。

［简评］ 综合集成法在战争复杂系统分析与设计实践中有较多的应用，运用定性定量相结合的思想对未来可能发生的战争进行分析与设计，指导未来武器装备、作战理论等方面的发展。综合集成法在战争复杂系统中的应用具有以下特点：①综合集成法常常运用在较为宏观的问题中。例如，联合能力需求开发、战略决策分析等。②综合集成法强调定性分析与定量分析相结合，定性分析尤其定性研讨在其中占有重要地位。③综合集成过程中往往涉及战法研究与装备策划分析两个方面的问题，并不是孤立地研究战法或者策划装备方案。④强调人的智慧在综合集成中的地位。例如，在美军作战分析实验室和联合能力集成与开发中，都把异质专家群体研讨作为一个重要内容。

3.4 作战实验室在战争复杂系统分析设计实践中的应用

在大量的理论研究和实践的基础上，解决战争复杂性问题的实践取得了较大的进展，尤其是美军在作战实验室建设方面取得的成果。美军作战实验室的建设主要是为将来作战进行预研和提供准备，即设计未来的战争，进而指导武器装备、作战理论和编制体制等方面的发展。

海湾战争以后，由于作战行动的需要和高新技术的推动，使美军“萌发”了一种思想，即从创新的角度出发，寻求一种经济有效的途径，演示验证与实验新型武器系统、新的作战理论与新的部队编成，以加速推进新军事变革的进程。美军通过对海湾战争的反思，制定并推行新军事革命的战略计划，确定了“提出理论—作战实验—实兵演练”的发展途径，以研究未来可能发生的战争，从而指导其武器装备、作战理论、编制体制等方面的发展。为此，美军各军种和联合参谋部相继建立了多个作战实验室，并实施了一系列高级作战实验，取得了明显成效[75]。

美军作战实验室的建设，已经从室内走向了实践。从 2002 年 7 月 24 日到 8 月 15 日，在美国西部的加利福尼亚州和内华达州等地举行了代号为“千年挑战 2002”[76]（Millennium Challenge 2002，MC’02）的联合军事演习。演习就是根据美军在作战实验室模拟的结果，对 2007 年发生在中东某个国家的一次小规模冲突导致一场地区性战争进行的。从这场演习可以看出，美军采用了作战实验室手段对未来战争进行设计的思想，来研究未来新的作战思想和作战原则、武器装备的运用等问题。美军作战实验室的建设目的，其实就是为了对未来可能发生的战争进行设计。

国内在作战实验室建设方面刚刚起步，以跟踪国外研究现状为主，侧重于室内实验室的建设。

[简评]　作战实验室把武器装备研发、战法创新和军事训练融为一体，实现对战争复杂系统的未来干预策略（未来战争）的设计。本质上，是综合集成法在战争复杂系统分析设计中的实践。作战实验室有三大特点：综合集成、面向未来、设计战争。

3.5　讨论式模拟在战争复杂系统研究中的应用

早在中国古代春秋战国时期就有了讨论式模拟的朴素思想。例如，在《墨子·公输》中墨子为了说服楚王放弃攻打宋国，就曾经与楚王手下的公输班进行了一次“讨论式模拟”。公输班九次提出攻城用的器械及进攻方法，墨子九次挫败了他的进攻。公输班的攻城器械和方法用尽了，墨子的守御战术还有余，从而得出如下结论：在当时的条件下，无论采用什么样的攻城器械与攻城方法都无法突破墨子的守御战术，攻宋必败，最终迫使楚王放弃了攻打宋国的计划。

这是讨论式模拟较早的一次成功应用的案例，但中国古代对讨论式模拟的认识是朴素的、经验的，没有形成一套严谨的理论和工程化的实施方法。

3.5.1　政治—军事对抗模拟

政治—军事对抗模拟涉及对抗局势的政治、军事、经济、心理及社会等各个方面，通过模拟假想危机局势中各种势力做出反应、做出决策的过程，以及在决策过程中起关键作用和作用微弱的各种因素，并最终得出相应决策。

美国提出的政治—军事模拟所应用的方法如图 3.1 所示。

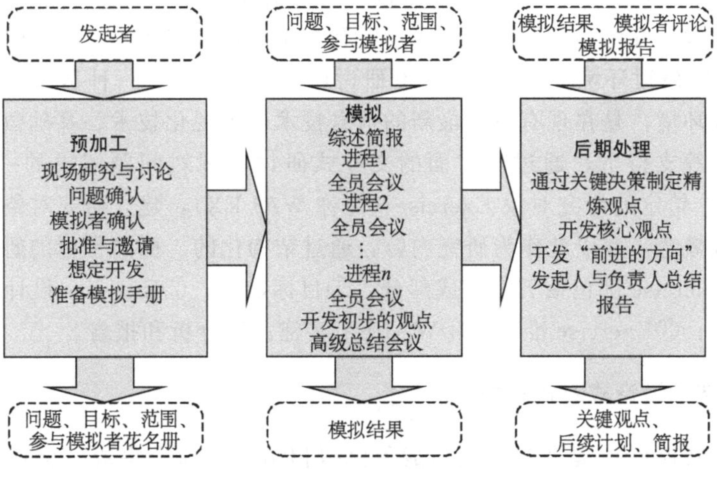

图 3.1　政治—军事对抗模拟方法

政治—军事模拟的发展都与发起者的意愿相一致，被设计作为一个政策发展和决策制定的工具。政治—军事对抗模拟分为三步：

第一步，预加工。通过发起者的研究与讨论，确定要处理的问题，有哪些模拟参与者。经过上级批准并邀请模拟参与者，进行模拟的想定开发，准备模拟手册。模拟手册的内容包括：研究问题、研究目标、研究范围以及参与模拟者花名册。第一步的输出为模拟手册。

第二步，模拟。在模拟手册的基础上，进行政治—军事对抗模拟。通过多次模拟，开发出初步的观点，进行总结，得出模拟结果。对模拟结果进行评价，最终形成模拟报告。

第三步，后期处理。对模拟结果进行精炼，提炼出模拟中的关键点，找出面向问题组织前进的方向，准备总结报告。总结报告包括模拟形成的关键观点、后续计划以及相关简报等。

50 年代末，美国麻省理工学院的 L. 布隆菲尔德首先提出采用政治—军事对抗模拟的方法（Political Military Gaming）来研究假想的政治军事危机，以及在危机中如何运用军事威慑力量。同一时期，美国西北大学的 H·古策柯用政治—军事对抗模拟来研究国际关系理论[77]。

2001 年 4 月在迈哈顿岛举行的政治—军事模拟成功地给出了对美国陆军基础框架结构稳固性的实践性见解，并检验了美国陆军基础框架结构应对战略挑战的稳固性程度[78]。

3.5.2 讨论式战争模拟

早在 20 世纪 80 年代，美国约翰霍普金大学应用物理研究所（APL）已建立战争分析实验室（Warfare Analysis Laboratory）[79]，利用其为美海军分析未来 10～20 年航空母舰作战群的发展需求，提出了讨论式战争模拟（Seminar Gaming）的方法研究未来战争。讨论式战争模拟是由一些局中人参加并提出决策意见，决策的后果由局中人进行对阵式的讨论来判定。1988 年，这种以技术规划为主题的讨论式战争模拟，已经有了比较规范的结构，开始应用于美国海军学院和海军各研究发展中心。APL 于 2000 年开发了 WAL2000 研讨环境[80]，WAL2000 研讨环境实际上就是一种基于研讨的战争系统分析综合集成环境，是在现有各种最新的信息技术、可视化技术、基础数据、先进的建模与仿真技术等支持下，通过面对面的交互式研讨实现对问题解决的一种研讨环境。WAL 针对每个给定的研究对象 Exercise（简称 WALEX），建立研究对象在一定背景下的想定和作战概念，并以此作为研究内容，通过结构化的、面向目标的研讨式模拟进行研究，每个 Exercise 都包括五个组成部分：①目标定义；②Exercise 设计，包括想定和作战概念分析；③Exercise 准备；④WALEX 实施；⑤分析和报告。

3.5.3 技术讨论式对抗模拟

技术讨论式模拟[81]是研讨方式与战争模拟相结合的综合集成分析技术，其目的是根据军事作战能力需求规划未来的军事系统（武器装备系统），能够将科学技术和军事作战理论紧密相连。技术讨论式模拟的一般流程如图 3.2 所示。

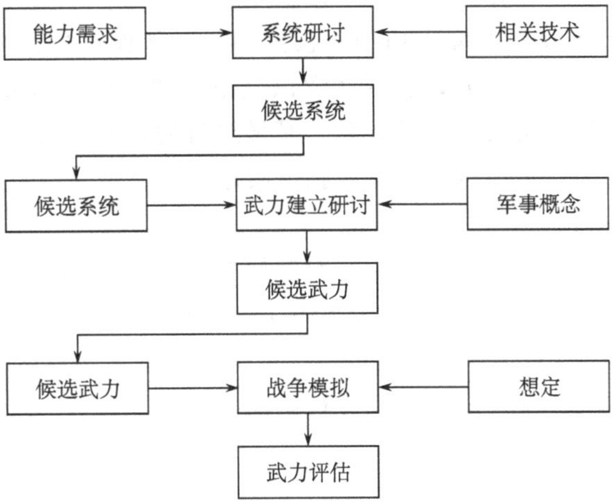

图 3.2　技术讨论式模拟的一般流程

第一步称为系统研讨，输入包括未来作战的能力需求清单、相关军事技术清单。其中，能力需求清单来自于相关的战争模拟或其他资源。系统研讨的输出是候选的军事系统，候选系统的广义定义就是军事装备的主要终端设备（装备）。在系统研讨的过程中，将需求的能力和相关的技术聚合成整体产生候选系统清单（装备需求清单）。

第二步称为武力建立研讨，其目的是研讨探究怎样将新的军事概念和新的系统结合起来以设计未来的军事系统，输入包括系统研讨产生的候选系统和备选作战概念，输出是候选武力。武力建立研讨的参与者同样也可以发明新的作战概念，或者修改候选系统的清单以更好地适应作战概念。

第三步称为战争模拟，这一步是通过战争模拟评估待选的武装力量，来检验武器装备系统在不同情况下应对潜在的敌军时的战术效果。目标是从各种交战模拟中产生一系列的输出，这些输出是可被验证的，并在后续的战略模拟中可被使用。

陆军研究发展与获取机构的助理部（the Assistant Secretary of the Army for Research，Development and Acquisition，SARDA）为了支持未来陆军计划（Army After Next），于 1998 年 7 月 21～31 日在宾夕法尼亚州卡莱尔的陆军战争学院发起了陆军技术讨论式对抗模拟，这次模拟给出了未来陆军计划需求的相关关键技术以及相关军事计划，为未来陆军计划的成功制定提供了有力支持。

3.5.4　战争模拟

国防大学司光亚教授在“沉浸式”[82]战略决策训练模拟系统中对传统的讨论式对抗模拟方法进行了发展，主要是更加强调通过现代战争模拟技术来营造演习环境，使学员更好地进入“角色”，从而提高训练质量和训练效果。

“沉浸式”战略决策训练模拟系统的主要特征是“沉浸性”，即通过“角色扮演、环境暗示、过程模拟、效果反馈”等手段的综合运用，营造一个接近真实景况的虚拟“战略时空”和“决策环境”，使参训学员能以接近自然的方式获取战略情报，进行战略决策，组织实施战略行动，在多方互动中引发战略态势演化，并在决策过程中及时反馈效果和调整决策，以及承担其决策成功和失误的后果，从而产生强烈的“环境沉浸感”、“角色沉浸感”和“过程沉浸感”，实现“意识沉浸”和“思维沉浸”，促成学员在受训过程中设身处地得到战略决策角色的体验。其最终目的是使学员通过演练学习综合运用多种斗争手段处置重大危机的战略艺术，拓展战略视野，强化战略意识，提高战略思维和谋划能力。

胡晓峰教授及其团队参考国外讨论式对抗模拟方法和国内综合集成研讨厅的思想，提出了一种“XOD 按需服务”[83]（X Service On Demand）的 XOD 体系结构，并设计了基于 XOD 体系结构的“战争综合模拟系统”—SDS 系统。SDS 系统主要用于指挥人员的决策训练和对重大战略问题的辅助分析论证。

3.6 综合评述

从以上国内外相关研究现状分析可知，国内外对战争复杂系统的研究成果不少，但存在以下问题：

第一，战争复杂系统研究处于其发展的“初级阶段”，战争复杂系统的研究不能仅仅是运用经典的复杂系统理论解释和分析战争复杂系统某个侧面的复杂性，或者仅仅是证实一些已发现的一般性军事规律，更需要系统分析战争复杂系统本质特征，研究面临的关键挑战以及应对措施，为群体创新战争复杂系统的干预策略提供理论支持。

第二，在解决战争复杂系统问题过程中，国内外专家、学者已经认识到综合集成法在战争复杂系统研究中的重要作用，尤其是国内的专家、学者，并在这个方面进行了大量的研究。但是，现有研究中没有形成统一的、规范化的综合集成解决问题的流程，并且在采用定性定量相结合解决问题的过程中，对于定性分析的对象是什么，定量分析的对象是什么，定性分析与定量分析间如何有效地指导或支持等问题分析不够。

第三，国外在运用综合集成法解决战争复杂系统问题时，既重视了武器装备的建设发展问题，也分析了与装备配套的战法研究，都采用了装备和战法相结合进行研究的思路。但对于战法分析与装备策划集成分析的内在逻辑，装备与战法集成分析基本流程和规范缺乏深入的研究和共识。因而，对于装备和战法相结合的研究方法较少，需要加强这方面的研究。

第四，在采用综合集成方法对战争复杂系统研究时，非常重视专家群体的作用。但现有的国内外关于战争复杂系统专家体系的研究中，一般都侧重于研究专家群体在具体研讨过程中的协作问题，而对于异质专家群体在多阶段分工研讨过程中的任务协作关系，选择哪些领域专家组建专家团队，采取何种专家群体研讨模式，以及在整体上如何集成各领域专家的智慧等研究较少。

第五，战争复杂系统建模仿真是一个非常好的方法，至少可以验证特定想定条件下作战方案的合理性。但是，建模仿真有一个通病就是对未来信息化战争的想定是否合理无从得到验证。现在关于战争复杂系统建模仿真的研究，其中存在的主要问题是智能体特别是智能体行为过于简单和抽象，对实际作战单元的描述能力比较有限。因此，战争复杂系统的仿真分析结果往往只是验证了一些最基础的军事理论和战争问题，这些结果往往是显而易见的，属于平凡解。而最需要的却是为了在不可预知的不确定性因素条件下探索尚不为人知的规律，寻求具有创造性的非平凡解。

3.7　战争设计工程的提出

怎样进行战争复杂系统研究才不会停留在表层，不会只得到解释性的结果？进行战争复杂系统研究，就需要采用分工与协作的工程化方法，集成专家群体的智慧，采用定性定量相结合的方法，对未来我军装备、战法及其结合模式进行创新，以应对未来信息化战争的需要。这就是我们战争设计工程所要研究的内容。

3.7.1　战争设计工程是面向未来战争的

战争设计工程把“设计”的思想引进到战争复杂系统研究中，在想象力和技术发展许可范围之内研究未来信息化条件下武器装备、战法及其结合模式发展的各种可能性，在此基础上对未来战争进行“设计”，把未来信息化战争作为研究的出发点和归宿，充分体现未来信息化战争的特点。

3.7.2　战争设计工程体现的是装备与战法的结合

信息化战争中，信息化武器装备构成复杂，信息化战争作战样式多变，武器装备和战法结合的优劣将决定战争胜负。因此，对军事思想、作战理念、编制体制、战略战术的研究必须是在新型武器装备条件下进行研究，包括现在已有的新型武器装备以及在未来几十年内可能发展起来的武器装备条件下的研究。不仅如此，武器装备本身也应放到未来战争的研究中去考察，放到未来作战理论中去考察，适用的发展，不适用的放弃，考虑不周的改进。战争设计工程采用团队式的工作模式，各领域专家对目标问题反复研讨，战争设计工程的研究成果综合集成了各类领域专家的智慧，充分体现武器装备和作战理论相互决定的关系。

3.7.3　注重专家智慧的集成

从某种意义上说，战争设计工程就是在综合集成研讨厅中进行的。研讨厅体系的重要意义在于它把专家的思维、思维的成果、专家的经验、知识、智慧以及各种情报、资料和信息系统集成起来，对复杂问题进行分析研究，采用定性定量相结合，从定性到定量的方法解决问题。战争设计工程中，同样是通过多领域专家集体研讨的形式对未来信息化战争进行设计。专家群体是战争设计工程中最重要的组成部分，是战争设计过程中敌我双方干预策略和战争系统演化轨迹的主要设计者，专家群体智慧集成也是保证战争系统可能的演化轨迹的合理性以及干预策略的完整性与适应性的重要前提。

3.7.4 定性与定量相结合的方法

定性分析与定量分析是辩证统一的关系，它们既相互对立，又相互统一。不能将定量分析与定性分析对立起来，在分析过程中既需要定量分析方法，也需要定性分析方法。针对不同问题的特点以及不同的分析阶段，定性与定量方法各有优势，两者之间不是孰优孰劣的问题，而是如何结合的问题。定性分析与定量分析是对同一问题从不同方面进行研究，二者结合，才能得出比较科学、完整的结论，才有可能克服各自的局限性，最大限度地发挥各自的优势。因此，在战争设计工程中强调定性分析与定量分析相结合作为技术基础是很有现实意义的。

参考文献

[1] 陈云金，陆宝生．《孙子兵法》鉴赏．武汉：武汉大学出版社，2006：58.

[2] 克劳塞维茨．战争论．中国人民解放军军事科学院译．北京：商务印书馆，1978：40.

[3] Alan B. Clausewitz，nonlinearity and the unpredictability of war . International Security，1992. 59～90.

[4] 胡晓峰，罗批等．战争复杂系统建模与仿真．北京：国防大学出版社，2005：383～384.

[5] Ilachinski A. Land Warfare and Complexity. Part I：mathematical background and technical sourcebook（U）. 1996：7：61～119.

[6] Ilachinski A. Land Warfare and Complexity. Part II：an assessment of the applicability of nonlinear dynamics and complex systems theory to the study of land warfare（U）. 1996，7：54～84.

[7] David S，Alberts，Czerwinski J T. Complexity，global politics and national security. Http：//www. dodccrp. org [2007-12-3].

[8] Palmore J. Warfare analysis and complexity. Military Operations Reserch Society Mini-Symposium，1997.

[9] 陈超．战争设计工程中的群体专家智慧集成研究．长沙：国防科技大学研究生院博士学位论文，2007，12：4～9.

[10] 262 次香山会议组．香山科学会议第 262 次学术讨论会简介．http：//public. whut. edu. cn/zdhxy/zdhxy/show. asp? b=79&bid=83&id=2382 [2007-3-6].

[11] 269 次香山会议组．269 次香山科学会议综述．http：//www. xssc. ac. cn/Web/ListConfs/ConfBrief. asp? rno=861 [2007-3-6].

[12] 战争复杂性与军事系统工程—军事系统工程专业委员会．第十六届学术年会研讨成果综述．军事运筹与系统工程，2006，20（4）：70～73.

[13] 张金春，翟景春，王杰．自组织理论在军校研究生教育中的应用．哈尔滨工业大学学报，2003，35（2）：238～241.

[14] 王荣辉．关于军事技术创新主体的思考．装甲兵工程学院学报，2004，18（1）：94～97.

[15] 张金春，李彪，刘景权．自组织理论在军事系统中的应用．系统工程与电子技术，2002，24（5）：11～13.

[16] 宋黎．战斗力系统自组织演化分析．南京政治学院学报，2005，21（6）：86～89.

[17] Dockery，John，Chiatti，et al. Application of catastrophe theory to problems of military analysis. European Journal of Operational Research，1986，24（1）：46～53.

[18] 卜先锦，沙基昌．系统突变理论的战场描述终态条件及模型．火力与指挥控制，2005，30（5）：5～11.

[19] Durham E S. Chaos theory for the practical military mind. http：//www. au. af. mil/au/awc/awcgate/acsc/97-0229. pdf [2001-7-6].

[20] 段锁力，王曙钊，徐成果．采用混沌技术提高军事通信的保密性．电子技术应用，2007，(2)：132～134.

[21] 袁晓凤，李永彬．混沌编码与保密通讯．计算机应用，2000，20（6）：8～10.

[22] 方锦清，赵耿，罗晓曙．混沌保密通信应用研究的进展．广西师范大学学报（自然科学版），2002，20（1）：

6～18.
[23] Lauren K M. Characterizing complexity on the battlefield using fractal statistics. http：//www. cna. org/isaac/on-line-papers. htm [2003-6-9].
[24] Yaneer Bar-Yam. Complexity of military conflict：multiscale complex systems analysis of littoral warfare. http：//necsi. edu/projects/yaneer/SSG _ NECSI _ 3 _ Litt. pdf [2003-6-9].
[25] 杨懿，刘涵，武昌等．维修保障系统效能的分形评估算法研究．系统仿真学报，2006，18（10）：2925～2928.
[26] Beckerman P L. The non-Linear dynamics of war. http：//www. belisarius. com/modern _ business _ strategy/beckerman/nonlinear. html [200-3-10].
[27] Geeraerts G. Non-linear dynamics and the prediction of war. http：//poli. vub. ac. be/public/pole-papers/pole0401. html [2007-3-12].
[28] 郑素文，杜峰．一类军事竞争系统的非线性分析．装甲兵工程学院学报，2003，17（2）：14～16.
[29] 牛庆银．非线性动力系统在综合军事实力中的应用．北京：装甲兵工程学院硕士学位论文，2002：4～10.
[30] 胡晓峰．战争模拟：复杂性的问题与思考．系统仿真学报，2003，15（12）：1659～1666.
[31] 赵晓哲，郭锐．现代化战争的复杂性．系统仿真学报，2003，15（12）：461～464，467.
[32] 马龙，柳少军．组织决策过程及其涌现性研究．系统仿真学报，2003，15（12）：1687～1690.
[33] Ilachinski A. Towards a science of experimental complexity：an artificial-life approach to modeling warfare. http：//www. cna. org/isaac [2005-6-20].
[34] 金伟新，肖田元，胡晓峰等．战争 CAWSOM 模型．系统仿真学报，2006，15（增刊 2）：613～620.
[35] 胡晓峰，司光亚，罗批等．战争复杂系统与战争模拟研究．系统仿真学报，2005，17（11），2769～2774.
[36] 陶凤翔．军事复杂适应系统模型及应用研究．长沙：国防科技大学研究生院硕士学位论文，2003.
[37] 迟妍．基于复杂适应系统理论的作战模型研究．长沙：国防科技大学研究生院博士学位论文，2004.
[38] 吴俊，谭跃进．复杂网络抗毁性测度研究．系统工程学报，2005，20（2）：128～131.
[39] 谭东风．一种基于随机映射的战斗效能模型．国防科技大学学报，2006，28（6）：102～107.
[40] 董忠林，姜丁，罗批等．复杂适应系统理论在战争系统建模中的应用现状研究，2006，17（5）：5～9.
[41] Ilachinski A. Irreducible semi-autonomous adaptive combat（ISAAC）：an aritificial-life approach to land warfare. http：//www. ena. org [2007-6-20].
[42] Ilachinski A. Enhanced ISAAC neural simulation toolkit（Einstein）：an artificial-life laboratory for exploring self-organized emergence in land combat. http：//www. can. org [2007-6-20].
[43] Ilachinski A. Irreducible semi-autonomous adaptive combat（ISAAC）：an artificial-life approach to land warfare，Center for Naval Analyses Research Memorandum CRM97-61（1997）. http：//www. can. org [2007-6-20].
[44] Horne，Gary E. Maneuver warfare distillations：essence not verisimilitude. http：//www. can. on [2007-6-20].
[45] Horne，Bates C，et al. Quantitative support to decision makers using agent based modeling of conflicts. http：//www. can. org [2007-6-20].
[46] Ronald F，Woodsman A. Agent based simulation of military operations other than war small unit combat. http：//www. can. org [2007-6-20].
[47] Taylor D. USMC ground combat study. http：//www. can. org [2007-6-20].
[48] Lauren K M. Characterizing complexity on the battlefield using fractal statistics. http：//www. mngt. waikato. ac. nz/orsnz99/PDFs/Horne. pdf [2007-6-20].
[49] Brandstein A，Home G. Project albert and ROLF2010：a remarkable collaboration. http：//www. military-science. org/public/media/publications/Bandsteoin&Horne. PDF [2007-6-20].
[50] Hunt W C，Saias I. Complexity-based modeling and simulation. http：// www. dodccrp. org/Proceedings/DOSC/wed00000/Wed000ec. htm [2007-6-20].
[51] Kewley H R. Combat operations support system for adaptive command and control. http：//www. cna. org/Isaac/MAJKewley _ BriefingSlides. pdf [2007-6-20].

[52] 胡晓峰．战争工程：信息时代的战争方法学．军事运筹与系统工程，2004，18（2）：3～7.
[53] 胡晓峰，杨镜宇．战争复杂系统的体系建模与分析仿真研究．香山科学会议第269次学术研讨会，2005：141～155.
[54] 胡晓峰．战争复杂系统建模与仿真．北京：国防大学出版社，2005：1.
[55] DOD Regulation 5000. 2-R，Change 4，15 March 1996. “Mandatory Procedures for Major Defense Acquisition Programs（MDAPs）and Major Automated Information System（MAIS）Acquisition Programs”.
[56] Chairman of the Joint Chiefs of Staff Instruction. Requirements generation system. 1999.
[57] Chairman of the Joint Chiefs of Staff Instruction. Operation of the joint capabilities integration and development system. 2003.
[58] Chairman of the Joint Chiefs of Staff Instruction. Joint capabilities integration and development system. 2003.
[59] Chairman of the Joint Chiefs of Staff Instruction. Joint capabilities integration and development system. 2005.
[60] Perry W L，et al. Measure of effectiveness for the information age navy：the effects of network-centric operations on combat outcomes. Rand MR-1449，2001.
[61] 徐根初．关于军事决策科学化的思考．香山科学会议第262次学术研讨会，2005：7～14.
[62] 江敬灼．综合集成法在作战实验室中的应用．香山科学会议第262次学术研讨会，2005：187～194.
[63] 韩雁飞，江敬灼．综合集成理论技术发展分析．军事运筹与系统工程，2006，20（1）：3～7.
[64] 李忠民，汤淑春等．基于综合集成方法的武器装备采办风险管理．系统工程与电子技术，2005，27（10）：1760～1763.
[65] 李德华．“军事战略综合集成研讨厅”总体设计思想．香山科学会议第262次学术研讨会，2005，9：113～146.
[66] 司光亚，胡晓峰．一个面向战略决策的综合集成研讨环境．通信学报，1999，20（9）：10～15.
[67] 胡晓峰，司光亚．战略决策综合集成研讨环境SDE98的体系结构．小型微型计算机系统，1999，20（2）：88～91.
[68] 司光亚．战略决策综合集成研讨与模拟环境研究与实现．系统工程，2000，18（5）：79～80.
[69] 胡晓峰，司光亚，吴琳等．SDS2000：一个定性定量结合的战略决策综合集成研讨与模拟环境．系统仿真学报，2000，12（6）：595～599.
[70] 王立红，吴琳，司光亚等．战略模拟中群决策方法管理平台的设计与实现．计算机仿真，2003，20（8）：7～9.
[71] 常显奇，李元左，刘曙云等．空间军事系统综合集成研讨厅内容体系的研究与建设．系统工程理论与实践，2001，20（6）：86～90.
[72] 王斌，常显奇，李元左．空间军事系统综合集成研讨厅体系概念研究．装备指挥技术学院学报，2003，14（1）：46～49.
[73] 金鑫，李元左，马红光．空间军事复杂决策系统问题求解的综合集成方法．复杂系统与复杂性科学，2005，2（2）：87～92.
[74] 韩祥兰，吴慧中，陈圣磊等．武器装备论证综合集成研讨厅系统．南京理工大学学报，2005，29（4）：446～450.
[75] 孙柏林．美军作战实验情况综述．香山科学会议第262次学术研讨会，2005.9：41～66.
[76] 熊新平．“千年挑战2002”启示．现代防御技术，2002，30（5）：22～24.
[77] 孙柏林．政治—军事模拟方法：制定战略与国家安全政策的一种有效工具．软科学研究，1990，1：49～53.
[78] Manhattan 2001 political-military game，January 2002，center for army analysis，6001 goethals road，fort belvoir，va 22060-5230.
[79] Palmore I J. Warfare analysis and complexity mini-symposium /workshop. Military Operations Research Society No. 0704-0188，1999.
[80] Dean J R. Warfare analysis laboratory 2000. Johns Horkings Apl Technical Digest，2000，21（2）：231～237.
[81] 秦晓周，余达太，白文科．运用对抗模拟手段评估军事决策方案的实现方法．计算机仿真，2004，21（12）：

14～17.

[82] 司光亚，胡晓峰，吴琳．“沉浸式”战略决策训练模拟系统研究与实现．系统仿真学报，2006（12）：3581～3583，3607.

[83] 贺筱媛，胡晓峰等．战争模拟系统中按需数据服务的实现方法．系统仿真学报，2005（9）：2273～2275.

第 4 章

战争设计工程理论基础

自从 20 世纪 90 年代初战争系统复杂性获得关注以来，针对战争系统复杂性的研究不断深入。虽然在战争系统的各类研究中越来越重视战争系统复杂性带来的挑战，然而战争系统复杂性的挑战却不曾减退。其原因之一在于信息化战争比以往的战争更加复杂，之二在于复杂性科学并不完善。目前多数复杂性研究主要解决复杂性现象的描述问题，至于如何降低和控制复杂性仍然是一个处于探索阶段的难题。因此，从战争系统复杂性的挑战出发，研究战争复杂系统的分析与设计方法是军事问题研究方法论发展的内在需求。研究战争复杂系统复杂性的来源及其关系，有利于分析战争复杂系统研究面临的复杂性挑战。

4.1 战争复杂系统的复杂性分析

战争复杂系统是一类特殊的复杂系统，其复杂性来源表现在多个方面。

4.1.1 情景复杂性

情景复杂性是指战争复杂系统物理世界的复杂性，这种复杂性是指没有人为干扰（相当于自动化处理、理性人决策）时战争复杂系统演化的不确定性。按照美国著名的复杂性科学研究者 Warfield[1] 的观点，这种复杂性称为“情景复杂性”。情景复杂性的根源在于系统要素多、系统结构复杂（节点之间的联系多、反馈多）、系统要素之间的非线性作用和系统中的大量随机因素等，表现形式如分析过程中的组合爆炸、系统演化过程中出现的非线性现象、混沌现象、涌现现象等。

现代战争尤其是未来的信息化战争，作战空间由机械化时代的海、陆、空三维空间扩展到海、陆、空、天、电磁五维作战空间，伴随着作战空间的扩展，作战要素也在空前扩展。战场信息的空前利用使得各要素之间的联系更加紧密，从而使得战争复杂系统结构更加复杂，表现为系统节点之间的联系多、反馈多，从而引起各节点之间的反馈和相互作用增强，使得战争复杂系统之间产生大量的非线性作用。

战争复杂系统中存在大量的随机现象，战场环境中的气候、武器装备的可靠性等都是随机性变量。在战争复杂系统中无论是纯人工子系统还是纯自然环境子系统，充满了大量的随机因素，这些随机因素引起战争复杂系统中的混沌现象，在非线性机制的作用下有可能成为影响战争系统演化的关键性变量。

4.1.2　认知复杂性

认知复杂性是指由于人的认知有限性导致对战争复杂系统认知的不确定性。认知是人类进行干预与控制活动的基础，人类对事物的认知实际上是外部物理世界在头脑中的一种投影。然而，人的有限理性[2]、有限知识、有限认知能力和认知过程中的选择性，使得现实世界在认知主体的观念世界中的投影具有不确定性。例如，“100 个读者有 100 个哈姆雷特”。战争复杂系统的每个系统干预者对战争复杂系统的认知都具有局部性和不确定性，这种认知的不确定性直接造成了对抗性复杂系统干预策略的不确定性。

分布式认知理论认为，认知分布于个体内、个体间、媒介、环境、文化、社会和时间等之中[3~5]，也就是说认知主体（个人或者组织）对认知客体的认知和以下因素相关：①认知主体的心智基础；②认知主体认知客体时所处的环境；③认知主体之间的交换过程；④认知主体认知过程所使用的媒介和工具；⑤认知主体的社会文化心理；⑥认知主体对客体进行认知的过程（认知的渐进性）。以上与认知相关的因素都具有一定的不确定性和主观性，所以由这些因素所影响的认知也就具有不确定性。

4.1.3　核心利益的零和对抗性

战争是政治的延续[6]，是集团核心利益冲突无法和平解决后的产物，战争具有强烈的对抗性，并具有零和特征。战争复杂系统中对抗双方争夺的利益往往是集团赖以生存的基础，战争的成败可能决定了对抗双方利益集团的生死存亡。战争胜利一方可以把自己的意志强加给战败的一方，强迫战败一方出让本集团的核心利益。就狭义军事冲突而言，战败者往往会一无所有。所以，战争中对抗双方所争夺的核心利益具有零和特征。核心利益的零和对抗，使得对抗双方尽其所能地欺骗对方、尽可能地隐瞒自己的真实意图、尽可能地利用对方所有可能的漏洞，从而使得对抗双方对战争复杂系统的干预策略具有强烈的创新性、不确定性[6]和多样性。因此，核心利益的零和对抗，决定了对抗双方都尽其可能创新对战争系统的干预策略，以使其在战争中获得最大利益。

对抗双方这种具有强烈创新性、不确定性和多样性的干预策略的实施，直接作用于作战复杂系统，对复杂系统不断演化起决定性作用。作为一种人工事物系统[2]，战争复杂系统理论是为战争服务的，是对抗双方各种干预策略长期实施累积的结果，是参与战争各方对抗形成的复杂系统。战争系统的发展以“零和对抗”为基本理念，核心利益的零和对抗是战争系统本质复杂性的起始点，也是战争复杂系统发展的根本动力。

4.1.4　干预策略的分布性

干预策略的分布性表现在三个方面：①干预策略可划分为两大类：装备与战法建

设；②两大类干预策略的制定（战法研究与装备建设方案）分别由不同的群体在不同的时空上完成，战法由作战研究人员研究确定而装备策划方案由军事装备研究人员确定；③两大干预策略的实施（战法的实现和装备的建设）也是不同的人群在不同的时空上分别完成，战法由作战指挥人员在未来的战场上执行，而装备建设由装备建设人员完成。

干预策略的分布性可以用图 4.1 表示，其中图 4.1（a）表示“打什么仗发展什么装备”，而图 4.1（b）表示“有什么装备打什么仗”。

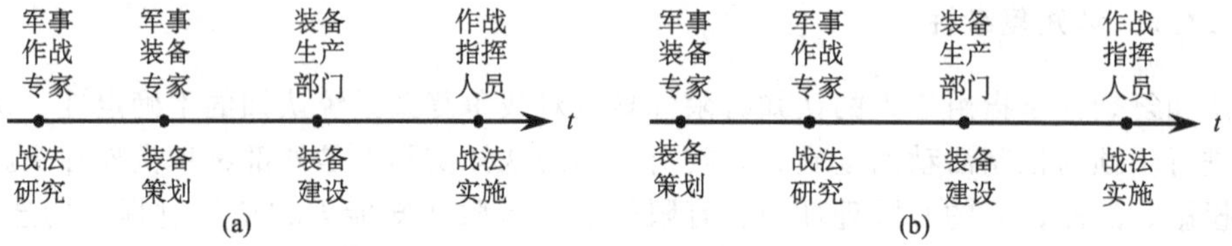

图 4.1 干预策略分布性描述图

策略的实施者是分布的，这些策略是在不同的时间段上由不同的人制定和执行的，这是战法研究和装备研究分离的基本原因。干预策略实施的分布性决定了战争复杂系统在战争爆发之前的干预策略应该面向未来，否则战争之前对战争的干预（战法研究、装备策划和装备建设）将失去意义。干预策略的整体性效果是相关干预策略（装备及其配套的战法、或者战法及其配套的装备）在时间和空间上累积的效果，这种累计的干预效果具有滞后性。此外，由于战争实践的有限性，许多干预策略实际上无法获得实践的检验。

干预策略的执行（活动）是分布的，尤其是时间上的分布，使得活动执行所处的环境和干预策略制定所预设的环境有出入，活动执行具有临场发挥的直觉性、创新性和不确定性。

4.1.5 干预策略的创新性

战争复杂系统中核心利益的零和博弈特征决定了对抗参与者都尽其所能地创新各自的干预策略，否则就有可能在军事对抗中失败并丧失其核心利益，因为“在战场上拿不到的在谈判桌上更拿不到”。创新决定了战争局中人的成败，是战争复杂系统发展的直接动力。历史上战争复杂系统的演化常常出乎人们意料之外，很大程度上是战争参与者中至少有一方采取了出人意料的创新性干预策略（包括新的战法或者新式装备等）。创新是人类智力对抗的本质性特征之一，战争复杂系统中的对抗本质上是群体智慧的对抗，所以战争复杂系统中对抗参与者的干预策略必然具有创新性。

干预策略的创新具有很强的针对性，对抗各方都是基于对手的弱点发展自己的干预策略，相互之间顺着“魔高一尺，道高一丈”的逻辑在发展。信息化战争时代战争节奏空前加快，很难有从战争中学习战争的机会[7]，所以战争发生之前的战争准备尤为重要。信息化时代战争系统的演化更多表现为和平时代战争系统的演化，即参与各方在战法研究、装备策划和装备建设三方面的对抗对战争复杂系统的演化具有关键性作用，是体现“魔高一尺，道高一丈”的关键阶段，如图 4.2 所示。

由于战法的实施发生在未来，为了确保未来的战法实施能够成功，要求前期的战法研究和装备策划与建设具有适应性，对未来具有很强的适应性。例如，在图 4.2 中，红方战前的干预策略具有适应性，意味着根据一般性的技术和军事发展趋势，蓝方在未来一段时间内不会因其战法微调和装备简单改进就能破解红方装备与战法的结合模式。也就是说，红方设计其作战模式（战法及其装备的结合模式）的过程中尽可能地考虑了蓝方可能的各种反制性干预策略，使其反制性干预策略具有适应性。一个完整的干预策略（装备与战法结合模式）的实施是分布的，也就是说在完成整个干预策略的过程中竞争对手可能会采取新的干预策略，所以干预策略的适应性显得十分的重要。

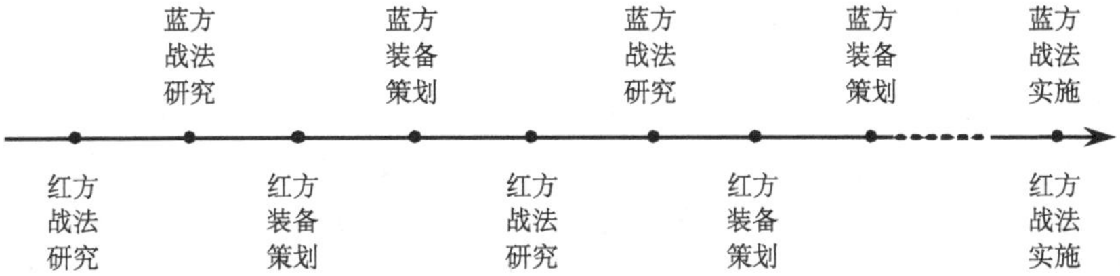

图 4.2　战争复杂系统参与双方的干预策略对抗示意图

4.1.6　干预策略内部的协调性

战争复杂系统对抗参与方，为了捍卫自身的核心利益，一方面尽其所能地发掘对手的弱点并有针对性地创新干预策略，另一方面尽其所能地整合自身的资源使其形成一个整体，从而有效地攻击对手。所以战争复杂系统中对抗各方干预策略应该具有内部协调性。这种协调性不是自发形成的，而是有意识地控制后形成的，这种协调是总体设计的结果，而不是自发演化的结果，这种协调具有可预测性和可控制性，这种协调和自然系统演化中呈现的协同性具有本质性区别。

对抗各方干预策略内部的协调性，要求各参与者的装备与战法具有一致性、统一性和相匹配性。战争复杂系统中的两大类干预策略，并不是完全隔离的，而是具有相互促进的关系。

信息化战争时代，信息技术的发展有利于战争复杂系统对抗各方内部要素的整合，从而满足参与各方干预策略内部的协调性要求。然而另一方面，信息化战争时代，战争复杂系统中的要素增加，各要素之间的关系更加复杂，对战争复杂系统全局性的理解与控制越困难，从而越难以实现对抗各方干预策略内部的协调性。而且由于战争复杂系统的情景复杂性，战争复杂系统的干预策略往往具有分布性特征，如何协调战争复杂系统的分布性和内部协调性需求之间的矛盾，成为战争复杂系统研究不可回避的问题。

需要进一步指出的是：现实中，在各国军事系统内部各部门利益冲突时，经常出现局中人内部决策不一致的情况，这种不一致性在军队和平建设时期尤为明显。局中人内部对决策冲突的处理是战争复杂系统发展过程中一个必不可少的环节，这一环节的处理往往通过行政协调、政治调解、利益冲突者之间的群决策、博弈等手段进行处理。内部冲突的处理实际上是对抗各方“关起门”内部协调的过程，而且在协调过程中需要明确一个共同达到的目标，也就是往往需要一个统一的、整体的、合理的与对手对抗的方案，以最大限度实现该方案作为调解目标。而战争设计工程的目标就是形成一个整体的具有协调性的合理方案。所以，局中人内部利益的协调可以看成具有合理的整体方案之后的内部协调过程。战争设计工程研究结果有利于促进内部协调过程，因为战争设计工程所设计出来的整体方案具有经过定性与定量相结合分析验证的合理性，能够促使内部利益冲突双方更加深刻理解妥协与协作对全局的意义。战争设计工程在设计干预策略时，不考虑内部利益冲突，不但不妨碍战争复杂系统发展过程中对内部冲突的处理，而且有利于提高内部冲突的协调效率。

4.1.7 干预策略的不确定性

战争复杂系统具有情景复杂性，在干预策略创新过程中创新主体（创新团队）都是根据自身对战争复杂系统的理解进行创新，所以战争复杂系统的干预策略创新是基于局部理解的（表现为干预策略的分布性）。由于战争复杂系统干预策略具有内部协调性要求，所以装备与战法在分布的基础上具有一定耦合性，这种耦合性也具有一定的不确定性（例如，装备确定下的战法研究具有不确定性，战法确定下的装备策划也具有不确定性）。同时，创新主体对战争复杂系统的理解具有主观性（表现为对战争复杂系统认知复杂性）。因此干预策略的创新具有主观性、环境依赖性、多样性和不确定性。

干预策略的不确定性是战争复杂系统演化不确定的关键性因素，干预策略的不确定性是战争复杂系统中复杂性的关键来源，体现了战争复杂系统演化中人的作用和地位。

4.1.8 系统演化的不可重复性

不可重复性是对抗性复杂系统的一个本质性特征[8]，引起战争复杂系统演化不可重复的原因有战争复杂系统的情景复杂性和干预策略的不确定性，其中干预策略的不确定性和多样性是关键性原因。对抗性复杂系统的演化不但不可重复，而且也不可预测，这一点和王飞跃关于复杂系统的第二个基本假设的含义[9]是一致的。王飞跃提出的复杂系统的两个基本假设[10]：①相对于任何有限资源，在本质上，一个复杂系统的整体行为不能通过独立分析其各部分的行为来确定；②相对于任何有限资源，在本质上，一个复杂系统的整体行为不能预先在大尺度（例如长时间或者大空间）上确定。“不可重复性”也是智力对抗共有的特点。例如，中国象棋只有 32 个棋子，而且每个棋子行为规则也很简单，然而“每一局棋都是新的”。

事物是否不可重复不是事物本身决定的，而是由研究者关心的问题决定的。每一个生命体都可以看作为复杂系统，生物圈就是复杂巨系统，人类社会也是复杂巨系统，它的演变是不可重复的。讲生态地球和可持续发展也是这个道理。但是，如果研究的是地球绕太阳的运动，研究历法，那么地球可以看做为一个简单的物体，甚至一个刚体或者质点。传统的自然科学采用还原论的方法，各自研究事物一个方面的规律，可以把事物看成是可重复的，并且认为只有可重复的结论才是科学的。从 20 世纪末起，随着系统工程的出现，历史进入了系统的时代，社会、经济、军事等复杂巨系统的研究中开始采用自然科学、工程技术的方法，取得了一些重要进展，如在行为科学、解释经济规律等方面。但是这类社会、经济、军事系统中都离不开人，特别是不同利益集团的人的决策干预。单纯用还原论的方法研究就显得不足，需要把他们真正作为复杂巨系统，作为不可重复系统来研究。

从哲学上讲，任何事物都是不可重复的。我们常听见失败的英雄们说："如果下次有机会我绝不会这么做了"。可见第二次重复时必有某些决策会有变化。

战争复杂系统不可重复性的特征决定了战争复杂系统没有一个确定性的未来，战争复杂系统的研究只能是寻找可能的未来，只能探索与设计战争复杂系统未来可能的轨迹。

4.2　战争复杂系统的复杂性来源关系分析

战争复杂系统中复杂性有八大来源，它们不是相互独立的而是相互影响、相互作用，具有一定逻辑关系的，如图 4.3 所示。根据八大复杂性来源相互影响链路，把这八大复杂性来源分为四类。第一类是"核心利益零和对抗性"和"情景复杂性"，它们是战争系统复杂性的两个基本来源，提供了战争复杂系统演化的内在动力和物质基础，具有客观性；第二类包括干预策略创新性、内部协调性、认知复杂性和策略分布性，这四大复杂性来源和人相关，和决策过程相联系，主要体现了对抗双方在产生干预策略时所具有的特征，具有主观性。其中，策略创新性和内部协调性主要由"核心利益的对抗性"派生而出，认知复杂性和策略分布性主要由"情景复杂性"派生而出；第三类是干预策略的不确定性，体现了人对战争复杂系统直接施加影响的不确定性，与决策实施结果相联系，干预策略的不确定是由干预策略的创新性、内部协调性、认知复杂性和策略分布性所共同决定的，同时，干预策略的不确定性使得战争复杂系统更加复杂，增加其情景复杂性；第四类是战争复杂系统演化具有不可重复性，不可重复性是情景复杂性和干预策略的不确定性共同决定的。

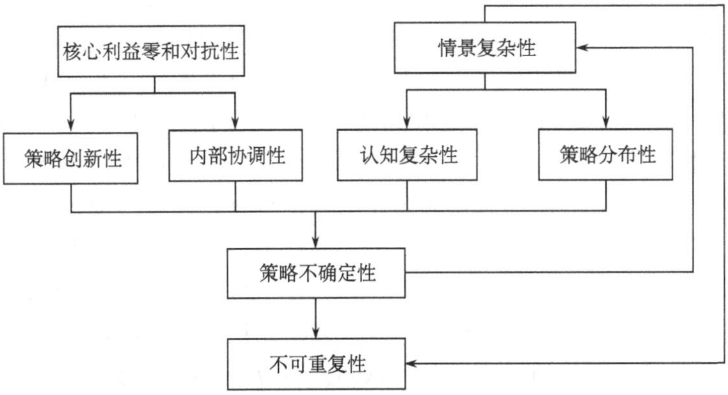

图 4.3　战争复杂系统的复杂性特征的层次关系图

战争复杂系统中复杂性八大来源，情景复杂性和核心利益零和对抗性使得干预策略具有不确定性，而干预策略不确定性反过来加剧了情景复杂性，战争复杂系统的演化越来越复杂，越来越具有不确定性，对于个体而言越来越难以在整体上理解、控制和驾驭它。群体智慧的对抗在战争复杂系统中起着越来越重要的作用，因此，战争复杂系统的研究越来越需要反映这种群体智慧的对抗，从某种意义上可以说，战争设计工程中采用群体智慧的集成只是战争中群体智慧对抗的预演。

4.3 战争复杂系统研究面临的挑战

战争复杂系统研究面临的挑战表现在不同层次上，即方法论层次上的挑战、方法上的挑战和技术层面的挑战。

4.3.1 战争复杂系统研究在方法论层面上的挑战

战争复杂系统研究在哲学层面需要突破还原论，真正的复杂性问题只可能以复杂的资源进行趋近[11]，这说明一个复杂系统不可能还原成其基本构成组分的集成。并不是因为此种系统不是由它们所组成的，而是在此过程中会丢失过多的关系信息。复杂性是不可压缩的[11]，战争复杂系统中的全部“复杂性”是不可压缩的，不可能被简化。研究过程中所建立的战争复杂系统模型必须保留原系统自身的复杂性，由于复杂系统的模型将如同它所建模的系统般复杂，因此，按照一般意义上的分析逻辑模型原理难以揭示出系统的真正本性[11]。研究战争复杂系统的模型的复杂度本质上应该和战争复杂系统的复杂度相匹配，因为战争复杂系统复杂性的本质来源在于人，所以战争复杂系统的研究模型应该能反映战争复杂系统中人的复杂性。

在哲学层面上，战争复杂系统采取何种分析思路，如何应对还原论失效将是战争复杂系统研究面临的主要挑战。如何确保研究战争复杂系统的模型能够保留战争复杂系统本身的信息是战争复杂系统研究不可回避的问题。法国哲学家莫兰[12]在《复杂性理论与教育问题》的序言中归纳了复杂性方法的两个基本原则：两重性逻辑的原则和回归环路的原则。两重性逻辑表明在复杂性方法中对立的原则和概念以不可分离的方式互补地联系着，并且在互补的联系中仍保持着彼此对立性。回归环路的原则表明在复杂性方法中超越了自我产生和自我调节的概念，是一个生生不息的圆环，在其中产物和结果本身又产生和引起了产生它们的东西。这和帕斯卡尔[12,13]的原则相一致——所有的事物既是结果又是原因，既是受作用者，又是施加作用者，既是通过中介而存在的又是直接存在的。所有事物，包括相距最遥远的和最不相同的事物，都被一种自然的和难以觉察的联系维系着，不认识整体就不可能认识部分。同样地，不特别地认识部分也不可能认识整体[13]。“两重性逻辑原则”和“回归环路的原则”把复杂性问题分析过程抽象为一个认知螺旋式深化的过程，用人认知的深化逼近复杂系统本质特征，强调了人在复杂性问题研究中的主导地位，其实质是用人类的认知模型应对复杂性的不可压缩性。

另外，在方法论层面上战争复杂系统的研究面临三大逻辑上的悖论：①面向未来（干预策略的时间分布性）与没有具体未来（不可重复性）之间的悖论；②在设计和寻找未来的过程中，未来的场景和干预策略是两个主要相关变量，一方面未来场景引导策略创新，另一方面策略创新影响未来场景，形成了循环依赖；③干预策略分布性和内部协调性之间的悖论。

1. 面向未来与没有具体未来之间的悖论

战争复杂系统研究一方面必需面向未来，另一方面由于系统的演化具有不可重复性使得无法预先确定战争复杂系统的具体未来。所以，不是研究一个未来实际的战争复杂系统实体，而是研究战争复杂系统的可能虚拟状态。“设计”是一种面向未来的分析方法，被设计的东西（工具、方案）具有和未来相适应的特征，那么运用设计的思想分析复杂系统的干预策略，从而确定系统未来可能的演化状态，即设计和探索战争复杂系统可能的演化轨迹。借助于“多重世界”[10,14]的观念，战争复杂系统每一种可能的演化轨迹都是一个“平行世界”[10,14]。战争面向未来就是尽可能地探索和设计战争复杂系统的可能状态，在此基础上设计出最有可能的或最不利的演化状态及这些状态下的干预策略。

2. 未来的场景和干预策略循环依赖的悖论

在设计和探索系统未来可能状态的过程中，干预策略和未来状态具有相互依赖性，具有相互决定的关系。所以在研究战争复杂系统的过程中，系统未来可能的状态和可能的干预策略应该放在一个逻辑框架中一体化地解决，使得系统未来状态和干预策略能够不断地迭代演化，否则可能割裂了干预策略和未来状态相互决定的关系，导致系统未来状态和相关的干预策略不相匹配。

未来情景转化成为一种目标和一组约束，干预策略转化成为实现变量，如何使得目标与约束和策略具有一致性是问题的关键。

3. 干预策略分布性和内部协调性之间的悖论

干预策略分布性很大程度上源于战争复杂系统情景的复杂性和人类认知能力的有限性。

干预策略分布性表明不同的人根据各自局部认知创新干预策略，而参与者内部的整体性要求各种干预策略相匹配，具有统一性，能够形成合力以最大限度地获取战争的胜利。干预策略的分布性是由系统情景复杂性所引起的，干预策略内部协调性需求是由核心利益零和对抗性所引起的，干预策略的分布性和内部的协调性之间的矛盾，在本质上反映了认知对象的复杂性和认知的有限性之间的矛盾。因此在研究战争复杂系统的过程中，干预策略既要有整体性又要有分布性，即战法和装备必须在一个逻辑框架内循环迭代，使得装备与战法相互匹配，在整体上具有相适应性。

4.3.2　战争复杂系统研究在方法层面上的挑战

战争复杂系统研究在方法层面上的挑战主要表现为处理复杂性—尤其是处理与人相关的复杂性—的相关方法面临的挑战和反思。主要包括分布式认知理论、人工智能等对战争复杂系统研究提出的挑战。

1. 分布式认知对战争复杂系统研究的挑战

认知科学[15,16]是关于智能（包括自然的和人工的）、心智、认知、思维、信息处理、概念、推理、语言等的研究，与哲学、心理学、逻辑学、语言学、人类学、神经生理学、计算机科学等学科交叉形成的综合性学科，从多学科角度来探讨智能、心智、思维等的奥秘。人的创新思维是认知科学的研究内容，创新可以被当作一个认知过程，分布式认知理论[3]认为人的认知分布于时间、个体、环境和工具之中，人类的认知过程（求解问题的过程）是个体间的协作和人与环境间的协作不断深化的过程。战争复杂系统干预策略创新是战争复杂系统研究的目标，也是战争复杂系统复杂性的主要源头，所以创新战争复杂系统的干预策略必须考虑到分布式认知理论的挑战。把战争复杂系统研究过程当作团队分布式认知过程进行处理。

战争复杂系统干预策略创新过程是一个分布式认知过程。为了提高干预策略创新的效率和质量，战争复杂系统研究过程中必须体现创新在个体、时间、工具和环境上的分布性，即体现创新在时间上的渐进性、在多类异质专家的协作中、在人与计算机协同中、各类分析工具的结合中（定性与定量分析的结合中）。也就是说，战争复杂系统的研究，需要采取某种机制体现认知的分布性，从而促进干预策略创新。

2. 人工智能研究模式对战争复杂系统研究的挑战

过去四十年中，对人工智能（AI）的探索是复杂性模型研究的聚焦点[11]。AI的成功或失败，对于我们理解复杂系统（包括人类）以及它们如何工作具有重要意义。常用的AI系统是基于规则的符号系统（形式系统）。保罗认为基于规则的系统不是复杂系统的合适模型。人工智能发展从早期乐观主义，进入发展瓶颈时代，主要由于智能的重要标志——感知、运动、语言运用、直觉等——的复杂性超过了所有的估计，在这方面，没有任何计算机装置的能力哪怕是遥远地接近人的能力[11]。

对AI质疑的核心在于认为无法处理心智复杂性的挑战，即无法把人的心智模式不失真地抽象成为合理的模型。例如，塞尔认为人的思维与不同的计算机程序关键在于“意向性”。意向性是心智状态和事件的性质，关于世界的事态都借助于它或者受到引导，或受到围绕，或具有对象和状态。意向性既是大脑结果引起的，也是大脑结构所实现的，无论如何精确地模拟大脑，模拟仍然是一种形式系统，并不可能具有意向性。这意味着意向性是只有大脑才具有的一种属性[17]。

认知科学家认为，无意识的思维至少占整个思维的百分之九十五[18]。而且，更重要的是，这些处在意识层次之下的无意识的思维塑造和组建了有意识的思维。如果没有无意识的思维在意识层次之下起这种作用，就不存在有意识的思维。认知的无意识是一个精巧的大结构，它不仅包括自动的认知活动，而且包括隐性的知识。“我们的无意识的概念系统像一只‘看不见的手’在起作用，它塑造了我们对经验的一切方面进行概念处理的方式”[18]。无意识思维是一种“看不见的手”，这意味着无意识思维无法（至少当前）被人类显性化，被人形式化表征出来，无法被人形式化表征出来就无法在计算机上运行。目前的计算机系统只能处理形式化的符号系统，所以无意识思维无法被计算机所模拟和表达。

机械计算机的发明人、著名的数学家和哲学家帕斯卡尔把人的精神分为两种类型，一种是“几何学精神”[13]，一种是“敏感性精神”[13]。前者是论证的、推理的、超越日常生活的；后者是在日常应用中的良好的洞见力，能够从异常繁杂的事物中凭借“极其细致而又十分明晰的感觉”而一下子把握整体。这两种精神并不完全对立，而是互相渗透的。但是“敏感性精神”要比“几何学精神”更高，因为它直觉地把握到的东西，用“几何学精神”来推论确是一件“永无止境的事”。敏感性精神实际上是一种创造性精神，它虽然离不开“几何学精神”，但是把“几何学精神”作为它自身的工具。与帕斯卡尔的观点类似，中国著名的哲学家熊十力把人的智能分为“量智”和“性智”，前者和人的逻辑推理为主的理性相关，后者与人发散性的创新性相关[19]。

大体上，人工智能前期的发展主要解决的是模拟（或者处理）与人的“量智”和“几何精神”相关的问题。例如，计算问题和下棋问题（不太复杂的下棋），取得了很大的成就，一旦涉及需要处理与人的“性智”或者敏感性精神相关的问题时，人工智能迟迟难于突破。

无论塞尔还是认知科学家的观点都表明：大脑的工作无法用简单的计算机原理来描述[20]。这意味着人和计算机在解决复杂性问题的时候需要合理的分工。战争复杂系统研究的主要目标是创新干预策略，干预策略的创新需要利用人尤其是群体的“性智”和“敏感性精神”，需要把人放在整个研究的逻辑框架中，需要以人为主体，在研究中充分利用人的直觉、顿悟等非理性能力。

4.3.3 战争复杂系统研究在技术层面上的挑战

莫兰所提出的“两重逻辑原则”意味着复杂系统的研究中需要处理隐含的矛盾或者鸿沟。“两重逻辑的原则”并非指系统中只有两个相互对立（分离）的对立原则，而是从不同的维度会有不同的两重逻辑。他所提出的“回归环路原则”意味着复杂系统研究中需要循环迭代。借助于莫兰的概念，梳理战争复杂系统研究在技术层面上的挑战，主要表现为应对战争系统复杂性潜在的矛盾（或者称为鸿沟）。具体而言战争复杂系统研究中面临 4 大鸿沟。

1. 微观干预策略与宏观作战效果之间的鸿沟

正如莫兰的观点，任何复杂系统都不可避免地需要处理局部和整体的关系。在战争复杂系统研究中局部和整体的关系主要表现为微观的具体的干预策略和宏观效果之间的关系。战争复杂系统研究的主要目标是创新战争复杂系统的干预策略，战争复杂系统的干预策略是由一些微观的具体干预要素组成的。例如，装备策划中干预策略表现为装备的一些关键性能指标，战法表现为一些关键作战活动。由于在战争复杂系统中存在大量的非线性作用，具体的微观的干预策略要素对整体作战效果具有巨大影响。

需要建立微观干预策略和宏观作战效果之间的桥梁，沟通处理微观干预策略和宏观作战效果之间的鸿沟，便于理解微观干预策略和宏观效果之间相互促进和相互决定的关系。一方面从干预策略出发研究干预策略实现后的可能后果，有利于加深对干预策略和系统演化的理解；另一方面基于宏观作战效果考察微观干预策略的合理性，有利于分析和探索干预策略改进的方向。

2. 异质专家群体之间的鸿沟

由于战争复杂系统的情景复杂性和人认知能力的有限性，战争复杂系统被划分为若干领域。例如，中国的军事复杂系统根据战争业务流程被划分为：①装备建设领域；②后勤建设领域；③作战指挥领域；④政治保障领域。而按照兵种，战争复杂系统又可以分为海军、空军、陆军和二炮等。在不同部门中的研究者，都有属于其所属部门独特的语言体系、思维模式和组织文化，在部门内部共享这些语言体系、思维模式和组织文化，认知科学认为语言对认知具有重要影响。例如，一般而言，二炮系统的装备专家和空军的军事专家之间由于不共享同一技术语言体系，他们之间的沟通需要一个技术语言转换的中介。

各领域专家根据自己对战争复杂系统局部性的理解和认知确定局部干预策略，战争复杂系统的干预策略很大程度上建立在局部认知基础上，而不是建立在全局性认知的基础上。这是由战争复杂系统干预策略分布性所决定的，也是战争复杂系统的复杂性所决定的。然而战争复杂系统的整体性要求最大限度地整合各领域的干预策略，这意味着需要最大限度地集成各部门专家的智慧，需要建立异质专家群体沟通的桥梁，使得各类异质专家在保持其个性的同时能够集成为一个整体，实现干预策略的群体创新。

3. 装备与战法之间的鸿沟

由于战争复杂系统中干预策略的分布性，干预策略的制定与实施被划分为装备与战法两大部分，装备与战法之间的鸿沟体现为以下几个方面：

在干预策略制定方面，不同领域的人基于局部认知分别研究装备与战法。一般而言，军事专家主要研究战法问题，而不太关心装备和技术（即在装备与技术给定的假设下研究战法）；而装备专家主要研究装备，而不太关心战法问题（即在战法给定的假设下研究装备问题）。然而，对战争复杂系统一个完整的干预策略应该包含装备与战法两大部分，并且装备与战法应该具有相互协调性，这是由战争复杂系统参与者内部的整体性所决定的。装备与战法策划在时间上虽然具有分离性，但两者之间是相互促进的关系。在战争史上，装备与战法的发展相辅相成，技术推动装备的发展，装备的发展推动新的战法的出现，反之，新的作战思想推动新型装备的发展。在信息化时代，装备与战法的良性循环互动的过程就是战争参与方战斗力形成的过程。所以在战争复杂系统研究过程中，需要对装备与战法进行统一的设计，并且尽可能地促进装备与战法之间的良性互动，从而促进装备与战法的协调性和创新性。

在干预策略实施方面，装备建设和战法运用之间有很长的时间间隔。在这个时间间隔中对手会有针对性地研究战法和装备的漏洞，从而有机会破解战法实施和装备建设的成果，使得装备与相应的战法失去应有的作战效果，因此装备与战法实施的分离性决定了在干预策略创新过程中需要考虑干预策略的适应性。避免干预策略实施的分离性而给予对手破解已方干预策略的机会。

4. 人和计算机之间的鸿沟

根据分布式认知理论，人的认知活动依赖于认知环境。信息化时代的信息技术设备本身成为战争复杂系统的重要组成部分，也成为我们理解和控制战争系统的工具。由于战争复杂系统的情景复杂性，而认知主体（人或者群体）的认知能力有限，尤其是形式化的逻辑推理能力和大规模计算的能力远远不如计算机，所以，需要借助计算机网络环境提高我们的认知能力，计算机网络成为战争问题研究最重要的工具环境。

另外，战争复杂系统研究的主要目的是干预策略的创新。在创新过程中，由于人和计算机能力特长上的不同，人擅长形象思维，计算机擅长形式化后的逻辑思维。一个可行的、鲁棒的和有效的干预策略的创新过程需要形象思维和逻辑思维相结合，充分发挥人和计算机各自的专长，实现人机智慧之大成，实现钱学森所倡导的“大成智慧”[21]。

如何实现人与机器的有效分工，实际上是如何创造有效的计算机环境以支持人的创造性，该计算机环境应该为人的创造活动服务，减轻人在形式化逻辑推理和大规模计算方面的负担。

四大鸿沟是相辅相成的，是从不同的视角分析战争复杂系统所表现出来的“两重性逻辑”：从研究对象—系统结构的视角，能够发现微观与宏观之间的鸿沟；从研究目标—干预策略的视角，能够发现装备与战法之间的鸿沟；从研究实施组织—异质专家群体的视角，能够发现异质专家群体之间的鸿沟；从研究实现环境—人机环境的视角，能够发现人与计算机之间的鸿沟。

4.4 战争复杂系统研究中的四大集成问题

面临战争复杂系统研究的挑战，尤其是战争复杂系统研究中的三大悖论和四大鸿沟的挑战，战争复杂系统的研究中需要完成四个方面的集成：装备与战法的集成、未来情景和干预策略的集成、异质专家群体智慧的集成、定性分析与定量分析的集成。装备与战法的集成体现了战争复杂系统研究的目标维度；未来情景和干预策略的集成体现了战争复杂系统研究的逻辑维度；异质专家群体智慧的集成体现了战争复杂系统研究的组织维度；定性分析与定量分析的集成体现了战争复杂系统研究的技术维度。这四方面集成实现的哲学基础是莫兰关于复杂性方法第二个原则—回归环路，即合理分工、循环迭代的逻辑。四个方面的集成综合如表4.1所示。

一个完整的战争复杂系统研究框架应该包括以上四个维度上的集成，一体化地解决上述四大集成。一个包含上述四大集成的战争复杂系统研究框架，实际就是一个以相关异质领域专家组成的团队为主体的研究方法，该方法的重点在于集成群体智慧创新干预策略，是一个以团队为主体的研究方法。在该方法中战争复杂系统的模型是以各类领域专家为主体的分布式模型，和一般性方法比较而言，模型存在与人脑之中、人与人的交互之中、人与环境的交互中，是隐式的、发展的和多样性的。这和一般工程模型具有固化性、显示性和唯一性不一样，用多个领域专家及其分析支持环境去反映战争复杂系统。

表 4.1 战争复杂系统研究过程中涉及的集成问题

名称	目标	所处理的复杂性	解决的悖论或鸿沟	实现机制	理论依据
装备与战法集成	实现干预策略的创新，并且确保干预策略统一性	干预策略的创新性、分布性、不确定性	干预策略分布性与内部协调性之间的悖论，装备与战法之间的鸿沟	装备策划结果转化为资源约束，战法转化为资源的使用策略，形成装备策划和战法的循环迭代	分布式认知在时间上、个体上、工具（技术手段）上具有分布性
未来情景与干预策略集成	探索可能的未来以及合理的实现策略	系统演化的不可重复性、核心利益零和对抗性	未来情景与干预策略之间循环依赖的悖论，面向未来和没有具体未来之间的悖论	把未来情景转化为一组关键性约束变量，干预策略转化为方案集，情景约束和策略循环迭代使之成为一个整体	分布式认知关于认知分布于时间之中（认知在时间上是螺旋式推进的）
异质专家群体智慧集成	确保认知视角完整性，实现异质专家群体的智慧集成	干预策略分布性、干预策略创新性、认知复杂性	异质专家群体之间的鸿沟，人与计算机之间的鸿沟	基于循环迭代逻辑，异质专家群体协作的组织机制	认知分布于个体及其交互过程之中
定性分析与定量分析集成	促进认知的深化，确保干预策略的有效性	情景复杂性、认知复杂性	微观与宏观之间的鸿沟	从定性到定量的聚焦过程和从定量到定性的发散（反思）过程相互迭代	认知分布于不同工具（技术手段）之中

4.4.1 装备与战法集成问题

根据莫兰关于复杂性方法的两重逻辑原则，装备与战法被看做战争复杂系统的研究目标维度（干预策略维度）中一对相互“对立”的、不可分离的子干预策略；根据莫兰关于复杂性方法的回归环路原则，装备与战法集成的实现机制在于装备与战法的循环迭代。如果把装备作为战法实现的约束，战法研究成为资源约束下的使用策略研究（装备是战法的约束），然后根据装备约束下的战法作战效果反思装备约束的合理性（战法成为装备的约束）。装备与战法集成的理论基础是分布式认知，即认知分布于个体、时间、工具之中，认知实际上分布于认知主体之间、认知主体和认知工具之间、认知主体的认知时间之中。对于战争复杂系统的干预策略的创新，这种分布性更加明显，战争复杂系统群体创新干预策略过程实际就是分布式认知过程。

基于装备与战法相互促进的关系，把战法分析与装备分析放在一个统一的研究框架中进行一体化的研究，为应对未来的战争形成具有一致性的干预策略（战法及其相适应的装备），并且确保该策略具有创新性、有效性和适应性。装备与战法集成分析过程中涉及战争复杂系统中干预策略的创新性、分布性和不确定性等三方面的复杂性，除了需要处理装备与战法之间的鸿沟之外，还需要处理干预策略分布性与内部协调性之间的悖论。

装备与战法集成分析把原来自发的、在一个大的时空范围内的装备与战法的交互关系放在一个研究框架中。在该研究框架中，研究主体包括了战法研究专家和装备研究专家，研究对象既包含了战法也包含了装备策划，体现了干预策略的分布性。这种分布性通过装备与战法的集成，使得装备与战法具有相对一致性、相互协调性，体现出了干预策略内部协调性的要求。所以，解决了装备与战法集成问题，就解决了干预策略分布性与内部协调性之间的悖论。

4.4.2　未来情景与干预策略集成问题

未来情景与干预策略同样是战争复杂系统某个维度上一对不可分离的对立面，这个维度就是逻辑维度。根据莫兰关于复杂性分析方法的回归环路原则，在未来情景与干预策略集成的整体性框架中，首先把未来情景抽象为一组关键性约束变量，而干预策略转化为该约束下的实现策略（情景是干预策略的约束），然后根据干预策略的效果反思未来情景的合理性（干预策略是情景的约束）。未来情景与干预策略集成框架的理论基础是：分布式认知关于认知分布于时间之中，即认知在时间上是螺旋式推进的，表现为认知过程是一种螺旋式上升的逻辑。

基于战争复杂系统干预策略和系统未来演化相互决定关系，把干预策略的设计和系统未来情景的探索放在一个整体性的框架中研究，从而探索战争复杂系统未来可能的情景，并且设计这些情景下的干预策略。在这个整体性框架中涉及战争复杂系统中系统演化的不可重复性、核心利益零和对抗性两个方面的复杂性，不仅需要处理未来情景与干预策略之间循环依赖的悖论，还需处理面向未来和没有具体未来之间的悖论。

面向未来和没有具体未来之间的悖论在研究战争复杂系统过程中表现为未来情景与干预策略之间循环依赖的悖论。解除面向未来和没有具体未来之间悖论的方法在于探索未来，探索未来包括两个要素：未来的状态及其可能的实现策略，这两个要素之间循环依赖的悖论是面向未来和没有具体未来的外在表现而已。所以，解决了未来情景与干预策略集成问题，就解决了面向未来和没有具体未来之间的逻辑悖论。

4.4.3　异质专家群体智慧集成问题

战争复杂系统研究中的各个领域专家在组织维度上也是一种不可分离的对立面。同样借助回归环路原则，在专家智慧集成过程中需要体现各类专家群体依赖关系。各领域专家的循环依赖实现机制就是：各领域专家合理分工，各类专家的工作循环迭代。根据分布式认知关于认知分布于个体及其交互过程理论，专家智慧集成过程就是各类领域专家的交互过程。

战争复杂系统的干预策略创新过程是各类异质专家协作的过程，包括军事专家、装备专家、技术专家等各类相关专家。根据异质专家协作组织模式，确保相关问题研究多维视角的完整性，从而集成各类相关的专家智慧，实现战争复杂系统干预策略的创新。在异质专家群体智慧集成过程中需要处理战争复杂系统干预策略分布性、干预策略创新性、认知复杂性等复杂性因素，并且需要处理异质专家群体之间的鸿沟以及人与计算机之间的鸿沟。

如果把计算机作为工具，则计算机是人类某些方面能力的扩展，所以可以把擅长计算机的技术工程师和他所使用的计算机看成一个整体。如果让擅长计算机的人只承担计算机操作任务（操作计算机使之完成相应任务），从其他任务中分离出来，则人和计算机的分工实际上就是人的分工，计算机技术专家成为其他领域专家和计算机交互的一个中介。因为计算机技术专家的这一智能中介使得计算机完成任务更加具有多样性和灵活性，更加有利于发挥计算机和人的特长。因此，异质专家群体智慧集成需要处理人与计算机之间的鸿沟。

4.4.4 定性分析与定量分析集成问题

定性分析与定量分析也是战争复杂系统研究方法中一对不可分离的对立面，定性分析与定量分析的集成也需要借助回归环路原则：首先是从定性到定量的聚焦过程，这一过程表现为定性对定量的指导；然后是从定量到定性的发散（反思）过程，这一过程表现为定量对定性的反思，定量支持定性；这两个过程不断地循环迭代。

根据从定性到定量的聚焦过程和从定量到定性的发散过程循环迭代思想，实现定性与定量分析的集成，其目标在于促进策略创新过程的认知深化，确保干预策略的有效性。在定性分析与定量分析集成的过程中，主要解决情景复杂性和认知复杂性等复杂性因素，并且处理微观与宏观之间的鸿沟，其理论基础在于：认知分布于不同工具（技术手段）之中，需要把各种工具（技术手段）集成起来使用。

从战争复杂系统结构而言，从定性到定量这一逐步聚焦过程实际上是一种从战争复杂系统宏观结构到微观结构的过程，而从定量到定性的发散过程实际上是一种从微观结构到宏观结构的过程。从干预策略和效果关系而言，从定性到定量这一过程实际上是建立了微观的干预策略和宏观效果之间的定量关系的过程，体现了从微观干预策略到宏观效果的逻辑，而从定量到定性的发散过程是一种基于宏观效果的干预策略探索过程，体现了从宏观效果到微观策略的逻辑。因此，定性与定量分析结合沟通了微观和宏观之间的鸿沟。

4.5 本章小结

从战争复杂系统的复杂性研究出发，分析战争复杂系统在研究过程中面临的挑战——战争复杂系统研究中所蕴涵的三大逻辑矛盾和四大有待沟通的鸿沟，在此基础上提出解决这些挑战的关键在于：在一个整体研究框架中一体化地处理战争复杂系统研究中的四大集成问题。这四大集成问题包含了一个科学方法的四个方面：研究目标、研究逻辑、研究主体和研究工具。

参考文献

[1] 约翰·N·沃菲尔德．管理复杂性的系统设计理论与方法．曹庆仁，甘大力等译．徐州：中国矿业大学出版社，2006：76～78.

[2] 西蒙．人工科学：复杂性面面观．武夷山译．上海：上海科技教育出版社，2004：157～169.

[3] 周国梅，傅小兰．分布式认知——一种新的认知观点．心理科学进展，2002，10（2）：147～153.

[4] Chuah J, Zhang J, Johnson T R. Distributed cognition of a navigational instrument display task. Proceedings of

the Twenty First Annual Conference of the Cognitive Science Society. Mahweh, New Jersey: Lawrence-Erlbaumm, 1999: 789.
[5] Editor's instruction. Distributed Cognitions: Psychological and Educational Considerations. USA: Cambridge University Press, 1993.
[6] 克劳塞维茨．战争论．军事科学院译．北京：解放军出版社．1964：50～51.
[7] 沙基昌，毛赤龙，陈超等．战争设计工程．系统工程理论与实践，2005.
[8] 沙基昌．复杂巨系统与战争设计工程．军事运筹学会2005会议论文集"一体化联合作战与军事运筹研究"，2005：3～11.
[9] 王飞跃．关于复杂系统研究的计算理论与方法．中国基础科学，2004，5：3～10.
[10] 王飞跃．人工社会、计算实验、平行系统——关于复杂社会经济系统计算研究的讨论．复杂系统与复杂性科学，2005，1 (4)：25～35.
[11] 保罗·西利亚斯．复杂性与后现代主义——理解复杂系统．曾国屏译．上海：上海科技教育出版社，2006.
[12] 埃德加·莫兰．复杂思想：自觉的科学．陈一壮译．北京：北京大学出版社，2001：1～15.
[13] 帕斯卡尔．思想录．何兆武译．北京：商务印书馆，1985：1-8，27～36.
[14] 王飞跃．平行系统方法与复杂系统的管理和控制．控制与决策，2004，19 (3)：485～489.
[15] 王寅．认知语言学与两代认知科学．外语学刊，2002，1：1～14.
[16] 罗姆·哈瑞．认知科学哲学导论．潘屹东译．上海：上海科技教育出版社，2006：3～6.
[17] Searle J R. Is the brains mind a computer program? Scientific American, 1990, 1: 20～25.
[18] 朱志方．认知科学对现代哲学的挑战．中国矿业大学学报（社会科学版），2002，4 (1)：36～43.
[19] 熊十力．新唯识论，北京：中华书局，1984：94～156.
[20] 周昊天，傅小兰．认知科学——新千年的前沿领域．心理科学进展，2005，13 (4)：388～397.
[21] 戴汝为．钱学森论大成智慧工程．中国工程科学，2001，3 (12)：14～20.

第 5 章

战争设计工程理论

从战争系统复杂性的挑战出发，研究战争复杂系统的分析与设计方法是军事问题研究方法论发展的内在需求。战争设计工程理论体系建立在解决战争复杂系统复杂性挑战的基础上，具体而言，以分布式认知为理论基础，以面向异质专家群体智慧的集成组织原则，以循环迭代的基本逻辑，以定性与定量分析相结合的基本手段，创新战争复杂系统的干预策略，并且确保干预策略具有有效性、可行性、统一性和适应性。

5.1 战争设计工程理念

5.1.1 战争设计工程的提出是历史发展的必然

战争从机械化时代进入信息化时代，主战武器、军队编成、作战思想、作战方式等战争诸要素发生了根本性的变化。信息化战争呈现出一系列新特点，信息化战争的研究方法也需要反映信息化战争的新特点。伴随着信息化战争的发展，战争研究方法的发展也成为必然。

1. 战争是可以设计的

战争是打出来的，也是设计出来的。历史上成功的战例都是军事家设计出来的。从冷兵器时代的围魏救赵到机械化战争时代的诺曼底登陆都是军事家们精心设计的结果。没有军事家的精心设计而打出漂亮的胜仗是不可想象的。信息化时代成功的战争也是设计出来的。在美军参与的最近四次大规模局部战争中，从初现信息化战争因素的海湾战争到具有信息化战争雏形的伊拉克战争，无论是战争的进程，还是战争的结果，都在美军设计的控制之内[1~4]。

目前，关于战争问题的研究中，各领域专家的智慧难以有效集成[5]：装备专家研究装备问题而不涉足作战理论；军事理论专家关心战法而不深入研究装备问题。提出战争设计工程就是将个别军事家头脑中进行的设计变成包括由军事专家、装备专家、模型专家、技术专家和系统工程专家等在内的专家群体在现代技术支持下完成的设计。

2. 现代战争节奏加快

“从战争中学习战争”是冷兵器时代、热兵器时代以及机械化兵器时代的规律。信息化战争的进程大大加快了，往往在战争刚开始的几天就会给一方造成重大的伤亡损失，从而显露出战争结局的胜负[1~4]。于是，“从战争中学习战争”将会在战争初期付出难以承受的代价。换言之，很难有“从战争中学习战争”的机会。因此需要“战争前研究战争”。“战争前研究战争”主要是指研究今后可能面临的战争，而不把历史上曾经发生过，包括自身亲历过的战争作为研究的主要内容。即使研究历史上的战争，其目的也是为研究未来战争服务。

5.1.2　信息化时代战争设计需要集成创新精神

信息技术革命带来的新军事变革使得战争形态从机械化向信息化转变，其影响是深远的。战争形态的变化意味着作战理念、作战样式、军队编制和武器装备发生了本质性的变化[5~8]，这在海湾战争以来的历次战争中已逐渐显露端倪。我军要完成机械化和信息化的双重历史使命，在半机械化和机械化战争中成功的作战理念、作战样式、军队体制和武器装备都必须改造以适应信息化战争的需要，在这一点上我军是缺乏实践经验的。因为我们以往经历的战争只是机械化战争，或者还称不上机械化战争。以历史上的战争数据为研究的出发点，对历史战争数据进行分析，以此获取对未来战争的预测，这类战争史料分析研究方法的有效性建立在战争形态稳定的基础上。目前，信息化战争时代刚开始，信息化战争还没有形成稳定战争形态，因此，仅仅研究以往的机械化战争和具有信息化战争要素的海湾战争、科索沃战争、阿富汗战争与伊拉克战争是不可能完全掌握未来信息化战争规律的。信息化战争的研究不能仅仅是战争史料的总结研究，必须以未来战争为对象，把“设计”思想引入到信息化战争研究中可以体现未来战争需求，在战争设计工程中需要强烈的创新精神。

核心利益的零和对抗需要具有策略创新，需要能够敏锐地发现信息化时代军事系统的缺陷，并且有针对性地提出创新性的干预策略。出其不意的创新策略才能达成良好的作战效果。战争设计中的创新不能是纯粹的空想，而应是有定性和定量分析支持的、合理的、可行的和鲁棒的。

5.1.3　信息化时代战争设计需要工程化方法

战争是可以设计的，而且必须进行精湛的设计。然而，进入信息化时代后，无论是兵种构成，还是武器装备构成，或是作战样式都变得异常复杂，战争的设计变为一个复杂的系统工程问题，依靠个别军事家的头脑难以完成。成功的战争设计必须充分集成各领域专家的智慧。在信息化时代，战争的设计是一个复杂的系统工程，对信息化时代的战争进行设计需要合理的分工和协作。工程化是对复杂系统进行规划设计的重要方法，既为合理分工协作提供了重要的保障，也为工程进程控制提供了重要的保障。战争设计就是运用工程化的方法对战争进行设计。

5.1.4 信息化时代战争设计需要集成群体智慧

未来信息化战争是群体智慧的对抗，群体智慧的对抗表现在三个方面：①战前装备技术人员的智慧和战时指战员的智慧集成，这种智慧集成是一种大时空范围上的专家智慧集成；②战前准备阶段各领域专家智慧的集成，从而获得一个具有创新性干预策略预案——某种作战模式及其相应的武器装备；③战时各级指战员之间的智慧集成。未来信息化战争中这种群体智慧的对抗性，意味着信息化时代战争设计需要依靠群体协作来完成，成功的战争设计凝结了各领域专家群体的智慧。谁能有效集成群体智慧，谁就能赢得未来战争。

5.2 战争设计工程概念

从理论上而言，战争设计工程是应对战争复杂系统挑战的方法，在一个框架中处理战争复杂系统研究中的四大挑战。从历史上战争实践以及未来信息化战争实际的要求而言，战争设计工程符合过去的战争实践经验和未来的战争实践需求。

5.2.1 战争设计工程定义

战争设计工程就是在现代技术，特别是现代系统工程、信息技术的支持下采用集体研讨方式为主，充分发挥人的创造性，将定性分析方法与科学计算、模型模拟等定量分析方法相结合。在可预期的武器装备体系变革条件下，对于未来战争形态的探索与设计，既可对未来武器装备体系发展进行研究，也可对未来战争样式、战术运用等方面进行探讨。

5.2.2 战争设计工程的基本思路

战争设计工程的主要目的是：集异质专家群体和计算机智慧之大成，创新作战模式(武器装备及其使用策略)，使之具有良好的作战效果（有效性），能够适应未来对抗性的作战环境（适应性），并在技术上、战法上和经济上具有可行性。战争设计工程的研究内容主要包括三个方面：装备、战法和效果。在一般方法论的层次上讲，这三者的关系就是：运用什么东西，采用什么措施，获得什么效果。这三个方面的内容是一个整体，对这三者的研究应该遵循“循环迭代”的思路。

战争问题的研究需要从目前装备和战法分开的“一维线式”研究，转到装备和战法结合的“两维平面式”研究，最后走向装备、战法和效果三位一体的“三维立体式”研究。如何实现“装备、战法和效果的‘三维立体式’研究”是战争设计工程技术面临的主要问题之一。在战争设计工程中，处理这三者关系的基本思路是：从一维到二维，最后到三维。

战争设计工程首先是在“装备—战法”平面内进行研究。首先提出装备预案（包括装备改进和新装备）或者提出战法预案，这一步确定问题的起点，从技术角度而言就是确定迭代的起点；然后在“装备—战法”平面内研究战法或者装备的匹配问题，确定战法和装备结合的模式，这个过程以定性分析为主；在一定的战法和装备结合模式下确定该模式的效果，这个过程以定量分析为主，根据效果提出装备的进一步改进方案以及战法的进一步改进方案，问题回到“‘装备—战法’平面”。“装备—战法—效果”三维立体式的研究思路参见图 5.1。

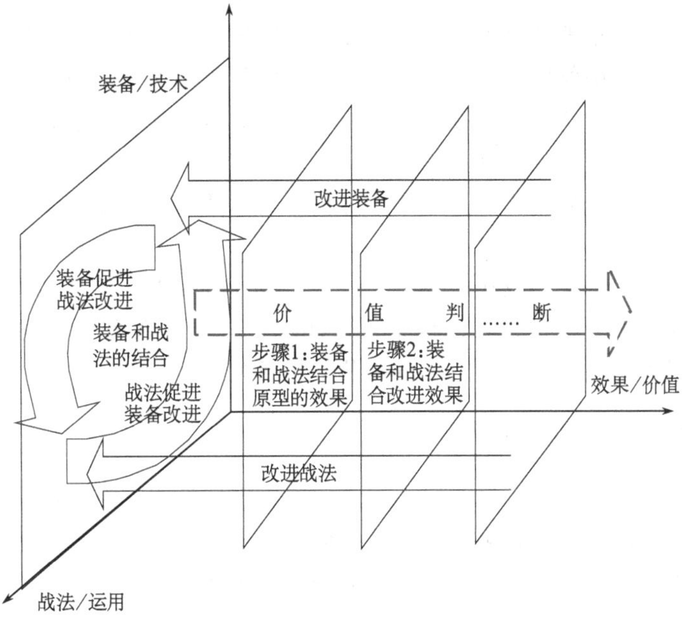

图.1　战争设计工程中“装备—战法—效果”三维立体式的研究思路

战争设计工程实现干预策略创新的基本思路：分工迭代、逐步深化，实现干预策略的创新。其中，分工体现了复杂性研究方法中的“两重逻辑原则”，迭代体现了复杂性研究方法中的“回归环路原则”。而且，分工迭代体现在四个方面：子任务分工协作方面、装备与战法集成方面、异质专家群体组织方面、定性与定量结合方面。作为一种研究战争复杂系统的方法，战争设计工程的研究思路能够有效地处理战争复杂系统研究中的四大集成问题。如图 5.1 所示，战争设计工程研究思路能够应对战争复杂系统的复杂性带来的挑战。

(1) 战争设计工程“装备—战法—效果”三维立体式的研究思路体现了装备与战法的集成。在“装备—战法”平面中，装备与战法结合模式的研讨主要解决了装备与战法结合问题，确保装备与战法具有一致性和统一性。此外，在从效果到“装备—战法”平面的优化过程中，既有对战法的优化也有对装备的优化，实现了装备与战法的协同优化。

(2) 战争设计工程“装备—战法—效果”三维立体式的研究思路体现了未来情景和干预策略集成。在“装备—战法”平面的讨论之前，首先需要确定装备与战法研讨的约束，这种约束主要包括关于未来情景的关键变量的假设，这些假设是某一轮装备与战法研讨的前提或者假设，随着装备与战法结合模式的改进，装备与战法的约束也在变化。

(3) 战争设计工程“装备—战法—效果”三维立体式的研究思路体现了异质专家群体的智慧集成。各类相关领域的专家一起研讨装备与战法结合模式，这个过程实际上是领域专家的一种智慧集成。此外，军事领域专家、装备领域专家、技术领域专家的各种任务在时间维度上被综合集成。例如，装备领域和军事领域专家的成果—装备与战法的结合模式—是作战效果分析人员（模型领域专家）工作的输入，然后模型领域专家的成果—作战效果—又被军事领域专家和装备领域专家用于进一步分析如何改进战法或者装备。这种基于任务的协作模式正是异质专家群体智慧集成的重要方式。

(4) 战争设计工程“装备—战法—效果”三维立体式的研究思路体现了定性分析与定量分析的集成。装备与战法结合模式的研讨主要以定性分析为主，而装备与战法结合模式的效果分析以定量分析为主，这两个过程不断循环迭代，体现了定性分析与定量分析的循环迭代。

战争设计工程“装备—战法—效果”三维立体式研究思路的具体实现就是5.3节中的战争设计工程四维分析框架，该框架不仅体现了战争复杂系统研究过程中的四大集成，而且还详细描述四大集成的实现过程及其相互关系。

5.2.3 战争设计工程的特点

从战争设计工程的概念可以看出，和其他的军事理论相比，战争设计工程的特点主要表现在四个方面：强调综合集成法及专家群体智慧集成在战争复杂系统研究中的重要作用；研究未来信息化战争；充分体现武器装备和作战理论相互依存关系；需要充分的创造性。

(1) 强调综合集成法及专家群体智慧集成在战争复杂系统研究中的重要作用。从某种意义上说，战争设计工程就是在综合集成研讨厅中进行的。研讨厅体系的重要意义在于它把专家的思维、思维的成果、专家的经验、知识、智慧以及各种情报、资料和信息系统集成起来，对复杂问题进行分析研究，采用定性定量相结合以及从定性到定量的方法解决问题。战争设计工程中，同样是通过多领域专家集体研讨的形式对未来信息化战争进行设计。专家群体是战争设计工程中最重要的组成部分，是战争设计工程中敌我双方干预策略和战争系统演化轨迹的主要设计者。专家群体智慧集成也是保证战争系统可能演化轨迹的合理性以及干预策略的完整性与适应性的重要前提。

(2) 研究未来信息化战争。战争设计工程把“设计”的思想引进到战争复杂系统研究中，在想象力和技术发展许可范围之内，研究未来信息化条件下武器装备、战法及其结合模式发展的各种可能性，并在此基础上对未来战争进行“设计”，把未来信息化战争作为研究的出发点和归宿，充分体现未来信息化战争的特点。

(3) 充分体现武器装备和作战理论相互依存关系。信息化战争中，信息化武器装备构成复杂，信息化战争作战样式多变，武器装备和战法结合的优劣将决定战争胜负。因此，对军事思想、作战理念、编制体制、战略战术的研究必须在新型武器装备条件下进行，包括现在已有的新型武器装备以及在未来几十年内可能发展起来的武器装备条件下的研究。不仅如此，武器装备本身也应放到未来战争的研究中去考察，放到未来作战理论中去考察，适用的发展，不适用的放弃，考虑不周的改进。战争设计工程采用团队工作模式，各领域专家对目标问题反复研讨，战争设计工程的研究成果综合集成了各个领域专家的智慧，充分体现武器装备和作战理论相互决定的关系。

(4) 需要充分的创造性。战争设计工程研究的是未来战争，不是历史上已经发生过的战争。因此，需要对未来技术发展趋势进行预测，需要对未来武器装备能力进行预测，需要对未来战争样式进行预测甚至设计，这都需要充分的想象力和创造性。而这种想象力和创造性的来源正是战争设计工程中专家群体的智慧。

5.2.4 战争设计工程与相关方法的比较

1. 战争设计工程与传统军事学术研究方法的异同

战争设计工程与传统军事学术研究都可以用于进行军事学术问题的研究，而战争设计工程还可用于武器装备的研究，并且它总是将军事学术问题与武器装备紧密结合进行研究。

传统军事学术研究以个体研究为主要方式，而战争设计工程强调群体合作，强调跨领域专家的合作。传统军事学术研究以定性分析为基础，而战争设计工程强调定性分析和定量分析相结合，更强调论证过程的清晰性、透明性。

2. 战争设计工程与作战模拟的异同

战争设计工程与作战模拟都强调用定性与定量相结合的方法研究军事问题，包括作战与武器装备问题。两者都需要现代信息技术的支持，都要用到模型，但是两者之间还是有明显的重要的区别。

作战模拟总是在一个“想定”的范畴下讨论问题，且往往只涉及作战问题与武器装备问题之一[9]。而战争设计工程中“设定”也是需要探讨的，作战问题必须与武器装备问题紧密结合研究，在战争设计工程中需要更高的创造性、创新性。作战模拟系统强调模拟的完美性，模拟过程要求实时的或超实时的，能应付预定的各种情况。而在战争设计工程中，模拟只是辅助的，模拟系统不能满足讨论需求时可以改造（改进），改造可以允许有一个周期，因而不需要实时的，不必待模拟系统建好后再来进行“设计”。当然模拟系统最终应能满足讨论的全部需要。

作战模拟系统，特别是用于训练的作战模拟系统不允许己方犯错误（犯错误就意味着失败），也会抓住对方的每一个错误。而战争设计工程则帮助双方排除失误，要研究的是双方都不“失误”情况下的规律。因此，完成一个战争设计工程也许要千百次地运用模拟系统。

3. 战争设计工程与综合集成研讨厅（Hall for Workshop of Metasynthesis Engineering）的关系

钱学森提出的定性与定量相结合的综合集成研讨厅是研究复杂系统的一种重要方法[10~13]。从某种意义上说，战争设计工程就是在综合集成研讨厅中进行的。由于综合集成研讨厅的概念太宽，规模过大，对支撑技术上的指望过高等因素，实际建设比较困难，至今尚无成功的例子。战争设计工程比较具体一点，且是有限目标，强调需求牵引，有较强的可行性。

5.3 战争设计工程四维框架

战争设计工程是应对战争复杂系统研究挑战的方法，战争设计工程框架包含了应对战争复杂系统研究挑战中的四大集成。所以，战争设计工程框架是一个四维框架，每一个维度应对战争复杂系统中的一个集成问题。

5.3.1 战争设计工程四维框架描述

战争复杂系统研究中的四大集成问题，分别反映了研究过程中的四个视角。装备与战法的集成反映的是研究的目标视角；战争复杂系统的研究目标是制定合理的干预策略；干预策略分为装备与战法策划两大类，所以装备与战法的集成反映的是研究目标这一视角；未来情景和干预策略集成反映的是研究逻辑视角，由于战争复杂系统没有确定的未来，所以战争复杂系统研究的逻辑是探寻未来以及设计相应的实现策略，具体实现逻辑是“回归环路原则”，因此，未来情景和干预策略的集成反映了战争复杂系统研究的基本逻辑；异质专家群体智慧集成反映的是研究的组织视角，从组织角度而言，战争复杂系统研究中各领域专家协作创新过程就是异质专家群体的组织过程；定性分析与定量分析反映了战争复杂系统研究的技术视角，从技术角度而言，战争复杂系统的研究技术有多种分类方法，其中定性分析技术和定量分析技术是一种重要的分类方法，可以说，人的认知过程就是定性分析和定量分析循环迭代的过程。这四个维度在方法论上表现为“目标—逻辑—组织—技术”的关系，也就是研究主体根据某种研究逻辑而采取某种技术实现某种目标。在这四个维度上反映了战争复杂系统研究中的四个问题：研究什么？怎么研究？谁研究？用什么工具研究？

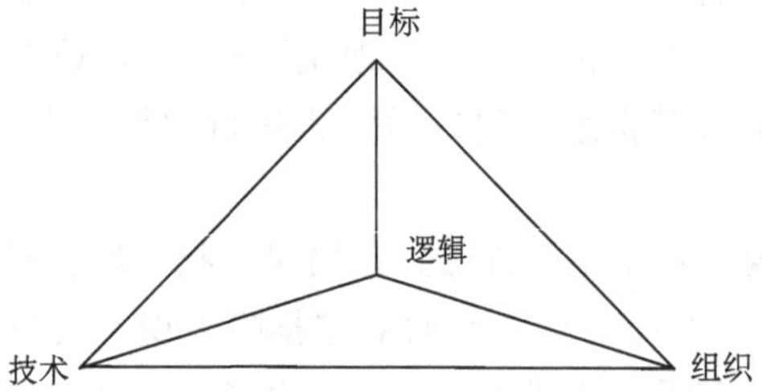

图 5.2 战争设计工程的“目标—逻辑—组织—技术”四维框架

战争复杂系统研究中面临四大集成的挑战。作为战争复杂系统的一种研究方法，从方法论而言，战争设计工程必须处理战争复杂系统研究中的四大集成问题，并且使得四大集成问题结合起来形成一个完整的整体。根据一般方法中“目标-逻辑-组织-技术”的四元关系建立战争设计工程研究战争复杂系统的四维框架，如图 5.2 所示。

图 5.2 中的目标维度、逻辑维度、组织维度和技术维度的关系就是一个工程性方法中四个要素——研究目标、研究步骤、研究主体和研究工具——的关系，回答了一个工程性方法必须回答的四个问题——研究什么？怎么研究？谁研究？什么工具研究？在战争设计工程的四维框架中，由逻辑维、组织维和技术维组成的三维空间描述了干预策略

的演化过程（包括研究者、研究过程和所运用的研究技术），由目标维、组织维和技术维组成的三维空间描述了各逻辑阶段的目标、参与者和所运用的技术手段，描述了各类领域专家在干预策略演化的各阶段的研究目标以及所运用的技术，还描述了各类分析技术在干预策略演化各阶段被运用的情况。

图 5.2 中的目标维度描述了干预策略的组成及其关系。在战争设计工程中，干预策略分为两大类，即装备与战法策划。战争设计工程最终的目标是产生一个创新性的装备与战法结合的模式，并且这种创新性的装备与战法结合模式具有有效性、适应性和可行性。所以在目标维度上主要有两大类要素：战法和装备策划。

图 5.2 中的组织维度描述战争设计工程中各类异质专家群体及其组织形式。大体而言，战争设计工程中的专家主要包括以下五类：系统工程师、军事工程师、装备工程师、模型工程师和技术工程师。

图 5.2 中的技术维度表示战争设计工程中所运用的分析工具及其关系。以定性分析方法和定量分析方法为基础，战争设计工程中的分析主要分四类：以定性分析为主的技术、从定性到定量的分析技术、以定量分析为主的技术、从定量到定性的分析技术。

图 5.2 中的逻辑维度描述战争设计工程研究的逻辑流程。战争设计工程研究的逻辑流程是一种循环迭代形式，通过循环迭代促使干预策略创新。一般而言，战争设计工程逻辑流程包括七个阶段：明确问题和目标、组建战争设计工程团队、确定战争设计工程的基本设定（确定未来情景中的关键变量）、提出创新性的装备与战法结合模式（对策研讨）、建立效果模型、基于效果反思、归纳总结，这七个阶段的关系如图 5.3 所示。

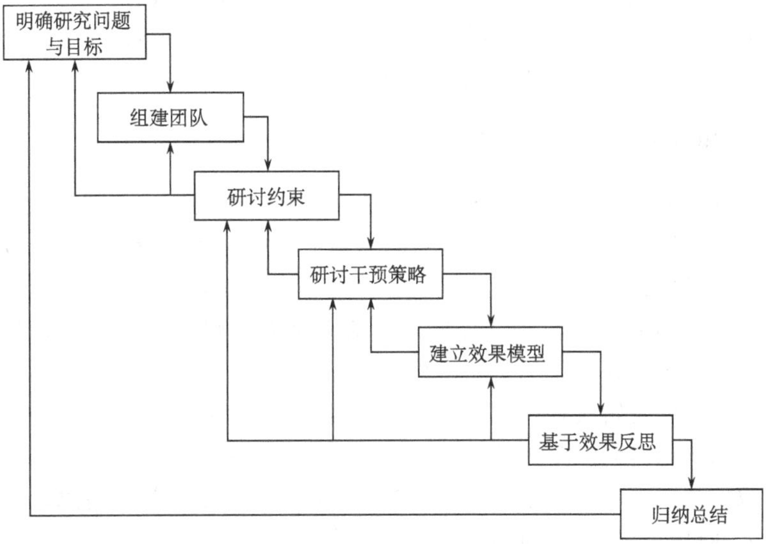

图 5.3　战争设计工程的基本逻辑流程

5.3.2　目标维——装备与战法结合模式

对战争复杂系统的干预策略包括：战前的武器装备建设、后勤建设、战争动员、作战理念的研究、部队编制体制的改革、部队训练、战争发起时机的选择、战争中的各项战略决策指挥与战术运用、政治思想保障等各个方面。从更为抽象的层次而言，对战争复杂系统的干预策略分为装备建设、战法运用和组织建设三大类，其中组织建设是为作战指挥（战法的实现）服务的，可以把组织建设和战法运用作为一个整体进行考察。为叙述方便起见，将武器装备建设独立出来，其他各项决策统称为“战法”。

在战争设计工程中，战法抽象为关键性作战活动系列，而装备抽象为一组功能集，装备策划主要任务是确定其关键功能及其关键性能指标。

战争设计工程研究的目标是开发具有创新性的干预策略，并且确保干预策略具有有效性、适应性和可行性。战争设计工程中干预策略被分为两大类——装备与战法，所以最终形成的创新型干预策略的具体形式是一种战法及其配套的装备策划方案，干预策略亦可称为装备与战法结合模式。装备与战法结合模式有两种类型：①以战法创新为主的装备与战法结合模式，表现为战法及其配套的装备策划；②以装备创新为主的装备与战法结合模式，表现为装备及其运用策略。

装备与战法的结合模式是装备与战法两大类干预策略相互促进的结果，是装备与战法集成分析的结果。装备与战法集成分析的理论基础是分布式认知理论，装备与战法结合模式的创新过程是一个分布式认知过程。根据分布式认知理论，认知分布于认知主体之中、分布于环境（工具）之中、分布于时间之中。装备与战法集成分析表现在三个方面：①在组织维度上，包括军事工程师和装备工程师在内的各领域专家相互协作创新装备与战法的结合模式；②在逻辑维度上，装备与战法互为约束循环迭代，充分体现了装备与战法相互促进的关系；③在技术维度上，传统战法研究中的定性分析方法和装备研究中的定量方法结合在一起。逻辑维、组织维和技术维是装备与战法集成分析的三个重要内容，这三个维度上相辅相成的集成是装备与战法集成的支撑。

5.3.3 逻辑维——战争设计工程的逻辑流程

以“回归环路原则”为逻辑基础，根据战争设计工程的基本思路，建立如图 5.3 所示的战争设计工程逻辑流程。在图 5.3 所示逻辑流程中，战争设计工程由以下七大步骤的工作循环迭代而成：明确研究问题和目标、组建战争设计工程团队、建立问题的基本设定、提出创新性的装备与战法结合模式（基于对手的软肋，提出创新性干预策略）、建立效果模型、基于效果的反思、归纳总结。

战争设计工程的逻辑流程，把对战争复杂问题的理解和求解看成是一个逐步深化的过程，反映了认知在时间上分布的问题，也和认知科学中分析问题的“施事图景”方法的思想相一致。图 5.3 所示战争设计工程的基本逻辑流程也是异质专家之间、定性分析与定量分析之间进行合理分工与循环迭代的基础。

步骤 1：明确问题和研究目标

明确问题和研究目标这一阶段的主要工作是：该项战争设计工程发起人（或者组织）把其所关注的问题及其研究目标明确地表述出来，把隐含在其头脑中的想法尽可能地显性化，包括问题提出的基本背景、所涉及的相关领域、该项战争设计工程期望达到的研究目标等。一项战争设计工程解决一个具体问题，实现一个具体目标，即有限目标原则，目标可大也可小。例如，大到武器装备体系发展战略、军事思想、作战编制等，小到某新型武器装备的概念设计，或者某项战术对策的设计。

步骤 2：组建战争设计工程团队

针对每一项具体问题，组织一个团队。战争设计工程在组织形式上类似于项目管理，一个具体问题相当于一个项目。根据问题所涉及领域和研究目标，组建一项具体战争设计工程的团队。团队组建需要确定团队的组织者——系统工程师、相关领域的专家——军事工程师与装备工程师、定量模型建模专家——模型工程师以及承担和计算机等相关技术工作的专家——技术工程师，从而确保所组建团队的视角完整性和知识完备性。

步骤 3：研讨约束

战争设计工程团队，围绕所要解决的问题和研究的目标，把问题聚焦到一个关键性环节或者具体领域，并且研讨具体领域的边界和研究中所需的假设，即研究过程中的公设，它是战争设计后续研究的前提条件。对问题边界的抽象以及相关假设的抽象，很大程度上是用于建立一个解决方案的未来应用情景。实际上，在制定军事干预策略时，策略制定者都或明或暗地在想象相关的未来作战图景，基本设定的建立就是把这些图景明确化，而且通过不同领域专家的交互使之更加具有合理性和创造性。对于解决战争复杂系统中未来情景和干预策略的集成而言，约束是对未来情景关键变量的描述。例如，在夺取制空权问题的战争设计中，首先需要分析红蓝双方争夺制空权都有那些活动？其中的关键活动是什么？继而制约红方获取制空权的关键因素是什么？在此基础上哪些因素应该考虑哪些因素可忽略？这些关键性活动（例如，夺取制空权的主要武器装备类型及其使用模式）、关键因素（例如，根据双方装备和战法对比所确定的制约红方夺取制空权的瓶颈）以及所确定重点考虑因素构成了基本设定的主要内容。约束研讨过程需要充分体现创造性。

约束研讨过程是对问题理解进一步加深的过程，如果这个过程发现现有的专家团队的知识结构不合理，专家领域知识没有覆盖问题所涉及的领域，应该返回到战争设计工程团队组建这一步骤，重新挑选战争设计工程团队的组成人员。此外，如果约束研讨过程中发现研究目标根本无法实现，这时候应该返回到问题的描述。其原因有二：一是项目发起机构（人）对其脑海中观念表述有偏差，二是待解决的问题确实无解。这种情况下，如果战争设计工程仍继续做下去的话，需要和项目发起人进行关于问题定位的沟通，战争设计工程可能由此从一个项目（问题）演化为另一个项目（问题）。

步骤 4：构建具有创新性的装备与战法结合模式

在明确约束之后，战争设计工程团队协作研讨，构建一种或者多种满足研究目标的、具有创新性的干预策略（装备与战法结合模式），这一过程是对策研讨的过程，是战争设计工程的核心。设计不是一次性完成的，是反复地研讨，尽可能地穷尽各种有价值的策略，找出各种漏洞，发掘出可能发挥的最有效的方式。这种对策研讨的过程要充分调动人的主观能动性和创造性，同时又是科学的、实事求是的、经过验证确认的。其中也可以采取红蓝双方对抗的方式，但本质上是协同探讨。

装备与战法结合模式的构建包括两个主要步骤：战法研讨和装备策划。这两个步骤是循环迭代的，没有严格的先后顺序。如果待研究的问题侧重于战法创新，则在基本设定的约束下首先研讨战法，然后研讨实现该战法的装备策划问题，在此基础，根据装备策划分析和对方可能的反制措施，反思装备改进的可能性，由此形成循环迭代，直到形成可行的装备与战法结合模式为止。如果待研究的问题侧重于装备创新，则在基本设定的约束下首先研讨装备策划问题，然后分析该装备的使用策略。在此基础，根据装备使用分析和对方可能的反制措施，反思战法改进的可能性。由此形成循环迭代，直到形成可行的装备与战法结合模式为止。战争设计工程的任务类型确定先执行哪一步。

构建创新性干预策略的过程，也是对问题理解不断加深的过程，随着对问题的深入，可能需要修改问题的基本设定，这时候返回到步骤 3，重新修改基本设定。此外，在基本设定约束下，无法找到满足研究目标的干预策略时，也应该返回到基本设定，反思基本设定的合理性。

步骤 5：建立效果模型

战争设计工程中以专家团队中的模型工程师为主体，在系统工程师的指导下以及军事工程师和装备工程师的协助下，建立装备与战法结合模式（或者称为创新性干预策略）的作战效果模型。干预策略的作战效果模型，是微观的干预策略和宏观作战效果之间的桥梁，也是定性分析与定量分析之间的桥梁。干预策略的作战效果产生过程是个链式过程，所以干预策略的效果模型在整体上是一类“链式”模型。模型可能是解析模型，也可能是仿真模型，最可能的是解析模型和仿真模型的结合体。由于在步骤 4 可能构建了多个装备与战法的结合模式，所以可能需要建立多个作战效果模型。

干预策略效果建模的主要工作除了包括效果链模型之外，还需要考证一些关键性变量的取值范围。这是因为战争复杂系统中存在的大量不可控变量、半可控变量和可控变量对作战效果具有很大的影响，在效果分析中需要对其中的关键性变量做灵敏度分析，以分析干预策略对环境变化的适应性。这个过程也包含从技术上对装备关键性参数取值范围的论证过程。

干预策略效果建模过程，同样是对问题理解加深的过程。如果效果建模中发现装备与战法结合模式中的不合理之处，这时候应该反馈到步骤 4，重新研讨装备与战法的结合模式。

步骤 6：基于效果的反思

在装备与战法结合模式的作战效果模型基础上，分析各类关键性变量对作战效果的影响，包括单因素分析和多因素分析。根据各类关键性变量对整体作战效果影响趋势，分析装备与战法结合模式的优化问题，这一个过程称为“基于效果的反思”。基于效果的反思有两个目标：能否使得装备与战法结合模式的作战效果更好？能否使得装备与战法结合模式的适应性更好？

面向干预策略效果进化的反思分为三个层次：①在效果链模型上进行关键参数的灵敏度分析，装备与战法结合模式没有质的改变，这种情况下反馈到装备与战法结合模式的效果建模阶段。②如果干预策略微调无法获得满意的作战效果，则产生创新装备与战法结合模式的需求、并确定应针对的关键性因素，然后把这种需求和应该针对的关键因素反馈到装备与战法结合模式研讨阶段。③如果反馈到新的装备与战法结合模式都无法获得满意的作战效果，可能需要修改基本设定，在另一个基本设定条件下创新干预策略，从而反馈到基本设定构建阶段。如果作战效果满足要求，需要考虑干预策略的适应性要求。

面向干预策略适应性进化的反思分为三个层次：首先，反思干预策略是否在未来环境变化时仍然有效；其次，反思干预策略是否在对方战术简单改变时仍然有效；最后，反思干预策略能否在对方装备改变时仍然有效。

步骤 7：归纳总结

将研讨的结果整理成明确的结论，并辅以对此结论的完整论证过程，包括支持这些结论的逻辑性很强的表现形式。一项战争设计工程的成果表现形式可能是政策建议、作战运用模型、作战原则等。对抗过程中提出的各种方案、决策可能成千上万，如何从中归纳出最重要的内容，回答最初提出的问题，实现最初提出的目标也是一项复杂的技术和艺术。初步归纳出来的结果还要进一步进行考察、验证、修改、完善，这可能是一种迭代的过程。对抗阶段与归纳阶段的最终成果还要整理成一种便于向研究人员以外的人员介绍、展示的形式。

5.3.4　组织维——异质专家群体协作模式

异质专家群体的协作模式，是面向群体创新的组织保证，战争设计工程大体上包括五个方面的领域专家：战争设计系统工程师、军事工程师、装备工程师、模型工程师和技术工程师。根据研究目标和内容的不同，也可能需要其他领域的专家参与。

战争设计系统工程师应是战争设计工程的总工程师，战争设计工程的核心，要求对战争设计的理念深刻理解，并能创造性地运用战争设计的基本流程，能组织军事工程师、装备工程师、模型工程师、技术工程师有机协同地逐步推进战争设计工程进行，并能归纳提炼战争设计工程的成果。

战争设计工程团队中，系统工程师可能只有一个人，也可能由多个人组成，还可能是相关决策机关，这需要根据具体问题确定。系统工程师小团队应承担以下角色任务：①具备调动人力、财力和物力的权力，具备机关协调职权；②懂得战争设计工程的流程，其作用是控制整个战争设计工程的全过程，包括战争设计过程中流程阶段的划分、各阶段的工作以及工作的分配、各阶段进程的控制、各阶段结束条件的假设、迭代过程的控制、领域专家有效互动研讨的引导等，从而实现各领域专家智慧的有效集成；③能够承担综合集成研讨厅中主持人的角色，也相当于深度汇谈中的“辅导者”（process facilitator），对具体问题具有深刻认识，能够把握研讨的全局。

战争设计军事工程师主要负责军事理论，尤其是作战方法的研究。军事工程师不仅要熟悉机械化战争下的战略、战术，而且对海湾战争以来国际上历次重大的、初现信息化端倪的战争有较为深入的研究，要有深刻的洞察力和很强的创造性，能在设想的未来战争格局中找到敌人的破绽和克敌制胜的方法。

战争设计装备工程师主要负责军事装备发展的研究，包括军事装备研发和改进的可能性等。装备工程师不仅要熟悉当代各种主战武器装备的发展状况，而且要懂得现代科学技术可以允许发展什么样的武器装备，其性能可以达到什么极限，从而对未来二三十年武器装备及其体系的发展进行描绘、预测、评估和设计。

战争设计模型工程师要的与战争设计军事工程师和战争设计装备工程师合作，负责将军事工程师头脑里的军事概念模型用明白无误的语言表达出来，在此基础上结合装备工程师提供的装备实际建立战争系统的状态模型，用数学模型的方式明确表示出来，提供算法，并进一步提供仿真模型或推演方式。

战争设计技术工程师负责提供战争设计实施的技术环境，包括仿真环境、数据（库）、模型（库）和表现、交互、通信的环境等。技术工程师承担人和研究硬件环境（主要是计算机网络系统）交流的中介角色，尽可能地为满足其他工程师在研究过程中提供所需工具和服务。例如，提供所需的研讨环境，提供研讨时产生的即时性数据查询服务等。

5.3.5 技术维——定性分析与定量分析结合模式

根据战争设计工程逻辑流程，定性与定量相结合模式主要是指根据各阶段任务特征决定采取何种技术的问题，即回答什么时候用定性分析方法、什么时候用定量分析方法，定性分析方法与定量分析方法如何结合。根据复杂性方法中的两大逻辑原则，定性分析与定量分析的结合模式主要包括两大方面的内容：一是分工，二是结合。

定性分析方法与定量分析方法结合模式中需要处理多个维度上的分工机制，这包括处理复杂性上的分工、时间逻辑上的分工、领域专家上的分工以及人与计算机之间的分工。

定性分析方法与定量分析方法的结合，主要是指定性分析方法与定量分析方法之间的关系，主要包括三大关系：平行关系、串行关系和迭代关系。

定性与定量相结合的分析模式有多个维度，以战争设计工程的一般逻辑流程（时间）为主轴，建立定性与定量分析在人—人、人—机、复杂性处理上的分工协作模式。

5.3.6 战争设计工程四维框架的评述

战争设计工程四维框架具有如下特点：

1. 强调研究结果的螺旋式进化

在战争设计工程研究中，不是先确定一个模型作为研究对象的抽象复杂系统或者其子系统，然后从此模型演绎推理。在战争复杂系统中对研究对象的抽象模型分布于研究团队的头脑之中、人和环境之中以及团队的交互之中，处于不断演变的过程之中，从而使得研究结果螺旋式地进化。

2. 强调人的主体地位

战争设计工程的四维框架，以人为主体，强调人的创造性。把人作为认知主体纳入到复杂性产生的现场，而不把人的非理性等创造性心理因素排除在研究过程之外，这和把人作为一个纯理性工具研究复杂性的方法不同。当代哲学家对科学理性主义的反思和对还原论的反思中，提出重视人的非理性要素，尤其是面对复杂问题时，更需要强调人的主体地位。无论是从认知科学的发展，还是当代哲学的反思，都强调人在解决问题过程中的渐进性和螺旋式的演化性。

3. 强调工程实施的规范化

战争设计工程四维框架把研究目标、研究逻辑、研究主体和研究工具放在一个统一的框架中，比较完整地规范了一个工程化方法的四个基本要素，回答了工程化方法中的四个基本问题：研究什么？研究步骤是什么？谁去研究？用什么研究？

4. 强调分布式认知的指导地位

战争设计工程的四维框架的认知科学基础就是分布式认知理论。一个战争设计工程的项目研究过程就是一个分布式认知过程，其中，战争设计工程的目标维度是干预策略，是认知的结果，而组织维度、技术维度和逻辑维度和认知过程密切相关，分别对应于分布式认知活动的三个主要维度：组织维度对应于认知在个体之间的分布，技术维度对应于认知在工具上的分布，逻辑维度对应于认知在时间上的分布。

5. 强调一体化地处理战争复杂系统中四大集成问题

战争设计工程的四维框架中的四个维度分别对应于战争复杂系统中四大集成问题。目标维度处理装备与战法集成问题，逻辑维度解决未来情景和干预策略的集成问题，组织维度解决异质专家群体智慧集成问题，技术维度解决定性与定量分析集成问题。

5.4　本章小结

基于信息化战争的特点研究了战争复杂系统中的四大集成问题，归纳总结了战争设计工程方法四维框架——目标维、逻辑维、组织维和技术维，并且分析了各个维度含义及其关系。

参考文献

[1] 军事科学院军事历史研究部．海湾战争全史．北京：解放军出版社，2000：253～266.
[2] 中国人民解放军总参军训部．科索沃战争研究．北京：解放军出版社，2000：15～54.
[3] 王永明，刘小力，肖允华．伊拉克战争研究．北京：军事科学出版社，2003：3～23.
[4] 章杨．美国的战争：从阿富汗到伊拉克．北京：中国社会科学出版社，2003：101～116.
[5] 约翰·阿奎拉，戴维·伦非尔德等．决战信息时代．宋正华等译．长春：吉林人民出版社，2001：25～99.
[6] 迈克尔·奥汉隆．高科技与新军事革命．王振西译．北京：新华出版社，2001.
[7] 沈伟光．战争新思维．北京：新华出版社，2002：35～47.
[8] 张万年．当代世界军事与中国国防．北京：军事科学出版社，1999：56～121.
[9] 沙基昌．复杂巨系统与战争设计工程．军事运筹学 2005 年年会论文集．长沙：国防科技大学出版社，2005：

3～11.

[10] 钱学森，于景元，戴汝为．一个科学的新领域——开放的复杂巨系统及其方法论．自然杂志，1990，13（1）：3～10.

[11] 钱学森．再谈开放的复杂巨系统．模式识别与人工智能，1991，4（1）：1～4.

[12] 于景元，钱学森．关于开放的复杂巨系统．系统工程理论与实践，1992，12（5）：8～12.

[13] 戴汝为，操龙兵．一个开放的复杂巨系统．系统工程学报，2001，16（5）：336～371.

中篇　方法篇

第 6 章

战争设计工程的逻辑流程

在战争设计工程理论的四维框架中，逻辑维度是最重要的维度之一。战争设计工程的逻辑流程是其他各个维度上实现集成的基础，包括装备与战法集成、专家智慧集成以及定性分析与定量分析的集成。基于战争设计工程四维框架逻辑维度的基本内容（如图 5.3 所示），本章将进一步详细阐述战争设计工程的逻辑流程。

6.1 战争设计工程逻辑流程框架

在战争设计工程基本逻辑流程的基础上，提出战争设计工程逻辑流程框架，更加详尽地阐述战争设计工程各阶段的主要任务及其目标，以及任务之间的关系，为战争设计工程中的装备与战法的集成、专家智慧集成以及定性与定量集成提供基础。

6.1.1 战争设计工程逻辑流程基本概念

战争设计工程逻辑流程的复杂性方法的哲学基础是“回归环路原则”，循环迭代是“回归环路原则”的具体实现。从抽象的方法上而言，战争设计工程中循环迭代的载体是“设定”和“详细设定”。

元设想指战争设计工程项目发起者头脑中关于问题最原始的想法，包括问题的基本背景、问题本身以及问题的目标等。元设想在发起者头脑中可能是清晰的，也可能是模糊的，经常是隐式地存在于人的头脑中。

整个战争设计工程的实施过程在元设想指导下进行，元设想给出了战争设计的目标和方向，但并没有给出需要发展的装备、战法及其结合模式的具体设想。战争设计工程的元设想有两大类来源：①上一层次的战争设计工程项目所形成的有待于解决的问题。这种情况下所产生的“元设想”相对比较明确，并且是显性的；②作战需求或者装备发展需求。源于这两类需求的元设想往往存在于相关组织或者个人的头脑中，是相对模糊的、不确定的，可能需要多个回合的交互才能比较准确地表达出来。

“设定”是战争设计工程发起者把其头脑中的隐式问题明确、规范化表述的结果，也可能是对一个具体问题规范化表述的结果。设定主要规范化描述战争设计工程项目的研究目标，一般可以表述为：在一定条件下实现某种目标。一定条件包括作战时间、作战对象、作战领域等。此外，设定还包括问题提出的背景、问题目标实现的意义等，这些内容更加有利于战争设计工程团队加深对问题及其实现目标的理解。战争设计工程往往围绕设定（规范化表述出来的研究目标）进行研究，提出实现研究目标的具体解决方案（或者提出对研究目标进行合理分解的方案）。

“设定”类似于数学上的“公设”，差别在于必须考虑“设定”的现实性。“设定”是具体研究问题的公设，是研究问题的前提。设定的质量决定了战争设计工程研究结果的质量。战争设计工程中，“设定”有如下几个方面的特点：

(1)“设定”是动态深化和演化的。在战争设计研讨过程中，“设定”是随着战争设计研讨的不断深入，对问题认识的不断深入而动态深化和演化的；这个动态深化和演化过程使得“设定”逐步朝着满足“元设想”需要实现的目标方向完善，是问题不断清晰的过程，是与战争设计工程的过程相关的。而常规想定则相对比较固定，一旦给出，则很少改变想定中敌我双方作战行动时空顺序、对抗方式等。

(2)“设定”是在未来可预期的武器装备发展、作战原则等设想下对未来战争的设计，它强调对未来战争可能发展轨迹以及干预策略的预测。

(3) 战争设计工程中的“设定”是为研讨敌我双方装备、战法以及结合模式的发展方案服务的，是对抗研讨的前提，敌我双方对策的不断更新是造成“设定”动态深化和演化的主要原因。

(4)“设定”与常规想定的目的不同。战争设计工程中的“设定”是元设想的一种显性表示，是会不断更改的。而想定仅仅是对作战过程中双方作战行动的时间、空间等关系的描述。

(5)“设定”体现了专家群体的创造性。在战争设计工程中，“设定”动态性是专家群体协作下深入研讨并且不断迭代的结果，是群体智慧集成的结果，充分体现了战争设计工程对各领域专家创新性的要求。

(6)“设定”支持下讨论式模拟中的参数变化与想定支持下作战模拟中参数的变化形式不同。“设定”的动态变化性，主要表现为敌我双方装备、战法及其结合模式的不断演化，从而使战争设计工程中讨论式模拟所需要的参数在结构上发生变化。而想定支持下作战模拟中参数的变化主要表现在取值范围的变化。

设定的输入是元设想或者具体的问题。一般而言，具体问题大多源于上一层次的战争设计工程对上层问题分解后形成的子问题，也可能是其他相关研究过程中形成的具体问题。

详细设定指在以集成专家智慧为目标的循环迭代式研讨和定性定量分析过程中，战争设计工程团队逐步深入对元设想的认识，实现对设定不断细化、验证、修改，从而在最初设定基础上形成的包括未来装备、战法及其结合模式以及实现条件等比较详细的结论性结果。

详细设定是设定具体化和细化的结果，是在不同阶段对问题认识深化的结果，分为阶段性详细设定和最终详细设定。阶段性详细设定是战争设计工程项目进程之中获得的详细设定，具有“半成品”性、不完整性、可能被替代等特征；最终详细设定是战争设计工程项目最终所获得的，是问题解决方案（或者最终的问题分解方案）。除和设定具有相同的特征外，战争设计工程中“详细设定”还包含如下几个本质的特征：

(1)“详细设定”的过程性和阶段性。“详细设定”是和战争设计工程的迭代过程息息相关的，在每一个迭代过程中，详细设定的内容都随着约束或干预策略的改变而改变，这种过程性也是各领域专家智慧集成的结果。

(2)“详细设定”的可替代性。“详细设定”的过程性和阶段性决定了“详细设定”的中间产品是可替代的。

(3)“详细设定”的递阶完善性。“详细设定”是随着设定的动态深化不断完善的，下一个“详细设定”是在对现有“详细设定”的合理性、有效性和适应性验证并修改后的结果。

问题的解决方案是战争设计工程方法最后形成的结果，也是战争设计工程团队设计出来的最终的详细设定。

就方案与设定要求的关系而言，问题解决方案分为可以满足设定要求的问题解决方案和不能满足设定要求的问题解决方案。其中，不能满足设定要求的解决方案存在的意义有两点：①指出了设定的不合理性，引导战争设计工程发起人重新思考提出问题的初衷；②如果不按照问题解决方案干预战争复杂系统，而是按照战争设计工程研究中所排除的干预策略（被排除的中间性的详细设定）干预战争复杂系统，则很有可能导致更差的作战效果，距设定中提出的要求更远。

从方案实施的完整性而言，问题解决方案分为完整的问题解决方案和不完整的问题解决方案。完整问题解决方案是指该方案中列出的所有子问题都有详细可行的解决方案，方案实施在整体上具有完整性；不完整的问题解决方案是指该方案只列出了待解决的子问题，没有提出明确的子问题的解决方案，而每一个子问题则成为下一层战争设计工程项目中的设定。一个顶层的战争设计工程项目，往往只能把大问题分解为一系列的子问题，这些大问题的合理分解方案也是一种问题解决方案。

在战争设计工程项目中，并不总是能得到合理的解决方案。在一个具体的设定制约下，往往需要反馈到具体问题或者元设想中。如果设定源于元设想，则需要反馈到元设想，考察元设想到设定的合理性，甚至质疑元设想的合理性；如果设定源于具体问题，则需要反馈到具体的源问题，对源问题提出修改意见。

战争设计工程中元设想（源问题）、设定、详细设定和问题解决方案之间的循环迭代关系如图 6.1 所示。

问题树是指战争设计工程团队对所有的分析结果的一种形式化描述，直观地描述了分析问题所达到的广度和深度，反映战争设计工程团队在建树之时对问题的认知程度。问题树有利于战争设计工程团队人员对当前认知状态的感知，有利于认知不断深化的过程中把握下一步探索的方向。另外，问题树有利于促进对成员之间的理解的一致性。问题树的广度和深度一定程度上反映了战争设计工程团队对问题认知的全面性和深入性。

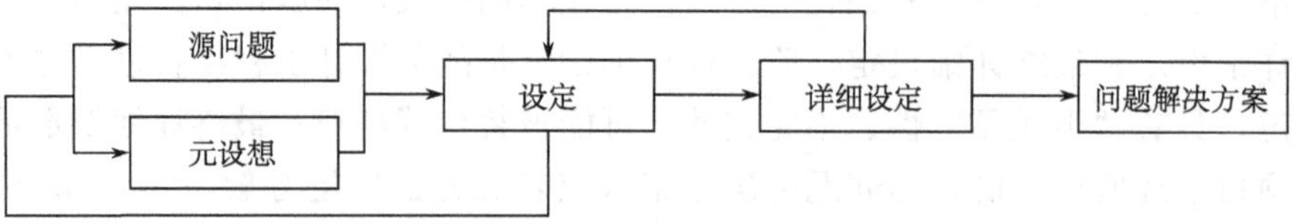

图 6.1 元设想—设定—详细设定—问题解决方案迭代关系

问题树有两种表达形式：逻辑树和因素树。

图 6.2 是一个战争设计工程案例中逻辑树示意图。该案例是一个“夺取制空权”的战争设计工程案例。该战争设计工程的设定是：红方要在与蓝方作战中获取制空权，站在红方立场设计一种夺取制空权的方法。

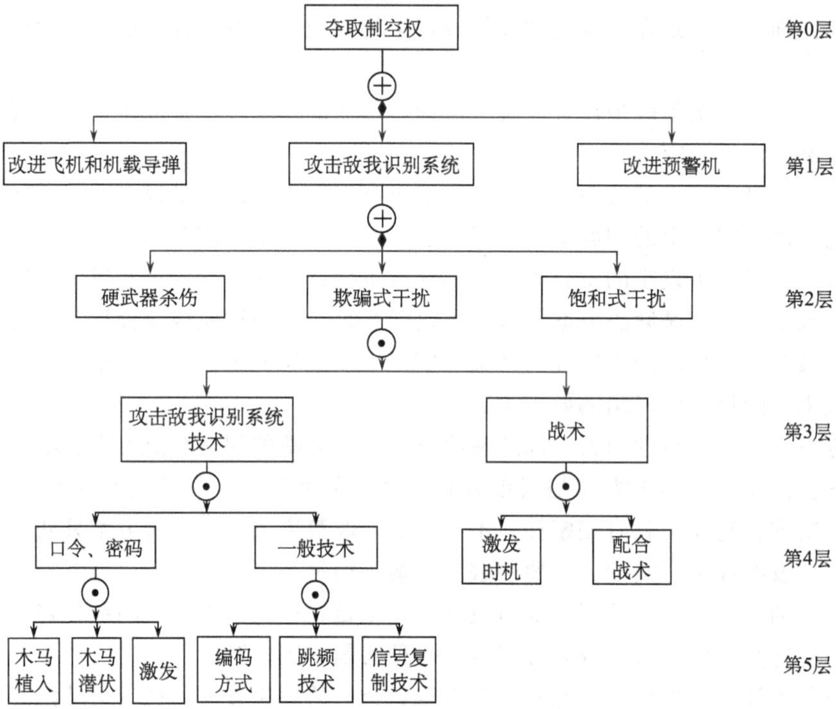

图 6.2 夺取制空权案例中的问题树

对于夺取制空权的方法经专家群体探讨，提出了三种不同的选择方法，即图 6.2 中第二层列出的“改进飞机和机载导体”、“改进预警机”和“攻击敌我识别系统”。前两种方法属于常规方法，但都有很大技术难度，需要大量的经费和时间的投入。第三种方法也有很大技术难度，但更多的属于技巧性质，投入相对较少，周期也短一些，属于另辟蹊径。本书的设计主要循着这个思路往下走。第 0 层与第 1 层间的⊕表示以下三个条件只要具备一个就可以。相应的，第 2、3 层之间的⊙表示下一层的几个条件要全部满足才能实现上一层的目标。在第 1 层，可以说源问题（第 0 层）已经分解为三个战争设计子问题。下面循着“攻击敌我识别系统”这个问题往下研究，到第 2 层表示“攻击敌我识别系统”也有三种可能的选择途径，即用硬武器杀伤、饱和式干扰和欺骗式干扰。

经集成专家群体智慧认为用硬武器杀伤敌方的敌我识别系统不太现实，故予放弃，单纯采用饱和式干扰效果不佳。因此，以实现欺骗式干扰为主要方案。

欺骗式干扰成功需要在技术与战术两个方面均有突破。技术方面包括敌我识别系统的一般技术以及口令、密码的窃取。一般技术中包含编码方式、跳频技术、信号复制技术等。口令、密码的窃取可考虑采用木马，而木马技术中包括木马的植入、木马潜伏和激发技术等。战术方面包括木马的激活时机以及飞机等其他部队的配合战术。至此，在这棵逻辑树的干线上，该问题逐次分解为八个叶结点问题。换言之，如果这八个问题都成功，就能成功攻击敌我识别系统，从而这八个问题构成了“攻击敌我识别系统”的一个战争设计。或者说，这八个问题构成了“攻击敌我识别系统”战争设计的八个子设计。这八个子设计都实现了，“攻击敌我识别系统”的战争设计就完成了。

在战争设计工程中，详细设定不断地细化和深化，逻辑树也不断变化。逻辑树见证和记录了战争设计工程团队对问题认知不断深入的过程，系统地反映了设定细化和深化的过程，即详细设定不断变化的过程。例如，在图 6.2 中，该战争设计工程案例的设定是夺取制空权，经过专家群体研讨之后，设定细化为详细设定——运用攻击敌我识别系统的方式夺取制空权（第 1 层）；在此基础上，进一步分析研讨如何攻击敌我识别系统，把设定进一步细化为新的详细设定——采取欺骗式干扰方式攻击敌我识别系统以获取制空权（第 2 层）；以此类推不断地深化和细化设定，使得问题研究不断深入，最后形成的详细设定包括若干子问题，这些子问题对应于图 6.2 中第 4 层和第 5 层叶节点所表示的问题。

6.1.2 战争设计工程逻辑流程框架

战争设计工程中循环迭代的载体是设定。当把“元设想—设定—详细设定—问题解决方案”之间的演化关系加入到第五章图 5.3 后，得到如图 6.3 所示的战争设计工程逻辑流程框架。图 6.3 所示的战争设计工程逻辑流程框架是对战争设计工程基本逻辑流程的扩展。战争设计工程逻辑流程是迭代式的逐步深化过程。战争设计工程流程框架包括七大步骤：形成设定、组建团队、研讨约束、研讨干预策略、建立效果模型、基于效果反思、归纳总结。图 6.3 主要描述了战争设计工程流程的七大步骤、各步骤的参与者、各步骤所获得的产品以及各步骤之间的逻辑关系。

战争设计工程形成设定等各阶段的主要任务、任务实现的承担者及其相关产品如表 6.1 所示。

后续几节将详细分析每个阶段的主要任务、所涉及的装备与战法方面的内容、相关参与者、分析工具等四个方面。

在战争设计工程逻辑流程框架中，研讨约束阶段是分析未来情景的过程，而研讨干预策略、建立效果模型以及基于效果反思共同组成了一定未来情景约束下创新干预策略的过程。研讨约束阶段和创新干预策略之间循环迭代反映了未来情景和干预策略的集成，这种循环迭代过程实际上是一种探索未来、设计未来的过程，解决了战争复杂系统

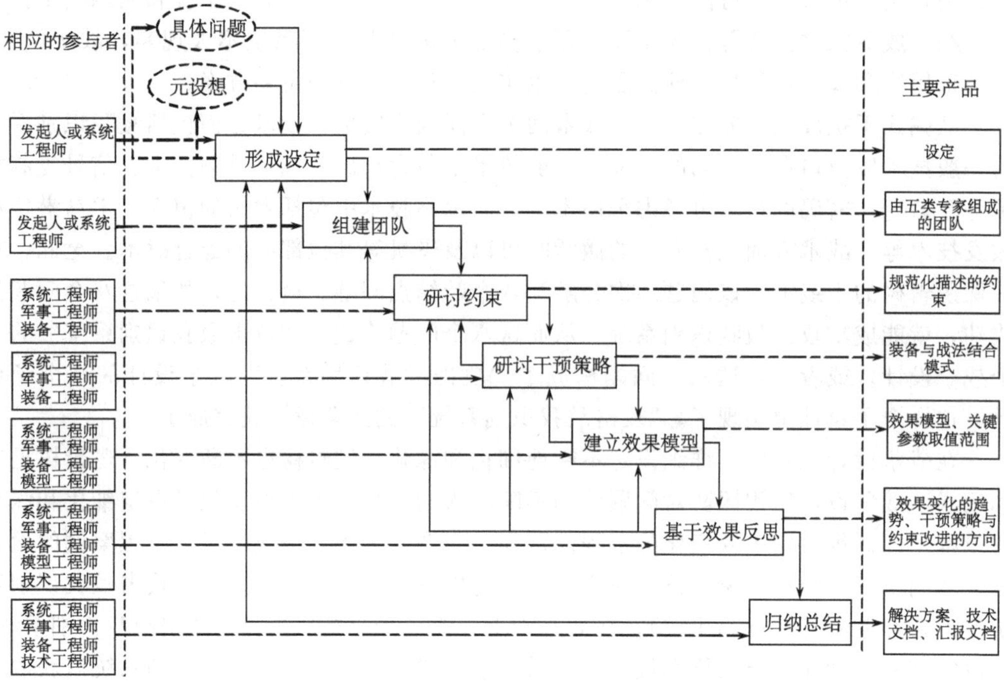

图 6.3 战争设计工程的逻辑流程框架

表 6.1 战争设计工程各阶段主要任务、主要参与者和相关产品列表

阶段名称	目标	主要任务	主要参与专家	产品
形成设定	使得隐式的元设想显式化	明确背景、问题及其目标、确定问题的相关领域；规范化描述上述内容	战争设计工程发起人或者系统工程师	设定
组建团队	建立项目团队、重组战争设计工程团队	根据特征，选择合理的五类领域专家	战争设计工程发起人或系统工程师、或者当前战争设计工程团队	具有合理知识结构的研究团队
研讨约束	明确未来情景与关键变量	①分析未来情景，把问题聚焦到一个具体领域；②研讨具体领域下的约束（边界、假设等）	系统工程师、军事工程师、装备工程师	约束的明确性描述
研讨干预策略	研讨出具有创新性的干预策略	战法指导下装备策划；装备假设条件下的战法研讨	系统工程师、军事工程师、装备工程师	装备与战法结合模式的原型
建立效果模型	建立干预策略与作战效果之间的桥梁	①建立干预策略的概念模型，包括典型作战环境和作战过程；②确定关键参数及其范围；③建立效果模型（仿真模型、解析模型）	系统工程师、军事工程师、装备工程师、模型工程师	干预策略实施的概念模型、效果模型、关键参数变化范围

续表

阶段名称	目标	主要任务	主要参与专家	产品
基于效果反思	验证干预策略的有效性、适应性，并且确定干预策略改进（演化）的方向	①关键参数的灵敏度分析（在效果模型上反思结合模式，包括单因素分析和多因素分析）；②反思装备与战法结合模式合理性；③反思约束合理性	系统工程师、军事工程师、装备工程师、模型工程师、技术工程师	效果随关键性变量变化的趋势、干预策略改进方向、约束条件改进方向
归纳总结	与团队之外的相关人员进行交流	①总结归纳出详细设定；②研究过程资料的总结；③研究过程及其结论的展示	系统工程师、技术工程师	解决方案（最终版详细设定）、技术文档、汇报文档

研究过程中面向未来和没有具体未来之间的悖论，也解决了未来情景和干预策略之间相互决定的逻辑悖论。

图 6.3 所示的战争设计工程逻辑流程框架，反映了装备与战法集成、异质群体领域专家智慧集成以及定性分析与定量分析集成：

（1）战争设计工程逻辑流程框架中体现了装备与战法集成。在干预策略研讨过程中，军事工程师和装备工程师为主体的领域专家协作完成干预研讨活动，装备与战法互为约束。在建立概念模型阶段，装备与战法结合为一个整体，形成完整的干预策略实施的概念模型。在效果反思阶段，从装备与战法两个维度反思干预策略的改进。

（2）战争设计工程逻辑流程框架中体现了异质专家群体智慧集成。在一般性工程方法中，主要强调解决问题的逻辑过程，而不强调实施该逻辑过程的研究者。因为，大多数情况下，研究者都被看成是同质的，只是同类专家之间的分工而已。战争设计工程流程中增加了组建战争设计工程团队这一步骤，强调组建异质领域专家团队，体现了异质专家群体智慧的集成。

（3）战争设计工程逻辑流程框架中体现定性分析和定量分析的集成。在战争设计工程逻辑框架中，从形成设定到建立效果模型这一阶段是从定性到定量的过程，而基于效果的反思是从定量到定性的过程，研究框架中七阶段循环迭代，也就是形成了定性分析和定量分析的循环迭代，从而实现定性分析和定量分析相结合。

6.2　形成设定阶段

设定确定了战争设计工程团队的研究目标和研究范围。形成设定是战争设计工程项目的起点，因为战争设计工程的后续工作都是围绕设定进行的。形成设定阶段的工作是战争设计工程项目的基础性工作，奠定了整个战争设计工程的基调和方向。

6.2.1　形成设定阶段的任务分析

形成设定阶段的输入是存在于用户（组织）头脑中的元设想或者上层战争设计工程确定的具体问题。一项战争设计工程的设定需要明确、清晰地规范描述以下三个方面的内容：①问题背景；②问题本身；③问题的相关领域。

一般而言，每个实际问题都是一个父问题的子问题，对子问题在父问题中地位的了解，有利于理解子问题。战争设计工程问题的背景实质上是该问题在父问题中的地位、作用等。确定战争设计工程问题的背景便于战争设计工程专家团队宏观上把握该问题，体现了在认识整体和认识部分之间相互影响的“回归环路原则”；随着战争设计工程项目研究的深入，如果发现该问题无解，这时候可能需要反思问题本身，对背景的掌握有利于提出对问题的合理修改意见。

战争设计工程中设定需要对问题进行明确的、无歧义的表述。在设定中对问题的表示以祈使句的方式进行，从逻辑上讲，就是一个命题，实际上也是对问题的一种转述。最后形成的祈使句包括目标、时间、空间、对象、资源等方面的约束。例如，一个战争设计工程设定对问题本身描述为：2015 年获取对蓝方作战的制空权。上述设定示例中，2015 年是时间约束，蓝方上空是空间约束，对象是蓝方军队，目标是制空权。

为了确定专家群体视角能够尽可能地覆盖问题相关领域，需要明确问题所涉及的相关领域，从而为选取相关专家提供服务。

形成设定阶段有两大子任务：①获取设定；②规范化描述设定。获取设定和描述设定都需要包含设定的三大内容。

形成设定阶段最后得到的是设定，设定将是后一个阶段的输入，即成为组建专家团队的依据。如果后续研究发现设定中规定的目标无法实现，需要修改设定，这时候需要反馈到元设想或者相关的具体问题，该项战争设计工程转为另一项战争设计工程项目。

6.2.2 形成设定阶段涉及的装备与战法方面的内容

设定中的问题可能是一项装备功能需求，或者是一项战法设计需求，抑或是两种之间的结合，一般而言更多的是这两者之间的结合。其目标是能够完成一项作战任务。在战争设计工程背景描述中，需要包括装备与战法两个方面的内容，也就是应该从装备与战法两个方面描述该问题在父问题中的地位和作用。

在问题本身描述中，如果目标是完成一项作战任务，为了给专家群体创新的空间，应该尽可能地不对装备与战法提出更为具体的约束。

在相关领域确定过程中，需要从装备与战法两个方面分析相关领域，以确保在组建团队阶段能够确保领域专家视角的完整性。

6.2.3 形成设定阶段的参与者

根据问题的不同，设定形成过程中的参与者类型可以不同。如果设定源于元设想，则设定形成阶段的参与者主要是战争设计工程项目的发起人。战争设计工程项目的发起人可能是个人，也可能是一个组织。如果设定源于战争设计工程项目对父问题进行分解产生的子问题，则形成设定的参与者就是解决父问题的战争设计工程项目的系统工程师，或者提出父问题的个人或者组织。这两者往往一致，如果这两者不一致，设定也可以由这两类人共同研讨确定。

6.2.4　形成设定阶段的技术

如果设定源于元设想，则获取设定过程类似于获取用户需求的过程，其共同特点都是把用户头脑中隐性想法显性化。如果设定源于具体问题，问题相对比较清晰，设定获取过程被简化掉了。规范化描述设定的过程和结构化描述任务空间概念模型类似，都是把被描述对象规范化地表述出来，所以规范化描述设定的技术可以采取描述军事任务空间概念模型的结构化描述技术。形成设定阶段的技术主要是：需求获取技术和结构化描述技术。这两种技术都是定性技术。

6.3　组建团队阶段

在战争设计工程中，人处于主导地位，强调人的聪明才智在问题解决中的核心作用。所以，战争设计工程团队是实现专家群体智慧集成的基础。组建战争设计工程团队体现了战争设计工程研究中强调以人为主体的研究思路，是战争设计工程中关键性步骤之一，所组建团队的好坏直接关系到战争设计工程项目成果的优劣。

6.3.1　组建团队阶段的任务分析

战争设计工程团队是整个战争设计工程中最重要的组成部分，团队的质量直接影响着战争设计的效果。战争设计团队大体上由五类领域专家组成，但是各领域专家所应该具有的知识、经验、技能等由具体问题的需求确定。在团队组建阶段，主要目标是选取系统工程师、军事工程师、装备工程师、模型工程师和技术工程师，组建适合解决本次战争设计工程问题的领域专家团队。

组建团队阶段的基本任务包括：①根据设定中问题的相关领域，初步分析问题涉及的具体领域；②根据问题领域范围，初步确定对各领域专家的要求；③根据对各领域专家的要求，建立领域专家评价指标体系；④根据评价指标体系，初步确定领域专家候选方案；⑤选取领域专家组成团队。

组建团队过程中用“初步”来限定各个活动，主要是因为战争设计是个不断迭代的过程。设定阶段并不是一次完成的，随着战争设计研讨的不断深入，在每次完成效果分析阶段后，可能需要回到设定阶段，对最初的设定进行修改。每一次设定的改动都可能改变问题涉及的领域，问题的解决需要新的知识结构才能完成，因此，可能需要增加新的领域专家到战争设计工程团队中。在战争设计过程中，战争设计工程团队不是一个固定不变的组织，而是根据需要不断动态添加、更改的。但在第一次战争设计迭代过程中，需要根据具体问题背景，初步选取一个战争设计团队保证第一次迭代过程的有效进行，进行第一次战争设计循环。

6.3.2　组建团队阶段涉及的装备与战法方面内容

组建团队所涉及的装备与战法方面的内容，主要有以下两个方面：①确定系统工程师、军事工程师和装备工程师选取的评价标准；②选择能够覆盖问题域的系统工程师、军事工程师和系统工程师。其中，选取评价标准包括：根据设定中问题所涉及的战法方面的主要内容确定军事工程师选取的评价标准；根据设定中问题所涉及装备方面的内容确定装备工程师选取的评价标准。最后形成的军事工程师小团队与装备工程师小团队能够覆盖问题所涉及的战法领域与装备领域。选取的系统工程师对装备与战法都有一定的了解，全面了解装备与战法的知识有利于系统工程师掌控问题的全局。

6.3.3 组建团队阶段的参与者

在组建团队阶段的主要参与者是战争设计工程的发起人或者系统工程师。如果是战争设计的初次迭代，组建团队的任务往往由发起人承担，如果是经过多次迭代循环后重新组建团队的任务往往由系统工程师承担。一般而言，战争设计工程的系统工程师有多个层次，是一个团队甚至是一个小型组织，包括协调各类专家关系的机构、项目的总工程师、研讨过程中的主持人等。

6.3.4 组建团队阶段的分析技术

组建团队阶段的分析技术主要是多属性的评价技术。根据问题领域，建立各类专家选择的评价指标体系，建立各指标的权重，确定各候选人在相应评价项上的取值，主要是从定性到定量的分析技术。

6.4 研讨约束

研讨约束的主要任务是研讨未来情景，便于在未来情景约束中研讨干预策略，体现了战争设计工程方法面向未来的特征。研讨约束是战争设计工程团队组建后的第一项工作，是专家协作研讨的开端。

6.4.1 研讨约束阶段的任务分析

研讨约束阶段的主要目标是围绕战争设计工程的设定，战争设计工程团队分析未来影响实现问题目标的关键因素，把问题定位到一个更为具体的领域。这个过程是一个需要发挥创造性的关键步骤。

研讨约束阶段的主要任务是：①分析未来（设定中所规定的时间）战法发展趋势；②分析未来技术与装备发展的趋势；③分析对手未来可能的作战模式（包括战法与相应的装备）；④分析对抗环境下制约问题解决的关键环节；⑤对关键环节进行综合优先序排序，把问题聚焦到一个具体领域；⑥研讨具体领域下的约束（边界、假设等），建立具体的未来情景；⑦格式化地描述具体领域的相关约束。

研讨约束阶段最后获得解决问题的具体领域，以及具体领域的约束。这时候建立的具体领域约束和设定中的约束有比较大的差别，具体领域约束建立起的未来情景相对较为具体，是对问题的一种更为具体的表述，而设定中的约束更为抽象，是具体约束的约束。例如，在“夺取制空权”的战争设计案例中，经过约束研讨，把问题定位聚焦到“攻击敌我识别系统”领域，问题解决转化为“攻击对方的敌我识别系统”，具体约束是指实现攻击对方敌我识别系统的约束。后续的干预策略研讨将在攻击敌方敌我识别系统这一目标下进行讨论。

具体领域的约束实际上是对设定的进一步扩展，它继承了设定中的所有内容，包括约束，是对设定的进一步细化的结果，也是一种中间态的详细设定，它包括的问题目标就是约束，只是没有提出具体的干预策略。

6.4.2　研讨约束阶段涉及的装备与战法方面的内容

在研讨约束阶段所涉及装备和战法方面的内容包括：①分析未来装备与战法的发展趋势；②分析影响设定实现的关键作战环节（主要从作战流程进行考虑）；③从关键性作战环节分析影响设定实现的战术和装备两方面的因素，确定问题解决的具体领域；④从装备与战法两方面考察未来具体领域的边界和其中的关键因素。

6.4.3　研讨约束阶段的参与者

研讨约束阶段的参与者主要包括系统工程师、军事工程师、装备工程师。系统工程师的主要任务是组织研讨，军事工程师主要分析未来作战战法的可能方式，而装备工程师主要分析未来作战中技术与装备的可能性。

6.4.4　研讨约束阶段的分析技术

研讨约束阶段是一个从定性到定量分析的过程。定性分析的主要技术是群体研讨的方法，其目的是加深专家对该问题的认知并且使之表达出来，定量分析主要把各类专家关于该问题的认知进行归纳整理排序。最后形成具有一定共识的关于该问题的认知，从而把问题定位到一个具体领域。

6.5　研讨干预策略

研讨干预策略是战争设计工程中的核心步骤，也是干预策略创新的关键性环节，需要充分发挥异质专家群体的创造性。它也是定性分析的关键环节，是战争设计工程成败的关键。

6.5.1　研讨干预策略阶段的任务分析

干预策略研讨阶段的主要目标是确定解决问题的一个原型方案。一般而言，一项战争设计工程所设计的干预策略都包括战法（战术）与装备两个方面，是一种装备与战法的结合模式。也就是说，在目标和约束下，研讨解决问题的各种可能方案。研讨干预策略阶段的输入是上一阶段的成果——具体领域的约束，一个中间态的详细设定。

研讨干预策略阶段主要有三大子任务：①战法指导下的装备策划；②装备假设条件下的战法研讨；③对方干预反制策略分析。前两个子任务共同组成己方干预策略研讨，它们之间没有先后顺序，根据实际情况可以从任意一个子任务开始，因为这两个子任务是循环迭代、相互依赖的，实际研讨中这两个子任务的工作可能是同时进行的。第三个子任务的目标是确保己方提出的干预策略能够在对抗条件下具有有效性。

通过前两个子任务确定己方干预策略，一旦获得更新的干预策略（新战法或者改变装备性能），需考察敌方通过战法（战术）进行的反制措施以及对方通过装备创新进行的反制措施，确保己方干预策略在对抗性环境下具有适应性。

6.5.2 研讨干预策略阶段涉及的装备与战法方面的内容

研讨干预策略阶段是最为体现装备与战法相结合的地方，也是战争设计工程在解决问题的过程中最能体现研究者创造性的关键环节之一。在干预策略研讨阶段，装备与战法互为约束，相互促进，最后形成具有创造性的干预策略。

6.5.3 研讨干预策略阶段的参与者

在本阶段参与的专家主要有三类：系统工程师、军事工程师和装备工程师。在这个过程中，军事工程师主要负责新战法的研究；装备工程师主要负责设定阶段新武器装备的研究，包括现有武器装备的改进和新武器装备的研发；系统工程师是研讨的组织者，还要保障军事工程师与装备工程师有效协作的顺利进行。现有武器装备的改进包括信息化条件下武器装备的改进方向、武器装备改进的技术条件、武器装备实施的环境、武器装备改进后的性能等。新武器装备的研发包括研究现有技术条件下新式武器装备的种类，预测未来技术条件下新武器装备的发展，这两种情况下新武器装备发挥作用的环境及其性能极限等。在本阶段，军事工程师和装备工程师需要有效协作，装备的发展要适应战法的需求，而战法的实施也需要相应的装备作支撑。

6.5.4 研讨干预策略阶段的分析技术

研讨干预策略阶段的分析技术是定性研讨，这个阶段的讨论往往和效果评估以及基于效果的反思联系在一起，所以研讨干预策略是一个不断反复的过程，不是一次完成的。当然在某次干预策略研讨阶段，也会出现研讨干预策略的作战效果的定性判断或者简单的定量分析，这时候并不需要马上转入下一个阶段。

6.6 建立效果模型

建立效果模型是战争设计工程中定量分析的主体部分，是战争设计工程实现定性分析和定量分析集成的关键步骤。建立效果模型使得战争设计工程干预策略的研讨进一步深入，也使得战争设计工程提出的解决方案具有定量分析支持，增加了战争设计工程项目提出的解决方案的可信性。

6.6.1 建立效果模型阶段的任务分析

建立效果模型阶段的主要目标是建立干预策略和作战效果之间的桥梁，一方面为验证干预策略的作战效果提供模型基础，另一方面为干预策略的改进提供技术基础。

建立干预策略的效果模型是战争设计工程的核心任务之一，主要包括以下三个方面工作：①建立干预策略的概念模型，包括典型作战环境和作战过程。概念模型是领域专家和模型工程师一致理解的基础，是异质专家群体一致理解的基础，干预策略的概念模型就是把抽象的干预策略放在未来典型的作战环境下；②确定关键参数及其范围。由于影响作战效果的变量很多，需要确定关键性参数；由于一些参数的具体取值无法确定，需要考证其变化范围。确定关键参数的取值范围及其典型取值，有利于建立合理的效果模型，确定具体的作战效果及其变化范围；③建立效果模型。效果模型是在概念模型基础上的进一步抽象，既包括数学模型也包括仿真模型。效果模型是基于效果反思的基础。

6.6.2　建立效果模型阶段涉及的装备与战法方面内容

在建立效果模型阶段所涉及的装备与战法方面的内容包括：①干预策略在未来实施的概念模型，包括作战过程（作战活动系列）、作战实体（现实的或者虚拟的装备）；②作战活动中关键性参数（描述作战活动之间时空关系的参数）以及装备性能参数取值范围的确定；③包含作战活动与装备的作战效果模型。

6.6.3　建立效果模型阶段的参与者

建立效果模型阶段的参与者有系统工程师、军事工程师、装备工程师、模型工程师。其中，军事工程师、装备工程师的主要任务是在系统工程师的指导下，把干预策略转化为未来作战概念模型，以及确定装备与战法方面的关键参数的取值范围。模型工程师的主要任务是在系统工程师的指导下，根据概念模型和关键参数取值范围建立效果模型。

6.6.4　建立效果模型阶段的分析技术

效果建模阶段三大任务采取了不同的分析技术。在概念建模任务中，主要采取定性研讨技术以及概念模型的描述技术，所提出的干预策略可能较为抽象，还不是未来的一项具体作战活动，需要为干预策略确定一个或者多个典型作战环境，形成具体作战概念模型，并且运用格式化方式把概念模型明确地描述出来。在关键参数取值范围确定过程中，主要通过从定性到定量的分析方法确定每一个关键参数的取值范围，采取关键参数的考证技术；效果建模任务过程也是从定性到定量的过程。

6.7　基于效果反思

基于效果反思是连接定量分析和定性分析的桥梁，具有承上启下的作用，体现了定量分析对定性分析的反作用，是实现定性分析与定量分析集成的关键步骤。基于效果的反思对于促进干预策略的进化是必要的。

6.7.1　基于效果反思阶段的任务分析

基于效果反思阶段的主要作用是确定干预策略的有效性以及探寻干预策略的优化方向，确保干预策略在对抗性环境下具有适应性。这一阶段的工作体现了定量分析对定性分析的反作用，是战争设计工程中定性分析与定量分析相结合的关键性步骤，使得定性分析与定量分析形成一个完整的作用环路。

基于效果反思的主要任务包括：①分析关键参数的灵敏度，在效果模型的基础上反思干预策略对关键性因素变化的敏感性，包括单因素分析和多因素分析。探索关键性因素对效果影响的趋势，确定关键性参数取值，在效果模型的基础上优化干预策略，实现对干预策略在量变上的优化；②反思装备与战法结合模式合理性，在关键性因素对效果影响趋势的基础上，反思干预策略的改进方向，为下一轮的干预策略改进提供支持；③反思约束合理性。除了在前两个层次上进行反思之外，还需要反思约束的合理性。例如，在获取制空权的案例中，如果发现对敌方敌我识别系统攻击的效果不好，则可能需要反思是否扩展范围，研究如何有效地规避敌方空对空导弹问题。

上述三个层次上的反思结果分别反馈到建立效果模型阶段、研讨干预策略阶段和研讨约束阶段。

6.7.2 基于效果反思阶段涉及的装备与战法方面的内容

基于效果反思阶段也是装备与战法相结合的集中体现阶段，这一阶段所涉及的装备与战法方面的内容包括：①在关键性参数灵敏度分析阶段，既要分析战法方面的关键参数，也要分析装备方面的关键参数，并且需要联合分析战法和装备两方面关键参数对作战效果的影响；②在反思干预策略合理性的时候，也要从装备与战法两个维度上分析装备与战法结合模式的合理性；③在反思约束的时候，需要相关领域战法发展趋势和装备技术发展趋势，根据装备与战法结合模式变化的趋势重新考察实现设定的关键性环节。

6.7.3 基于效果反思阶段的参与者

基于效果反思阶段的参与者主要包括系统工程师、军事工程师、装备工程师、模型工程师。其中，模型工程师的主要工作是分析各类关键性变量对作战效果的影响趋势，而系统工程师、军事工程师、装备工程师的主要任务是根据关键变量的影响趋势研讨确定战争设计工程干预策略的进化方向。

6.7.4 基于效果反思阶段的分析技术

基于效果的反思在整体上是从定量到定性的分析技术。其中，分析关键参数灵敏度主要采取单因素和多因素灵敏度分析技术，属于定量分析技术；反思装备与战法的结合模式主要在效果变化趋势上，进一步确定关键性参数，以此为依据确定装备与战法结合模式的优化方向，是一种定量支持下的定性分析技术；反思约束实际上是在反思对未来情节假定的合理性，是在装备与战法结合模式优化的基础上进行考察的结果，也是一种定量支持下的定性分析技术。

6.8 归纳总结

归纳总结是战争设计工程中的最后一个步骤。一方面有利于发现现有研究成果的漏洞或缺陷，使得战争设计工程成果进一步完善；另一方面有利于形成一致的便于表现的研究成果，便于与战争设计工程团队之外的人进行交流。

6.8.1　归纳总结阶段的任务分析

归纳总结阶段的主要目的是对最后作战设计进行归纳总结，便于研究结论（成果）向战争设计工程团队之外的人进行交流，其主要任务有：①总结归纳战争设计工程项目的结论。如果问题有解，则归纳最终详细设定——问题的解决方案；如果该问题无解，则最后的结论是该问题无解的理由以及对设定进行修改的意见；②研究过程资料的总结。研究过程的中间文档和中间态的详细设定，反映研究团队对问题认识不断深入的过程，记录了团队认知的变化轨迹，也是对战争设计工程论证过程合理性的反映，过程的合理性往往是结果合理性的保障之一，所以，研究过程资料的总结有利于说明最后结果的可接受性；③研究过程及其结论的展示，在给出研讨最终结果的同时，技术工程师还需要建立结果演示环境，便于向研究人员以外的其他人员介绍和展示。

总结归纳阶段是对本次战争设计整个过程的总结。这个阶段是群体智慧显式化的过程，既可以深化对战争设计结果的理解和表述，也有利于进一步排除“漏洞”。

6.8.2　归纳总结阶段涉及的装备与战法方面的内容

归纳总结阶段所涉及的装备与战法方面的内容包括：①最终干预策略——装备与战法结合模式的总结。在此包含两个视角的版本，一个以战法创新为主的版本，一个以装备策划为主的版本；②在总结文档的过程中，军事工程师和装备工程师分别从战法与军事角度归纳各阶段的总结；③研究过程及其结论中对于战术环境设计应该包含面向军事人员展示的版本以及面向装备技术人员展示的版本，能够与团队之外的不同领域的专家进行交流。

6.8.3　归纳总结阶段的参与者和分析技术

归纳总结阶段主要参与的专家有系统工程师、军事工程师、装备工程师、模型工程师和技术工程师。其中系统工程师和技术工程师起主导性作用。归纳总结阶段的分析技术，主要是定性的分类归纳技术和展示表现技术。

6.9　本章小结

本章详细地分析了战争设计工程的逻辑流程，及其各阶段的目标、主要任务、装备与战法两方面的研究内容、主要参与者以及相关的分析技术。

第 7 章

战争设计工程中专家群体智慧集成框架

战争设计工程中的专家群体大体上分为五类：战争设计系统工程师、军事工程师、装备工程师、模型工程师和技术工程师。战争设计，最重要的就是将分布于各类专家的思维、经验、知识以及各种其他领域知识、信息、数据在计算机支持下集成起来，实现干预策略的设计。在战争设计工程中，专家群体是核心，他们在战争设计过程中提出设定、研讨问题、验证效果，是战争设计工程中的主角，是推进整个战争设计过程的关键因素。

集成专家群体的智慧对未来战争进行设计，不但能有效降低认知过程单一视角的片面性和局限性，减少认知的不确定性，同时也使得设计的干预策略更加具有创新性、有效性、可行性、完整性和适应性。因此，在战争设计过程中，如何有效集成各领域专家的智慧并保证战争系统可能演化轨迹的合理性以及干预策略的创新性，是战争设计工程理论方法首先需要解决的问题。

在战争设计工程处理战争复杂系统时的四大集成问题中，专家群体智慧集成是最为关键的，它首先回答战争设计工程中“谁研究”的问题。专家群体是战争设计工程工程化方法实现的主体，通过集成异质专家群体的智慧，对未来情景进行设计，给出未来情景下可能需要的装备、战法及其结合模式，实现干预策略的创新。专家群体在对未来情景设计以及未来情景下干预策略（装备、战法及其结合模式）设计过程中，采用定性定量相结合的方法。从这些角度上说，“专家群体智慧集成”为“装备与战法集成”、“未来情景与干预策略集成”和“定性分析与定量分析集成”提供了实现基础，是四大集成中最为关键的一项。

战争设计工程专家群体智慧集成方法不但回答了异质专家群体智慧集成的问题，也给出了在战争复杂系统分析中处理异质专家群体之间鸿沟以及人与计算机之间鸿沟的方法。

7.1 专家群体智慧集成研究现状

专家协作共同解决问题，可以有效提高解决方案的质量，是针对复杂系统问题最有效的解决方式之一。专家协作解决问题模式的研究已经在很多领域得到发展，如主要针对解决计算机支持的协同工程（CSCW）而进行的群体协作模式研究，针对群决策中专家群体共同解决问题的模式研究，综合集成研讨厅中专家群体协同工作模式研究。本节主要分析这三个领域中专家群体协作（group experts collaboration，GEC）的研究现状。

7.1.1 CSCW中的专家群体协作

由于CSCW中强调计算机支持的群体协作，所以在该领域中对于群体协作主要侧重于群体协作模式和群体感知的研究。

1. CSCW中专家群体协作模式

在CSCW研究领域中主要有以下几种群体协作模型：会话模型、会议模型、过程模型、活动模型和层次抽象模型等[1]。会话模型定义两人之间的交互协作关系；会议模型描述多人之间进行交互协作的方式；过程模型和活动模型则刻画共同完成任务的协作各方的分工与协作过程；层次抽象模型是针对需要不同层次、不同方式的协作才能完成的任务的协作方式。

2. CSCW中专家群体协作中的群体感知

在CSCW中，群体感知是实现群体协作的前提条件。群体感知理论的研究对于提高CSCW中专家群体协作的效率和减少协作冲突有重要的意义。群体感知的研究主要包括感知模型和实现方法两个方面，这里只介绍群体感知模型的研究现状。群体感知模型主要研究群体感知的形式化描述和性质刻画，主要有Benford和Fahlen提出的基于空间对象的感知模型[2]，Tom Rodden提出的面向协同应用的感知模型[3]，葛声、马殿富、怀进鹏提出的基于角色的群体感知模型[4]，钟远明、沈剑等提出的基于状态集的CSCW处理模型[5]，孙艳春提出的基于Agent的协作模型MTI[6]，闫临霞、曾建潮提出的基于任务的感知模型等[7]。这些群体感知模型分别根据群体的感知特性，从不同的角度对群体协作过程中的任务、角色、活动以及对其动态变化性进行研究，其研究方法侧重点不同，应用范围也有所不同。

7.1.2 群决策中的专家群体协作

群决策是现有决策理论中的研究热点。由于群决策问题具有内在复杂性，众多学科交叉特性以及研究者的研究角度不同，形成了群决策各种各样的研究模型和方法。对于群决策中专家群体协作的研究主要侧重于专家群体决策的方式以及群决策方案的排序和一致性问题。

1. 群决策中专家群体协作方法

群决策中专家群体协作的方法主要包括如下几种：面对面的交互（face to face group interaction）、投票法（voting）、德尔菲法（Delphi technique）、名义群体法（nominal group technique）、头脑风暴法、层次分析法（analytic hierarchy process）、群体效用分析（group utility analysis）、群体一致性方法（包括 Krzysztofowicz group consensus method 和 Zahedi group consensus method）[8]、线性加权组合（weighted linear combinations）[9]、共轭分布集结法（aggregation using conjugate distribution）、专家应用模型（expert use model）、概率法（probabilistic approach）[10]、联合作博弈理论（cooperative game theory）等。其中，最常用的是面对面的交互、头脑风暴法、德尔菲法、名义群体法和层次分析法。

面对面的群体交互有利于方案的产生；头脑风暴法有利于产生新思想，并有助于消除群体的依赖性思维，但是只靠它无法形成决策方案；而名义群体法、德尔菲法和层次分析法有助于成员的独立思考，但是它们的重点放在决策方案的生成上，对问题求解尤其是复杂问题求解过程重视不够。

2. 专家群体其他方面的研究

在群决策的专家群体协作研究中，除了专家群体协作模式的研究外，还包括专家群体决策的一致性、专家群体的决策规则等方面的研究。

对于专家的决策规则和行为，主要是从行为科学、心理学和社会科学等方面进行研究。宋光兴和杨槐从行为科学和心理学等角度对专家群体协作过程中的决策行为以及对决策产生影响的因素进行分析[11]。乐文忠根据 Arrow 公理的基本原理，将决策规则作为社会选择准则进行研究，分析了合理选择规则的特征条件，并构造了一种多目标偏好数的专家群体决策规则[12]。安立仁和席酉民通过引入个人判断能力概念，建立了群体决策的效率、可靠性及效益函数，在同质性假设条件下得到了群体成员个人判断能力、决策规则与群体决策的效率、可靠性之间关系的 5 个命题[13]。国外从行为科学的角度对群决策中专家群体协作的行为和规则分析的研究，主要侧重于对过程的理论和实证方面。国内关于决策规则方面的研究比较少，对其分析还不够深入，尤其是实证研究方面，更需要加强。

7.1.3 综合集成研讨厅中专家群体协作

综合集成研讨厅强调的综合集成法，是将专家群体（各种有关的专家）、数据和各种信息与计算机技术有机结合起来，把各种学科的科学理论和人的经验知识结合起来[14]。综合集成法的实质是通过综合集成研讨厅环境，将专家头脑中的智慧有效集成以解决复杂问题。综合集成法是由钱学森等提出的研究复杂巨系统的方法论，国内的专家、学者在这方面的研究较多。

研讨厅体系利用研讨这种组织形式，采用综合集成法将个体智慧上升为群体智慧。在这个过程中，专家们的思维经过交流、碰撞，不但个体对复杂问题的认识不断提高，更重要的是专家群体整体上的创新将超过每个专家个体能力的总和，对解决复杂问题起着至关重要的作用。

综合集成研讨厅专家群体协作的研究中，除了和群决策中重叠的部分外，主要侧重于如下几个方面：

1. 专家群体协作过程中专家群体行为规范的研究

在研讨厅体系中，专家群体是一个非常重要的组成部分。专家个人和群体的行为直接影响着决策的结果，专家本人及专家群体的思维和行为难免有一些不足，并且他们的行为也受个体、群体行为规律的支配。王丹力和戴汝为[15]在借鉴国外文献[16,17]的基础上，分析个体行为、群体行为的缺陷，并在此基础上给出了一种研讨厅中专家群体研讨的行为规范，便于专家群体在协作过程中认识到行为的不足，从而克服这些缺陷。

2. 专家群体协作过程中思维收敛的研究

对于综合集成研讨厅中专家群体思维的收敛，主要是从群决策的角度进行分析。当专家群体研讨形成一些定性方案后，首先在于充分沟通，在分歧点上往往需要更深入的研究，最终达到群体意见一致。在综合集成研讨厅中主要体现出决策过程中主持人的作用[18,19]。在综合集成研讨过程中，可以允许冲突方案的存在。对于这种情况，需要加强协作模式与处理方法的研究。

3. 专家群体智慧涌现的研究

涌现性是复杂系统的重要特点之一，综合集成研讨厅中专家群体智慧的涌现也是专家群体作为学习型组织所体现出来的主要特点[20]。根据《涌现》的作者 Steven Johnson 的观点，通过个体之间的交互在高层次上涌现出群体智能[21]。同样，在综合集成研讨厅体系中，要发挥专家群体智慧的整体优势和综合优势，需要通过交互导致群体智慧的涌现来体现。专家群体是综合集成研讨厅体系中具有能动性的成员，在专家群体中存在微妙的随时间推移的动态复杂性，专家群体之间的互动是动态复杂的。在互动情况下，能够激发专家思考问题的个人能动性，使专家主动审视思考问题的模式，提高思维敏感度，创新对问题的认识，同时使专家的经验知识从隐性转化为显性浮现出来，达到创新知识和智慧的涌现。

4. 专家群体协作过程中专家群体思维弊端的研究

涉及专家群体工作，便会涉及群体工作方式和群体思维模式。如何使得专家群体的努力方向总是指向问题求解（或者加深对问题的认识）的方向，就需要对专家群体协作的思维模式和思维行为进行研究，寻找群体思维中常见的弊端，予以预防和克服。李耀东针对综合集成研讨厅中的依赖性思维、僵化思维和发散思维这三种有弊端的群体思维模式进行分析，并借用结构学派的复杂性定律深入分析这些群体思维模式出现的深层次原因，采用系统动力学派的系统模型研究针对各类思维弊端的对策[22]。

5. 专家群体协作过程中专家群体协作方式的研究

在专家群体协作方式的研究中，除了采用群决策中的头脑风暴法、名义群体法等，还引入了深度汇谈和辩论[23]等协作方式。由于深度汇谈和辩论之间的互补性，比如辩论可以激发个体创造力而深度汇谈可以发现问题促进观点的正确性，辩论是思维收敛的过程而深度汇谈是发散的，所以专家群体协作过程中需要两者结合使用。Peter Senge针对上面提到的思维弊端，结合深度汇谈、辩论等专家群体协作方式，并借助计算机的支持，提出了一种综合集成研讨厅中解决复杂问题的专家群体协作模式[23]。

7.1.4 综合评述

通过以上各领域中专家群体协作的研究可知，CSCW 中的专家群体协作模式主要侧重于分布式的协作，一般是对专家显性知识的集成，对计算机支持度要求的很高，对群体之间的感知度要求也较高。而群决策中，专家群体协作可以是分布式的，也可以是集中式的，由专家之间的协作模型以及问题需要决定，对计算机的要求不高。专家通过知识集成和智慧集成进行决策，效用决策中侧重于知识集成，而群决策中更侧重于智慧集成，对群体之间的感知度要求不高。综合集成研讨厅中更侧重于专家智慧的集成，对专家思维弊端、智慧涌现、群体行为规范等研究居多。专家之间的协作在现有研究中侧重于分布性，对计算机支持要求较高，强调人机结合，群体之间的感知度要求较高。比较结果如表 7.1 所示。

表 7.1 专家群体协作研究现状比较

	CSCW 中的 GEC	群决策中的 GEC	综合集成中的 GEC
集成对象	知识集成	知识集成和智慧集成	侧重智慧集成
地域	分布式	分布式/集中式	分布式/集中式
计算机支持度	高	一般	中等
群体创造性	一般	中等	高
知识形式	显性	显性居多	隐性
群组学习能力	一般	一般	强
感知度	高	一般	高

现有专家群体协作方式的研究以及在各个领域的应用已经取得了一定的成果，但是对于解决战争复杂系统问题的方法来说，现有的专家群体协作存在着如下的几个问题：

第一，现有的专家群体协作对专家群体视角的完整性、专家知识基础的完备性关注不够。现有的 CSCW、群决策或综合集成研讨厅中专家群体的协作，一般都是专家团队已经存在，在此前提上，主要侧重于研究以何种形式组织他们完成任务。而对于如何选择合适的领域专家，如何组建知识结构合理的团队方面的研究关注不够。美国作战分析实验室（WAL）经过 20 多年的研究实践得出，精心选择合适的领域专家、组建结构合理的专家团队，是保障作战分析有效进行的重要前提[24]。因此，在解决复杂系统问题时，需要研究如何根据要解决的具体问题，选择合适的领域专家团队，以确保专家团队在解决战争复杂系统问题过程中具有完整的视角、完备的知识基础。

第二，对专家协作过程中专家智慧集成研究不够。现有对专家群体协作的研究中，大部分侧重于专家群体知识的集成，对专家以经验与直觉等创造力为主的智慧集成（即领域专家隐性知识的集成）研究较少。而战争复杂系统问题存在更多的不确定性、不可预知性，更多的是需要集成各领域专家的智慧。因此，智慧集成是解决战争复杂系统问题中领域专家协作的主要目的。需要借鉴和创新现有各种专家群体协作方式，对面向隐性知识集成的专家群体协作过程进行研究，以实现战争复杂系统问题解决过程中专家群体集体智慧的创新。

第三，关于异质专家协作方面研究不够。现有的 CSCW、群决策或综合集成研讨厅中专家群体的协作，或是不区分专家所属的领域，视专家为同质，或是虽然认为专家群体来自不同领域，但对异质专家的有效协作未做深入研究，同样视为同质专家的协作。战争复杂系统问题分析的专家团队是由多类领域专家组成的，有同质专家协作的因素，但更重要的是异质专家之间的协作，需要在现有专家群体协作研究的基础上，进一步分析异质专家协作过程中的特点及其应对措施。

第四，多种研讨形式并存的专家群体协作过程研究不够。现有专家群体协作的研究中，一般都是采用单一研讨形式解决问题。现代战争复杂系统问题的解决更多的是建立在对未来信息化战争分析与设计的基础上，问题的复杂性、不确定性、不可预知性等特点使得用单一的研讨形式很难解决整个战争设计工程面临的问题。

7.2　战争设计工程中专家群体智慧集成的概念

7.2.1　战争设计工程中专家群体智慧集成的含义

专家群体智慧集成是指战争设计工程中，不同领域的异质专家在基本流程指导下，通过有效的分工与协作，采取多种研讨形式，在研讨中通过知识互补的异质专家之间互相鼓励、互相启发使得创新性灵感在碰撞中不断涌现，从而对来自不同领域专家的理性知识与经验和非理性的灵感与直觉进行有效集成，使个别专家头脑中进行的战争设计变成由多领域、异质专家共同完成的设计，并且通过循环迭代不断深化对问题的认识，在整体上实现群体智慧集成，达到对未来战争系统进行创新性和科学性设计的效果。

用于战法研究或战争策划的作战实验室应充分反映指挥员在战争中的表现和作用。因而这种作战实验室必然应该是“人在回路中”的，而且这种“人”是指挥员或指挥机构。人在回路中的作用就是决策指挥，而这就需要包括各种类型的众多专家在内通过研讨方式实现智慧集成。战争设计工程领域专家智慧集成强调如下几点：

（1）强调集成智慧。领域专家的智慧集成，不是各领域专家知识、经验的简单叠加，而是在专家群体已有知识、经验的基础上，通过专家们智慧的不断碰撞产生新的智慧，而且随着研讨进程循环迭代，群体对问题的认识不断深入，这些新的智慧不断进化与合理化。提出的未来武器装备、战法及其结合模式的新方案中集成了各领域专家的智慧而不仅仅是集成了专家的经验和知识。

(2) 强调互补性。战争系统的复杂性决定了不能在单一的视角下完成对战争系统的分析与优化，需要多视角的互补性。战争系统的复杂性，使得对未来战争的设计不能仅仅依靠个别领域专家的智慧，而是需要不同知识背景、不同视角的异质领域专家的共同参与，这也是战争设计工程中战争系统可能演化轨迹的合理性以及干预策略的完整性与适应性的重要前提。

(3) 强调智慧集成的层次性。战争设计工程中专家智慧的集成不是所有专家一次性完成的，而是在战争设计工程基本流程的不同阶段集成不同类型的专家智慧，具有一定层次性的对问题认识不断深入的过程中完成的。

(4) 以研讨为主要方式。集体研讨是战争设计工程中领域专家智慧集成的主要方式，在研讨过程中，异质专家群体通过互相鼓励、互相启发和合理分工的方式，对问题的认识不断深化，实现对未来战争的设计。

(5) 强调定性定量相结合解决问题。定性定量相结合是战争设计工程中专家群体解决问题的主要技术手段。通过定性分析和定量模型的支持，专家群体对问题的认识不断深化，从而得到对未来战争合理的设计。

(6) 强调创新性。创新性地提出未来武器装备、战法及其结合模式的发展方案，是战争设计工程要达到的目的。因此，在领域专家智慧集成过程中，个体应该避免思维僵化、思维依赖等影响群体创新的不良思维的存在，这也是研讨过程中需要有效控制的问题。

(7) 强调工程性。战争设计工程中的专家智慧集成涉及多个领域的专家，需要进行合理的分工与协作，需要合理的研讨规范，也需要合理的研讨进程控制。这些问题的解决需要采用工程化的方法。

7.2.2 战争设计工程中专家群体智慧集成的特点

战争设计工程中专家群体智慧集成的特点主要表现在如下几个方面：

1. 战争设计工程中各领域专家是智慧集成的主体

各领域专家是战争设计工程中最根本的因素，是对未来战争进行设计的内生力量。战争设计工程中专家群体智慧集成是新智慧不断产生、开发、转移、应用、共享的过程，而这个过程很大程度上依赖于各领域专家的主动性和创造性，只有充分发挥各领域专家的潜能和积极性，才能有效地实现智慧集成。所以，专家群体是战争设计工程中群体创新的主体，是战争设计工程中智慧集成的主体。

2. 战争设计工程中智慧集成的分布性

分布式认知理论认为认知分布于个体内、个体间、媒介、环境、文化、社会和时间之中。在战争设计工程中，不同领域的专家具有不同的领域知识，这种领域知识的分布性决定了战争设计过程中专家群体智慧集成的分布性。这种分布性是集成专家群体对未来战争进行合理性、科学性、完整性和适应性设计的重要前提，即集成不同领域专家的智慧对未来战争进行设计。

3. 战争设计工程中智慧集成的交互性

对于专家群体的智慧来说，各领域的知识是一种外在的智慧，是智慧的产物，具有某种程度上的被动性，而各领域专家只有在不断的交互过程中，才能将已有的知识与经验，通过观点冲突及其分析，实现对问题更深刻的认识。这种认识某种程度上是各领域专家现有知识、经验的升华，也是对未来战争进行创新性设计的保障。某种程度上说，战争设计工程中领域专家智慧的集成是通过有效研讨实现的。

4. 战争设计工程中智慧集成的互补性

智慧集成的互补性是指战争设计过程中，通过集成异质专家的智慧实现对未来战争的设计。把不同知识背景、不同视角的异质领域专家集中在一起，使他们面对同一个战争设计问题，通过彼此的冲突、思维碰撞，产生未来武器装备、战法及其结合模式的创新性的方案。这是因为：其一，把拥有不同知识、经验的各领域专家集结在一起是产生创新性方案的必要条件。由不同知识背景的专家组成的团队共同工作可以避免解决问题的俗套，因为缺乏对问题的全面认识，各领域专家需要通过异中存同、同中求异，以新的方式进行思考以寻求新的解决方案。其二，不同知识背景的专家聚集在一起也可以加大设计未来装备、战法及其结合模式发展方案的可能性。异质专家的协作，使得各领域专家的知识、经验实现集成和共享。

5. 战争设计工程中智慧集成的层次性

战争设计工程中专家群体智慧集成形式主要包括四个方面：军事专家和军事专家在系统工程师引导下的智慧集成；军事工程师和装备工程师在系统工程师引导下的智慧集成；军事工程师、装备工程师和模型工程师在系统工程师引导下的智慧集成；军事工程师、装备工程师、模型工程师和技术工程师在系统工程师引导下的智慧集成。这四种形式的智慧集成是按照战争设计工程的流程，逐层递进迭代循环进行的，前者智慧集成是后者智慧集成得以进行的基础。这种智慧集成的层次性使得战争设计的结果——干预策略的设计（某种装备、战法及其结合模式）更加具有合理性。

6. 战争设计工程中智慧集成的进化性

战争设计工程中，各领域专家的智慧集成是按照战争设计工程的流程逐步深入的。从战争设计工程设定的提出、概念模型的建立、定性定量的分工与协作、建模仿真到结果分析与对策研讨，以及整个研讨过程的不断迭代，是战争设计问题不断深化的过程。而这个过程的不断推进正是由于领域专家对问题认识不断深入、异质专家智慧集成的结果。在战争设计工程迭代过程中，异质专家群体智慧在不断地进化。

7. 战争设计工程中智慧集成的科学性

战争设计工程问题解决过程中，各领域专家对问题定性定量相结合分析，既是解决问题的主要技术途径，也是确保战争设计工程中智慧集成科学性的保障。领域专家的智慧集成也体现了对问题定性定量相结合分析过程。面对战争复杂问题，各领域专家首先通过集体研讨，形成对问题的定性认识，进而指导定量模型的建立，定量模型的建立与结果反过来验证定性分析结果的合理性。合理性的验证或否认，进一步加深了对问题定性的认识，需要各领域专家重新审视战争设计问题。这种新的定性的认识就是这一次迭代过程中群体智慧的涌现。不断的研讨、迭代，最终实现对未来战争可能演化轨迹的科学、合理的设计，也最终实现了各领域专家智慧的集成。

7.2.3 专家群体智慧集成与其他相关集成之间的关系

智慧集成与数据集成、信息集成、知识集成存在明显的差异。

1. 数据、信息、知识的概念

关于数据、信息、知识概念上的讨论已经在很多文献中涉及[25~28]，本书将三者的概念归纳如下：数据，通常是指具体、客观的事实和数字，它们没有经过分析、处理，是产生信息的基本原材料；信息，是有组织的数据，是对数据进行分析处理后所获取的有意义的消息。信息中包含了数据的上下文，被用于有限的时间和范围内；知识，是结合了经验、背景、上下文和解释的信息，包含了对信息的理解，使信息具有实践中的可操作性。从这些概念上看，数据在具体的环境中才有意义，信息是对数据进行某种解释的结果，知识是信息在应用过程中结合经验并经过头脑处理的结果。对于智慧来说，知识是一种外在的智慧，是智慧的产物，具有某种程度上的被动性。而只有人头脑中的智慧，才是主动的，具有生命力的。这种头脑中的智慧正是创造力的源泉，是创新的基础。

2. 数据集成、信息集成、知识集成的概念

数据集成是将位于不同数据源中的数据合并起来，为用户提供关于这些数据的统一视图。数据集成的主要目的是为分布异构数据提供统一的表示、存储和管理，通过集成形成一个整体，使用户可以以透明的共享方式访问数据[29]。

信息集成是一种或针对某个目标或面向某项特定服务对信息进行组织和管理的理念，集成的核心是以资源作为大系统，采取技术手段进行整合，实现资源共享[30]。

知识集成是运用科学的方法对不同来源、不同层次、不同结构、不同内容的知识进行综合，实施再建构，使单一知识、零散知识、已有知识集成起来，以实现共享和互操作。知识是信息的升华，知识的主要获取方式是对信息的数据挖掘和专家经验的形式化。知识的集成依赖于信息的集成。

3. 智慧集成与数据集成、信息集成、知识集成的关系

战争设计工程中专家群体的智慧集成与数据集成、信息集成、知识集成之间既有区别，又存在一定的联系。它们之间的区别主要表现在如下几个方面：

(1) 集成对象不一样。数据集成、信息集成以及知识集成，主要是针对可以明确表示的、形式化的数据、信息、显性知识进行集成。知识虽然存在隐性知识和显性知识，但是如果要将知识集成，就需要将隐性知识转化为可以形式化表达的显性知识，然后才

能有效地集成。智慧集成的对象主要是专家群体存在于头脑中的各种知识（包括隐性知识）和直觉与灵感等，智慧集成的对象要远远大于知识集成的对象。智慧集成是在各类集成要素的基础上，通过专家群体之间有效协作实现的。

(2) 集成目标不一样。数据集成、信息集成以及知识集成的主要目标是提供数据、信息、知识的共享、利用和互操作，这种利用是建立在形式逻辑范畴内对现有的各种资源的合并或推理上的。其结果要么是现有资源的合并，建立起他们之间的联系，这种合并不会产生创新性的资源。要么是基于现有知识的推理，而这种推理受一定规则的限制，推理出的知识也是显性化的知识，不具有原创性。智慧集成的主要目的是在显性知识支持下，专家群体通过隐性知识交互的一种协作创新，结合领域专家的创造性和灵感，其结果主要表现为集体智慧的涌现，在战争设计工程中表现为各领域专家对未来装备、战法及其结合模式的可能发展方案。

(3) 集成方式不一样。数据集成、信息集成以及知识集成一般都是在一定的系统环境支持下，通过给定的规则，实现资源的集成。而智慧集成则主要通过开放环境下领域专家的交流。这种交流使得各领域专家可以基于已有的知识、经验以及研讨过程中认识的不断深刻，实时地产生创新性的、原创性的知识。

(4) 集成过程的性质、结构以及重复性不一样。数据集成、信息集成以及知识集成在集成过程中的性质、结构以及重复性方面表现为确定性、结构化过程、可复制性。智慧集成在这三方面则表现为非确定性、非结构化过程、很难复制。智慧集成是专家群体通过研讨方式实现的，而这种研讨过程很难完全结构化，只能在整体思路和方向上做结构化的规定。研讨过程中专家的发言内容、观点变化过程、专家群体智慧的涌现形式等不会在另行组织的并行研讨过程中完全重现，甚至针对同一个研讨内容，在不同的时空环境下，研讨的结果也会不一样。这一点是和战争系统本身的复杂性相关的。

(5) 集成的理论基础不一样。数据集成、信息集成以及知识集成都是建立在形式逻辑的基础上，智慧集成是建立在形式逻辑和非形式逻辑的基础上，更多的是建立在非形式逻辑基础上的。数据、信息、知识的集成强调的是理性推理的集成，而智慧集成则强调理性和感性结合的集成，同时智慧集成不排除人的创造性思维和灵感。

它们之间的联系主要表现在其他集成对智慧集成的支持上。战争设计工程中，领域专家的群体研讨是在各领域专家知识、经验以及其他领域知识、信息、数据以及计算机支持下进行的。领域专家的智慧集成需要显性知识的支持，研讨过程中显性知识为智慧的集成提供了理论、方法基础。比如，在战争设计过程中，在领域专家定性分析的基础上，可根据需要建立一定的定量模型，这些定量模型可能已经存在，也可能需要重新从作战过程的机理出发去建立，而这些已经存在的定量模型本身就是显性知识。没有其他集成的支持，专家群体也就失去了智慧集成的基础。

7.3　战争设计工程中专家群体智慧集成框架

7.3.1　专家群体智慧集成三维框架

在战争设计工程中，领域专家的智慧集成是通过集体研讨体现出来的。在对未来战争设计过程中如何采用定性、定量相结合的方法对需要解决的问题进行分析与探讨，如何创新性地提出未来武器装备的发展、战法及其结合模式，都是领域专家智慧集成过程中需要解决的问题。战争设计工程主要是针对未来战争的设计，军事领域专家应是未来战争知识最丰富的。战争设计研讨过程中，需要不断将他们的隐性知识在集成过程中变为显性知识，并涌现出创新性思维，进而对未来战争中装备的发展、战法及其结合模式的研究等提出具有创新性和科学性的预案。战争设计工程中异质专家群体的智慧集成体现了三个维度：组织维、纵向维和横向维。

1. 组织维

专家群体智慧集成的组织维是指战争设计工程中智慧集成的实现主体——五类领域专家，以及领域专家在智慧集成过程中知识、经验之间不断学习、交流，实现对问题认识不断深化的互动关系。在战争设计工程流程中的每个阶段，专家群体之间都需要通过交互，将自己的知识、经验通过隐性知识和显性知识之间的不断转化，实现专家智慧的涌现。组织维解决了专家群体智慧集成任务指派的问题，是专家群体智慧集成的组织保障。

2. 纵向维

专家群体智慧集成的纵向维是指专家群体智慧集成在时间上的协作关系——各类专家在战争设计工程各阶段中的任务及其时序关系。战争设计工程是按照规范化流程、迭代式研讨进行的，而这种迭代式研讨主要表现为设定的动态演化和设计的动态演化特性。随着战争设计工程每个迭代研讨过程的不断深入，领域专家在定性定量相结合分析的基础上，对战争设计问题的认识也不断深化，很可能需要比对最初的、可能是隐性的想法，即 6.1.1 节中的“元设想”，重新对设定进行修正。这种修正将导致领域专家进行新一轮基于流程的研讨，从而在时间维度上实现了专家群体智慧的进化和集成。一次战争设计工程的循环迭代过程就是一次各类专家智慧的纵向集成过程。

战争设计工程中专家的智慧集成也是通过流程中各领域专家任务的完成体现出来的，战争设计工程的流程蕴涵了各阶段各领域专家任务的时序关系。

3. 横向维

专家群体智慧集成的横向维是指智慧集成过程中各领域专家协作的空间关系——各领域专家如何实现一次具体的研讨，即如何实现战争设计过程中领域专家团队的组建以及群体研讨。设定的不断修正，将导致研讨过程中问题涉及范围的变化，而这种变化也使得领域专家团队在每一次研讨过程中表现出动态变化性。例如，设定阶段组建由系统工程师、军事工程师、装备工程师组成的一个研讨团队第一次研讨设定，就是一次具体研讨，实现了上述三类专家智慧的横向集成。

战争设计工程中群体异质专家智慧集成三维框架如图 7.1 所示。

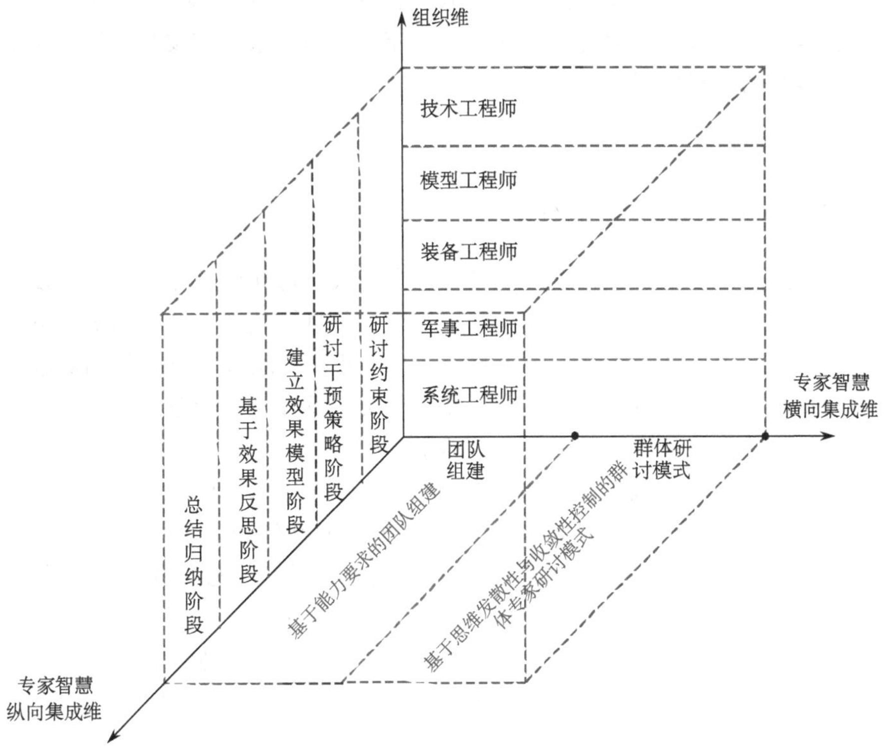

图 7.1　群体异质专家智慧集成框架

4. 三个维度之间的关系

从三个维度组成的三个平面说明它们之间的关系。

(1) 组织维—纵向维平面。这个平面主要体现战争设计工程的流程与领域专家之间的关系。战争设计的每个迭代过程，都是由各领域专家参与共同完成的，不同阶段的任务是由不同类型的领域专家通过在本阶段的分工与协作共同完成的，这个平面描述了各领域专家在战争设计过程中各个阶段的任务以及各领域专家在各个阶段的分工协作关系。比如，由研讨约束阶段和组织维组成的切面，说明研讨约束阶段参与的领域专家、领域专家的任务以及领域专家在本阶段的分工协作关系。

(2) 组织维—横向维平面。这个平面主要体现团队组建过程以及群体研讨过程与各领域专家之间的关系。团队组建与组织维组成的切面主要描述针对一定的战争设计问题，如何根据问题的特点提出团队组建过程对各领域专家的能力要求以及如何选取合理的专家团队。群体研讨模式与组织维组成的平面主要描述群体研讨过程中各领域专家的角色和职责。比如，由装备工程师与横向维组成的切面，主要说明在本次迭代过程的团队组建中，对装备工程师提出的能力要求，以及群体研讨过程中装备工程师的主要职责。

(3) 纵向维—横向维平面。这个平面主要体现战争设计流程中的各个阶段领域专家的能力要求和组成以及各个阶段的研讨模式。比如，由设定阶段与横向维组成的切面，主要说明在本次迭代过程的设定阶段对能力专家的能力要求和需要的领域专家组成，以及本阶段规范化的研讨模式。

7.3.2 组织维

1. 战争设计工程专家团队的组成

从某种意义上说，战争设计工程就是在综合集成研讨厅中进行的。战争设计工程将专家的智慧、经验、知识以及各种其他领域知识、信息、数据以及计算机支持等集成起来，解决问题。战争设计过程中，专家群体是一个重要的组成部分，他们对战争设计过程中设定的提出、定性定量分工与结合、建模仿真以及整个设计过程的研讨都起着重要的作用，是推进整个战争设计过程的关键因素。

战争设计工程大体上包括五个方面的领域专家：战争设计系统工程师、军事工程师、装备工程师、模型工程师和技术工程师。（关于五类领域专家的含义已经在第五章中介绍，这里不再赘述。）其中，主持整个研讨过程的系统工程师相当于综合集成研讨厅中主持人的角色，也类似于深度汇谈中的“辅导者”（process facilitator）[22,23,35]。其作用是控制整个战争设计工程的全过程，包括战争设计过程中流程阶段的划分、各阶段的工作以及工作的分配、各阶段进程的控制、各阶段结束条件的假设、迭代过程的控制、领域专家有效互动研讨的引导等，从而实现各领域专家智慧的有效集成。在以往的作战模拟系统中对系统工程师的重要性认识不足，往往由总设计师兼做系统工程师，这是导致有些作战模拟系统军事与技术脱节，系统与运用脱节的重要原因。

2. 异质专家群体在战争设计工程中的作用

异质专家在战争设计过程中起着至关重要的作用，主要表现在以下几个方面：

（1）整个战争设计工程的进程需要各类领域专家推动。战争设计的过程就是各类领域专家智慧集成的过程。战争设计工程中战争背景的分析（设定）、概念模型的设计、作战模型的建立、作战模型中武器装备的选取（含装备参数）、仿真环境的建立、仿真结果的分析、设计过程中的不断迭代等都需要集成不同领域专家的智慧。虽然每个阶段参与研讨的领域专家可能不同，但每个阶段的分析都必须在领域专家的参与下进行。

（2）不同领域专家的研讨，更有利于设计过程中干预策略的创新。战争设计工程主要是针对未来信息化战争的，设计过程中涉及的装备、战法及其结合模式都可能是现在装备体系、作战理论中没有出现过的，需要各类领域专家根据自己的特长，在各个方面进行创新。而来自不同领域的专家，通过集体的研讨实现群体智慧的涌现将更有利于干预策略的创新。

（3）异质专家的协作研讨，将实现专家群体视角的互补。战争设计工程的专家来自不同的领域，这种异质专家的协作有利于从多个角度和多个层面进行敌我对抗过程中装备、战法及其结合模式的研讨。装备专家研究装备的过程中由于军事专家的参与，使得在考虑装备的同时，能够考虑到与装备相配套战法的研究。而军事专家在考虑战法的过程中由于装备专家的参与，使得战法的发展与装备结合得更为紧密。这种异质专家的互补性将更有利于装备体系和作战理论的共同发展。

(4) 异质专家的协作和视角互补性增强了干预策略的完整性和适应性。异质专家的迭代研讨，通过集成多领域专家的智慧，尽可能地穷尽各种可能的装备、战法及其结合模式的未来发展，从而使得设计的战争系统演化轨迹可能更具有合理性。

3. 战争设计工程对各类领域专家的能力要求

战争设计工程中，对各领域专家的能力要求主要包括如下几个方面：

(1) 知识基础方面的能力要求。这方面主要是针对领域专家知识面的能力要求。对于战争设计工程的各类领域专家，都要求其具备与本次战争设计解决的问题相关性很强的知识基础，这是专家群体每次战争设计过程中都必须具备的，是战争设计工程得以有效进行的前提。

(2) 专业经验方面的能力要求。领域专家具备的与每次战争设计问题相关的知识背景是战争设计有效进行的前提，而各领域专家具备的与本次战争设计问题相关的专业经验则是本次战争设计具备最优性的保障。专业经验主要是指各领域专家在本研究领域方面知识的积累，反映领域专家专业经验的方面包括领域专家参与的各种项目、对研究现状了解的程度、领域专家的工作经历等。

(3) 创新方面的能力要求。战争设计工程针对未来信息化战争的特性，要求领域专家必须在装备、战法及其结合模式设计和效果分析过程涉及的各个方面具备很强的想象力和创造性，这是进行每次战争设计所必须的，也是战争设计能否成功的关键所在。因此，要求各领域专家在整个战争设计过程中，要充分发挥个人的想象力和创造性，以保证战争设计工程结果的有效性。

(4) 协作方面的能力要求。战争设计工程采用集体研讨的形式解决问题，就要求各领域专家必须具备很强的团队协作能力，这也是战争设计过程得以有效进行的关键。

对于系统工程师，由于他既是战争设计的参与者，又是整个研讨的主持人，因此，系统工程师除具备以上各方面的能力要求外，还包括作为主持人应该具备的基本素质，这部分将在 7.3.5 节做专门研究。

4. 战争设计工程中多领域专家互动关系模型

战争设计工程中专家群体交流的过程，是领域专家隐性知识和显性知识之间不断转化的过程。杰出的量子物理学家 David Bohm 认为思维起源于人之间如何互动和深层次对话，思维本质上是集体的[30]。Nonaka 认为知识有两类：显性知识和隐性知识[31]。知识从显性到显性的产生，是指通过分析不同资源的显性知识，组合或者综合得到对问题新的知识。知识从隐性到显性的产生，是指参与者通过对话、明确表述前提和建立模型等使经验知识浮现出来，把隐性知识转化为显性知识。知识从显性到隐性的产生，指通过共享思考问题的模式、经验和技术技巧，参与者主动发现了自己思维中的不一致性，从而使显性知识转化为隐性知识。知识从隐性到隐性的产生，指参与者发现了自己思维模式的不一致，主动修改自己的思维模式[20][31]。

在战争设计工程中，各领域专家的智慧、经验被认为是隐性知识，领域专家在系统工程师的统一组织下，通过辩论和深度汇谈[23]等有效的研讨手段，实现各领域专家智慧集成隐性知识与显性知识之间的相互转化，具体可分为如下四个阶段。

第一个阶段是交流化（隐性知识→隐性知识）。这个阶段是战争设计工程领域专家个体，通过交流自己的经验，互相讨论，从而不断对问题清晰认识的阶段。过程中领域专家通过互相讨论，说出自己对问题的看法，研讨过程中理解别人对问题的看法，并且在研讨中通过问题认识，纠正自己对问题的错误理解。这个过程对专家脑海中设定阶段方案的产生、武器装备未来发展情况的假定、与装备配套战法的研究方案等隐性知识的影响和心智模式的改变起着重要的作用。

第二阶段是外部化（隐性知识→显性知识）。外部化阶段是战争设计过程中专家智慧转化为显性知识的过程，是专家智慧集成过程的关键。在这个阶段，领域专家通过上一阶段智慧、经验的分享，使得专家对于战争设计过程中对未来战争的设计逐渐能用规范语言表述、能为所有领域专家共同理解，通过专家之间深度汇谈、辩论等互动性使专家的智慧表达成为显性知识。

第三阶段是集成化（显性知识→显性知识）。在专家智慧集成过程中，一方面是专家个体智慧、经验转化为显性知识，它是群体智慧集成过程的基础，另一方面是专家群体讨论过程中，各阶段、各小团体、整个专家团队中专家智慧、经验转化为显性知识，最终通过整合，将专家智慧进行集成，最终实现群体智慧的集成。集成化的最终目的是确定各种装备发展方案和与装备配套的战法发展方案。

第四阶段是内部化（显性知识→隐性知识）。战争设计过程中，领域专家通过有效互动和思维碰撞产生新的思想、新的知识，从而产生集体智慧的涌现。个体通过研讨过程不断提高认识，进而将研讨过程产生的新思想、新知识以及智慧的涌现转化为专家个体新的知识、经验。专家通过研讨，提高了自我对问题的认识，实现了新知识的隐性化。

从以上给出的战争设计工程专家智慧集成过程互动的四阶段的有机结合中，不难发现，专家的智慧、经验在不同专家个体之间的横向流动和隐性知识与显性知识之间的纵向流动，以及纵向与横向的互动性过程中，专家智慧的集成是隐性知识与显性知识之间的一种连续的、动态的交互过程，这种交互作用推动了专家智慧之间的螺旋运动，如图 7.2 所示。

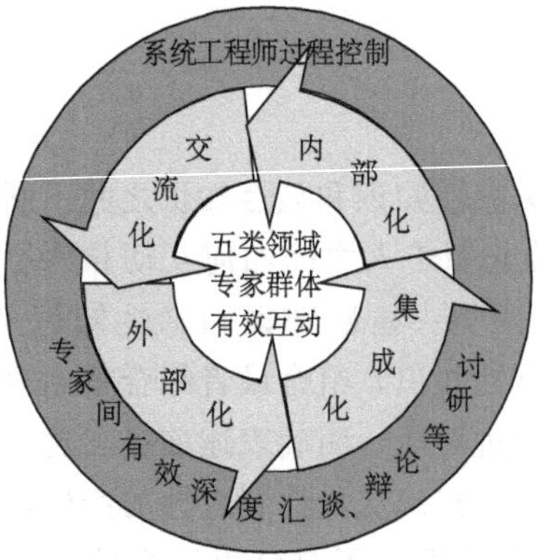

图 7.2 领域专家智慧集成与研讨互动关系模型

战争设计工程主要是面向未来战争进行设计，因此，更需要专家在对问题研讨过程中能够产生新的思想，产生对未来武器装备、战法及其结合模式发展的新方案，而领域专家群体创新思维的产生需要结合管理科学中学习型组织理论才能够产生创新的有效互动[32~34]。战争设计工程的团队，不但是学习型的团队，更是研究型、创新型的团队。

7.3.3　纵向维

设定的动态深化和演化是战争设计工程的本质特性。战争设计工程的“元设想”是对需要设计的战争的根本目标，常常表现为隐性的。元设想给出了战争设计的方向，但并没有给出需要发展的装备、战法及其结合模式的具体设想。元设想的不明确性使得战争设计工程的研讨是个不断迭代、问题不断深化和明确的过程，这个过程中最突出的表现就是设定的动态深化和演化。

每一次设定的动态深化，都需要重新对战争过程进行设计，而这个设计过程都是基于战争设计工程流程进行的。战争设计工程是按照流程逐渐深入解决问题的。在流程中的不同阶段，选取不同的专家小组解决各阶段中需要分析、处理的问题。各领域专家在系统工程师的组织下，根据给定的专家行为规则，通过专家之间有效的互动研讨，解决问题。在研讨过程中，系统工程师通过对研讨过程中领域专家思维的发散性和收敛性进行有效控制，使得团队研讨按照深入解决问题的方向发展。为了便于过程的控制和回溯，需要在各个阶段建立起规范化文档，对各个阶段的研讨过程和成果进行记录，也有利于迭代过程中的对比分析。战争设计工程流程中各阶段之间的关系以及各阶段领域专家组成如图 7.3 所示。

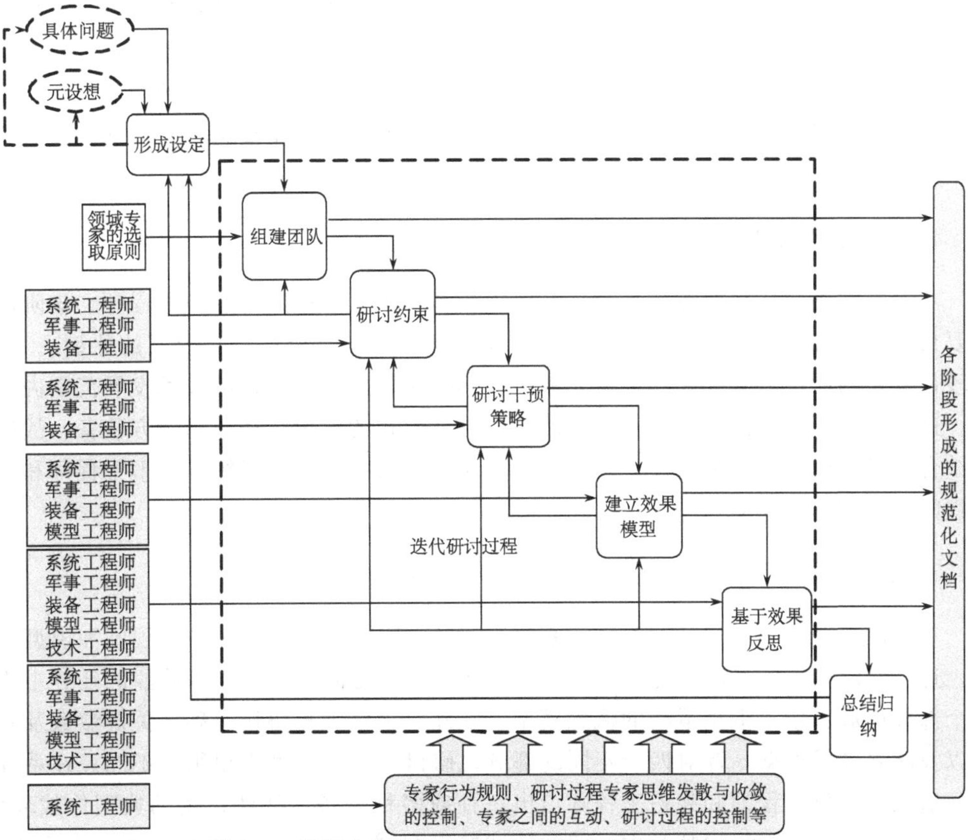

图 7.3　流程中各阶段间的关系及各阶段领域专家组成

1. 形成设定

本次战争设计工程的发起人或者系统工程师在对给定的“元设想”或具体问题进行分析的基础上，给出本次战争设计工程的最初设定。设定的形成是对“元设想”或具体问题显性化的过程。设定首先明确本次战争设计的背景、问题及其目标，并明确本次战争设计问题的相关领域。在以上分析的基础上，用一定形式规范化描述以上的分析内容。

2. 组建团队

在设定形成的基础上，根据本次战争设计问题的特点，在一定的原则指导下，由决策机关或（和）议题发布者（发起人）选定合适的系统工程师。该系统工程师根据问题的特征，选取战争设计过程中其他领域专家，组建具有合理知识结构的战争设计工程团队。

3. 研讨约束

本阶段需要三类领域专家参与：系统工程师、军事工程师和装备工程师。该阶段的主要目的是明确未来情景的关键变量，领域专家的任务主要包括两部分内容：聚焦问题和确定约束。在系统工程师的组织下，三类领域专家根据“元设想”的目标，首先对未来可能发生的作战环境进行假定，并将战争设计问题聚焦到一个具体的领域。在具体的作战环境下，三类工程师通过研讨确定具体领域下的约束，主要包括边界和假设。这些约束是战争设计工程设定不断深化的基础，不同的设定，边界和假设不同。

4. 研讨干预策略

本阶段需要三类领域专家参与：系统工程师、军事工程师和装备工程师。该阶段的主要目的是通过研讨给出具有创新性的干预策略（装备与战法结合模式的原型）。这一阶段最重要的就是对未来武器装备、战法及其结合模式在可预期的技术发展范围内的设想。这种设想不但包括我方装备、战法及其结合模式的设想，还包括敌方装备、战法及其结合模式的设想。这个过程主要是定性探讨，是系统工程师组织下军事工程师和装备工程师之间的有效互动。

5. 建立效果模型

本阶段需要四类领域专家参与：系统工程师、军事工程师、装备工程师和模型工程师。这一阶段的主要目的是建立干预策略与作战效果之间的桥梁。该阶段的任务主要由四个部分组成：建立干预策略的概念模型、定性定量分工与协作、确定关键参数及其范围以及建立效果模型。针对四个不同的部分，研讨的领域专家小组组成不同。在系统工程师组织下军事工程师和装备工程师给出一种或多种装备、战法运用的典型作战环境。在此基础上，以军事工程师为主，四类领域专家共同分析典型作战环境下的作战过程，以便对装备和战法的结合运用深入探讨。

在概念模型分析的基础上，系统工程师、军事工程师和装备工程师一起，研究概念模型中哪些是需要进行定性分析的，哪些是需要定量计算的，哪些定性分析指导定量模型的建立，哪些定量模型的建立以及运算结果支持哪些定性分析。简言之，需要确定定性、定量之间的分工与协作。

针对需要定量分析的部分，模型工程师在系统工程师和装备工程师的合作下，通过军事专家给出的军事概念模型，确定建模过程需要的关键参数及其范围，并根据确定的关键参数，建立干预策略的效果模型。

6. 基于效果反思

本阶段的主要目的是验证干预策略的有效性、可行性和适应性，并确定干预策略改进（演化）的方向。这一阶段的任务主要由三个部分组成：关键参数的灵敏度分析（在效果模型运算的基础上反思结合模式，包括单因素和多因素分析）、反思装备与战法结合模式的合理性、反思约束的合理性。五类领域专家都参与本阶段的研讨，但是针对四个不同的部分，研讨的领域专家小组组成不同。在作战模型建立的基础上，技术工程师根据分析的需要，建立仿真环境，并在军事工程师战法及装备工程师装备参数等支持下，进行仿真推演，对关键参数进行灵敏度分析，确定各关键参数对作战效果的影响，对最初确定的关键参数的“关键性”进行验证。在此基础上，系统工程师、军事工程师、装备工程师和模型工程师一起进行战法和装备结合模式的合理性反思，主要是在计算或仿真结果基础上进行敌我双方策略对抗分析，即在我方采取一定的战法和装备结合模式下敌方可能采取的反制我方的干预策略以及我方反制敌方的相应的干预策略。

在对抗分析过程中，可能需要对仿真输入中的武器装备和战法参数进行修正。对战法和装备结合模式的修正很可能需要重新审视前面几个阶段，首先是对建立效果模型阶段进行反思，反思该阶段的作战过程是否合理，或者反思关键参数的确定是否合理，或者反思效果模型是否能反应作战过程的复杂性（合理性）。如果建立效果模型阶段是合理的，则反馈到研讨干预策略阶段，对该阶段干预策略的有效性、可行性和适应性进行反思，即确定干预策略的改进方向，干预策略的改进则需要重新建立效果模型，并进行基于效果的反思。同理，如果干预策略是合理的，则需反思约束是否合理。

如果约束是合理的，则需要对最根本的设定进行反思，而设定的反思就需要重新对“元设想”或“具体问题”进行深入研究，确定“元设想”或“具体问题”的显性化过程是否合理，“元设想”或“具体问题”是否合理。而设定的改变对于专家团队的组成有很大的影响，可能因为设定中战争背景领域的修正、扩大等，需要变更领域专家团队，从而使得专家团队结构发生改变。新加入的专家需要了解已经探讨过的内容和阶段性成果，也需要和战争设计团队中的其他领域专家进行有效协作。

从研讨约束到基于效果反思各阶段是个不断迭代的过程。战争设计过程是设定不断迭代式动态深化和演化的过程，而这个迭代研讨过程是战争设计的关键，是领域专家智慧集成和智慧碰撞产生涌现的过程，是对未来可能的战争系统轨迹、敌我双方干预策略包括装备、战法及其结合模式等研究内容确定的关键。

迭代研讨过程应尽可能地穷尽各种策略，找到各种漏洞，发掘出可能发挥的最有效的方式。这种研讨对策的过程需要充分调动人的主观能动性和创造性，需要领域专家之间最有效的互动，是战争设计工程团队智慧集成的最重要的体现。

7. 总结归纳

在以上分析的基础上，在系统工程师的指导下，系统工程师、军事工程师、装备工程师和模型工程师对研讨的内容进行总结归纳。本阶段的主要目的是便于战争设计的整个过程和结论与团队之外的相关人员进行交流，并形成未来战争所需要的一系列可能的解决方案，包括武器装备的发展和战法的研究，并确定武器装备的发展序列，以指导整个武器装备体系的发展。这一阶段的任务主要有三个部分组成：总结归纳出详细设定、设计过程资料的总结以及研究过程及其结论的展示。这些结果需要整理成为规范文档，并需要技术工程师辅以支持结论的过程表现、环境展示等。这个阶段是群体智慧显性化的过程，既可以深化对战争设计结果的理解和表述，也有利于进一步排除“漏洞”。

7.3.4 横向维

整个战争设计工程是不断研讨迭代的过程，在这个研讨迭代过程中，领域专家团队的组成也是不断变换、重组的迭代过程。每一次迭代过程中，都需要系统工程师组织其他各领域专家，在规范化的研讨模式下，对迭代过程中的具体问题进行研讨。

1. 战争设计工程中专家群体团队动态组建过程

团队的动态组建主要原因是由于设定的不断修正。从战争设计工程初期团队的组成到战争设计工程结束团队的组成，都需要根据每个迭代过程中设定的变更，指派各领域专家在本次迭代过程中的任务，并根据任务的不同提出对各领域专家新的知识、经验等方面的能力要求，确定新的团队组建。整个战争设计工程团队的组建大致经过如下几个过程：

1） 团队初组

团队初组是在第一次迭代过程中，在本次战争设计任务大致分析的基础上，确定对各领域专家的知识、经验等方面的能力要求，对本次战争设计工程团队组成进行初选，初选后的领域专家对本次战争设计进行集体研讨。团队初选主要包括如下几个步骤。

（1） 首次任务分析。在议题发布后，需要对本次战争设计的各个阶段进行概略的任务分析，以确定对领域专家各方面的需求。本次任务分析的执行者可能存在如下两种情况：①由议题发布者（单位）对任务进行分析；②由议题发布者选出的系统工程师对任务进行分析，在这种情况下，很可能议题发布者就是系统工程师。

（2） 各领域专家评价。根据本次战争设计工程对各类领域专家各方面的要求，建立各类领域专家评价指标体系，并对候选领域专家进行评价。由于第一次任务分析并不能对整个战争设计工程中各类领域专家需要执行的活动进行详细的分析，所以提出的要求很可能并不很完善，对指标体系的构建要求也并不很严格。

（3） 团队初组。根据上面领域专家的评价结果，优选出适合本次战争设计的各类领域专家，确定本次战争设计工程研讨初期团队的组成。

经过以上三个过程，确定初次研讨过程中团队的组成。第一次团队的组成，由于各个阶段各领域专家的活动并没有完全明确，所以团队的组成可能存在很多不足的地方，比如可能存在某些领域知识缺乏等问题。这需要在后期研讨过程中不断完善。

2）团队重组

团队重组的过程同样要经过任务分析、领域专家评价、团队组建三个过程。在团队初组的情况下，对发布的议题进行研讨，在研究不断深入的过程中，可能需要不断地对设定进行修改，设定的修改可能需要新领域专家的参与，这个过程中，需要现有的战争设计工程团队对新一轮迭代过程中的任务进行分析，确定下一步战争设计工程对各领域专家各方面的能力要求，并构建指标体系对候选专家进行评价，再次组建新的领域专家团队，对本次战争设计工程进行新一轮的研讨。这个过程是不断迭代的过程，从而导致团队的组成不断更新的过程。团队重组需要注意以下几个问题：

（1）关于团队重组的决策主体。在这个过程中，对本次战争设计中新一轮迭代的任务分析、领域专家评价指标体系建立、团队重组等的决策主体的组成有如下两种形式：①决策主体由当前的战争设计工程团队成员组成。经过一轮的研讨，当前团队的组成成员对本次战争设计的目的、背景、下一轮战争设计的需求理解最为深刻，在对下一轮设计过程团队组成也最具有决策权。因此，团队重组的决策主体可能是本次战争设计工程团队组成成员。②战争设计工程团队重组由“上级”来确认或筹组，决策主体就是“上级”。这时可以认为该“上级”是始终关心战争设计过程的，应该将这样的“上级”纳入战争设计工程团队本身，正是他们拥有战争设计工程所需要的人力、物力、财力等的支配权。

（2）关于重组中领域专家的变更。通过再一次的任务分析、能力要求确定、指标体系构建、领域专家评价，可能出现以下三种情况：①需要新增领域专家到当前某类和某几类领域专家中，重组当前战争设计工程团队；②在新添领域专家的同时，某个领域专家很可能退出，这可能是因为当前战争设计工程团队中某个领域专家已经完成了自己该承担的任务，应从团队中退出；③需要重新组织一批领域专家进行战争设计，在第一次研讨过程中，很可能研讨的背景和议题发布者预期的目的很不同，需要重新组建战争设计工程团队，这种情况出现的可能性很小。

（3）关于系统工程师。一般情况下，系统工程师在团队初组阶段确定后，后续各迭代过程中是不更换的。系统工程师参与本次战争设计的每一次迭代过程，对每次迭代过程的研讨情况和结果最为清楚，这样有利于对整个战争设计工程的组织、管理和控制，也有利于最后阶段的总结归纳工作。

团队重组与战争设计工程迭代是紧密关联的，但并不是一次战争设计的每次迭代都需要团队重组，而是根据新一轮战争设计的需要而定。

3）研讨结束

在经过一定的迭代次数，达到本次战争设计的目的后，在系统工程师组织下对本次战争设计的过程进行总结，并结束该项战争设计。整个战争设计中领域专家团队动态组建的过程可用图 7.4 表示。

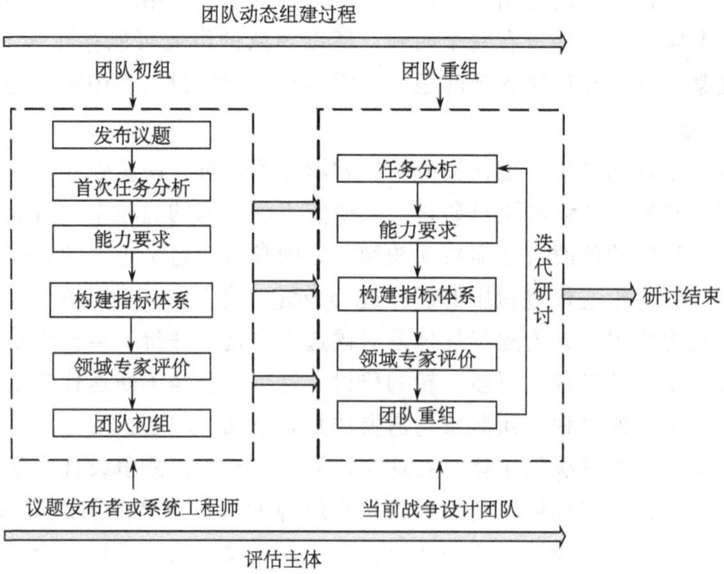

图 7.4 战争设计工程领域专家团队动态组建过程框架

2. 战争设计工程中专家群体研讨模式

专家团队只有在系统工程师组织下，通过有效的研讨，才能实现领域专家智慧的集成。而异质专家的研讨必然会出现各种思维弊端，从而在研讨过程中很可能出现由于思维弊端而导致的专家群体思维的发散或错误收敛，使得研讨效率低下。研究思路是：首先对研讨过程中导致思维发散性和收敛性的各种思维弊端进行分析，给出战争设计工程中避免各种思维弊端的对策，并以控制研讨过程中错误的思维发散和收敛为主线，给出一种适合战争设计工程的规范化研讨模式，以保证专家群体智慧的有效集成。

7.3.5 系统工程师在专家群体智慧集成中的作用及素质要求

战争设计工程领域专家智慧集成过程中，系统工程师参与整个过程的迭代研讨。系统工程师总揽全局，对战争设计队伍初期的组建和重组、整个战争设计研讨过程的有效控制以及研讨结果的总结等起着至关重要的作用。

1. 系统工程师在专家群体智慧集成中的作用

在战争设计工程中，系统工程师的作用主要体现在以下几个方面：

1）合理进行团队组建

在团队组建过程中，系统工程师的作用主要包括两个方面：

（1）在团队初组和团队重组过程中选定其他领域专家。初次研讨的团队组成是由系统工程师确定的，在团队重组过程中，下一次迭代研讨的团队虽然由当前的战争设计工程团队确定，但是系统工程师起着最为重要的作用。这主要是因为系统工程师能够从总体上把握这项战争设计面临的问题，并参与所有的迭代研讨过程，能从敌我对抗研讨过程中装备、战法及其结合模式全局的角度给出团队重组中各领域专家知识、经验等方面的能力要求。

(2) 团队组成后对其他各领域专家进行战争设计工程理念、研讨流程等的培训。为了确保战争设计工程的有效实施，各类领域专家需要对战争设计工程的基本思想、流程、研讨过程深刻理解。在每次战争设计工程中，系统工程师首先需要具备的是深刻理解战争设计工程的理念，并能创造性地运用战争设计的基本流程。系统工程师参与所有迭代研讨过程，需要对迭代过程中其他各类领域专家进行培训，以使研讨过程更加有效地进行。

2) 有效组织研讨过程

作为研讨过程的主持人，系统工程师的作用尤其体现在对研讨过程的有效组织方面。系统工程师在研讨组织过程中的作用主要包括如下几个方面：

(1) 指派其他各领域专家在本次迭代研讨过程中的任务。在每次迭代研讨的初期，系统工程师需要根据上一次研讨的结果，以及本次迭代研讨过程中的目标，向其他各领域专家指派任务，使各领域专家明确自己的职责。

(2) 有效地推进研讨进程。战争设计工程的研讨进程是按照流程不断深入、迭代进行的，在指派任务的基础上，系统工程师需要使各领域专家尽快进入角色。并有效地控制各阶段研讨的进程，包括研讨的内容、研讨的形式、研讨的时间，并在每个阶段研讨结束后，及时总结，明确下一阶段的目标。

(3) 有效控制各领域专家发言的秩序和研讨气氛。研讨过程中，各领域专家可以采用开放式或发散式的研讨形式，这有利于创新思维的产生。系统工程师需要时刻控制研讨的气氛，激烈的研讨过程有利于创新思维的产生。如果某一时间段研讨气氛过于冷淡，系统工程师需要及时查明原因，并采取必要的措施，激发各领域专家的研讨激情。

(4) 有效调动各领域专家的能动性、创新性和积极性。战争设计工程中的研讨，最重要的就是创新性地提出对抗过程中敌我双方武器装备、战法及其结合模式发展方案，以及求解问题的方法。这个过程需要系统工程师采用辩论、对抗式模拟等研讨手段，激发各领域专家的能动性、创新性和积极性。

(5) 有效控制研讨过程中的各种不良思维。由于各类专家都是本领域的权威，在研讨过程中很可能出现依赖权威或屈从于群体压力而导致的依赖性思维，以及由于各领域专家个体的思维僵化、思维惯性等导致的僵化性思维，这些不良思维的存在影响了群体创新性思维的产生，系统工程师需要采取必要的措施，控制不良思维的存在。

(6) 有效处理研讨过程中各领域专家的冲突。研讨过程中，群体异质专家观点冲突是必然的。冲突的存在有利于创新思维的产生，但同时也可能带来群体思维的过度发散或者专家之间的非学术冲突，系统工程师既要充分发挥冲突的优点，又要采取必要的措施，比如，深度汇谈、辩论、对抗式模拟等方法有效控制冲突带来的弊端。

(7) 有效引导各领域专家研讨的方向。战争设计工程面向未来信息化战争的特性，使得研讨过程中存在大量的不确定因素，再加上团队异质专家的协作研讨，很容易在研讨过程中出现偏题、离题的现象。系统工程师需要实时把握研讨方向，在研讨过程中通过插话等方式引导专家集中、深入地指向研讨的中心内容。

3）有效组织研讨结果的总结归纳

敌我对抗迭代式研讨中提出的各种方案、决策可能较多，系统工程师需要从元设想出发，结合研讨的过程和结果，组织团队内部核心成员，从中归纳出最为重要的内容。系统工程师参与整个研讨过程，对元设想的深刻认识和对整个研讨过程的全局把握，使其在总结归纳过程中起着最为重要的作用。

2. 系统工程师的素质要求

从上一节分析可以看出，系统工程师在整个战争设计过程中起着极其重要的作用，是整个团队的核心。作为整个研讨过程的主持人以及战争设计的参与者，系统工程师需要具备以下几个方面的素质：

（1）熟练掌握战争设计工程理论方法。作为控制整个战争设计过程的系统工程师必须深刻理解战争设计工程的理念，熟悉战争设计工程本身的理论、方法和流程，并能熟练应用战争设计工程为理论和方法，组织其他各类专家进行有效的战争设计。

（2）公正。在战争设计研讨过程中，系统工程师要用同样的原则和标准对待每位领域专家的观点，使每位专家的发言都得到重视，并认可每类专家在研讨过程中的贡献。不能因为专家不是领域的权威，就轻易否定他的观点，同时还要避免由于某专家是该领域的权威而压制其他人的观点，进而主导研讨的方向和方案的确定；系统工程师不能因为个人的偏好而轻易接受或否定某个专家的观点、方案。只有这样，才既有利于发挥每位专家的能动性和创新性，也有利于避免研讨过程中各种不良思维模式的产生。

（3）客观。在研讨过程中，系统工程师要客观地对待每位领域专家提出的观点、方案。对于每位领域专家提出的敌我对抗中装备、战法及其结合模式，要进行充分的、客观的验证。这种验证不是建立在个人偏好、权威确认的基础上，而是建立在定性定量结合分析的科学判断基础上。对于可行的方案要予以充分的肯定，并给出适当的说明，对于不可行的方案，需要指出不可行的原因以及存在的问题。系统工程师的客观性也直接影响着团队成员创新的积极性，是领域专家发挥能动性和积极性的基础。

（4）全面。系统工程师对于研讨过程中各领域专家提出的观点、方案，要从整体的角度，对各种影响因素以及其中的重要因素进行全面考察，并引导其他各领域专家从敌我对抗的角度进行充分的论证，查找出敌我双方干预策略存在的各种漏洞。只有这样，研讨的结果才是各领域专家认识范围内最合理、最有效的。系统工程师的全面性是各领域专家集体研讨干预策略的合理性、适应性以及未来战争可能演化轨迹合理性的重要保障。

（5）平等。系统工程师在组织研讨过程中，要平等地对待各类领域专家。即认为各类领域专家既是本领域的权威，也是“非权威”。每位领域专家都可以就当前研讨的问题提出自己的看法，不排斥任何专家的观点，对所有专家一视同仁。

（6）善于发挥其他领域专家的作用。系统工程师在组织研讨过程中，要能充分认识各领域专家的特长，并充分发挥其他领域专家的作用。各领域专家在各自擅长的问题上，才能充分发挥自己的潜能，有利于创新思维的产生，激发其他领域专家的潜能是智慧集成的关键。

（7）组织、控制能力。系统工程师是团队研讨的组织者，需要对研讨过程具有很强的组织、控制、引导能力，包括研讨过程中研讨进程的控制、会场气氛的调节、领域专家能动性的激发、研讨过程中的冲突处理以及研讨方向的正确把握。系统工程师只有具备了研讨过程的组织、控制能力，才能保证研讨过程的有效进行。

另外，系统工程师作为一个团队，除了作为整个研讨过程的主持人以及战争设计的参与者的系统工程师所具有的以上素质外，还需要具有人力、物力、财力的支配控制权，这是组建战争设计工程团队的基本条件之一，也便于系统工程师组织、管理、控制整个战争设计过程。

系统工程师必须具备以上的素质，是指其具有系统的观点，能系统地、全面地处理问题。从系统工程师的来源看，系统工程师既可能是作战、装备部门的领导、参谋，也可能兼任军事工程师、装备工程师，还可能是系统工程专家。

7.4　本章小结

本章在专家群体智慧集成概念的基础上，给出了战争设计工程中专家群体智慧集成的三维框架，并分析了三个维度之间的关系。在对每个维度分析的基础上，提出了多领域专家互动关系模型、面向设定动态演化的流程分析过程以及团队动态组建过程框架，并由此提出了智慧集成框架的两个主要研究内容——专家智慧纵向集成和专家智慧横向集成。在以上分析的基础上，对系统工程师在整个战争设计工程中的作用以及对系统工程师的素质要求进行了详细分析。

参 考 文 献

[1] 史美林，向勇等．计算机支持的协同工作理论与应用．北京：电子工业出版社，2000：16～22.

[2] Benford S D，Fahlen L E. A spatial model of interaction in large virtual environments. Proceedings of the 3rd European Conference on CSCW（ECSCW'93）. Italy：Kluwer Academic Publishers，1993：109～124.

[3] Rodden T. Populating the application：a model of awareness for cooperative applications. Proceedings of the ACM CSCW'96 Conference on Computer Supported Cooperative Work，Boston：ACM Press，1996：78～96.

[4] 葛声，马殿富，怀进鹏．基于角色的群体感知模型．软件学报，2004，12（6）：1～24.

[5] 钟远明，沈剑，黄启萦．基于状态集的 CSCW 处理模型．广东工业大学学报，2000，4：15～19.

[6] 孙艳春．CSCW 系统体系结构中协作机制的研究．小型微型计算机系统，2001，22（10）：1183～1186.

[7] 闫临霞，曾建潮．基于任务的群体感知模型的形式化描述．计算机工程与应用，2005（30）：84～88.

[8] Zahedi，Fatemeh（Mariam）. Group decision making，Encyclopedia of Operations Research and Management Science. Boston：Kluwer Academic Publishers，1996：11～15.

[9] Seaver D A. Assessing probability with mutiple individuals：group interaction versus mathematical aggregation. Contract N00014-76-C-0074，University of Southern California：Social Science Research Institute，1978：1～15.

[10] Seaver D A. Assessing of group preference and group uncertainty for decision making. Contract N00014-76-C-0074，University of Southern California：Social Science Research Institute，1976：1～15.

[11] 宋光兴，杨槐．群决策中的决策行为分析．学术探讨，2004，3：48～49.

[12] 乐文忠．关于偏好数群体决策规则的研究．西安交通大学学报，2001，35（S1）：55～57.

[13] 安立仁，席酉民．群决策中个人判断能力与投票规则分析．人文杂志，2004，5：87～95.

[14] 戴汝为，李耀东．基于综合集成的研讨厅体系与复杂系统性．复杂系统与复杂性科学，2004，1 (4)：1～24.

[15] 王丹力，戴汝为．综合集成研讨厅体系中群体专家行为的规范．管理科学学报，2001，4 (2)：1～6.

[16] Robbins S P. Organization behavior：concepts，controversies and applications (7th ed) . Prentice Hall Inc，1996：215～224.

[17] Warfield J N. A platform for sociotechnical system. Journal of Integrated Design and Process Science，1997，1 (1)：37～53.

[18] 王丹力，戴汝为．群体专家思维收敛的研究．管理科学学报，2002，5 (2)：1～5.

[19] 王丹力，戴汝为．综合集成研讨厅体系中群体专家行为的规范．管理科学学报，2001，4 (2)：1～6.

[20] 崔霞，戴汝为，李耀东．群体智慧在综合集成研讨厅体系中的涌现．系统仿真学报，2003，15 (1)：146～153.

[21] Steven Johnson. on Emergence. http：//www. oreill-net. com/pub/a/network/2002 /02/22/johnson. html [2002-2-22].

[22] 李耀东．综合集成研讨厅设计与实现中的若干问题研究．北京：中国科学院研究生院，2003：42～96.

[23] 彼得·圣吉．第五项修炼：学习型组织的艺术与实务．上海：上海三联书店，2001：267～305.

[24] Palmore I J. Warfare analysis and complexity mini-symposium /workshop. Military Operations Research Society，1997：13～15.

[25] Mark E. An extended model of knowledge-flow dynamics . Communications of the Association for Information Systems，2002 (8)：251～266.

[26] Loana Rus，Mikael Lindvall. Knowledge management in software engineering. IEEE Software，2002 (6)：26～38.

[27] Fisher G，Ostwald J. Knowledge management：problems，promises，realities and challenges. IEEE Intelligent Systems，2001 (1)：60～72.

[28] Feldmann L R，Carsten Tautz. Improving best practices through explicit documentation of experience about software engineering technologies. Proc. Of the international Software Process Improvement Conference in Education and Research，1998：43～97.

[29] Heisenberg M. Physics and beyond：encounters and conversations . New York：Harper & Row Publishing Group，1971.

[30] David B. On Dialogue . London：Published by Routledge，1996.

[31] Ikujiro Nonaka，Ryoko Toyama，Noboru Konno. SECI，ba and leadership：a unified model of dynamic knowledge creation. Long Range Planning，2000，33 (1)：5～34.

[32] Garvin D A. Building a learning organization . Harvard Business Review，1993，(7-8)：81～91.

[33] Huber G P. Organizational learning：the contributing processes and the literatures . Organization Science，1991，2 (1)：88～115.

[34] March J G. Exploration and exploitation in organizational learning . Organization Science，1991，2 (1)：71～87.

第 8 章

面向设定动态深化和演化的专家智慧纵向集成

战争设计工程设定的动态深化和演化是战争设计工程的本质特性，专家智慧纵向集成主要体现在战争设计工程中设定的动态深化和演化上。专家群体智慧纵向集成过程就是在“元设想”指导下对设定不断分析、判断、反思、修改的深化和演化过程中体现出来的。

8.1 设定及其相关概念分析

在对未来干预策略（包括装备、战法及其结合模式）的设计过程中，首先需要解决的问题就是“面向未来与没有具体未来之间的矛盾”。因此需要基于现有的各种已知因素（包括现有的武器装备、战法及其结合模式，现有的已经发生过的战例，各类领域专家现有的知识、经验等），想象未来可能发生的战争的各种情况，从而给出战争设计的“元设想”，并在这个元设想指导下，对未来可能发生的战争以及需要的装备、战法及其结合模式进行设计。而元设想的不明确性使得战争设计工程的研讨是个不断迭代、问题不断深化和明确的过程，这个过程中最突出的表现就是设定的动态深化和演化，是设定不断详细、确认的过程。战争设计工程中设定及其相关的概念主要包括元设想、设定、详细设定、设定动态深化以及设定动态演化。

8.1.1 设定动态深化的含义及特点

设定动态深化主要是指战争设计工程中，在元设想目标的指导下，通过每一次迭代过程中敌我双方干预策略的对抗式研讨，在定性定量相结合分析的支持下，对研讨的结果—某种设计方案的有效性、适应性和可行性等不断反思、修正与完善的过程。这个演化过程是专家群体不断迭代研讨、对元设想中问题认识不断深化的过程。设定深化是设定逐渐详细的过程（详细设定）。

从设定动态深化的含义可以看出，“设定”的动态深化包括如下几个方面的特点：①设定动态深化是在“元设想”和设定限制下进行的。“元设想”是战争设计的初衷，通常表现为隐性的。设定的动态深化不是各领域专家人为的、随意的深化，是对“元设想”不断修正、完善的过程。②设定动态深化是在不断迭代过程中进行的。深化是与战争设计工程的流程相关的，是伴随着迭代研讨过程同时进行的，一次迭代就是“设定”的一次深化，也就形成一个迭代过程的详细设定。③设定动态深化是在同一“设定”下进行的。④设定动态深化是群体智慧创新性集成的结果。战争设计的每次迭代过程都是专家群体对敌我双方对抗策略研讨的过程，是专家群体创造性地提出装备、战法及其结合模式发展方案并对其合理性、可行性的分析、验证过程，是设定动态深化的原动力。⑤设定动态深化需要定性定量相结合分析的支持。专家群体在研讨过程中，通过定性定量相结合的方法实现对问题认识的不断深化，从而导致“设定”的动态深化。定性定量相结合提供了实现设定动态深化的技术支持，也是设定深化合理性的保证。

8.1.2 设定动态演化的含义及特点

设定动态演化是指在“元设想”指导下，通过在同一“设定”下对各种可能干预策略的有效性、适应性和可行性等的反思、修正和完善，从而发现“设定”本身存在需要修正、完善的内容，进而对“设定”本身进行反思、修正的过程。

从以上设定动态演化的含义可以看出，设定的动态演化是在“元设想”的基础上进行的，在经过多次的迭代研讨、定量分析发现元设想本身确实存在问题的情况下，再考虑对“元设想”进行反思。因此，设定的动态演化往往需要对“元设想”进行反思、修正。当然设定的动态演化是非常慎重的。在战争设计工程中，更多的是在一个“元设想”下进行的设定动态深化，从而得到对问题的解决方案。

从设定动态演化的含义可以看出，“设定”的动态演化包括如下几个方面的特点：①设定动态演化是在设定动态深化基础上进行的。“设定”动态演化是在设定经过若干次迭代深化后，发现在该设定下没有合理的解决方案或没有可行解时采取的步骤，是对“设定”本身的一种反思，这种反思意味着对设定更深刻的思考。②设定动态演化是在深化基础上对“元设想”本身的一种反思。设定动态深化的结果可能将直接导致“元设想”的修正，而“元设想”的修正将直接导致“设定”的改变。③设定动态演化也是专家群体智慧集成的结果，需要定性定量相结合分析的充分支持，或者说需要定性定量相结合的分析对元设定的某些部分充分否定。

8.2 设定动态深化和演化的实现机制

从设定动态深化和演化的概念及特点可以看出，设定的动态深化和演化过程是专家群体根据各领域专家任务协作关系，在每个迭代研讨过程中应用定性定量相结合的分析方法实现智慧纵向集成的过程。所以设定动态深化和演化的实现必须研究两个问题，即分析战争设计工程的任务协作关系，研究战争设计工程中定性与定量结合的模式。

1. 设定动态深化和演化的任务协作保障

设定的动态深化和演化是在领域专家智慧纵向集成过程中体现出来的。专家智慧纵向集成是按照战争设计工程流程迭代进行的，集成过程中要明确领域专家在各个阶段任务的分工与协作。纵向智慧集成过程如图 8.1 所示。

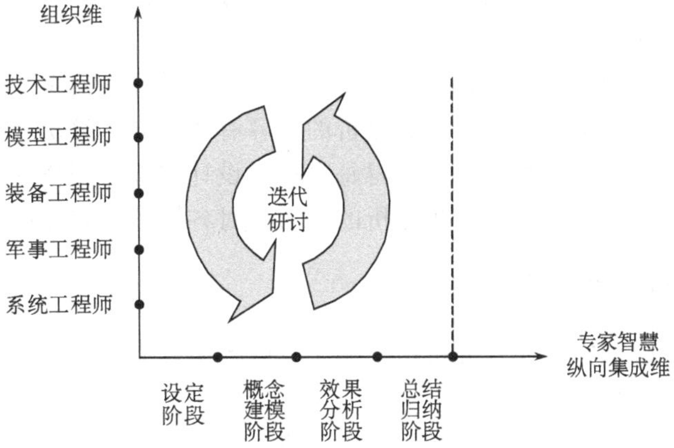

图 8.1　领域专家智慧纵向集成过程

设定的动态深化和演化导致问题研究涉及的领域发生变化，从而使得各领域专家在研讨各阶段承担的任务和职责的内容发生变化。所以，需要明确各领域专家在各个阶段任务的分工与协作关系，合理分配领域专家在各阶段中的任务，这是实现智慧纵向集成的前提。

战争设计工程是按照流程迭代进行的，任务分析需要明确各领域专家任务的时序关系。领域专家在各个阶段任务的分工与协作包括如下几个方面的研究内容：

(1) 明确各阶段的目标。各阶段的目标是本阶段研讨的目的，是各领域专家在本阶段需要完成的总任务。

(2) 明确各阶段领域专家需要完成的任务及职责。各阶段任务分析主要是为了明确各领域专家在各个研讨阶段需要执行的活动，活动的分析便于各领域专家任务的指派。

(3) 明确任务之间的时序关系。任务的时序关系主要说明专家群体智慧在时间维度上的进化和集成过程。

2. 设定动态深化和演化的技术实现保障

从战争设计工程解决问题的流程可以看出，从设定的形成、约束的分析，到最后建立定量模型和基于效果的反思，整个过程领域专家采用的是定性定量综合集成的方法，设定动态深化和演化是和领域专家研讨过程中采用定性定量相结合方法解决整个战争设计问题密切相关的。战争设计工程中定性定量相结合是设定动态演化的技术实现保障。关于定性定量相结合的模式将在第 10 章中进行详细分析。

8.3 面向设定深化和演化的任务分析

通过上一节的分析可知，任务分析是设定动态深化和演化的基础。任务分析的内容主要包括流程中各阶段的目标分析、各阶段领域专家的任务分析以及任务之间的时序关系分析。任务分析的目的是明确各领域专家之间的分工与协作，便于对战争设计工程中对各领域专家指派任务。

战争设计工程是面向问题的，针对未来的战争进行设计，而每次战争设计面向的问题、背景不同，使得整个战争设计任务分析的内容有所不同。每次战争设计的过程都是按照流程进行的，这种流程的规范化使得每次战争设计都存在同样的元任务。本节根据战争设计工程的流程，提出了元任务分析的方法并对各阶段的元任务进行分析。

8.3.1 任务分析的原则

通过以上的分析可知，任务分析结果需要明确各领域专家之间的分工与协作，所以任务分析具有如下原则：

(1) 按照战争设计的流程进行任务分析。战争设计工程中设定动态演化的特点，决定了应该基于流程对整个战争设计工程的任务进行分析。任务分析需要依据各个阶段的特点进行，同时分析过程中还需要注意各个阶段之间的时序关系。

(2) 任务的确定以领域专家的执行为准，以便明确各类领域专家在各个阶段需要执行的具体任务。各阶段虽然需要多类领域专家共同协作完成，但是各阶段任务的完成需要进一步细化到活动，这样便于明确各领域专家在各个阶段需要完成哪些活动，并明确领域专家在此活动完成中承担的职责。

(3) 任务分析过程中需要明确任务之间的迭代关系。设定动态演化源于问题研讨的不断迭代。有些阶段的任务不是一次性完成的，需要在该阶段内部不断迭代，因此，在明确各阶段任务时序关系的同时，还需要明确任务之间的迭代关系。

8.3.2 面向领域专家的战争设计工程各阶段任务分析

根据第六章的分析，战争设计工程的流程主要包括六个阶段：背景分析阶段、团队组建阶段、设定阶段、建立概念模型阶段、效果分析阶段和总结归纳阶段。其中，各领域专家集体研讨的阶段包括设定阶段、建立概念模型阶段、效果分析阶段和总结归纳阶段，这四个阶段是不断迭代进行的，是领域专家智慧集成的主要过程。下面分别对六个阶段中各领域专家任务的分工与协作进行分析。

1. 形成设定阶段任务分析

战争设计工程背景产生的原因主要有以下三个方面：①作战部门的需求或技术部门的支持。作战部门根据需求，提出需要开发新的战法、发展新的装备或两者的结合以支持未来信息化作战。技术部门由于技术的发展，可以支持新型武器装备的研发，从而对某类武器装备等提出研发趋势；②系统工程师本人在深入了解现状的基础上，提出对未来战争设计的元设想；③直接来源于一个具体的问题或者由上一次战争设计工程形成的问题树的子问题。形成设定阶段任务分析一般是由议题发布或委托某单位（或某系统工程师）进行的。

1）形成设定阶段的目标分析

每一次战争设计工程都是在未来信息化战争某一背景下，对未来武器装备、战法及其结合模式进行探讨分析，根据背景分析阶段的总目标，本阶段的主要子目标是：通过分析，将“元设想”或具体问题显性化。

2）形成设定阶段的活动分析

根据形成设定阶段的目标，形成设定阶段任务主要包括如下活动：明确背景、明确问题边界、明确目标、确定问题的相关领域、规范化描述上述内容以及选取合适的系统工程师。

（1）明确背景、问题及其目标。在本阶段，首先需要对问题背景进行分析，明确问题的研究背景和问题需要达到的目标。问题的边界决定着战争设计工程研究所涉及的范围，而目标的确定为战争设计工程提供方向。

（2）确定问题的相关领域。确定问题的相关领域就是分析问题的特点，以便确定问题涉及的领域，便于领域专家团队的组建。

（3）规范化描述上述内容。形成设定的过程就是对“元设想”或具体问题显性化的过程。因此，在明确背景、问题及其目标，确定问题的相关领域后，需要将问题、背景、目标和相关领域规范化地表示出来，以便于专家团队的理解和研讨。

（4）选取系统工程师。从战争设计工程背景产生的三种情况可以得出，系统工程师的确定也有两种方式。如果是第一种情况，需要委托某单位完成这个项目，项目承担者需要根据问题特点和对系统工程师的素质要求，确定本次战争设计的系统工程师。如果是第二种或第三种情况，由背景提出者直接担任系统工程师。

2. 团队组建阶段任务分析

战争设计工程团队是整个战争设计过程中最重要的组成部分，团队的质量直接影响着战争设计的效果。在背景分析阶段，被选出的系统工程师，结合问题的特点以及第 6 章提出的战争设计工程团队组建的方法，组建战争设计团队。战争设计团队由五类领域专家组成，但是各领域专家所应该具有的知识、经验和技能等，由具体问题的需求确定。

1）团队组建阶段的目标分析

由以上的分析可知，该阶段的主要目标是选取军事工程师、装备工程师、模型工程师和技术工程师，组建适合解决本次战争设计工程问题的领域专家团队。

2）团队组建阶段的活动分析

组建团队阶段的基本活动包括：初步分析问题涉及的领域、初步确定对各领域专家的要求、初步确定领域专家候选方案、领域专家评价、选取领域专家及组建团队。

组建团队过程中用“初步”来限定各个活动，主要是因为战争设计是个不断迭代的过程。设定阶段并不是一次完成的，随着战争设计研讨的不断深入，在每次完成效果分析阶段后，需要回到设定阶段，对最初的设定进行修改。每一次设定的改动都可能改变问题涉及的领域，问题的解决需要新的知识结构才能完成，因此可能需要增加新的领域专家到战争设计工程团队中。在战争设计过程中，战争设计工程团队不是一个固定不变的组织，而是根据需要不断动态添加、更改的。但在第一次战争设计迭代过程中，需要根据具体问题背景，初步选取一个战争设计团队，进行第一次循环的战争设计，来保证第一次迭代过程的有效进行。关于后续迭代研讨中团队组建的执行者，已经在第七章中分析过。

3. 研讨约束阶段任务分析

1）研讨约束阶段的目标分析

本阶段是在系统工程师、军事工程师和装备工程师三类领域专家共同参与下进行的。初始设定一般是根据本次战争设计的“元设想”，在一个大的背景下明确背景分析阶段的问题和目标。这种大的背景涉及的因素很多，一般无法对未来战争进行具体的设计，需要在本阶段三类领域专家集体研讨下，对需要解决的问题进行具体化。因此，本阶段的主要目标是聚焦战争设计的“目的”及需要解决的问题，进而确定战争设计的初始约束等。

2）研讨约束阶段的活动分析

在本阶段参与的专家主要有三类：系统工程师、军事工程师和装备工程师。整个设定阶段的活动包括：逐步聚焦需要解决的问题与研究目的，确定问题的公设，确定问题的边界。三类领域专家除需要完成共同承担的任务外，每类领域专家在设定过程中还需完成各自所承担的任务。

三类领域专家需要共同对“聚焦需要解决的问题和研究目的，确定问题的公共约定，确定边界”进行讨论分析，这几个活动的执行主要以系统工程师和军事工程师为主要参与者，而装备工程师是参与者。

（1）逐步聚焦需要解决的问题和研究目的。战争设计工程是对未来战争进行设计，一般情况下，都是针对背景不是很明确的问题进行设计，从而使得需要解决的问题和达到的目标不是很明确；当然，如果是在一个想法相对成熟情况下的战争设计，需要解决的问题和达到的目标相对是比较明确的。这里只研究问题和目标不明确情况下设定阶段的任务分析。

这个阶段包括两种情况下的任务分析：①初次设定阶段任务分析。初次设定阶段的任务分析是在本次战争设计“元设想”背景下进行的，“元设想”给出的问题和目标都是较顶层的，并没有给出具体的问题和目标，需要三类领域专家不断迭代讨论，将问题聚焦到比较具体的背景。②动态深化后的设定阶段任务分析。在不断的迭代研讨后，本次战争设计需要解决的具体问题和目标已经比较明确，需要根据前一次迭代研讨的结果对前一次“设定”中的目标和问题不断完善、深化。这种情况也是由三类领域专家参与完成的。例如，在未来某时段的某战争设计中，设计红方在作战过程中实施高级信息战。红方希望通过实施高级信息战的途径对蓝方防空系统进行攻击，这是大背景。而初始设定阶段，可以设想到很多高级信息战的形式对蓝方防空系统进行攻击，通过第一次的迭代研讨，将问题聚焦到设计“运用某高级信息战形式，攻击蓝方指控系统中的关键结点——预警机”作为具体的背景和需要解决的问题。

（2）确定公设和问题边界。三类领域专家共同确定战争设计问题的公设和边界。公设是战争设计工程中给出的本次迭代过程中关于敌我装备、作战原则、决策原则等的约定，而边界给出敌我对抗过程中需要考虑哪些因素、考虑到什么程度以及因素的值域等。

4. 研讨干预策略阶段任务分析

本阶段需要系统工程师、军事工程师和装备工程师三类领域专家参与。

1）研讨干预策略阶段的目标分析

战争设计工程的主要目的是确定在未来某一可能的作战环境下需要发展的武器装备以及未来可能发展的武器装备匹配的战法，或者未来信息化条件下与新的战法相匹配的武器装备。因此，本阶段的主要目标是确定战法指导下的装备策划或者装备假设条件下的战法方案。

2）研讨干预策略阶段的活动分析

这个过程分析的主要活动是给出敌我双方对抗过程中装备、战法及其结合模式的多种发展方案，同样包括两种情况：

（1）初始设定阶段敌我双方装备、战法及其结合模式发展方案的定性分析。这种情况是在没有定量分析的情况下进行的，需要三类领域专家就问题涉及的领域，充分发挥各自的想象力，尽可能地给出所有方案，并对方案的可行性、合理性进行定性分析，最终确定多个可行方案。

在这个过程中，军事工程师主要负责新战法的研究；装备工程师主要负责设定阶段新武器装备的研究，包括现有武器装备的改进和新武器装备的研发。现有武器装备的改进包括信息化条件下武器装备的改进方向、武器装备改进的技术条件、武器装备实施的环境和武器装备改进后的性能等；新武器装备的研发包括研究现有技术条件下新式武器装备的种类、预测未来技术发展条件下新武器装备的种类和这两种情况下新武器装备发挥作用的环境及其性能极限等。在本阶段，军事工程师和装备工程师需要有效协作，装备的发展需要相应的战法支持，而战法的实施也需要相应的装备作支撑。

己方设计方案的提出不是独立的，需要考虑到敌方可能的应对方案，以及己方应对敌方的反制策略方案，这样形成一种循环迭代式的定性探讨。

（2）迭代过程中敌我双方设计方案的定性分析。在这种情况下，已经经过一次或若干次的迭代研讨，已经在定性定量相结合分析的基础上，剔除了不可行的方案，对可行的方案进行了充分的论证。并在研讨的基础上，创新性地提出了新的设计方案。下一步，需要在新方案的基础上进行敌我干预策略对抗的定性研讨，并对多种新方案的合理性、可行性进行定性分析。

在以上两种情况下，系统工程师主要作为咨询者和设定研讨过程的控制者，协同军事工程师和装备工程师完成他们各自的任务。

5. 建立效果模型阶段任务分析

本阶段需要系统工程师、军事工程师、装备工程师和模型工程师四类领域专家参与。

1）建立效果模型阶段的目标分析

验证设定阶段研讨的装备、战法及其结合模式的发展方案需要放到一定的背景下进行，只有这样才能对发展方案作出具体、准确的评估，才能用来指导装备体系、作战理论的发展，本阶段就是针对对策研讨阶段的一种（或多种）装备战法及其结合模式，在典型的作战环境下，建立其效果模型。

2）建立效果模型阶段的活动分析

这个阶段的主要活动包括：建立干预策略的概念模型、定性定量分工与协作、确定关键参数及其取值范围以及建立效果模型。

（1）建立干预策略的概念模型。建立干预策略的概念模型主要包括两部分活动：确定典型作战环境以及确定该作战环境下的作战过程。

首先，确定典型作战环境。在研讨干预策略阶段，可能给出多种装备、战法及其结合模式的发展方案，首先需要从中选择一种作为本次研讨的起点，对于其他方案可以作同样的分析。装备及其配套战法可以在多种情况下运用，在实际设计过程中，需要根据情况，给出一种或多种装备、战法运用的典型作战环境，以便深入探讨装备、战法的结合运用，达到设定阶段给出的目的。典型作战环境可以是一种，也可以是多种，根据本次迭代过程的需要确定典型情况的数量。

典型作战环境包括敌我双方的初始状态、装备应用的支撑环境、相应战法实现的前提条件等。这些方面的研究已经很多，本书不对这方面内容做深入阐述。

由于战争设计工程是针对未来战争的，所以装备和战法的典型作战环境很可能是现在没有的，需要领域专家集体研讨、创新设计得到。这个过程中，主要以军事工程师和装备工程师为主要参与者，在系统工程师的组织、协调下进行。还以第 3 阶段中的战争设计为例，在聚焦到问题“利用某高级信息战形式攻击蓝方预警机”后，给出了一种具体的作战环境“作战过程中攻击蓝方预警机在空军混合编队作战中的运用”，并基于这个作战背景，建立概念模型，进行深入分析。这个过程以定性分析为主。

其次，确定典型作战过程。针对典型作战环境下敌我双方的干预策略，以军事工程师和装备工程师为主要参与者，在系统工程师的组织、协调下，研讨典型作战环境下敌我双方的典型作战过程。

（2）定性定量分工与协作。这个过程需要系统工程师、军事工程师、装备工程师和模型工程师的参与。通过四类领域专家的研讨，确定概念模型中哪些部分是需要定性分析的，哪些部分是需要定量分析的。主要包括：哪些分析是需要定性分析就能够确定的、哪些分析除了定性分析外还需要作战模型的支持；需要建立哪些数学模型、如何确定模型边界、模型中需要考虑哪些参数以及参数的取值范围是什么，根据问题特点选取哪些指标作为评估的目标。这个过程中，军事工程师、装备工程师和模型工程师是主要参与者，主要通过集体研讨的方式确定定性、定量的工作。而系统工程师对整个研讨过程进行控制，充当参与者的角色。

(3) 确定关键参数及其取值范围。这个过程需要系统工程师、军事工程师、装备工程师和模型工程师的参与。通过四类领域专家的研讨，确定典型作战环境和典型作战过程下，影响敌我双方作战效果的关键参数，并确定关键参数的取值范围。这个过程关键参数的确定是以定性分析为主，现在确定的关键参数可能经过定量的分析，发现其并非关键参数，也可能原来认为的非关键参数成为关键参数。这个阶段的判断以专家的经验和现有的可借鉴的分析结果为主要参考依据。这个过程中，军事工程师、装备工程师和模型工程师为主要承担者，在系统工程师的组织、协调下进行。

(4) 建立效果模型（仿真模型或解析模型）。本阶段主要是由系统工程师和模型工程师两类领域专家参与。模型工程师根据以上分析的结果，针对需要定量建模的部分，建立数学模型。根据建模需要，有些模型是定性模型，有些是定量模型。在建立效果模型阶段模型工程师担任主要承担者角色，而系统工程师参与这个过程。

6. 基于效果反思阶段任务分析

基于效果的反思是战争设计过程每个迭代过程的核心，是战争设计工程中各领域专家智慧集成的重要体现，是对策设计的重要过程，是设定沿着正确方向深化的保证。根据上一阶段建立的概念模型，采用定性定量相结合的方法，对敌我双方的各种策略（方案）进行对抗式研讨。本阶段由五类领域专家共同参与。

1) 基于效果反思阶段的目标分析

基于效果反思阶段是研讨敌我双方各种干预策略，寻找未来战争系统可能演化轨迹的主要阶段。本阶段的主要目的是验证干预策略的有效性、可行性和完备性，并确定干预策略改进（演化）的方向。对典型作战环境下装备、战法及其结合模式在敌我对抗条件下进行效果分析，在定量分析结果的基础上，研讨敌我现有各种干预策略存在的漏洞，并提出新的设计方案。

2) 基于效果反思阶段的活动分析

在五类领域专家共同参与下，首先需要根据上一阶段建立的效果模型，对需要仿真推演的部分建立一定的仿真环境，在一定的数据支持下进行推演。之后，在解析模型求解或仿真结果基础上对敌我双方的各种干预策略进行研讨。所以，这个阶段的活动包括解析模型求解或建立仿真推演环境，分析关键参数的灵敏度，反思装备与战法结合模式的合理性和反思约束的合理性。

(1) 求解解析模型。对于可以直接用解析模型求解的效果模型，直接代入一定条件下的参数取值进行求解。而对于需要建立仿真环境进行求解的效果模型，则根据情况建立相应的仿真推演环境。

(2) 建立仿真推演环境。通过技术工程师建立效果评估环境。技术工程师在军事工程师、装备工程师和模型工程师提供的规范化文档以及效果模型的指导下，建立效果评估的运行环境，包括数据（库）、计算模型（库）和表现、交互、通信的环境等。仿真环境与模型复杂程度根据战争设计问题的特点而定。还以第 3 阶段中的战争设计问题为例，在典型作战环境确定后，需要建立的仿真环境包括：前期的二炮打击效果评估环境、红蓝双方空战效果评估环境。二炮打击效果评估环境需要对二炮打击效果评估、蓝方跑道修复能力和飞机起飞率进行评价，红蓝双方空战效果评估环境需要对红方空军混合编队的伪装效果、红方飞机混合编队配置比例、红方混合编队战场进入率、红方混合编队毁伤率、红方运用某高级信息战形式对蓝方预警机攻击的效率、蓝方预警机系统失灵条件下指控系统的效率等进行评价。

(3) 分析关键参数的灵敏度。这个过程需要五类领域专家的参与。在军事工程师战法、装备工程师装备参数以及技术工程师支撑环境的支持下，并在系统工程师的组织下，模型工程师对关键参数进行灵敏度分析，确定各关键参数对作战效果的影响，对最初确定的关键参数的“关键性”进行验证。

(4) 反思装备与战法结合模式的合理性。在灵敏度分析的基础上，系统工程师、军事工程师、装备工程师和模型工程师一起进行战法和装备结合模式的合理性反思，主要是在仿真结果上进行敌我双方策略对抗分析，即在我方采取一定的战法和装备结合模式下敌方可能采取的反制我方的可能的干预策略以及我方反制敌方的相应的干预策略。

反思装备与战法结合模式的过程其实就是敌我博弈过程的模拟，这个过程需要系统工程师、军事工程师、装备工程师和模型工程师的参与，分析我方在选择策略 u_1 时，会达到的效果 E_1，敌方会采取何种策略 v_1 反击我方的策略，达到何种效果 E'_1；如果我方想反制敌方的这种策略 v_1，又需要采取何种策略 u_2，会达到何种效果 E_2；而我方采取策略 u_2 的情况下，敌方又会采取何种策略 v_2…即对敌我双方在典型作战环境下干预策略以及战争系统演化轨迹的对抗分析，研讨过程中尽可能穷尽敌我双方各种干预策略。研讨过程其实就是在“装备—战法—效果”三者之间不断循环迭代、查漏补缺的过程。这个过程是定性分析到定量计算，并在定量分析结果基础上再进行定性分析的迭代研讨过程。

迭代研讨过程应尽可能地穷尽各种策略，找到各种漏洞，发掘出可能发挥的最有效的方式。这种研讨对策的过程需要充分调动人的主观能动性和创造性，需要领域专家之间最有效的互动，是战争设计工程团队智慧集成的最重要的体现。

通过这种不断迭代的博弈，最终确定在典型作战背景下哪种策略对我方来说是较优的干预策略。策略的研讨过程中，包括我方装备和战法的结合模式、装备的改进、战法的改进等。在研讨过程中一旦发现我方现有的各种应对策略存在漏洞，则需要重新审视前面几个阶段。首先是对建立效果模型阶段进行反思，反思该阶段的作战过程是否合理，或者反思关键参数的确定是否合理，反思效果模型是否能反映作战过程的复杂性(合理性)。如果建立效果模型阶段是合理的，则反馈到研讨干预策略阶段，对该阶段干预策略的有效性、可行性和适应性进行反思，即确定干预策略的改进方向；干预策略的改进则需要重新建立效果模型，并进行基于效果的反思。

(5) 反思约束的合理性。反思过程如果发现我方干预策略存在需要改进的方向，则重新研讨敌我双方的干预策略。如果发现我方干预策略是合理的，而我方又不能在对抗中取胜，则需要对约束的合理性进行反思，这个过程是在系统工程师的指导下，由军事工程师和装备工程师作为主要承担者进行的。如果约束本身也是合理的，则需要对最根本的设定进行反思，而设定的反思就需要重新对“元设想”或“具体问题”进行深入研究，确定“元设想”或“具体问题”的显性化过程是否合理，进而甚至反思“元设想”或“具体问题”是否合理。

7. 总结归纳阶段任务分析

总结归纳阶段是对本次战争设计整个过程的总结。这个阶段是群体智慧显式化的过程，既可以深化对战争设计结果的理解和表述，也有利于进一步排除“漏洞”。本阶段主要有五类领域专家的参与：系统工程师、军事工程师、装备工程师、模型工程师和技术工程师。

1）总结归纳阶段的目标分析

从上面的分析中可知，本阶段的目的是通过对整个战争设计过程的总结归纳，给出详细设定，得出装备和战法发展的方案、支持装备和战法发展与运用的条件以及运用效果，给出装备发展的优先序，并建立结果演示环境。

2）总结归纳阶段的活动分析

本阶段的主要活动包括如下几个方面：总结归纳出最终详细设定、总结整个战争设计过程以及建立研究过程及其结论的展示环境。

（1）总结归纳出最终的详细设定。在前几个阶段讨论的基础上，给出战争设计全过程的结论，并形成规范化文档。阶段需要五类领域专家的参与：系统工程师、军事工程师、装备工程师、模型工程师和技术工程师。在这个过程中，系统工程师是主要承担者，军事工程师、装备工程师和模型工程师是参与者。主要内容包括：

第一，总结归纳本次战争设计基本资料。在详细设定中，首先需要总结归纳出本次战争设计的基本资料，包括本次战争设计的背景、问题、目标及最终方案的具体约束等。

第二，装备和战法设计方案。在不断的研讨过程中，迭代式的对策研讨和设定动态演化，会创新性地提出很多现在从来没有使用过的装备与战法，针对这些装备与战法，也需要领域工程师给出装备和战法相应的典型运用环境。这些装备与战法的设计是战争设计工程期望得到的结果。装备与战法设计方案中还包括敌方可能的应对策略，以及我方的进一步反制策略等。

第三，装备和战法发展的条件。装备的改进或新装备的发展，需要一定的技术发展作支持，在给出方案的同时，需要分析现有技术条件，改进装备或新装备形成的技术需求、技术实现的难易程度。现有战法对现有装备的适用程度、新战法需要何种新装备的支持等，这些都需要在总结报告中体现出来。

第四，装备和战法实施的条件。在具体的背景下，装备、战法的研发才能更有效地发挥作用，所以，报告中还需要给出装备和战法结合发挥作用所需要的作战环境，这种作战环境包括敌方作战过程中的策略、敌方策略中存在的漏洞、我方装备和战法实施的时空要求等。这些也需要在报告中给出。

第五，装备和战法实施的效果。在给定实施条件的情况下，我方如果运用这种装备、战法会达到什么效果。效果评估中选取的评估指标、评估模型、评估过程、评估结果等都需要在报告中给出，并理顺它们之间的逻辑关系。

以上五点都是定性分析过程。

第六，群体决策给出方案优先序。如果研讨结果给出多种装备与战法设计方案，还需要领域专家根据选取的评价指标对装备发展的优先序进行评价，并给出评估结果的合理性说明，便于作战部门或装备部门参考。方案优先序需要根据模型计算（或仿真）的结果，在定性分析的基础上进行。方案的产生是领域专家智慧集成的结果，他们最熟悉整个研讨过程，对于装备和战法发展的各方面条件、新装备的技术参数、装备和战法运用的环境、装备和战法运用的效果等最为熟悉，所以这些领域专家组成的群体对方案优先序进行评价更具有合理性和客观性。本阶段需要四类领域专家的参与：系统工程师、军事工程师、装备工程师和模型工程师，四类领域专家都是主要参与者。

这是个定量分析过程。

（2）总结整个战争设计过程。以系统工程师为主要承担者，在军事工程师、装备工程师和模型工程师的共同参与下，对本次战争设计的整个研究过程进行总结，包括最初的设定、深化后的详细设定以及最终的详细设定。整个研究过程的总结是本次战争设计工程结论性成果的有力支持，也便于后期验证工程的进行。

（3）建立研究过程及其结论的展示环境。在给出研讨最终结果的同时，技术工程师还需要建立结果演示环境，便于向研究人员以外的其他人员介绍、展示。

8.4 本章小结

设定的动态深化和演化是战争设计工程形成有效设计方案的必然过程，为此本章从战争设计工程流程的角度分析了设定动态深化和演化的过程，以及设定动态深化和演化的任务协作保障——面向设定深化和演化的任务分析。

第9章

基于专家群体研讨的专家智慧横向集成

战争设计过程中的每一阶段，都需要合理组织相应的异质专家团队，在各阶段研讨目标的指导下，采取有效的研讨形式进行研讨以形成有效的方案，在每一个具体的研讨过程中有效地集成了专家群体的智慧，这个过程就是领域专家智慧的横向集成。本章从专家智慧横向集成的角度，给出了领域专家研讨过程中需要解决的两个问题：如何组建合理的专家团队和如何组织专家有效研讨。最后，给出战争设计工程中讨论式模拟的一般流程。

9.1 专家群体智慧横向集成的逻辑过程

专家智慧横向集成主要解决的问题是：根据战争设计工程各阶段具体的研讨目标，如何构建合理的研讨团队并实现有效研讨。针对一次具体的研讨内容，专家团队知识结构的合理性是解决本次研讨问题的基础，是研讨结果有效性的前提，而规范化的研讨模式是研讨有效进行的重要保障。专家智慧横向集成的逻辑过程可以用图 9.1 表示。

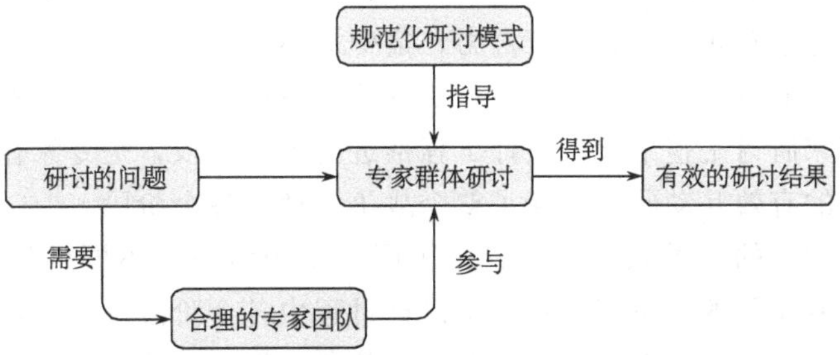

图 9.1 专家智慧横向集成逻辑过程

战争设计工程是基于流程进行的，在每一次具体的研讨过程中，都需要根据流程中每个阶段解决问题的具体需求，选择适合本阶段的领域专家团队，并在规范化研讨模式的指导下，进行有效的研讨。专家智慧横向集成需要解决如下两个问题：如何组建合理的专家团队以及如何组织他们有效地研讨。

9.1.1 组建合理的专家团队

根据每个阶段待研讨问题的特点，组建满足问题需求的合理的专家团队，是有效实现研讨目标的前提。

由于战争设计工程中的研讨是面向问题的，每一次具体的研讨对领域专家的能力要求都可能不一样，这就需要建立相应的指标体系进行评价。但是，在战争设计工程中，很难建立一个通用的领域专家评价指标体系，用来对被选领域专家进行评价。因此，为了指导各阶段专家团队的组建，需要从元模型的角度，研究战争设计工程团队组建过程中各领域专家的评价问题。具体需要解决以下两个问题：

（1）构建领域专家评价指标体系框架。战争设计工程对各领域专家都提出了能力要求，这部分已经在第 7 章 7.3 节进行了分析。需要根据对各领域专家的能力要求，给出适合所有战争设计工程团队组建的指标体系框架，以指导在解决具体问题的过程中各领域专家评价指标体系的构建。

（2）给出合适的评价方法。现有综合评价的方法很多，比如，模糊综合评价和 AHP 方法等。这些方法的应用范围都不一样，需要针对领域专家评价指标体系的具体特点，给出适合战争设计工程领域专家团队组建的评估方法。

事实上，战争设计工程领域专家的评价以及专家团队的组建很难用简单的一种评价方法来完成，需要应用多种分析方法综合评价，并且最后的结论也不能用一个（一组）简单的数值来表示，还需要人来完成。比如，在候选的专家中，有些专家有很独特的见解，但是不善言辞，如果用加权综合评价，就很难选到这种创新性很强的专家。所以，对于这类专家，其选择和评价指标都可能不一样。现有专家评价的方法比较多，比如同行评议中专家的选取等，本章不对这部分作深入的研究。

9.1.2 规范化研讨模式

各领域专家是战争设计工程中各阶段的主要承担者，从问题设定的研讨、概念建模、效果分析到最后的总结归纳，都离不开各类领域专家的参与。战争系统的复杂性特征，要求多领域专家互相协作、群策群力，集中群体的智慧共同完成问题的求解。这一过程是各领域专家通过有效的互动研讨，实现智慧集成的过程，也是战争设计工程的精髓所在。领域专家研讨是整个战争设计工程推进的重要手段，是专家智慧集成的主要途径，各领域专家的有效互动研讨贯穿了整个战争设计的各个阶段。

战争设计工程中的五类领域专家具有不同的知识背景、不同的视角。在研讨过程中，利用各领域专家间的多重视角对战争设计过程中各个阶段进行研讨，是实现对未来战争较全面、合理的设计，尤其是敌我对抗中装备、战法的博弈时，尽其所能穷尽各种有价值干预策略的有效途径。从这个角度看，设计合理的研讨模式是集成各领域专家智慧的关键。具体需要解决以下两个问题：

1. 各阶段领域专家的研讨形式

现有的研讨形式很多，比如面对面的交互、头脑风暴法、名义群体法等，战争设计的每个阶段需要不同的研讨形式，在每个阶段的不同时期也会需要不同的研讨形式。需要根据战争设计各个阶段的特点以及各阶段不同时期的特点，选择适合的研讨形式。

2. 研讨过程中群体思维控制

由于战争设计工程团队的组成基本上都是各领域的权威，并且是来自不同领域的异质专家，因而在研讨过程中很可能出现由思维弊端导致的专家群体思维的错误发散或错误收敛，使得研讨不能形成有效的问题解决方案。识别并避免错误的发散和错误的收敛是思维控制要解决的关键问题之一。系统工程师作为研讨过程的组织者、引导者和管理者，需要根据研讨过程中各个阶段的特点，采用有效的手段控制研讨过程中思维的发散性和收敛性，以保证研讨的有效进行。

9.2 研讨形式现状分析

专家群体协作研讨是比较常见的解决问题的方法，现有的专家群体研讨形式很多，主要包括头脑风暴法、名义群体法、特别会议制度法、深度汇谈、辩论、电子会议等方法[1]。按照研讨过程思维的发散与收敛可将以上形式分为发散型、发散到收敛型和收敛型三种研讨形式。其中，发散型研讨包括头脑风暴法、深度汇谈，发散到收敛型包括名义群体法、特别会议制度法、电子会议法，收敛型包括辩论、对抗式模拟等。它们具有各自的优缺点，适用于不同的研讨环境。按照媒介进行分类可将以上形式分为面对面的交互、纸质交互和电子媒体交互；按照是否匿名分为匿名研讨和非匿名研讨。

涉及群体研讨，便会涉及群体思维模式。如何使得专家群体研讨的努力方向总是指向问题求解（或者加深对问题认识）的方向，就需要对专家群体协作的思维模式和思维行为进行分析。伴随着以上各种研讨形式，会存在不同的思维弊端，如僵化思维、依赖思维、过度发散思维等，如何控制各种研讨形式中的思维弊端，使得研讨能最终形成有效的解决方案，也是提高研讨有效性的重要环节。

9.2.1 思维发散收敛分类

1. 发散型研讨形式

常用的发散型研讨形式主要包括头脑风暴法、深度汇谈。发散型研讨形式是指针对需要解决的问题，研讨参与者根据自己的知识、经验，在无外界任何压力的情况下，从不同角度、不同层次、不同方位，对解决问题的方案畅所欲言探讨的一种形式。

从发散型研讨形式的含义可知，发散型研讨形式主要包括如下特征：①参与者可以提出自己想到的任何方案；②参与者不受外界任何压力，因此可以放松思想，畅所欲言；③可能形不成对问题解决的最终方案。

可以看出，发散型研讨形式的优点是有利于创新思维的产生，某种程度上避免了依赖性思维、僵化性思维等思维弊端。其缺点是思维的过度发散，可能使得成员对问题的求解不能形成统一的方案。

头脑风暴法是比较常用的研讨形式，这里不作详细介绍，只对深度汇谈进行较详细分析。

深度汇谈是Senge博士在研究学习型组织过程中提出的组织研讨的形式[2,3]。深度汇谈是组织成员基于相互尊重、信任和平等的立场，敞开心扉，讲出自己心中的愿望，揭示出心中的假设，通过交谈和倾听，进行心灵沟通的谈话方式。

深度汇谈的目的是组织群体以团队交流形式的研讨，实现群体见解超越任何个人见解。在深度汇谈时，大家以多样的观点探讨复杂问题，每个人摊出心中的假设，并自由交换他们的想法。在一种无拘无束的探索中，人人将深藏的经验和想法完全浮现出来，把隐式知识转化为显式知识，经过彼此检验和自我反思，形成新的隐式知识，进一步将其转化为新的显式知识，从而实现对复杂问题认识的自我超越，群体进入一种个人无法单独进入的、不断发展和壮大的“智慧的汇集”，为对复杂问题认识的飞跃创造条件。

深度汇谈解决问题的基本手段是“悬挂假设”，即所有发言者在表达自己的观点时，必须明确给出获得这一观点的基本假设。如果其他发言者对其假设有疑问，他还必须给出支撑该基本假设的其他假设。依此类推，直到其他成员停止提问为止。深度汇谈具有三项必要的基本条件：①所有参与者必须将他们的假设“悬挂”在面前；②所有参与者必须视彼此为工作伙伴；③必须有一位“辅导者”来掌握深度汇谈的精义与架构。这三个必要条件可以降低深度汇谈的阻力，使得参与者主动观察自己的思维，增强个人和群体对思维不一致性的敏感度。反思和探询是深度汇谈的基础，前者指针对他人的观点和意见，反思自己的解题思路和心智模式，后者指通过探询别人获得某种观点的原因，从而观察他人的解题思路和心智模式。

从以上分析可知，深度汇谈是发散性的，它寻求的不是同一，而是更充分掌握复杂问题，引导每个成员对问题进行多角度、多层面的深入思考。深度汇谈审视已有的看法以发现其中的问题，并促进正确观点的产生。从这个意义上看，深度汇谈有利于对问题各个相关因素深入地讨论，有利于创新方案的产生，还有助于对方案的合理性、有效性等进行深入分析。但是，由于深度汇谈需要大家“悬挂假设”，即允许对方案进行批评指正，所以有时参与者可能因为怕所提方案被否决，或不敢提出自己创新的想法，不敢对权威提出质疑等而出现僵化思维等弊端。

以上两种研讨形式的比较分析如表9.1所示。

表 9.1 发散型研讨形式比较结果

研讨形式	思维形式	思维弊端	方案产生形式	方案验证
头脑风暴法	发散	不允许思维弊端存在	个人意见，不经过集体讨论，无方案集结过程	不需要对方案合理性和有效性进行验证
深度汇谈	发散	可能存在僵化思维弊端	集体对每个方案及其影响因素深入讨论，无方案集结过程	需要对方案合理性和有效性进行验证

2. 从发散到收敛研讨形式

一般的研讨，为了达到对问题及其解决方案的共识，研讨中需要具有从发散到收敛的过程。发散到收敛研讨形式是指针对需要解决的问题，研讨参与者根据自己的知识、经验，在问题解决的前期从不同角度、不同层次、不同方位，对问题解决的方案给出看法。在问题解决的后期，通过采用一定的收敛性措施，集结研讨专家的一致性看法，以期形成对问题求解的方案。

从发散型研讨形式的含义可知，发散型研讨形式主要包括如下过程：①前期通过发散思维形成对问题的各种解决方案；②中期通过研讨参与者不断交流，分析各种方案的可行性和有效性；③后期形成对方案的一致性结论。

可以看出，从发散到收敛研讨形式通过整个研讨过程形成对问题的一致性方案集结。但是，如果在研讨初期不进行有效控制，容易形成过度发散思维，且方案研讨过程中也容易形成以上提到的各种思维弊端。这种研讨形式的初期应该结合发散型研讨形式，充分对各种可能方案进行讨论，在讨论中期又要避免过度发散思维、依赖思维和僵化思维等思维弊端。这种研讨形式主要包括名义群体法、特别会议制度法和电子会议法。

三种研讨形式比较分析如表 9.2 所示。

表 9.2 从发散到收敛研讨形式比较结果

研讨形式	思维形式	思维弊端	方案产生形式	是否分组	是否匿名
名义群体法	发散到收敛	初期有利于避免群体思维和依赖思维，后期存在三种思维弊端	个人意见集结，后期集体讨论	否	否
特别会议制度	发散到收敛	可能存在三种思维弊端	分组讨论，组间意见集结	是	否
电子会议	发散到收敛	有利于避免群体思维和依赖思维，可能存在僵化思维	以上两种形式都可能存在	否	是

3. 收敛型研讨形式

专家之间的收敛研讨是专家之间一致性集结的重要辅助手段，合理的、有效的收敛性研讨有利于专家之间意见快速地、高效地集结。现有的专家收敛型研讨形式主要包括辩论和对抗式模拟。

1）辩论

辩论是一种以说服他人为目的的交流方式。辩论在群体求解问题过程中是必须的，因为它是解决群体发散思维的一种辅助手段。与平常辩论会的“辩论”不同，这里辩论的真正目的并不是强求说服和一致，而是作为深度汇谈的补充，通过观点的交锋，挖掘出研讨者隐藏的心智模式，激发其对问题的深入思考。因此，在讨论过程中，辩论的焦点应集中在问题的分析手段和分析方法上，同时辩论的基础也是反思和探询，没有反思，发言者无法通过了解别人的观点和思路来改善自己的心智模式，而没有探询，发言者也无从观察别人的心智模式，察觉其中的弊端和漏洞。

根据辩论的含义可知，辩论就是提出不同的看法并加以辩护，有助于激发个体的创造力，提供对整个状况有用的新观点和新信息。辩论以当前多方面的认识为基础，通过多专家之间辩论融合多种观点的合理部分，摒除其不合理的部分，将成员片面、局部的认识相融合，形成新的全局性的认识。辩论是达成共识的一个必备手段。成员之间通过卓有成效的辩论，温和地阐述自己的观点，理智面对自己的错误，不固执己见，消除僵化思维的影响，使得更广泛、更有建设性的见解逐渐浮现，而不是把赢得辩论作为首要目的。

从思维弊端角度看，由于辩论需要针对方案中不合理的部分进行深入探讨，所以难免出现害怕挑战权威、群体压力等依赖思维。由于辩论是为了对方案的可行性和有效性进行辩护，难免会出现僵化思维。因此，也需要采用一定的方法预防僵化思维的出现。

2）对抗式模拟

对抗式模拟由一系列局中人参加并提出决策意见，决策的后果由局中人进行对抗式研讨来判定。对抗式模拟主要用于解决对抗系统问题，尤其是用于战争系统敌我的博弈过程中。对抗式模拟将局中人分为互相对立的两个小组，各小组从自身代表的利益出发提出应对对方的各种可行方案。在此基础上，双方对各方案中存在的漏洞以及应对措施进行深入探讨，研讨出应对对方可能的最优策略。这种研讨形式有利于激发个人的创造力以及活跃研讨气氛。

从思维弊端角度看，由于对抗式模拟针对对方各种方案中存在的漏洞进行充分研讨，个人可以充分发挥自己的想象力和创造性，避免了各种思维弊端的存在。

以上两种研讨形式比较分析如表 9.3 所示。

表 9.3　收敛型研讨形式比较结果

研讨形式	思维形式	思维弊端	方案产生形式	是否分组	是否匿名
辩论	收敛	容易出现依赖思维、僵化思维	集体研讨	否	否
对抗式模拟	收敛	可有效避免思维弊端的出现	以两组对抗的形式进行	是	否

9.2.2　研讨媒介分类

研讨媒介是指专家之间研讨的渠道，从这个角度分析，可将研讨形式分为面对面的交互、纸质交互和电子媒体交互。三种研讨形式比较分析如表 9.4 所示。

表 9.4　研讨媒介分类比较结果

研讨媒介	方案产生形式	是否有利于创新思维	思维弊端	是否匿名	时、空是否一致	缺点
面对面交互	面对面地通过讨论与妥协产生方案	有利于现场灵感、想象力和创造性	容易出现各种思维弊端	否	一致	费用较高、受领域专家时间限制、组织难度大
纸质交互	收集、反馈意见达成方案的一致性集结	不利于群体创新思维的产生	有利于避免依赖思维	是	两者皆可	缺乏口头交流传递的丰富信息、不利于思维的活跃性
电子媒体交互	收集、反馈意见达成方案的一致性集结	不利于群体创新思维的产生	有利于避免思维弊端	是	两者皆可	缺乏口头交流传递的丰富信息、不利于思维的活跃性

9.3　战争设计工程中研讨形式的特点

战争设计工程要求各领域专家具有很强的想象力和创造性，设计过程中最重要的就是各领域专家之间有效地交互，进而形成有效的战争设计方案。

在战争设计研讨过程中，不同阶段对研讨的要求不同，这就需要战争设计工程团队根据各阶段的特点选取合适的研讨形式，解决阶段性问题。战争设计工程团队是由五类领域专家组成，异质专家的协作本身也会增加研讨的难度。战争设计工程中的研讨具备以下几个特点：

1. 不确定性因素多

战争设计工程是针对未来战争的，这本身就决定了战争设计过程带有大量的不确定性因素，包括背景可能不明确、战争的初始状态不明确、战争的目标状态不明确、我方现有装备的改进和新装备的设计不明确、我方战法设计不明确、敌方反制装备及其发展和反制战法不明确、未来作战环境其他因素不确定等，大量不明确的因素就需要通过各领域专家的讨论由浅入深地进行，尽量分析清楚各种不确定性因素，并通过领域专家之间的深入探讨，确定各种被选方案的合理性和有效性。针对这些大量的不确定性因素，需要采用发散型思维研讨形式对各种不确定因素进行分析。

2. 研讨过程的迭代性

战争设计工程中的每一次迭代研讨过程都需要首先聚焦到某一个问题的敌我状态集上，在此基础上才能建立概念模型和后期效果分析。而后期效果分析有可能需要重新修改设定，对设定进行重新讨论。这种迭代性本身就使得研讨过程需要经历发散→收敛→再发散→再收敛，最终形成有效方案的过程。

3. 异质专家研讨

战争设计过程是通过五类领域专家不断的互动研讨实现的。异质专家协作研讨有多视角研讨问题的优点，但又不可避免的带来了各种思维弊端，从而导致研讨过程的低效性。这种情况的出现主要是以下原因产生的：①每类领域专家在战争设计工程中都是本领域的权威，研讨过程中由于领域专家本人思维僵化、固执己见等产生不良思维行为；②在每类领域专家专长的问题研讨过程中，会对其他领域专家产生压力，从而使得领域专家表现出趋于领域权威、个体趋于一致压力等不良思维行为；③异质专家研讨过程中意见不一而不能达成一致，专家之间产生意见冲突，使得问题不能集中。这些不良思维倾向的存在，需要系统工程师对整个过程的研讨进行有效的控制，确定何时发散和发散程度、何时收敛和收敛程度、识别并避免不必要的发散和不必要的收敛，从而确保研讨有效、顺利地进行。

4. 研讨过程的对抗性突出

战争本身的对抗性就决定了在战争设计研讨过程中，敌我双方策略对抗性的研讨是其主要的研讨形式。这种研讨方式有利于发现敌我双方各种干预策略存在的漏洞，也有利于发现新的干预策略。对抗式研讨也有利于发挥各领域专家的想象力和创造性，提高各领域专家研讨的兴趣和会场气氛。

从上面的分析可知，战争设计工程的研讨，既需要领域专家运用头脑风暴法对未来各种不确定情况进行设想，又需要针对每个方案深度汇谈式的可行性和有效性分析，战争设计的结果又需要辩论式、对抗式研讨的聚焦。从整个战争设计的过程看，存在发散→收敛→再发散→再收敛的迭代过程要求，整个过程还需要采用发散到收敛研讨形式，如群体名义法等的运用。

战争设计研讨过程中的这些特点，就是需要针对战争设计工程每个阶段的特点，采用不同的研讨形式进行研讨，并在每个阶段的研讨过程中明确思维何时发散及发散程度、何时收敛及收敛程度、识别并避免不必要的发散和不必要的收敛，并对多领域专家研讨过程中的各种思维弊端进行控制，使得战争设计顺利有效地进行。

9.4　战争设计工程专家规范化研讨过程

同研讨厅中的群体是以集体讨论的方式来解决问题一样，战争设计工程中也是通过各领域专家集体研讨解决战争复杂性问题的。战争设计过程中，各领域专家基于各自的知识、经验，通过集体研讨的形式，对战争复杂系统的各种干预策略和可能演化轨迹进行设计、分析，进而提出武器装备、战法及其结合模式的发展趋势，最终实现各领域专家智慧的集成。

为保证战争设计研讨过程中的合理性和有效性，不但需要系统工程师对整个研讨过程进行有效的控制，还需要采用必要的措施对各种思维弊端进行预防。其中最重要的就是对研讨过程中专家群体思维发散性和收敛性的控制。在研讨的不同阶段、不同时期，需要思维发散时，要采取一定的措施鼓励发散性思维，并避免思维快速收敛。对于需要思维收敛时，又要采取一定的措施使得整个研讨过程趋于收敛，避免再度发散。总之，战争设计研讨过程中，要以有效的控制并鼓励正确的思维发散和收敛、预防并避免错误的思维发散和收敛的思想指导研讨过程的进行，从而形成有效的解决方案。

9.4.1　研讨过程的几个假设

在 9.2 节中，已经对现有常用的各种研讨形式进行了比较详细的介绍，并且得知各种研讨形式各有优缺点，本节首先对战争设计工程中应用到的研讨形式作如下假设：

1. 关于战争设计工程中的研讨媒介

就战争设计工程而言，采用哪种研讨媒介进行研讨都是可行的，各有优缺点。但本章战争设计工程中各阶段领域专家的研讨形式都是采用面对面的形式，对于其他研讨形式在战争设计工程中的应用不作具体分析。

正如在 9.2.2 中对面对面研讨形式优缺点分析一样，面对面的研讨更容易出现由各种思维弊端导致的思维错误的发散和错误的收敛。由于战争设计工程面对的是未来武器装备、战法等方面的设计，本文假设每位领域专家对战争设计问题都是负责任的，即领域专家会自觉并可能主动控制自我的思维意识，以避免或预防各种思维弊端的出现；但另一方面，异质专家的研讨过程，思维弊端的出现是难免的，因此，系统工程师对过程的有效控制也是必需的。

2. 多种研讨形式并存

本章给出的战争设计工程研讨过程不是一种新的研讨形式，而是在现有各种研讨形式如头脑风暴法、名义群体法、深度汇谈、辩论等的基础上，结合战争设计各阶段的特点和各种研讨形式的优点，按照战争设计工程的流程，将多种研讨形式进行有效集成。

3. 战争设计研讨过程中最重要的是对思维发散性和收敛性的控制

多种研讨形式集成的原则是有效控制研讨过程中思维的发散性和收敛性。战争设计工程团队是由多领域专家组成的，研讨过程中不可避免地会存在各种思维弊端，从而导致研讨过程中会出现思维错误的发散和错误的收敛。在整个研讨过程的每个阶段，通过判断思维发散性和收敛性，结合研讨过程中领域专家发言的特点，对导致思维错误发散和错误收敛的各种思维弊端进行有效控制，从而使得研讨过程顺利、有效地进行。

4. 系统工程师是整个研讨过程的控制者

战争设计工程研讨的有效进行，需要系统工程师在规范化的研讨模式下，通过各种调节手段，对整个研讨过程中的思维弊端、领域专家冲突、战争设计研讨的进度等进行有效控制。

战争设计工程中，需要五类领域专家参与研讨的主要有四个阶段：设定阶段、建立概念模型阶段、效果分析阶段和总结归纳阶段。本书根据这四个阶段的特点，结合第8章对四个阶段的任务分析，给出战争设计工程中规范化研讨过程。

9.4.2 战争设计工程各阶段专家规范化研讨过程

1. 研讨约束阶段研讨过程

研讨约束阶段主要的研讨活动包括：逐步聚焦需要解决的问题和研究目的、确定本次战争设计的公设和问题边界。本过程由系统工程师、军事工程师和装备工程师参与。实际分析过程中，研讨约束阶段的类型主要有两种：问题和目标明确下的设定阶段、问题和目标不明确下的设定阶段。由于第一种情况是第二种情况的简化，所以，本书只对第二种情况进行分析。在战争设计所需要解决的问题和目标不明确的情况下，给出研讨过程如下：

1）交替应用头脑风暴法和名义群体法对战争设计需要解决的问题和目标进行分析，聚焦需要解决的问题和研究目的

战争设计工程是面向未来的，发布的议题大部分情况下都是大的背景，常常是初始状态不明确、目标不明确的。初始状态不明确是指战争设计需要解决的具体问题不明确，问题不明确将导致不能确定本次战争设计到底需要达到什么样的目标，因此需要三类领域专家就本次战争设计最为重要的目标做出分析，进而确定需要达到此目标应该具备什么样的初始状态。

对于三类领域专家，首先采用头脑风暴法鼓励大家就本次战争设计需要解决的问题和目标广泛交流意见。采用头脑风暴法的目的是消除决策的压力，营造一个良好的研讨氛围，发动各类领域专家的主观能动性，尽量从多个角度提出初始状态和目标的构建方案。这些方案的提出是建立在各领域专家知识、经验和直觉基础上的，在这个过程中，是鼓励群体发散性思维的，这个过程是隐性知识到显性知识之间的转化。

在研讨到一定时期后，系统工程师需要根据研讨进展的情况，采用名义群体法对这

种发散性思维进行控制，从而得到合理的、可行的方案。具体过程是：要求军事工程师和装备工程师独立发表自己对问题和目标的见解，然后专家群体对每位领域专家提出的各种观点进行定性讨论，对每类领域专家提出观点的可行性和合理性进行确定，并最终选取其中一个或几个领域专家比较满意的观点作为本次战争设计的问题和目标。一般情况下，首先选取一个大家都比较满意的观点作为初始状态。如果大家对现有各领域专家提出的各种观点都不满意，可以重新应用头脑风暴法进行讨论，然后再采用名义群体法进行总结。在这个研讨过程中，专家群体的思维经历从发散→收敛→再发散→再收敛的过程。这个过程是领域专家隐性知识到显性知识转化。

通过以上的研讨过程，确定本次战争设计需要解决的具体问题和需要达到的目标。这个研讨过程中，领域专家在正式发言时采用9.5.2节中给出的规范化发言格式。一方面便于对领域专家的发言进行记录和发散性、收敛性分析；另一方面，便于其他领域专家对该领域专家发言的质疑和询问。本阶段研讨过程中，系统工程师根据对领域专家思维发散性和收敛性的实时判断，结合研讨过程中领域专家的各种发言的表现特征，需要控制研讨过程中思维的收敛和发散，以便使研讨过程逐步收敛，从而明确本次研讨需要解决的问题和达到的目标。

后续研讨过程中，如果不作特殊说明，专家在正式表达自己的观点时，都采用规范化的发言格式。在每次研讨过程中，都需要实时记录领域专家的发言，并实时判断领域专家发言过程中思维的收敛性和发散性。

2）通过组建小团队和集体研讨两种组织形式，交替应用深度汇谈和辩论，明确本次战争设计的公设和问题的边界

战争设计的公设和问题的边界是每次迭代的前提，只有在这个前提范围内的各种装备、战法及其结合形式的探讨才是有意义的。所以，要充分对公设和问题边界进行探讨，并给出其合理性和有效性的条件。

在组织形式上，系统工程师按照领域将专家分为两组：军事工程师小组和装备工程师小组。在小组内，各类领域专家从装备和战法两个角度通过组内交替使用深度汇谈和辩论两种研讨形式，实现组内研讨结果的一致性。在组内一致性的基础上，三类领域专家一起，就各小组给出的公设和问题边界通过集体深度汇谈和辩论的形式进行深入探讨，最终实现三类领域专家对本次迭代中公设和问题边界的一致性意见。

在进行深度汇谈和辩论时，要求每位领域专家就问题必须给出自己的观点并“悬挂假设”，然后其他领域专家针对该专家提出的观点进行质疑和探询，分析该观点存在的问题和漏洞，对该观点的合理性和有效性进行判断。通过这两种研讨方式，最终给出本次战争设计的公设和问题的边界。

这个过程是通过定性研讨实现思维逐渐收敛的过程，系统工程师需要通过利用思维弊端的预防和避免方法，如DA（辩诘法）、DI（魔鬼发言人法）[4]等，避免由于依赖性思维、群体僵化性思维等导致的研讨过程快速收敛，控制整个研讨有效地向逐步收敛的过程发展，并尽量避免思维过度发散使得研讨过程不能聚焦。这个过程是领域专家隐性知识到显性知识的转化。

所谓魔鬼发言人法就是指对于一项任务提出一个解决方案之后，试着找出该方案的

所有不足；辩诘法是指针对任务的一个可行方案，接着提出另一个可行的相对立的方案，以引起争论。

在此阶段交替使用深度汇谈和辩论的原因是多方面的。首先是本次战争设计需要解决的问题和达到的目标确定后，专家研讨的方向比较明确；其次是这两种研讨方式有利于预防和避免依赖思维、僵化思维和过度发散思维。

2. 研讨干预策略阶段研讨过程

本阶段主要由系统工程师、军事工程师和装备工程师三类领域专家参与。

1）使用头脑风暴法对我方装备、战法及其结合模式的发展方案进行广泛探讨

针对前两个阶段给出的本次战争设计的问题、目标、公设和问题边界，三类领域专家首先使用头脑风暴法对本阶段的问题进行广泛探讨。三类工程师根据各自的领域特点分别从装备角度、军事角度等对我方装备、战法及其结合模式的发展方案进行思维发散性探讨。使用头脑风暴法的原因和前面提到的一样。

各领域专家通过这种无压力、轻松的环境，实现专家知识、经验之间的充分交流，有利于专家群体涌现出新的想法，实现隐性知识和显性知识之间有效的转换。这个过程领域专家思维是发散的，系统工程师要杜绝依赖性思维、群体僵化性思维而产生的思维收敛。如果出现思维收敛，系统工程师可以采用 DA、DI 等基于冲突的技术，使得领域专家的研讨再次发散。

2）采用名义群体法，每位领域专家从不同的角度，给出装备、战法及其结合模式的发展方案

在以上讨论的基础上，各领域专家依次给出在给定背景条件下我方装备、战法及其结合模式的各种发展方案，并结合未来技术发展等各种预期条件，对各种方案的合理性和有效性进行探讨，剔除明显不合理的方案，最终确定若干个可行的方案。这里采用的名义群体法和通常所说的名义群体法不同的是，每位领域专家可以提出多种方案。

在研讨过程中，如果对于各种方案还不满意，则重新采用头脑风暴法进行探讨，再运用名义群体法集结方案。

在这个过程中，领域专家思维是需要逐步收敛的。所以系统工程师需要根据领域专家发言的情况，实时控制思维的发散性和收敛性。如果研讨过程中出现依赖性使得研讨过程收敛，则运用 DA 方法，对最终形成的各种一致性方案提出异议，重新审视方案的合理性和有效性。

在这个阶段，对各方案的判断都是专家知识、经验基础上的定性判断，未对其合理性和有效性进行定量分析。研讨的结果是一种或多种装备、战法及其结合模式的发展方案。这个过程，领域专家的知识从隐性知识到显性知识转化。

3）通过组建小团队和集体研讨两种组织形式相结合，交替应用深度汇谈、辩论以及对抗式模拟，对我方采用一种或多种装备、战法及其结合模式时，敌我双方对抗条件下应对方案进行迭代研讨

以上面研讨结果为初始条件，采用深度汇谈、辩论、对抗式模拟的方式，以敌我双方对抗为出发点，对我方采用每个装备、战法及其结合模式情况下，敌方采用何种装

备、战法及其结合模式应对我方，我方又要如何进一步改进装备、战法及其结合模式应对等这样的定性研讨。

研讨过程中，系统工程师可将各专家按照领域分为两个对抗的小组，每个小组都包括军事工程师和装备工程师，利用深度汇谈、辩论以及对抗式模拟的研讨形式，对敌我装备、战法对抗条件下的发展方案进行定性探讨。在小组讨论的基础上，解散小团队，三类领域专家在对抗小组研讨的基础上，进行总结，给出敌我对抗过程中的各种方案，以及方案之间的反制关系。

以上分析都是建立在定性分析的基础上。在这个研讨过程中，对于采用定性分析就能给出对抗结果的，不再作进一步的定量分析。而对于需要定量分析以确定定性分析的结果是否合理、有效的，需要采用进一步的研讨，对其进行验证。

在以上讨论的基础上，选择其中一种敌我双方对抗形式进行以下几个阶段的分析，对于其他对抗方案，可以采用同样的方法进行分析。

这个过程是领域专家思维收敛的过程，系统工程师同样需要采用必要措施避免思维的发散。领域专家知识从隐性知识到显性知识转化。

3. 建立效果模型阶段研讨过程

建立效果模型阶段主要研讨活动包括：建立概念模型、定性定量分工与协作、确定关键参数及其取值范围以及建立效果模型。其中，建立概念模型包括确定典型作战环境和确定典型作战过程。给出研讨过程如下：

1）采用头脑风暴法对装备、战法及其结合模式典型应用环境进行广泛探讨

这个研讨过程主要由系统工程师、军事工程师和装备工程师参与。借助三类领域专家以往的知识、经验，采用头脑风暴法对典型作战环境进行发散式的广泛探讨，同前面头脑风暴法一样，这个过程不对领域专家作任何限制，有利于创新思维的产生。

这个过程是领域专家思维发散的过程，和上面研讨过程一样，战争设计系统工程师同样需避免依赖性思维、群体僵化性思维的出现。领域专家知识从隐性知识到显性知识转化。

2）交替应用深度汇谈和辩论，给出装备、战法及其结合模式的一种或几种典型作战环境

这个研讨过程主要由系统工程师、军事工程师和装备工程师参与。在上一阶段头脑风暴法的基础上，三类领域专家根据自己的知识、经验以及研讨过程中隐性知识的获取，每人给出一种典型应用环境，并通过深度汇谈和辩论，其他领域专家对各专家提出的方案存在的问题和漏洞，进行质疑和探询。通过这种不断深入交流，最终给出一种和几种合理的、有效的典型作战环境。此过程是思维收敛的过程。领域专家的知识从隐性知识到显性知识转化。

3）通过组建小团队和集体研讨两种组织形式相结合，交替应用深度汇谈和辩论，给出典型作战环境下的作战行动

在给定的典型作战环境下，系统工程师将军事工程师和装备工程师组建成小团队，通过专家之间深度汇谈和辩论，首先形成领域专家头脑中一致性理解的军事概念模型和

装备概念模型。

解散小团队，四类领域专家以军事工程师和模型工程师为主，通过深度汇谈和辩论，模型工程师将军事领域专家头脑中形成的一致性理解的概念模型挖掘出来，并用规范化的语言表达，形成一致性文档，给出典型作战环境下的作战活动，为典型作战环境下装备、战法及其结合模式的效果分析提供基础。

这个过程同样是思维收敛的过程，系统工程师作为主持人的角色，同样需要控制整个研讨过程中思维的收敛性。领域专家知识从隐性知识到显性知识、显性知识到显性知识转化。

4）交替应用深度汇谈和辩论，对战争设计过程中定性定量分工与协作进行探讨，明确本次战争设计过程中定性分析、定量分析的内容，即问题求解的定性结构

本阶段参与的专家包括系统工程师、军事工程师、装备工程师和模型工程师。四类领域专家通过交替使用深度汇谈和辩论，针对一致性理解的概念模型进行讨论，将概念模型中面临的问题进一步细化，分解为若干个子问题，分解后的子问题更容易对其进行深入分析。此时，专家按照领域分为几个小组，各小组根据各自的领域特长，选择本领域中涉及的子问题进行分析。在子问题分析过程中，如果存在子问题的简化，需要对简化过程的合理性和有效性进行探讨。研讨的最终结果是明确需要定性分析和定量分析的内容。

这个过程是领域专家思维发散的过程，思维发散过程中尽量避免个体僵化性思维。在此基础上，通过领域专家之间的深度汇谈和辩论，最终形成一致性的方案，各领域专家思维逐步收敛。领域专家知识从隐性知识到显性知识、显性知识到显性知识转化。

5）交替应用头脑风暴法和名义群体法对需要定量分析部分的关键参数及其取值范围进行广泛探讨

本阶段参与的专家包括系统工程师、军事工程师、装备工程师和模型工程师。四类领域专家针对需要定量分析的部分，首先采用头脑风暴法对定量部分的关键参数及其取值范围进行广泛探讨。军事工程师、装备工程师和模型工程师根据各自的领域特点分别从装备角度、军事角度等对定量部分的关键参数及其取值范围进行思维发散性探讨。

在研讨到一定时期后，系统工程师需要根据研讨进展的情况，采用名义群体法对这种发散性思维进行控制，从而得到合理的关键参数及其取值范围。具体过程是：要求军事工程师和装备工程师独立发表自己对关键参数及其取值范围的见解，然后专家群体对每位领域专家提出的各种关键参数进行定性讨论，对每类领域专家提出关键参数的合理性进行确定，并最终综合多领域专家的观点，得到一致的关键参数及其取值范围。如果大家对现有的关键参数都不满意，可以重新应用头脑风暴法进行讨论，然后再采用名义群体法进行总结。在这个研讨过程中，专家群体的思维经历发散→收敛→再发散→再收敛的过程。这个过程是领域专家隐性知识到显性知识的转化。

6）通过组建小团队和集体研讨两种组织形式相结合，交替使用深度汇谈和辩论，对需要定量分析的部分建立作战模型，必要时进一步提供仿真模型

本阶段参与的专家包括系统工程师、模型工程师和装备工程师。在上一阶段子问题分析的基础上，模型工程师根据各自的专长，自发组成若干个小团队，分组的依据是模

型工程师所属的专长相同、相近。例如，在应用篇第 14 章的案例中，将模型专家分为舰艇作战模型专家组、潜艇作战模型专家组、海军航空兵作战模型专家组等。各小组对各子问题进行合理性抽象、简化并建立子模型，用数学模型的方式明确表示出来，并提供算法以及各子问题的仿真子模型。

解散小团队，三类领域专家一起，在装备工程师提供装备数据的支持下，按照作战过程将各个子模型集成，并集成整个过程的仿真模型。

由于这个过程是对定量部分的模型化，即从量化的角度审视整个作战过程，很可能在量化的过程中会对整个过程产生更深刻的认识，从而需要对定性定量分工与协作研讨阶段的某些方面进行修正。因此，“阶段 2”和“阶段 3”之间是个迭代研讨的过程。这个过程是思维收敛的过程，领域专家知识从隐性知识到显性知识转化。

4. 基于效果反思阶段研讨过程

基于效果反思阶段主要的研讨活动包括：建立仿真推演环境、分析关键参数的灵敏度、反思干预策略的合理性以及反思约束的合理性。这个阶段五类领域专家都参与，但阶段的不同时期，参与者不同。具体研讨过程如下：

1）交替应用深度汇谈和辩论，建立仿真推演环境并分析关键参数的灵敏度

本阶段参与的专家主要是技术工程师和模型工程师。首先是技术工程师通过与模型工程师交流。针对一致性理解的仿真模型进行讨论，将仿真模型中需要解决的问题进一步细化，分解为若干个子问题。分解后的子问题更容易对其进行仿真求解，根据仿真模型的需要建立仿真推演环境。在此基础上，对给定参数通过仿真推演，得到敌我双方一定策略情况下的关键参数的灵敏度分析，给出干预策略反思的起点。

2）对策研讨阶段包括两个过程

本阶段的对策分析是建立在定性定量相结合分析的基础上的，设定阶段敌我装备、战法及其结合模式的分析只是定性的分析。本阶段参与的专家包括系统工程师、军事工程师、装备工程师和模型工程师。

（1）交替使用深度汇谈和辩论，在定量结果的基础上，对设定条件下敌我双方的各种干预策略和约束的合理性重新审视。定量的结果是对设定阶段敌我双方各种干预策略的验证。四类领域专家需要在定量结果的基础上，采用深度汇谈和辩论的形式，分析设定阶段的干预策略和约束是否真正合理、有效。如果是合理有效的，给出有效使用的条件；如果不合理，研讨存在哪些漏洞。对定量结果的分析，可能会产生新的干预策略。

（2）通过组建小团队，采用对抗式模拟的研讨形式，在以上分析的基础上，再次对敌我双方的约束和干预策略进行分析。系统工程师将各专家分为两个对抗的小组，每个小组都包括军事工程师和装备工程师，小组之间采用对抗式模拟的形式，对于那些存在漏洞的干预策略和新产生的干预策略，进行敌我双方新的反制策略的研讨。研讨过程中根据情况，两个小组还可互换角色对抗。这种研讨是建立在定量基础上的定性研讨。研讨的结果是产生新的干预策略，这个研讨过程也是设定动态演化的主要动因。干预策略和约束的合理性研讨中，专家群体的思维经历发散→收敛→再发散→再收敛的过程，领

域专家知识从显性到隐性，再到显性转化。

5. 总结归纳阶段研讨过程

总结归纳阶段主要的研讨活动包括：装备和战法的发展方案、装备和战法发展的优先序。这个阶段主要由系统工程师、军事工程师和装备工程师参与。具体研讨过程如下：

1）采用深度汇谈和辩论，给出我方装备和战法的发展方案

在以上各阶段研讨的基础上，以系统工程师为主，三类领域专家对我方未来可能发展的装备、战法及其结合模式的方案进行研讨。

由于每一种装备和战法的实施都不可能是完美的、没有任何漏洞的。因此，装备和战法实施成功的前提是关键，需要对它们进行充分的论证。只有这样，装备和战法的发展才有意义。研讨过程可能给出一种或多种发展方案，如果存在多种发展方案，还需要对发展方案的优先序进行讨论。

这一阶段将对以往的论证重新审视，如果发现严重的漏洞，正确性和完备性得不到保障，还有可能推翻原有的设计，再从头开始。这个阶段是思维收敛的过程，是建立在以上迭代讨论基础之上的。研讨过程中，领域专家的知识是显性知识到隐性知识、隐性知识到显性知识的转化。

2）如果存在多种发展方案，需要采用深度汇谈和辩论，以系统工程师为指导，对方案发展的优先序进行充分讨论

在前面已经指出，整个研讨过程是在各领域专家参与下进行的，他们对于方案发展的优先序最有发言权。因此，需要在系统工程师的指导下，三类领域专家对方案发展的优先序进行充分的探讨。三类异质领域专家对方案考虑的角度不同，他们之间形成互补，可较全面地考虑发展方案的各种影响因素。

对于方案发展的优先序，采用交互式多准则研讨的方法。每个方案的判断准则包括：装备发展的技术条件、装备发展的经费、战法发展的技术条件、装备和战法结合模式实施成功的条件、成功后带来的效果等。

研讨过程中，系统工程师对每位领域专家进行询问，以百分制为准，每次询问都只涉及两个方案，在进行两两比较后，给出价值判断。领域专家的价值判断不是一次性给出的，而是通过不断的交互，对方案的各个判断准则认识不断深刻的基础上给出的，价值判断给出具体的分值。经过综合计算，给出方案发展的优先序。

本阶段是领域专家思维收敛的过程，研讨过程中，领域专家的知识从隐性知识到显性知识转化。最终结果给出各个方案发展的优先序，并给出支撑这些排序的合理性判断过程。

9.4.3 关于研讨过程中的几点说明

对于以上的研讨过程给出如下几点说明：

首先，战争设计工程某种程度上就是综合集成研讨厅在战争复杂巨系统中的具体化。所以本书在研讨模式的研究中借鉴了现有综合集成研讨厅研究中的一些成果[2]，并

结合战争设计工程的特点，给出了具体的研讨过程。在研讨形式的研究中，本章给出的只是采用领域专家面对面的研讨形式。之所以采用这种研讨形式，是因为专家之间可以通过面对面交流传递丰富的信息，并且现场活跃的气氛有利于专家思维的活跃性，便于领域专家根据自我经验现场灵感的产生，而新想法和新思想的产生更多的是建立在现场研讨的基础上，这样更有利于集成多领域专家的智慧。实际上，战争设计工程同综合集成研讨厅中的研讨形式一样，可以采用多种研讨形式，比如电子会议、万维网等形式，但必须在确保保密性情况下使用这种研讨形式。

第二，系统工程师的作用贯穿整个研讨的始终。无论战争设计研讨过程中领域专家思维的发散和收敛，还是对深度汇谈、辩论等研讨技巧的辅导，还是对领域专家变更的控制、研讨过程进度的控制等，都离不开系统工程师的作用。

第三，判断研讨过程中专家群体思维是否合理地收敛和发散的一个主要原则是：研讨结果是否解决了想要解决的问题。

第四，研讨过程中对于领域专家研讨过程中思维弊端的控制需要一定的支撑环境。本书并未对这部分进行深入研究，一方面是因为战争设计工程理论方法还处于探索分析阶段，另一方面，还未建立起完善、可用的战争设计工程辅助环境，这也是战争设计工程下一步需要重点研究的部分之一。

第五，研讨过程是否成功，判断的标准是整个研讨过程在系统工程师的组织下，是否形成了有效的方案。

9.5　讨论式模拟

9.4 节中给出了战争设计工程专家群体研讨的一种规范化研讨手段，除此之外，讨论式模拟也是战争设计工程专家群体研讨的一种非常重要的研讨手段。早在中国古代春秋战国时期就有了讨论式模拟的朴素思想。例如，在《墨子·公输》中，墨子为了说服楚王放弃攻打宋国，就曾经与楚王手下的公输盘进行了一次“讨论式模拟”，公输盘九次提出攻城用的器械及进攻方法，墨子九次挫败了他的进攻。公输盘的攻城器械和方法用尽了，墨子的守御战术还有余，从而得出如下结论：在当时的条件下，无论采用什么样的攻城器械与攻城方法都无法突破墨子的守御战术，攻宋必败，最终迫使楚王放弃了攻打宋国的计划。

这是讨论式模拟较早的一次成功的应用案例，但中国古代对讨论式模拟的认识是朴素的、经验的，没有形成一套严谨的理论。

9.5.1　讨论式模拟的相关概念及特点

1. 讨论式模拟相关概念

讨论式模拟是在战争设计系统工程师的主持下，以逐步迭代的形式将定性的对策研讨与定量分析相结合，研究对抗策略的一种方法，是异质专家群体智慧集成的有效方式。

讨论式模拟可以有红方、蓝方和主持方，也可以不分红蓝双方，在主持方主持下，专家群体既可以担任红方角色又可以担任蓝方角色。三方都知道研讨问题相关的全部信息，同时红蓝双方知道所代表方在实战中应该知道哪些信息。主持方主要是控制模拟的流程、走向，当然也包含最终的裁决。另两方可以分别代表红蓝双方进行对抗，但这一身份代表不是固定不变的，红蓝双方有可能会根据研讨情况频繁地转换身份。

讨论式模拟中所有判断和决策的依据只能是代表方在实战中可能获得的信息，行为的规则（如作战原则等）和可能的“奇兵”范畴。对最终结果的所有判决应根据全局的所有信息，一般应被三方所共同接受。当不能被三方共同接受，有分歧时常需作进一步深入地研讨。

讨论式模拟的软硬件支持环境既要满足专家群体智慧集成的需要，还要满足对定量分析支持的需要。同时，对支持环境的要求也不能不切实际，不能等待支持环境完美以后再进行研讨，相当一部分定量分析工作将不在研讨中实时进行。

2. 讨论式模拟的特点

战争设计工程中讨论式模拟的特点主要有以下三个方面：

1）注重人在战争设计中的作用

在讨论式模拟中，人处于核心地位。一方面，人的行为受到环境的制约与影响；另一方面，人又对环境起到反作用。在研讨环境中，人会给环境增加新的内容，即新的装备与战法。讨论式模拟是一个智慧集成的平台，它的核心是专家智慧的集成，所以对支持环境的软件和硬件的要求都比较低，建设成本低、建设周期短。

2）适宜于装备与战法的研究

讨论式模拟充分发挥各领域专家的积极性和创造性，在战争设计工程设定的约束下充分发挥专家各自的智慧，适宜于对未来作战中双方对抗的装备与战法的研究。它可以做到周全地考虑策略与战况，易于达到心服口服。通过讨论式模拟，还能使作战模拟中面向问题的应用软件更加实用。

3）定性与定量相结合循环迭代的研讨方式

讨论式模拟并不要求一次就把对抗双方所有的对策都考虑完全，而是要经过一个个逐步深入的迭代过程。同时，讨论式模拟的研讨强调定性与定量相结合。它要求有定量分析的支持，定量分析不仅仅是对定性策略的一种验证，还有可能发现新的策略，或把以前的策略细化、优化。

9.5.2 讨论式模拟的一般流程

讨论式模拟一般可分为设定开发、研讨约束、研讨干预策略、建立效果模型、基于效果反思以及归纳总结等六个阶段。

1. 设定开发

设定开发就是将隐式的元设想显式化处理。它的主要任务为：

（1）明确研究背景、问题及其目标、确定问题的相关领域；

（2）对上述内容的规范化描述。

这一部分工作主要由战争设计工程发起人或者系统工程师来完成。设定开发的输出是“设定”。

设定主要规范化地描述战争设计工程项目的研究目标，一般可以表述为在一定条件下实现某种目标。一定条件包括作战时间、作战对象、作战领域等。此外，设定还包括问题提出的背景、问题目标实现的意义等，这些内容更加有利于战争设计工程团队加深对问题的理解并最终实现目标。战争设计工程往往围绕设定（规范化表述出来的研究目标）进行研究，提出实现研究目标的具体解决方案（或者提出对研究目标进行合理分解的方案）。

设定开发每一个阶段都使问题更加明确，更加便于研究，但同时也必然会引进设定对元设定的变形、曲解。所以，从元设定到设定的转化过程中间应明确研究所必须依据的关键问题：

- 目标函数——期待的是什么，研究目的是什么；
- 约束条件——研究假设收到的各种约束条件；
- 初始条件——研究初始的已知条件；
- 策略可选范围——战争策略的选择范围。

2. 研讨约束

设定并非对所研究问题的完整规范。在设定的限制条件下，所研究的问题或对象仍有可能有种种不同的变化。研究者可以根据各种理由（科学的、定量的，也可以是定性的、经验的）对所研究的问题进一步规范化，以便于对问题的研究。通过约束研讨便于对设定进行进一步的研究。

研讨约束主要是为了明确战争设计所在的未来情景的一些关键约束变量。它的主要工作是：

（1）分析未来情景，把问题聚焦到一个具体领域；

（2）研讨具体领域下的约束（边界、假设等）。

研讨约束的参与人员主要有战争设计系统工程师、军事工程师、装备工程师等。研讨约束的产出是对未来情景约束的形式化描述。

3. 研讨干预策略

研讨干预策略是为了研讨出具有创新性的干预策略（装备与战法结合模式的原型）。它的主要工作是：

（1）在战法指导下的装备策划；

（2）在装备假设条件下的战法研讨。

研讨干预策略的主要参与人员有战争设计系统工程师、军事工程师、装备工程师等。本阶段工作的产品是装备与战法结合模式的原型。

研讨干预策略又可分为以下两个阶段：

（1）作战流程分析。作战流程分析是在设定的基础上分析红蓝双方各种可能的作战过程。作战流程分析是红蓝双方对策研讨的基础。作战设定发生了改变，作战流程一般也会发生变化。

(2) 红蓝双方对策研讨。红蓝双方对策研讨的目的是紧密围绕作战目标确定各个作战流程中红蓝双方所可能采取的对策及其对策的优劣。对策研讨一般从敌我双方策略的漏洞和不足入手，需要充分调动人的主观能动性和创造性，反复研讨，尽可能地穷尽各种策略，找到各种漏洞，发掘出可能发挥的最有效的方式。

对策研讨的方式比较灵活，红方与蓝方的研讨成员根据研讨的需要可以互换角色。对策研讨以定性分析为主，不仅依赖于作战原则，而且依赖于研讨成员的军事经验和研讨中的智慧创新。通过对策研讨，确定出红蓝双方比较合理的对抗策略。这一对抗策略既包含军事装备，又要相应配合具体的战法，是装备与战法集成模式的原型。

4. 建立效果模型

建立效果模型是为了建立干预策略与作战效果之间的桥梁。它的主要工作是：

(1) 建立干预策略的概念模型，包括典型作战环境和作战过程；

(2) 确定关键参数及其范围；

(3) 建立效果模型（仿真模型、解析模型）。

本阶段工作的主要参与人员是战争设计系统工程师、军事工程师、装备工程师和模型工程师。效果模型的输出是干预策略实施的概念模型、效果模型及关键参数变化范围。

建立效果模型的目的是计算红蓝双方不同策略对抗条件下的作战效果，从而从定量的角度评判对抗策略的优劣。应用效果模型定量分析一般可以采用两种方式进行：对于问题明确、结构化程度较好的部分一般可以找到解析方法，建立数学模型进行求解；对于问题明确、结构化程度较差、时间关系和逻辑关系复杂的部分可以采用仿真的方式求解。

5. 基于效果模型反思

基于效果模型反思是为了验证干预策略的有效性、适应性，并且确定干预策略改进（演化）的方向。它的主要工作是：

(1) 关键参数的灵敏度分析（在效果模型上反思结合模式，包括单因素分析和多因素分析）；

(2) 反思装备与战法结合模式合理性；

(3) 反思约束合理性。

参与本阶段工作的主要有战争设计系统工程师、军事工程师、装备工程师、模型工程师和技术工程师。本阶段工作的产品是效果随关键性变量变化的趋势、干预策略改进的方向以及约束条件改进的方向等。

如果“公众”认为效果模型的模拟结果是可能的、合理的和优越的，则它就是问题的答案。如果对上述解答不满意，首先需在设定的范围内寻找新的合理的方案（这需要修改在该设定下对问题作的“进一步规范”，包括目标（函数）、可行解空间、约束等）。

如果在设定范围内反复寻找都得不到满意的解决方案，则就应该对该设定进行反思，这需要很强的创新性，也是战争设计工程方法的基本特点之一。

6. 归纳总结

当“公众”认为解答合理时，讨论式模拟结束，进入下一阶段——归纳总结。

在归纳总结阶段战争设计工程团队需要与团队之外的相关人员进行交流，以便对此次战争设计给予一个客观、公正的认识。归纳总结的主要任务是：

(1) 总结归纳出详细设定；

(2) 研究过程资料的总结；

(3) 研究过程及其结论的展示。

参与归纳总结的主要是战争设计系统工程师、军事工程师、装备工程师、模型工程师和技术工程师。最终的产品是战争设计解决方案，包括：最终版详细设定、技术文档和汇报文档。

综上分析，讨论式模拟的详细流程如图 9.2 所示。

讨论式模拟是一个循环迭代、反复论证的过程。这一循环迭代并不是指得出最终模拟结果之后，才根据评价进行反思，而是在流程每一阶段都会反复论证。它的每一阶段流程都不是一蹴而就的，而是需要反复研讨，直到本阶段流程的结果令相关专家组满意后才会进入下一阶段。然而，即便是进入下一阶段，也并不是说上一阶段工作就已经确定完成。如果对下一阶段工作反复论证都不能找到令人满意的解答，此时就要推翻上一阶段的结论，重新研讨。依此类推，沿研讨流程回溯向上，直到最终结果令人满意。

例如，定量分析前首先需要判断：条件是否足够进行定量分析？即设定中的约束条件是否足以进行定量分析？如果不够，补充条件修改设定。之后需要回答定量是否合理、对策是否修改、结果是否满意，根据答案分别转入不同的流程。

又如，在一个问题的研究过程中，元设定是根本的，对设定的反思，基础根据就是元设定。由于元设定经常表现为潜意识，因此从元设定出发对设定的反思，也不可能形成“结构化”的方法，可以提供的只是思考中经常需要反思的一些方面：

1) 目标、目的和目标函数

潜意识中的目标转化为“设定”中清晰表达出来的目标和目标函数经常可能走样，这是反思中首先必须考虑的问题。“一个人因工作太累而希望休息，而他得到的结果却是解雇”。这显然不是他的“初衷”。本例说明“设定”中明确表述的目标（目标函数）可能并非潜意识元设想中的真实意愿。

2) 约束条件

反思设定中的约束条件是否过严，束缚了人的创造性。

3) 可行策略空间

是否具有更多的策略可以采取？

9.5.3　讨论式模拟与相关方法的比较

讨论式模拟与对抗式模拟、探索性分析以及大专辩论等方法在形式上有相同点，但

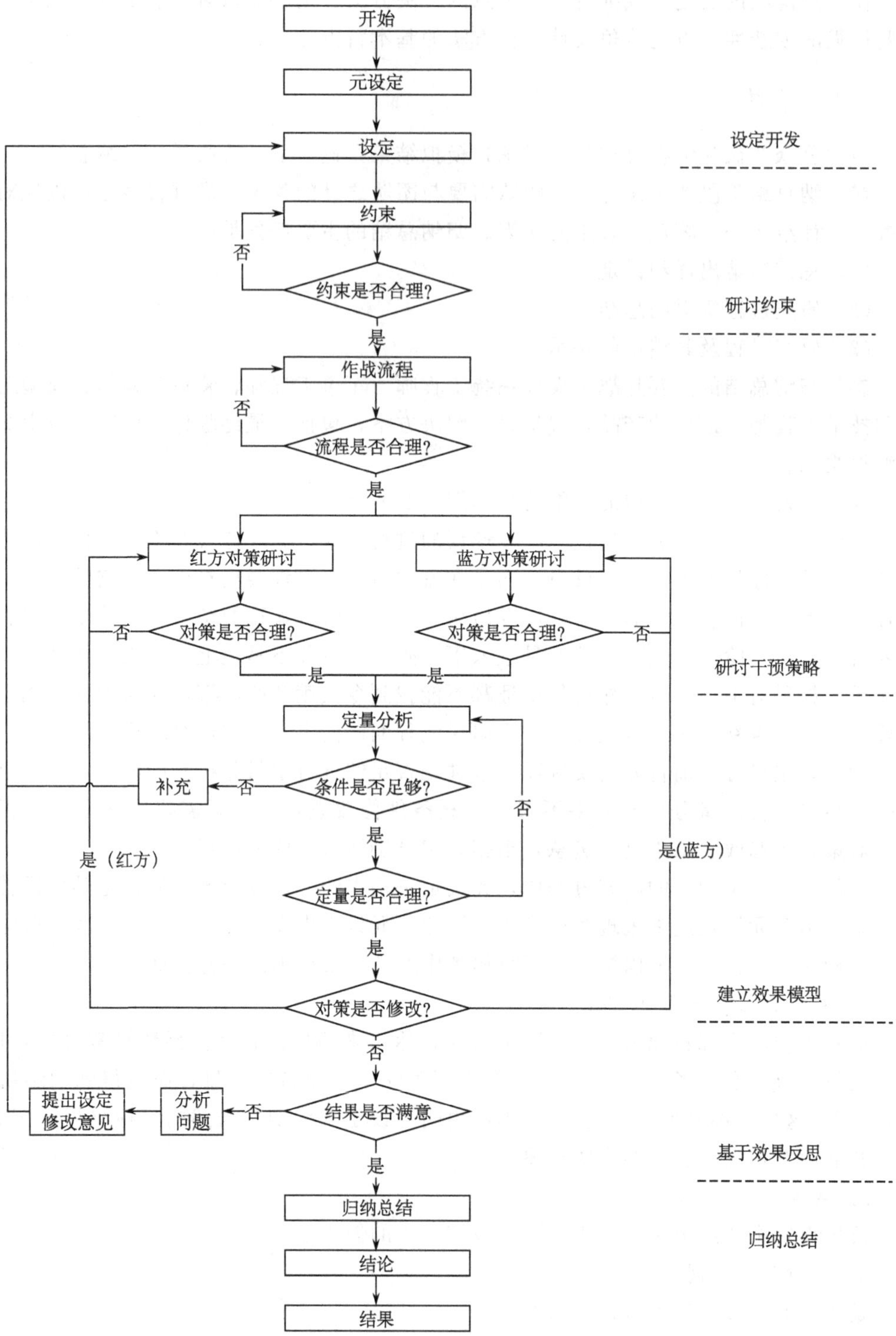

图 9.2　讨论式模拟的详细流程图

更多的是本质上的不同。

1. 讨论式模拟与战争模拟的比较

战争模拟是基于行动模型并在敌我双方初始态势的基础上，对决策方案进行仿真，还可对模拟结果进行综合分析后得出评价结论[5]。

讨论式模拟与战争模拟的相同点在于：它们都可以研究军事对抗问题、都用到了定性和定量模型。但是，讨论式模拟与战争模拟在本质上是不同的。他们的区别有：

首先，战争模拟的用途主要是评价指挥员的指挥水平以及特定的作战样式的优劣，它主要是用于作战训练的。模拟中每一阶段都是预先设计好的，而讨论式模拟的目的是为了探索和分析研究未来装备和战法的优劣。专家可以在基本设定下充分发挥智慧，在模拟中产生出兵法中出奇制胜的策略来。

其次，战争模拟是面向结构化或半结构化问题的，而讨论式模拟一般面向非结构化问题。

最后，战争模拟对硬件和系统软件的要求比较高，需要较长的开发周期与较高的经费投入，同时其应用软件是面向问题的，不适宜灵活地改变，适宜大量重复使用，如军事训练。而对讨论式模拟，较低的硬件和软件支持即能满足其基本需求，可以针对不同需求灵活改变，建设成本较低。

表 9.5 以红蓝双方模拟为例更详细地给出了两者在各个方面的不同。

表 9.5 红蓝双方讨论式模拟与战争模拟的对比

	讨论式模拟	战争模拟
英文名称	Seminar Gaming	Combat Simulation
运用目的	探讨，战略、规划、策略研讨	军事人员及武器装备的考核
判断标准	反复研讨，穷尽各种可能，使红蓝双方“心服口服”	不允许失误，“一锤定音”
效果	找到尽可能合理、效果满意的策略	蓝方的失误不等于实战中红方的胜利
仿真模式	灵活、允许根据任务需要创新	固定模式下参数的选择或若干模式中挑选
定性与定量相结合	定量，更重定性、概念创新	精确反映定性，更重定量
软件环境	不必完善、逐步完善	完成、完善
组织方式	主持人，面对面	导演部，背对背

2. 讨论式模拟与探索性分析的比较

探索性分析方法是 RAND 公司提出的研究系统输入的不确定性对系统输出所产生影响的方法。探索性分析方法可以把策略的不确定性作为输入的不确定性来计算对结果产生的影响，讨论式模拟也需要计算不同的策略对抗下的作战效果，它们都通过对策略所产生作战效果的优劣来评价策略的优劣。两者的不同具体表现在：

首先，讨论式模拟中的定量分析是为了支持验证对抗策略和策略创新服务的，在设定细化的过程中随着策略的创新而需要不断进行，而探索性分析方法只分析既定策略的不确定性和其他因素的不确定对输出的影响，不需要迭代。

其次，讨论式模拟中假设红蓝双方的对策策略是未知的，需要通过相关领域专家的研讨并伴以定量的分析来研究，而探索性分析是在假设对抗策略已知的条件下研究不同策略的优劣。

3. 讨论式模拟与大专辩论的比较

虽然讨论式模拟和大专式辩论都分为两方展开辩论，但是它们之间存在本质的差异。

首先，讨论式模拟的目标是为了研究出对抗策略，研讨中的红蓝双方的对抗是为了同一目标合作的过程，双方没有根本利益冲突，大家都是心平气和的辩论。而大专式辩论的目标是为了证明己方论点正确，检验的是辩论的技巧和语言的艺术，为了辩论而辩论，常常火药味十足。

其次，讨论式模拟中红蓝双方提出的策略要经过定量分析的检验，以数学模型、仿真模型等定量分析来支持定性的策略。而大专式辩论在提供支持论点的论据时以定性为主，中间的定量部分也以展示数据和简单计算为主。

最后，讨论式模拟双方的胜负是主持方考虑双方提出的装备战法，在定性与定量相结合分析的基础上给出的。而大专辩论正反两方的胜负是裁判根据双方的辩论表现，通过定性判断给出的。

9.5.4 小结

通过研讨会的方式研究军事等复杂问题，古已有之。如今，美国在处理军事、政治、经济以及社会等领域的复杂问题时，提出了多种基于研讨会的模拟方法，并取得了一定的成果。但是，这些方法往往止于较浅层次的会议流程，没有给出不同领域专家之间智慧集成的方法的具体描述。在战争设计工程之中，迫切需要一种方法来指导异质专家的智慧集成。于是，提出战争设计工程中的讨论式模拟方法。讨论式模拟是战争设计工程中异质专家群体智慧集成的一种创新形式，在系统工程师的主持下充分发挥五类战争设计工程师的智慧，以定性与定量相结合的方式研究对抗双方的策略与装备。本节首先对讨论式模拟的相关研究进行论述，然后针对这些方法的不足，提出战争设计工程中的讨论式模拟。进一步对讨论式模拟的概念、特点、基本流程进行了研究。

9.6 本章小结

本章从专家智慧横向集成的角度，给出了领域专家研讨过程中需要解决的两个问题：如何组建合理的专家团队和如何组织专家有效研讨。在对现有各种研讨形式分析的基础上给出了战争设计工程中研讨形式的特点，提出以控制研讨过程中思维发散性和收敛性为主线的领域专家规范化研讨过程。最后介绍了战争设计工程中讨论式模拟的概念、特点、一般流程以及与其他相关方法的比较。

参 考 文 献

[1] Zahedi，Fatemeh（Mariam）. Group decision making，Encyclopedia of Operations Research and Management Science. Boston：Kluwer Academic Publishers，1996：67～72.

[2] 李耀东 . 综合集成研讨厅设计与实现中的若干问题研究 . 北京：中国科学院研究生院，2003：42～96.

[3] Senge P M. The fifth discipline：the art & practice of the learning organization. New York：Currency Doubleday Publishing Group，1994：305～348.

[4] Mason R O. A dialectical approach to strategic planning. Management Science，1969，15：403～414.

[5] Davis K P，Carrillo J M. Exploratory analysis of "the halt problem". Santa Monica：RAND，1997：16～28.

第10章

战争设计工程中定性分析与定量分析相结合的模式

10.1 定性分析与定量分析相结合研究现状

早在20世纪40年代，已经有研究者对定量分析与定性分析的结合问题进行了探讨。但是，长期以来定性分析与定量分析深层次上的结合缺乏突破。近年来，社会科学研究的范围日益延伸，跨学科、跨领域的合作研究越来越多，在此背景下，整合定性分析与定量分析，改善二者互相分离的研究格局，已经成为影响社会科学研究进一步发展的关键性步骤。而随着定量分析的进一步发展以及定性分析的成熟与完善，两种研究范式已经形成两套各有特色的方法体系，为研究问题过程中彼此借鉴与合作提供了现实基础。

由于任何事物都同时具有质和量两个方面，质总是一定量的质，量总是一定质基础上的量，超越了一定数量界限的量变，必然会引起事物的质的变化，而这个界限就是度。所以，定性分析同定量分析相结合，是事物质量互变规律所决定的，也是科学认识发展到一定阶段的必然要求。

事实上，当前的许多研究实践表明，在一定程度上结合采用定性与定量两种范式进行研究可以丰富研究结果，提高研究质量。有研究者指出，正是由于定性与定量两种范式在研究姿态、研究角度、研究方法、研究策略以及研究者自身的位置等方面都存在显著的差别，二者的结合才可以更好地发挥各自的优点，组成最适合研究所需的混合型研究模式[1]。

定性分析与定量分析是辩证统一的关系，它们既相互对立，又相互统一。不能将定量分析与定性分析对立起来，在分析过程中既需要定量分析方法，也需要定性分析方法。针对不同问题的特点以及不同的分析阶段，定性与定量方法各有优势，两者之间不是孰优孰劣的问题，而是如何结合的问题。定性分析与定量分析对同一问题从不同方面进行研究，二者结合，才能得出比较科学、完整的结论，才有可能克服各自的局限性，最大限度地发挥各自的优势。因此，在事物（问题）的分析中强调定性分析与定量分析相结合是很有现实意义的。

1. 国内研究现状

在理论研究方面，国内定性与定量相结合分析的重要理论研究成果是综合集成方法。从定性到定量综合集成法是由钱学森等提出的研究复杂巨系统的方法论，国内的专家、学者在这方面的研究较多。从定性到定量综合集成法是将专家群体（各种有关的专家）、数据和各种信息与计算机技术有机结合起来，把各种学科的科学理论和人的经验知识结合起来。这个方法实质是专家体系、统计数据和信息资料相结合，构成一个高度智能化的人机结合系统。综合集成分析方法是定性分析与定量分析的集成，同时更是人类智慧与计算机高性能的集成。

从定性到定量综合集成法的提出大致经历了“定性与定量相结合的系统工程方法→定性与定量相结合的综合集成法→从定性到定量综合集成法（Meta-Synthetic Engineering，综合集成工程）”三个阶段[2]。从综合集成法研究的演变过程来看，定性与定量相结合的综合集成研究方法是以人的智慧与高性能计算机有机结合，其核心是定性分析与定量分析相结合、人类的心智与计算机的高性能相结合的思想。

1992 年，钱学森又提出“从定性到定量综合集成研讨厅体系（HWSME）”的思想和方法。综合集成研讨厅体系的概念模型可以简化为一个由专家体系、机器体系、知识体系三者共同构成的虚拟工作空间。这个工作空间可以是厅（Hall），也可以是一种智慧空间（Cyberspace）。此工作空间经历了从 HWME（Hall for Workshop of Metasynthetic Engineering）到 CWME（Cyberspace for Workshop of Metasynthetic Engineering）的变化。“厅”已经演变成一个由高速信息网络、现代化的通信设备及计算机软硬件构成的、供人们共同讨论及解决问题的智慧空间，这种“厅”可以提高人们的创造力。戴汝为院士从社会思维科学、智能科学的角度提出了这种智慧空间（CWME）的体系结构及对应的功能，并把它们概括为三个中心、七种服务，即研讨中心、数据中心、信息协作中心、研讨服务、接入服务、系统管理服务、信息协作服务、决策服务、系统支持服务和业务资源服务。

定性与定量相结合的综合集成方法是解决复杂问题的有效方法。向阳于、长锐[3]就复杂决策问题求解的定性与定量综合集成方法研究领域中如何实现复杂问题的表示、理解与求解等问题提出了看法，并针对复杂决策问题，建立了一个综合集成方法三层次理论框架（如图 10.1）。该框架由复杂问题定性简化处理层、复杂问题定量分析层及复杂问题定性定量综合集成求解层三个层次组成，同时研究了这三个组成层次的主要研究内容。

在应用研究方面，定性与定量相结合的分析方法广泛应用于各个领域的研究，国内的相关文献较多。

在社会科学研究领域，定性与定量相结合分析是其广泛应用的研究模式。经济学是定性与定量相结合分析成功结合的领域。曹均伟、李凌[4]就经济学定量分析与定性分析

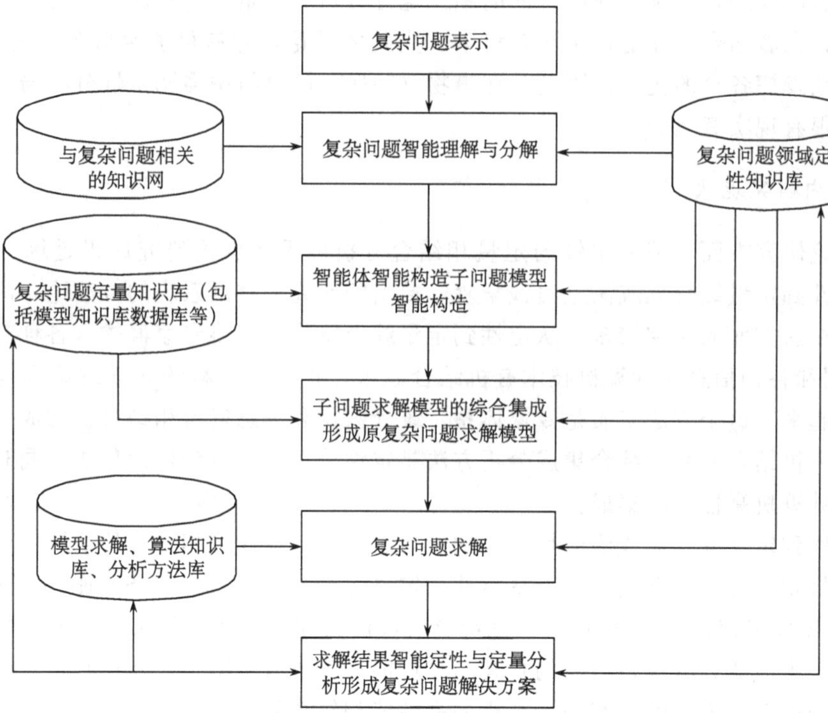

图 10.1　复杂决策问题求解的定性与定量综合集成方法理论框架结构

的发展及其发展过程中的争论和融合进行研究，得出结论：经济学的科学性和人文性决定了经济学研究方法必须做到定性分析和定量分析相结合[4]。具体来讲，经济学既具有与自然科学类似的学科特性，又具有与社会科学相类似的人文学科特性。经济学的科学性质要求其借助于实证分析，而实证分析又必须运用定量分析方法；经济学的人文性质要求其借助于规范分析，而规范分析又必须运用定性分析方法。经济学的双重学科特性决定了经济学研究方法必须做到实证分析与规范分析相结合，也决定其必须做到定性分析与定量分析相结合。根据经济学的特点，给出了经济学中定性与定量分析相结合的逻辑思维模式（如图 10.2），表明定性分析是定量分析的基础，定量分析是定性分析的深化和精确化。

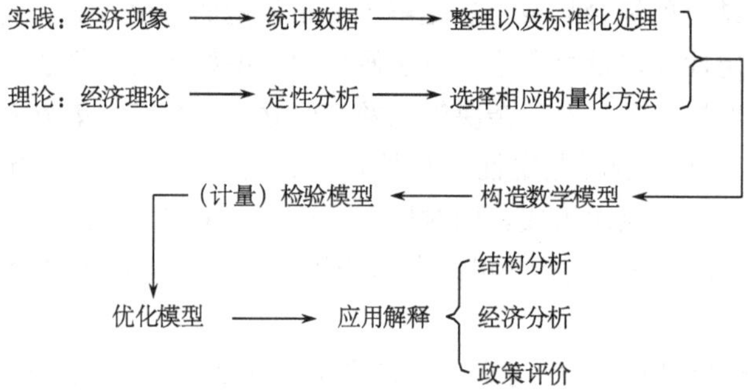

图 10.2　经济学中的定性与定量分析相结合的逻辑思维模式

张红川、王耘[1]指出定性与定量相结合分析是心理学界，乃至社会科学研究强调的重要原则。在对定性与定量两种研究范式的发展、差别与联系进行分析的基础上，结合我国心理学研究实际，探讨定性研究与定量研究结合的意义、条件与可能途径。文献最重要的贡献是根据已有的理论设想与研究实践，提出在具体的研究中，定性分析与定量分析可以有如下几种具体的结合方式：①研究者可以根据不同的研究视角来看待研究问题，从而根据具体研究问题选择适宜的研究方法；②研究者可以在研究总体设计上结合采用两类研究范式，使得研究臻于完善。对于一个研究问题，往往不是通过一次研究就能了解其全貌，而必须通过"研究——发现——再研究——再发现"的模式循环往复，通过多次研究才能实现目的。因此，在研究的总体设计上，研究者可以根据具体的研究问题，将这两种不同的研究范式结合起来，形成混合型的具体研究方式；③在具体研究过程中，研究者也可以结合采用不同范式体系中的具体方法，以丰富研究结果。

陈旭东[5]针对工程质量控制，探讨有关定性分析与定量分析相结合的分析方法，并对质量控制定性分析和定量分析进行了定义：定性分析是针对与质量特性、质量状况、质量问题等相关的性状描述，通过理论或实践经验推理，而得出某一倾向性判断的思维过程；定量分析是针对与质量特性、质量状况、质量问题等相关的测量或实验检测数据，通过相应的数学计算进行数据处理，得出某种程度判断或数量关系的思维过程。他指出虽然工程质量控制中定性定量分析的定义以及特点不同，但在工程实际分析中却不能简单地把定性分析和定量分析割裂开来，必须运用定性与定量相结合的方法进行工程质量控制研究，并给出了定性分析与定量分析相结合的分析方法步骤，包括原始信息收集、信息整理、初步确定主要问题或主要影响因素，确定分析依据，分析并得出结论。

孙卫红、何德全[6]运用从定性到定量的综合集成思想，为电子政务信息安全评估提出了一种基于人一机结合数据采集的模糊综合评估方法。马小闵、龚国伟[7]将定性分析与定量研究相结合的方法用于高校图书馆的评估中，采用层次分析法将高校图书馆评估中的定性指标进行量化。伊山、马利辉、付东[8]指出随着军队武器装备的现代化，尤其是高科技在军事上的应用，军队建设问题变得更加复杂，要运用定性与定量的方法研究军队建设问题。他们着重从定量分析的角度研究了军队建设决策优化问题，简要论述了军队建设问题论证模型的建模思路。朱永娇、刘洪刚[9]把 SDG（Signed Directed Graph，符号有向图）定性分析模型与模糊隶属函数定量信息方法相结合，提出了一种定性模型和定量知识集成的智能故障诊断方法。仿真故障数据验证结果表明，该方法不仅具有较快的诊断速度，而且能有效地提高诊断的准确度，体现了定性与定量相结合的优越性。臧恒佶、臧恒佳[10]通过实例的方式，分别研究了定性研究和定量研究在连锁店选址中的运用。从选址实例来看，专家小组意见法和德尔菲法是市场预测中常用的两种定性预测方法，回归模型和判别模型是市场预测中常用的两种定量预测方法。最后以两个实例，探讨如何将定性研究和定量研究结合起来，为企业营销决策的制定和评价提供帮助。胡晓峰、司光亚等[11]参考国外的讨论式对抗模拟方法和国内提出的综合集成研讨厅的思想，结合战略决策训练仿真模拟，提出了一个可以用于高层次决策研讨与模拟的综合集成应用框架 XOD 体系结构，设计并实现了基于 XOD 体系的智能化战略决策综合集成研讨与模拟环境原型系统 SDS2000。SDS2000 系统的设计与实现体现了

“定性与定量结合”、“全面综合集成”、“研讨协作与对抗”、“应用中逐步增长”四个重要方面。

2. 国外研究现状

马克斯维尔（Maxwell J）[12]对定性与定量研究的结合方式进行了总结，他认为定性与定量相结合可以有三种形式：①顺序设计，即定性研究与定量研究分别在一项研究中使用，但有一定的先后顺序；②平行设计，即在同一项研究中同时使用两种研究，并进行相互验证与补充；③分叉设计，即在研究初期采取一类研究形式，随着研究的进行，再结合使用另一种形式。这种结合方式实质上是前两种形式的混合形态。

派顿（Patton M Q）[13]认为定量研究（Quantitative Research）与定性研究（Qualitative Research）两大基本研究范式通常包括三个层面的内容：研究设计、测量与分析。因此，在具体研究中，可以将不同层面拆开进行重新组合，形成一系列不同的具体研究形式。经过研究，他提出了四种可行的组合形式：①定量的研究设计，研究手段与结果分析为定性；②定量的研究设计与结果分析，研究手段为定性；③定性的研究设计，研究手段与结果分析均为定量；④研究设计与手段均为定性，结果分析为定量。

和定性与定量相结合分析方法相关的另一个重要英文单词是 Meta-analysis[2]。在概念上，它与国内提出的综合集成方法区别主要在于：国内的定性与定量相结合的综合集成方法中的定量跟原来的定性不在同一个水平上，是更高一个层次的东西。从低层次的定性到高一层次的定量，然后集成起来成了更高层次的定性。定性定量相结合的方法是辩证的，从定性到定量，定量又上升到更高层次的定性[2]。所以它与国外的 Meta-analysis 是有一定区别的。

Philips P J 和 Newton E M[14]对 Meta-analysis 进行了介绍。Meta-analysis 是一种从同一问题多篇研究文献中分析结果的定量分析方法，Meta-analysis 可用于巩固一组实验结果或获取对某一领域的方法技术的更深层次的见解。Meta-analysis 广泛用于医学、心理学和社会学。Meta-analysis 的研究方法可分为两类[17]：一类是对不同研究团体对同一个问题的研究结果进行统计学分析，从中提取结论并发掘当前对该问题的共同的研究结论；另一类是检验某一问题的研究成果以确定研究该问题的潜在方法。Meta-analysis 的优点是综合现有的研究成果以揭示问题中相对不变的潜在关系以及因果关系。

国外利用 Meta-analysis 进行问题研究的文献相对较多[18~22]，Haque S 和 Srinivasan S[15]利用 Meta-analysis 方法对外科手术模拟器的训练效率进行了研究[18]。Lim J[16]等运用 Meta-analysis 方法对信息技术投资与公司业绩进行了研究。

20 世纪 80 年代，在美国国防系统分析研究工作中，为弥补其机械唯物论倾向和“专家治国论”学派的缺陷，美国专家提出了改善国防系统分析研究的许多方法，如计算机支持的协同工作方法（Computer Supported Cooperative Work）、群决策支持系统（Group Decision Support System）、组织决策支持系统（ODSS）、智能决策支持系统（IDSS）、电子会议系统（Electronic Meeting Systems）等，其目的是建立完善的人机协作工作和协同决策环境，以解决各种复杂问题。

20 世纪 80 年代末，日本学者提出了结合专家知识和专家判断进行复杂系统建模的 Shinayakana 系统方法。10 多年后，日本学者又提出了强调知识创造的 I-System 方法论（Intervention，Integration，Imagination，Intelligence，Involvement）。I-System 方法注重与人的结合，定性研究分析，模型与知识的集成。90 年代，日本学者提出了知识创造理论和 4 种知识转化模式 SECI（Socialization，Externalization，Combination，Internalization）。

2000 年前后，国外加大了在系统综合研究方面的研究力度。此方面有代表性的研究机构和研究项目有：日本学术振兴会的“未来开拓学术研究”促进计划项目“综合的科学”；欧盟面向危急/危机管理的 ENSEMBLE 项目；美国国立卫生院下属机构资助的“定性综合集成的解析方法”[20]。

3. 总结

从以上的分析可以看出，国内外关于定性定量相结合的研究主要集中在如下几个方面：

1）定性分析方法和定量分析方法及其相结合的理论研究

这类研究主要是从定性分析方法和定量分析方法研究问题的特点出发，探讨定性分析与定量分析本身的含义、特点以及被解决问题的内在本质。一般认为，定量分析是以反映事物量的规定性的资料为研究对象，这些资料通常是以精确的数据形式出现的，研究的结果带有很强的精确性和确定性，而且它有一个标准化程序，使用数学方法作出一个量的刻画，用数学语言表示事物的状态、关系和过程，在此基础上加以推导、演算和分析，以形成对问题的解释和判断，具有逻辑的严密性和可靠性。而定性分析是以反映事物质的规定性的描述性资料为研究对象，这些资料通常以书面文字或图片等形式表现，不是以精确的数据形式出现。这种分析是在自然场合下进行的，以定性研究的方法，如通过参与观察和深入访谈得来的资料，这些资料一般都带有很大程度的模糊性和不确定性，而且它是一个不太严格的研究程序，前一步搜集资料的数量与质量往往决定下一步应该怎么做，且定性分析过程常常变动，有很大灵活性。

2）定性定量相结合的方法研究

这类研究主要侧重于探讨定性定量相结合分析的形式、内容以及规则。这方面国外研究文献较多，如文献［15～17］中提到的方法，国内现有的关于定性定量相结合的研究主要集中在对综合集成研讨厅中定性定量相结合方法的研究上。但是，在现有定性定量相结合的方法研究中，关于定性研究什么，定量研究什么，定性如何指导定量，定量如何支持定性等的方法性的研究较少。

3）定性定量相结合的应用研究

从现有的参考文献可以看出，关于定性定量相结合的现有研究中更多地侧重于定性定量相结合在实际解决问题中的应用，如文献［1～11］、［15～19］。侧重于应用研究的主要原因是因为定性分析方法、定量分析方法及其结合针对不同领域、不同特点的问题其研究方法及其结合形式不一定相同，因此很难给出一种通用的定性定量相结合的方法，只能给出定性定量相结合解决问题的特点以及对解决问题的内容分工与协作的规则上。

10.2 战争设计工程中定性与定量相结合分析的必要性

战争系统是复杂巨系统，对战争系统的分析与设计需要采用定性定量相结合的方法，这也是战争系统复杂性研究的必然要求。下面从战争设计工程中性智和量智对定性定量相结合的需求、解决三大鸿沟对定性定量相结合的需求以及战争系统复杂性对定性定量相结合的需求等三个方面，分析战争设计工程中定性定量相结合的必然性。

10.2.1 战争设计工程中性智和量智对定性与定量相结合分析的需求

与帕斯卡把人的精神分为两种类型（一种是“几何学精神”，一种是“敏感性精神”）的观点类似，中国著名的哲学家熊十力认为人的智慧，通常叫做心智。而心智又可以分为两部分，一部分叫做“性智”，一部分叫做“量智”。他认为性智是一个人把握全局，定性进行预测、判断的能力，是通过文学、艺术等方面的培养与训练而形成的。性智可以说是形象思维的结果，人们对艺术、音乐、绘画等方面的创作与鉴赏能力等都是形象思维的体现。心智的另一部分称为量智，是通过对问题的分析或计算，通过科学的训练而形成的智慧。人们对理论的掌握与推导，用系统的方法解决问题的能力都属于量智，是逻辑思维的体现。后者和人的逻辑推理为主的理性相关，前者与人发散性的创新性相关。

从帕斯卡和熊十力的观点可以看出，性智属于社会科学的范畴，与思维科学、认知科学、行为科学等密切相关，如专家群体的智慧、经验、灵感、直觉、顿悟等非理性能力；而“量智”属于逻辑思维，是自然科学的范畴，如专家群体对问题的抽象、建模等能力。

在对未来战争进行设计的过程中，装备与战法结合模式的创新设计需要利用专家群体的“性智”，而对干预策略效果的验证则需要采用专家群体和计算机的量智。因此，在集成专家群体智慧对未来战争设计的过程中，“性智”和“量智”的分工与协作对定性定量相结合分析模式提出了内在的需求。

10.2.2 战争设计工程中解决三大鸿沟对定性与定量相结合分析的需求

在利用战争设计工程解决战争系统复杂性时，主要需要解决三大鸿沟：异质专家群体智慧集成之间的鸿沟、人机结合之间的鸿沟、现在和未来之间的鸿沟。在处理这三大鸿沟时，对定性定量相结合的方法都提出了内在的需求。

1. 异质专家群体智慧集成之间的鸿沟对定性定量相结合的需求

在对未来战争进行设计过程中，由于战争复杂系统涉及多个领域，对未来战争敌我双方的干预策略进行设计以及对干预策略的效果进行分析，需要集成系统工程师、军事工程师、装备工程师、模型工程师和技术工程师等各类领域专家的智慧。由于人们认知能力的有限性和分布性，使得各类领域专家都根据自己对未来战争系统的局部性理解和认知，从各自的角度思考未来战争的形式以及敌我双方的干预策略，这是由多领域专家对战争系统认知的分布性所决定的。但是对未来战争的设计需要从整体上给出完整的、一致的理解，这就需要对多领域专家的观点进行整合。在整合过程中，干预策略的设计需要系统工程师、军事工程师和装备工程师的参与，而对未来战争环境以及在此环境下敌我双方干预策略的设计，需要三类领域专家通过集体的研讨，集成三类领域专家的智慧、经验、灵感、直觉、顿悟等。对干预策略的效果分析及验证，则在系统工程师、军事工程师和装备工程师支持下，由模型工程师和技术工程师在科学计算、模型模拟、仿真等定量分析手段支持下进行。集成各类领域专家智慧对未来战争进行设计，在充分体现各类领域专家分工协作的同时，更需要定性定量分工协作的支持。

2. 人机结合之间的鸿沟对定性定量相结合的需求

在专家群体对未来战争设计过程中，定性定量相结合分析也充分体现了设计过程中人机之间的分工与协作关系。在战争复杂系统中，主要存在两大问题：非结构化问题和结构化问题。其中，非结构化问题又可分为完全非结构化问题和半结构化问题。对于战争设计工程的整个流程，约束和干预策略的研讨与设计属于非结构化的问题，需要借助各领域专家的形象思维进行设计，是定性分析的结果。效果模型以及仿真推演是在非结构化问题基础上进行抽象、分解、简化，使之成为便于在计算机上运行的结构化问题。这些问题的解决需要借助各类领域专家的逻辑思维进行，并最终转化为能够被具有很强形式化逻辑推理能力和大规模计算能力的计算机运行的结构化语言，形成定量分析的结果。而对于反思，则需要借助各领域专家强大的形象思维以及计算机强大的逻辑思维解决，需要定性分析与定量分析相结合解决。从这些分析可以看出，战争设计工程中，人机分工与协作解决问题的技术基础是定性与定量相结合。

3. 现在和未来之间的鸿沟对定性定量相结合的需求

战争设计工程是面向未来的，面向未来与没有具体未来之间的矛盾是在对未来战争进行设计过程中首先面临的问题。战争设计工程在对未来战争进行设计的过程中，一方面必须面向未来设想未来可能发生的战争，以及在这种作战环境下敌我双方战法和装备结合模式的发展。另一方面由于战争系统的不可重复性，使得无法预先设计出确定性的未来，只能给出未来最可能的演化轨迹。在这种设计过程中，对未来战争环境以及战法装备结合模式的设计是需要充分想象力的，而对于未来战争系统演化轨迹的可能性，则需要继承各类领域专家的智慧进行验证。这个想象和验证的过程，需要定性与定量相结合的支持。

10.2.3　战争系统复杂性对定性与定量相结合分析的需求

1. 战争系统复杂性和不可重复性的影响因素分析

战争设计工程对战争系统的研究采用定性定量相结合的方法，主要是由战争系统对抗过程中的复杂性决定的。影响战争系统复杂性的因素包括四个层次的八大特征，如果从影响战争系统结果复杂性的角度划分，可以将导致战争系统复杂性和不可重复性的主要原因归结为三个方面：战争双方决策主体干预策略的复杂性、战争双方决策主体认知的不确定性和战争系统的情景复杂性。

在敌我对抗过程中，战争双方的决策主体都尽其所能寻求最好的干预策略以获取最大利益。双方决策人员都尽可能创造性地给出反制对方的各种干预策略，从而使得干预策略具有很大的对抗性、创新性和不确定性。这种干预策略的动态对抗使得战争复杂系统都有一个本质性特征——不可重复性。干预策略的创新性与多样性是造成战争复杂系统不可重复的最直接原因，也是造成战争系统复杂性的关键因素。

干预策略制定的基础是战争双方决策主体对当前敌我情况的认知、判断，决策主体总是根据当前情况在自己观念世界中的投影制定干预策略。然而，由于决策主体的有限理性、有限知识、有限认知能力和认知过程中的选择性，使得现实世界在决策主体的观念世界中的投影具有不确定性。战争复杂系统的每个系统干预者对战争复杂系统的认知都具有局限性和不确定性，这种认知的不确定性，直接造成了战争复杂系统干预策略的不确定性，从而间接造成了战争复杂系统演化的不可重复性，是造成战争系统复杂性的第二个关键因素。

决策主体认知的不确定性，除了源于人认知的有限性之外，还与战争系统的情景复杂性有关。战争系统的情景复杂性是指没有决策主体人为干扰（自动化处理、理性人决策）时战争系统演化的不确定性。情景复杂性的根源在于系统结构复杂、系统要素之间的非线性作用和系统中的大量随机因素等，表现形式如分析过程中的组合爆炸、系统演化过程中出现的非线性现象、混沌现象、涌现现象等。战争系统的情景复杂性，是造成战争系统复杂性的第三个关键因素。

2. 战争系统复杂性对定性与定量相结合分析的需求

对于战争复杂系统的研究，可以分为三个阶段：干预策略研讨阶段（可控因素分析阶段）、不可控因素分析阶段、各决策者干预策略的效果分析阶段。干预策略研讨阶段的任务就是分析各类干预者可能的策略，确定决策者的决策空间（可控因素空间、决策函数）；不可控因素分析阶段主要分析系统内外各种因素，包括自然环境因素、随机性因素等，确定不可控因素空间；各决策者干预策略效果分析阶段任务就是：在可控因素空间和不可控因素空间确定的情况下，建立相应的模型分析各决策者在未来战争系统可能的演化中的获利情况，把各干预者的效果反馈到干预策略研讨中，以便重新研讨干预策略。这样战争复杂系统的设计过程就是一个螺旋式迭代进化的过程。如图 10.3 所示。

1）干预策略分析

干预策略需要很强的创新性，需要发挥群体的智慧，充分利用不同人员的不同视角，弥补认知的局限性，采用研讨机制实现策略的创新。这个过程实际上是群体智慧“非形式逻辑”作用的结果，也是发挥人的主观能动性的地方。这个过程只能以专家群体协作研讨为主，采用定性分析方法实现，这个过程解决干预策略复杂性问题。

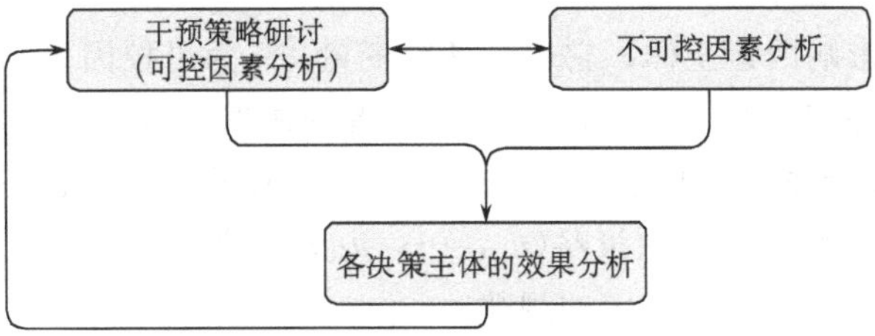

图 10.3　战争复杂系统研究的螺旋迭代式进化过程

2) 不可控因素分析

不可控因素分析过程中，主要分析影响战争系统演化的各类不可控因素的取值范围。实际上这个过程和干预策略研讨密切相关，当不可控因素发生变化时应该反馈到干预策略研讨阶段。这个阶段的分析也只能采用定性分析为主的方法进行。这个过程解决战争系统本身复杂性问题。

3) 决策者干预策略效果分析

决策者干预策略的效果分析过程是一种价值评估过程。这个过程就是在各个决策者策略和不可控因素都确定了的条件下，分析各决策者干预策略的效果。干预策略的效果分析过程主要是定性定量相结合，以定量分析为主，需要大量的计算。

研究战争系统复杂性，如果能固定交战双方的干预策略，从一定的初始状况出发，研究战争系统的进程还是比较可行的。虽然战争系统进程的规律非常复杂，但是在一定的误差范围内，用还原论的方法进行研究，运用数学模型与计算机仿真、模拟等方法进行研究，还是可以得到实用的结果。即便由于自然、环境等方面不确定因素的存在，也不难用随机过程、模糊数学等方法给出一种带有一定不确定性的结论。

但是，如果考虑到战争双方决策主体干预策略的对抗性、创新性和不确定性，不可能完全采用定量的方法解决，需要采用定性定量相结合的方法解决。从以上分析可以看出，战争系统复杂性和不可重复性决定了对战争系统的研究需要采用定性定量相结合的方法进行。

10.3　战争设计工程中定性与定量相结合分析过程的形式化描述

为了说明战争设计工程在对战争复杂系统分析过程中定性定量相结合分析过程中定性、定量的分工协作关系，采用一类微分动力系统来描述战争复杂系统：

系统的状态变量为 z，它们满足状态方程

$$\dot{z} = f(t, z, x, u) \tag{10.1}$$

其中，$\dot{z}$ 为状态变量 z 对时间 t 的导数。

对一个稍为实际一些的问题，z 的维数可能在几千量级，因而这不是一个用于实际解算的模型，而只是一个理论解释模型。下文的 x 和 u 的维数也类似。当状态变量的某些分量不是连续、可导的情况下，需要改换另一种形式，或者用一些数学方法来解

释。本文将不在这些数学处理细节上花更多的笔墨。

x 是不可控的影响因素全体，它也是高维变量；u 为可控因素，如果对抗双方的干预者（决策者）共有 M 个，其中第 m 个干预者的决策为 u_m，则 $u=(u_1, \cdots, u_M)^T$。式 10.1 表示战争复杂系统的状态变量 z 的变化由当时的时刻、状态变量的当时值、不可控因素 x 以及各干预者的干预策略$(u_1, \cdots, u_M)^T$ 共同决定。

各干预者的干预策略满足一定的规律

$$u_m = u_m(t, z, x), \quad m = 1, \cdots, M \tag{10.2}$$

或者写成

$$u = u(t, z, x) \tag{10.3}$$

规律（10.2）或者（10.3）是最不可捉摸的。因为，首先每一个干预者的干预策略是因时、因情的，这点已体现在 u_m 作为 t，z，x 的函数上；其次每一个干预者是否掌握了敌我对抗过程中决策应有的全部信息非常重要，虽然这也可通过将有关信息添加于状态变量 z 来表现；第三，每一干预策略与干预者的个人情况有关，包括其对自身利益的认知能力、知识水平和决策风格等。

如果已知系统状态变量的初值

$$z(0) = z_0 \tag{10.4}$$

和不可控因素的一个现实 x，以及决策函数的一个现实 u，则可以解微分方程组（10.1）而获得战争系统状态变量的演变过程

$$z_u^x = z_u^x(t), \quad t \geqslant 0 \tag{10.5}$$

称式 10.5 为系统的一条轨迹。

随着不可控因素 x 在一定范围 $\mathbf{X}$ 内变化，（10.5）将表现为不同的轨迹，这些轨迹的全体

$$z_u^{\mathbf{X}} \triangleq \{z_u^x : x \in \mathbf{X}\} \tag{10.6}$$

称为“轨迹簇”。

当决策 u 在一定范围 $\mathbf{U}$ 内变化时，轨迹簇全体

$$z_{\mathbf{U}}^{\mathbf{X}} = \bigcup \{z_u^X : u \in \mathbf{U}\} = \{z_u^x : x \in \mathbf{X}, u \in \mathbf{U}\} \tag{10.7}$$

称为“轨迹簇群”。

当确定 $x \in \mathbf{X}$ 与 $u \in \mathbf{U}$ 后，对 $z_u^x = z_u^x(t)$的研究主要涉及战争系统结构复杂性。虽然其中涉及随机性和模糊性，一般来说还是可以用还原论的方法，通过建立概念模型、数学模型进行研究，还可用计算和仿真的方法进行计算、仿真和推演。因此对一条轨迹 z_u^x 的研究应以定量分析为主进行。

在对轨迹 z_u^x 研究的基础上对轨迹簇 $z_u^{\mathbf{X}}$ 的研究关键是对不可控因素 $\mathbf{X}$ 的研究。要确定有哪些不可控因素，它们的变化范围是什么。由于不可控因素众多可能造成组合爆炸，会带来研究的困难。但是，通过对战争复杂系统以及战争设计面向问题的深入研究，往往可以将问题简化到一定程度，使得可能对战争系统演变产生重大影响的不可控因素范围大大缩小。这时对轨迹簇 $z_u^{\mathbf{X}}$ 的研究也许需要概率统计、模糊数学等带有不确

定性的方法，但总体上还是可以用定量分析为主的方法进行。

在对轨迹簇 $z_u^{\mathbf{X}}$ 研究的基础上，对轨迹簇群 $z_{\mathbf{U}}^{\mathbf{X}}$ 的研究关键是对可控因素取值范围 $\mathbf{U}$ 的判定。对于 $\mathbf{U}$ 的判定中有一些可以进行定量分析，例如，可以假定各干预者的目标函数为

$$J_m = J_m(T, z(T), x(T)), \quad m = 1, \cdots, M \tag{10.8}$$

其中，T 为满足评判条件

$$g(T, z(T), x(T)) = 0 \tag{10.9}$$

的时刻。记

$$J = (J_1, \cdots, J_M) \tag{10.10}$$

式 10.8～式 10.10 的表示方法可以概括多种不同的最优控制和微分对策的模型，具体的细节本书不再详述。

当 $M=2$ 时，式 10.1～式 10.10 可相应改写为

$$\dot{z} = f(t, z, x, u, v) \tag{10.11}$$

其中，u，v 分别为交战（或可能交战）双方的干预策略函数，其他相同符号的意义不另作说明。

$$u = u(t, z, x) \tag{10.12}$$

$$v = v(t, z, x) \tag{10.13}$$

$$z(0) = z_0 \tag{10.14}$$

$$z_{u,v}^x = z_{u,v}^x(t), \quad t \geqslant 0 \tag{10.15}$$

$$z_{u,v}^{\mathbf{X}} \triangleq \{z_{u,v}^x : x \in \mathbf{X}\} \tag{10.16}$$

$$z_{u,\mathbf{V}}^{\mathbf{X}} = \{z_{u,v}^x : x \in \mathbf{X}, v \in \mathbf{V}\} \tag{10.17}$$

$$z_{\mathbf{U},v}^{\mathbf{X}} = \{z_{u,v}^x : x \in \mathbf{X}, u \in \mathbf{U}\} \tag{10.18}$$

$$J = J(T, z(T), x(T)) \tag{10.19}$$

J 为甲方的目标函数，希望 J 越大越好，$J>0$ 表示甲方胜利。乙方的目标函数相反，为 $-J$，乙方希望 J 越小越好，$J<0$ 表示乙方胜利。这体现了交战双方利益的对抗性，不考虑和解、合作的可能。研究战争复杂系统的特殊性关键就体现在式 10.19，体现在双方目标的对抗性上，这是对抗双方干预策略效果的最终体现。由此出发会引起双方干预策略的对抗性。

如果按照对策论中允许混合策略的做法，这时一定可以找到使双方达成平局的鞍点策略 u^*，v^*，这时 u^*，v^* 应成为双方追求的目标。但实际系统的复杂性，获取信息的不完备性或者决策者的个性导致双方都很难找到准确的 u^*，v^*。也许双方都能够找到接近 u^*，v^* 的策略，但还不是。这时任何一方策略的改进都可能取胜，而策略的失误都将导致失败，这时候双方的斗智是最复杂的。双方都会尽自己最大的努力，发挥自己充分的想象力和创造性来设计自己的策略，揣测对方的策略。这种情况下，对战争的事先研究者而言，很难预测双方将采用的具体策略。

在战争设计工程中，用不可重复系统的观点来分析考察，将不追求个别的轨迹 $z_{u,v}^x$

或者轨迹簇 $z_{u,v}^{\mathbf{X}}$，代之以分析轨迹簇群 $z_{u,\mathbf{V}}^{\mathbf{X}}$和 $z_{\mathbf{U},v}^{\mathbf{X}}$。轨迹簇群 $z_{u,\mathbf{V}}^{\mathbf{X}}$与 $z_{\mathbf{U},v}^{\mathbf{X}}$也可以用数学建模、计算机仿真、或者与定性推演相结合来研究。既要保证其中每一条轨迹的合理性，又要看重 **U** 与 **V** 的合理性。将通过轨迹簇群 $z_{u,\mathbf{V}}^{\mathbf{X}}$，$z_{\mathbf{U},v}^{\mathbf{X}}$ 以及 $z_{\mathbf{U},\mathbf{V}}^{\mathbf{X}}=\{z_{u,v}^{x}:x\in\mathbf{X},\ u\in\mathbf{U},\ v\in\mathbf{V}\}$来研究无从预知的轨迹 z_{u^*,v^*}^{x} 与轨迹簇 $z_{u^*,v^*}^{\mathbf{X}}$ 。

这个框架中指出了定量分析的主要工作是研究 z_u^x 和 $z_u^{\mathbf{X}}$，而定性分析的主要研究内容是 **U**。定量分析中的 u 应满足 $u\in\mathbf{U}$，这就是定性对定量的指导。定性分析中的基础在于各决策主体对 $z_u^{\mathbf{X}}$ 的满意度，因此必须建立在定量分析基础上。以上分析指出了定性分析与定量分析的分工以及协作关系问题，这种关系体现了定性分析与定量分析的有机结合和综合集成。

综上所述，战争复杂系统分析中定性定量相结合解决问题的过程可归纳为：①用定性方法初步确定决策函数 u 的取值范围 **U** 和不可控因素 x 的取值范围 **X**；②对于 $x\in\mathbf{X}$ 与$u\in\mathbf{U}$，用定量分析方法研究战争复杂系统状态演变的“轨迹” u；③用定量分析方法为主进一步确定不可控因素 x 的取值范围 **X**，并研究“轨迹簇” $z_u^{\mathbf{X}}$；④用定性分析方法为主，在定量分析研究“轨迹簇 $z_u^{\mathbf{X}}$”的基础上进一步研究干预者可能采取的决策函数集 **U**；⑤必要时上述方法需要经过若干次迭代。

10.4 战争设计工程中定性与定量相结合分析的分工机制

以上给出了战争设计工程中定性定量相结合对未来战争进行设计过程中，定性定量分工与协作的形式化描述。下面针对战争设计工程中定性定量分析的具体分工机制进行分析。

利用战争设计工程对未来战争进行设计的过程中，定性定量的分工主要表现在四个方面：在处理复杂性上的分工、在时间上的分工、在专家上的分工以及在人与机器上的分工，下面就四个方面的分工进行详细分析。

10.4.1 定性与定量相结合分析在处理复杂性上的分工机制

战争系统的复杂性表现为八大特征、四个类型，分别为第一类的“核心利益零和对抗性”和“情景复杂性”，第二类的“干预策略创新性”、“内部协调性”、“认知复杂性”和“策略分布性”，第三类的“干预策略的不确定性”以及最后一类的“系统演化的不可重复性”，这四个层次相互作用、相互影响。针对这四个层次的不同特征，解决的方法在定性定量上都有所不同。

1. 定性定量在处理情景复杂性上的分工

情景复杂性主要是指没有人为干预（自动化处理、理性人决策）时战争复杂系统演化的不确定性。从情景复杂性的特征可以看出，情景复杂性更多地表现为可重复性，这种可重复性使得我们对情景复杂性的研究能够在一定的误差范围内，可以采用还原论的方法进行。因此，从这个角度上讲，对于情景复杂性主要采用定量为主的研究方法。

2. 定性定量在处理干预策略创新上的分工

干预策略创新包括战争系统三个方面的复杂性：核心利益零和对抗性、策略创新性以及内部协调性。干预策略创新的最终目的就是敌对双方都尽其可能设计对战争系统的干预策略，使其在战争中获得最大利益，敌我双方的斗智斗勇是其主要表现。对干预策略的创新性设计是专家群体形象思维的结果，是专家群体集体智慧的结晶，属于非逻辑思维的范畴，干预策略的创新主要采用定性为主的研究方法，而干预策略的效果分析主要采用定量为主的研究方法。

3. 定性定量在处理认知层次复杂性上的分工

认知层次复杂性包括两个方面：认知复杂性和策略分布性。这两个层次的复杂性主要体现在分布式认知上。这类复杂性，定性定量方法的分工表现于个体之间的分工、技术工具之间的分工以及时间上的分工。人之间的分工表现为有些领域专家主要采用定性方法分析，有些专家主要采用定量方法分析；在技术工具之间的分工表现为人和机器之间的分工；在时间上的分工主要表现为在战争设计工程的不同阶段采用不同的定性定量方法。

4. 定性定量在处理不确定性复杂性上的分工

不确定性复杂性主要表现为两个方面：干预策略不确定性和系统演化的不可重复性。这个层次的复杂性主要是对干预策略的效果分析，以验证干预策略的合理性、有效性、可行性和适应性等，并在此基础上进行干预策略和系统演化方向的反思和改进。定性定量在这个层次复杂性上的分工表现为：验证干预策略合理性、有效性、可行性和适应性时主要采用以定量为主的研究方法，反思和改进干预策略、确定系统演化方向时主要采用以定性为主的研究方法。

10.4.2　定性与定量相结合分析在时间上的分工机制

利用战争设计工程对未来战争进行分析与设计过程中，定性定量相结合分析在时间上的分工主要表现为战争设计工程的基本流程上。在流程的不同阶段，需要采用不同的技术解决本阶段的问题。战争设计工程中定性定量相结合分析在时间上的分工机制可以用图 10.4 表示。

在整个战争设计的流程中，形成设定阶段主要分析本次战争设计需要解决的主要问题并将其规范化描述。这是非结构化的问题，通过专家群体研讨这种定性分析的形式给出，因此本阶段采用的方法是定性分析。团队组建阶段主要是通过指标体系和评价方法，选择知识结构合理的专家团队。这个过程中，指标体系构建主要采用以定性分析为主，而对各领域专家的评价需要采用定性定量相结合的分析方法，因此本阶段主要以定性分析为主。研讨约束阶段是通过领域专家将问题聚焦到一个具体的领域并给出该领域下的约束，这个过程的问题也是非结构化的问题，主要通过专家群体研讨给出，是定性分析阶段。研讨干预策略阶段主要采用定性方法，这个过程中可能存在定量分析，但这

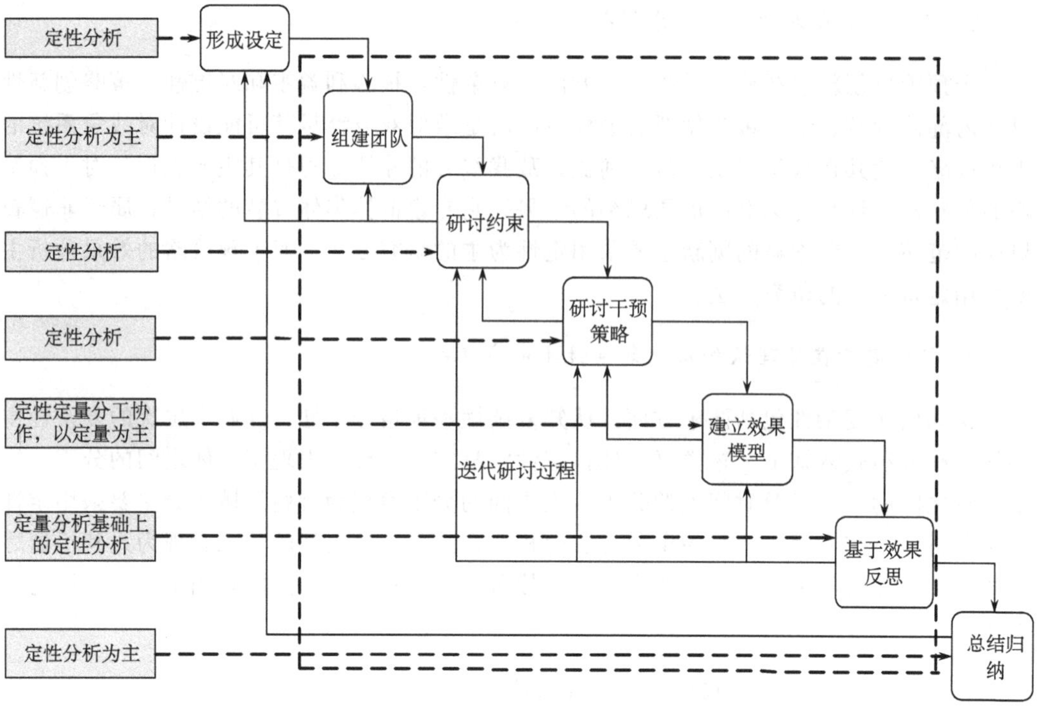

图 10.4　定性定量相结合分析在时间上的分工

个定量分析主要是简单的定量分析，在研讨敌我双方的干预策略过程中，某些策略可能需要简单的计算就能判断该策略的合理性、有效性和可行性，但干预策略的确定主要还是通过专家群体的研讨获得，因此本阶段主要是定性分析。建立效果模型阶段以定量方法分析为主，概念模型的建立主要通过专家群体的研讨获得，这个过程是定性分析。确定关键参数及其取值范围以定性分析为主，需要一定的定量分析支持，建立效果模型阶段以定量分析为主。这个阶段总的来看，是定性定量分工协作，以定量分析为主。基于效果反思阶段，关键参数的灵敏度分析以定量分析为主，而装备战法结合模式和约束的反思以定性分析为主，所以这个阶段是定量分析基础上的定性分析。总结归纳阶段主要对本项战争设计工程以及战争设计结果的总结，并查找战争设计过程中可能存在的漏洞，这个过程主要是定性分析。

10.4.3　定性与定量相结合分析在专家上的分工机制

战争设计工程中主要涉及五类领域专家，这五类领域专家分工协作对未来战争进行设计。其中，分工不但表现在任务上的分工，也表现在定性定量相结合过程中的分工。

从战争设计工程的主要流程以及各类领域专家在战争设计工程中的作用可以看出，研讨约束阶段参与的领域专家主要是系统工程师、军事工程师和装备工程师。这个阶段的主要工作是研讨问题和约束，因此本阶段解决问题的主要方法是研讨，三类领域专家主要采用定性分析。

研讨干预策略阶段参与的领域专家主要是系统工程师、军事工程师和装备工程师，这个阶段的主要工作是研讨敌我双方的干预策略，解决问题的主要方法也是研讨，因此三类领域专家主要采用定性分析。

建立效果模型阶段参与的领域专家主要是系统工程师、军事工程师、装备工程师和模型工程师。其中，概念模型以及关键参数的确定主要通过四类领域专家研讨；效果建模阶段参与的领域专家主要是系统工程师和模型工程师，主要采用定量分析方法。因此，本阶段系统工程师、军事工程师和装备工程师主要采用定性分析，而模型工程师既参与定性分析也参与定量分析。

五类领域专家都参与基于效果反思阶段。这个过程中仿真环境的建立参与的专家是模型工程师和技术工程师，主要从事定量分析工作；五类领域专家都参与灵敏度分析，但系统工程师、军事工程师和装备工程师主要从事定性分析工作，而模型工程师和技术工程师主要从事定量分析工作；系统工程师、军事工程师、装备工程师和模型工程师都参与两类反思工作，以定性分析为主。

五类领域专家都参与总结归纳阶段。这个阶段中，系统工程师、军事工程师、装备工程师和模型工程师主要以工作总结为主，是定性分析，而技术工程师主要参与研究过程和结果的演示工作，是定量分析。

从以上分析可以看出，五类领域专家中，系统工程师、军事工程师和装备工程师以定性分析工作为主；模型工程师参与某些定性工作，以定量工作为主；技术工程师以定量分析工作为主。五类领域专家在整个战争设计流程中定性定量分工关系如表 10.1 所示。

表 10.1　定性定量相结合分析在专家上的分工表

<table>
<tr><th>专家</th><th colspan="2">阶段</th><th>定性定量分工</th></tr>
<tr><td rowspan="5">系统工程师
军事工程师
装备工程师</td><td colspan="2">研讨约束</td><td rowspan="5">定性分析</td></tr>
<tr><td colspan="2">研讨干预策略</td></tr>
<tr><td colspan="2">建立效果模型</td></tr>
<tr><td colspan="2">基于效果反思</td></tr>
<tr><td colspan="2">总结归纳</td></tr>
<tr><td rowspan="5">模型工程师</td><td rowspan="3">建立效果模型</td><td>建立概念模型</td><td rowspan="2">定性分析</td></tr>
<tr><td>关键参数确定</td></tr>
<tr><td>建立效果模型</td><td rowspan="2">定量分析</td></tr>
<tr><td colspan="2">基于效果反思</td></tr>
<tr><td colspan="2">总结归纳</td><td>定性分析</td></tr>
<tr><td rowspan="2">技术工程师</td><td colspan="2">基于效果反思</td><td>定量分析</td></tr>
<tr><td colspan="2">总结归纳</td><td>定量分析</td></tr>
</table>

10.4.4 定性与定量相结合分析在人与机器上的分工机制

计算机强大的逻辑推理能力和大规模计算的能力使得在战争设计工程中，采用以人为主，人机结合的方式对未来战争进行设计，把计算机当作人类智能的延伸和倍增器，发挥人类和计算机各自的长处，把人和计算机结合起来形成新的体系，充分发挥人的性智和形象思维以及计算机的量智和逻辑思维。

在战争设计工程中，人（主要是指各类领域专家）的主要工作是对未来需要设计的战争的各种约束和干预策略进行设计并建立效果模型，而计算机的主要作用是将各类专家智慧集成的结果——效果模型转化为计算机语言，并通过其强大的逻辑推理和计算能力，为干预策略的效果分析提供定量数据的支持，以验证约束和干预策略的合理性、有效性和可行性。

10.5 战争设计工程中定性与定量相结合的分析模式

定性定量相结合的分析模式在整个战争设计工程中主要表现在三个方面：定性定量相结合分析在流程上的分工与协作模式、定性定量相结合分析在人—人的分工与协作模式以及定性定量相结合分析在人—机的分工与协作模式。战争设计工程中定性定量相结合的分析模式可以用图 10.5 表示。

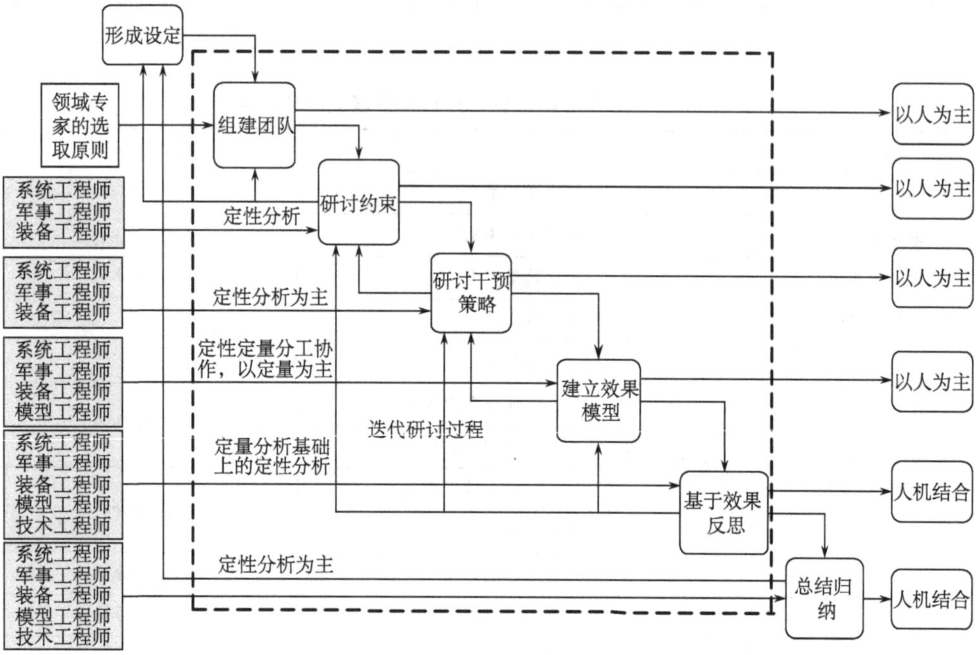

图 10.5 战争设计工程中定性定量相结合的分析模式

下面仅对战争设计工程中研讨约束、研讨干预策略、建立效果模型、基于效果反思以及总结归纳这几个阶段，结合 10.4 节的分析，从流程、人—人和人—机三个角度讨论定性定量相结合的分析模式。

1. 研讨约束阶段定性定量的分工与协作模式

研讨约束阶段主要是系统工程师、军事工程师和装备工程师参与的定性分析阶段。在这个过程中，系统工程师引导和组织军事工程师和装备工程师对问题、公设和边界进行研讨，系统工程师在参与研讨的同时，为军事工程师和装备工程师提供良好的研讨环境和研讨气氛。这个过程由于是以三类领域专家的研讨为主，研讨过程中可能需要一部分定量数据或很少部分定量计算的支持。本阶段主要突出人（三类专家）的重要性，因此本阶段是以“人”为主的定性研讨。

2. 研讨干预策略阶段定性定量的分工与协作模式

研讨约束阶段主要是系统工程师、军事工程师和装备工程师参与的定性分析阶段。在这个过程中，同样是系统工程师引导和组织军事工程师和装备工程师就敌我双方对抗过程中的装备、战法及其结合模式的方案进行探讨、分析。系统工程师在参与研讨的同时，为军事工程师和装备工程师提供良好的研讨环境和研讨气氛。这个过程也是以三类领域专家的研讨为主，研讨过程中可能存在对敌我双方干预策略优劣的定量分析的支持，但是这种定量分析仅仅是对现有性能参数、作战运用等技术上的大概的判断，还是定性分析为主，更加强调专家的重要性。因此，本阶段也是以“人”为主的定性研讨。

3. 建立效果模型阶段定性定量的分工与协作模式

建立效果模型阶段是四类领域专家参与的定性定量分工协作，以定量分析为主的阶段。系统工程师在这个阶段的每一子阶段中，都扮演着领导、组织、引导和管理的角色。系统工程师、军事工程师和装备工程师首先就干预策略的概念模型进行定性分析，这一子阶段的定性分析是“确定关键参数及其取值范围”子阶段分析的基础，只有在作战环境及作战行动确定的情况下，才能给出相应的关键参数及其取值范围，这两个子阶段的定性分析为“建立效果模型”阶段的定量分析提供了基础。从这个角度分析，四类领域专家在整个分析过程中进行的是互相支持条件下定性分析基础上的定量分析工作，更多地是系统工程师、军事工程师和装备工程师对模型工程师建模的支持。本阶段的主要目的是建立效果模型，即将敌我双方的干预策略在一定的作战环境中的运用用数学语言（逻辑语言）表述出来，并建立其对作战效果的影响模型，更多地侧重于定量分析。

从“人—机”分工与协作的角度，本阶段中前面几个子阶段的工作主要是以人（专家）为主的定性分析，而建立效果模型阶段是以人为主，并借助计算机强大的建模能力作支撑下的“人—机”结合过程，其中计算机建模更多的是将人的建模思想实现（具体化）。从以上分析可以看出，本阶段在“人—机”分工与协作上更多的还是以人为主的工作。

4. 基于效果反思阶段定性定量的分工与协作模式

基于效果反思阶段是五类领域专家参与的定性定量分工协作，定量分析基础上的定性分析阶段。系统工程师同样扮演着管理和支持其他领域专家的角色。求解解析模型或建立仿真环境，并进行关键参数的灵敏度分析，这两个子阶段都是定量分析阶段，是对敌我双方干预策略和约束等定性反思的基础。各个子阶段参与的领域专家不同，专家之间更多的是模型工程师和技术工程师对军事工程师和装备工程师基于效果定性为主反思的支持。因此，这个阶段定量工作主要支持基于效果反思的定性工作，而基于效果反思的定性工作反过来指导新一轮研讨过程中的定量工作。

从“人—机”分工与协作的角度，本阶段前面两个子阶段的主要工作是发挥计算机强大的计算功能，这个过程是以“机”为主的工作，从而为基于效果的反思提供定量结果的支持，即为以“人”为主的反思干预策略和反思约束的进行提供支持，而“人”反思的结果反过来指导机器的计算内容、形式等。本阶段在“人—机”分工与协作上更多的是以机器计算为主的定量分析基础上的定性分析。

5. 总结归纳阶段定性定量的分工与协作模式

总结归纳阶段是五类领域专家参与的定性分析为主的阶段。这个过程中，更多的是以系统工程师为主，对这个设计过程的总结归纳和查漏补缺。专家之间更多的是在技术工程师支持下，以系统工程师为主的总结归纳工作。

从“人—机”分工与协作的角度，本阶段“归纳总结详细设定”、“总结整个战争设计过程”与结论展示都是以人为主的定性分析过程。

10.6 定性与定量相结合分析与各领域专家之间的关系

各领域专家是战争设计工程中解决问题的主体，结合上一节给出的定性定量相结合解决问题的过程，领域专家采用定性定量相结合对未来战争设计的过程可用图 10.6 表示。

从图 10.6 可以看出，这个过程包括如下几部分：

(1) 首先由系统工程师、军事工程师和装备工程师，在背景分析的基础上，对本次战争设计中的影响未来战争系统可能演化轨迹的环境变量和双方干预策略的取值范围进行深入的定性分析。

系统工程师、军事工程师、装备工程师组成本过程的专家小组，这个专家小组具有对战争系统干预策略研讨所需要的合理知识结构。每类领域专家在知识、经验的基础上，能各自从一个方面或一个角度给出自己对环境变量和双方干预策略取值的不同看法，把这三类专家的知识、经验、智慧通过集体对抗式研讨有效结合起来，实现从不同层次、不同角度对各种因素全面的分析。在此基础上，提出经验性假设，形成对环境变量和双方干预策略的定性判断。

这个过程只能定性的判断出哪些因素会影响到战争系统的进程，而对于这些因素如

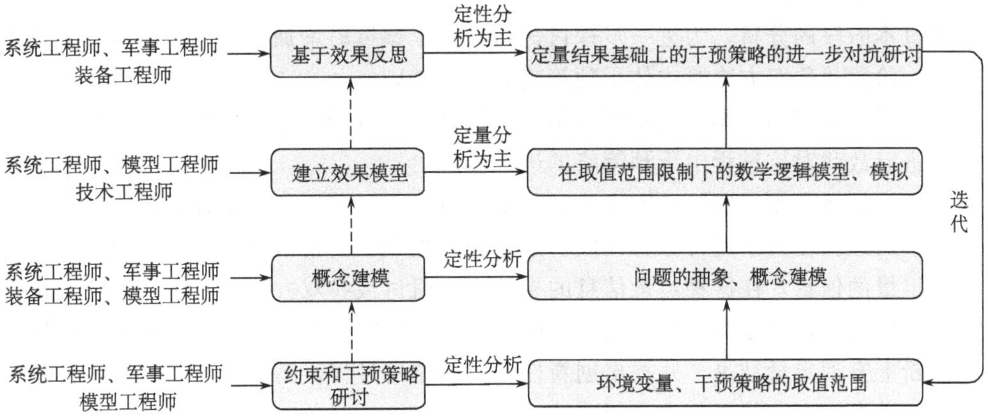

图 10.6　定性定量分析与专家之间的逻辑关系图

何影响，影响程度多大，则需要进行必要的定量计算。

这个过程之所以是经验性的判断，是因为其合理性、可行性的最终确定还需要后期定量的分析。但是，这个过程在战争设计工程中是非常重要的，许多未来武器装备、战法及其结合模式的创新性思想都是在这个过程中产生的。从思维科学角度来看，这个过程是以形象思维为主，实现三类领域专家知识、经验、智慧的定性综合集成过程。

（2）在上一步对两类影响因素取值范围分析的基础上，由系统工程师、军事工程师、装备工程师和模型工程师对问题进行抽象、分解、简化，并建立其概念模型。

战争系统是复杂系统，更多地表现为“非结构化”。对于非结构化的问题，至今为止没有比较好的方法对其直接建模分析，战争复杂系统更是如此。因此，为了能够对未来战争系统可能的演化轨迹进行研究，需要将问题抽象、分解、简化。抽象分解、简化的过程就是分析关键因素的过程，可以忽略掉那些对战争进程影响不大以及与本次战争设计目标相关性不大的因素，只要包括战争对抗过程中决策主体干预策略的复杂性，战争系统的复杂性就能保留。这个过程简化的结果，直接影响着下一步定量分析的内容。所以，问题抽象、分解、简化的合理性是本过程定性分析的标准，也是下一步定量分析的基础。

（3）系统工程师、模型工程师和技术工程师在环境变量和双方干预策略取值范围的限制下，将上一步的概念模型转化为数学逻辑模型，并建立相应的模拟环境，得到定量结论。

三类领域专家用严谨、科学的定量模型及仿真实验验证第一阶段经验性判断下的各类关键影响因素的影响程度。这个过程是自迭代过程，需要将第一阶段两类因素的所有取值都反映到作战模型和仿真实验中，以便得到各种可能的定量结果，增强对战争设计问题的定量认识。模型工程师建立的定量模型，以及技术工程师建立的仿真环境，对于本阶段的定量分析起着重要的作用。

定量判断的结果可能是定性分析无法直接获得的，也可能和定性分析的结果刚好相反。原来不重要的因素可能成了影响战争进程的关键因素，原来忽略掉的因素也可能需要重新加以分析。

通过本阶段的分析，为进一步探讨分析双方干预策略增加了新的定量信息。这个过程是下一阶段战争双方决策主体干预策略研讨的基础。

（4）系统工程师、军事工程师和装备工程师在定量分析结果的基础上，以定性分析为主，进行敌我对抗过程中干预策略的进一步研讨。

由三类领域专家组成的专家小组，对上一阶段定量分析的结果以及第一阶段提出的两类因素的经验性判断进行综合集成。这个过程的研讨，相对于第一阶段的研讨来说，增加了定量的信息，在这种定量信息的支持下，研讨敌我双方第一阶段提出的对抗策略存在的各种漏洞，并创新性地提出可能改进的干预策略。这个过程是领域专家原始的经验性判断上升到定量结论，并提出创新性对抗策略的过程，是认识不断深化的过程，需要各类领域专家充分的想象力和创造性。

（5）迭代过程。在（4）分析的基础上，给出了对抗双方决策主体新的干预策略，这种新的策略需要结合第一阶段的分析内容，重新对敌我双方的不可控因素以及可控因素进行分析，并开始第二个循环。

上述战争设计工程中定性定量相结合的分析过程，从专家协作的角度，描述了定性分析和定量分析内容以及它们之间的关系，这种关系充分说明了定性定量相结合分析在专家群体智慧集成中的作用。

10.7 本章小结

本章从定性定量相结合的研究现状出发，指出了战争设计工程中定性定量相结合分析的必要性。在此基础上，给出了战争设计工程中定性定量相结合过程的形式化描述，并结合战争设计工程的基本流程对战争设计过程中定性定量相结合的分工协作机制进行了详细分析。最后，分析了定性定量相结合与各领域专家之间的关系。

参考文献

[1] 张红川，王耘．论定量与定性研究的结合问题及其对我国心理学研究的启示．北京师范大学学报（人文社会科学版），2001，4：99～105.

[2] 卢明森．“从定性到定量综合集成法”的形成与发展－献给钱学森院士93寿辰．中国工程科学，2005，7（1）：9～16.

[3] 向阳于，长锐．复杂决策问题求解的定性与定量综合集成方法．管理科学学报，2001，4（2）：25～31.

[4] 曹均伟，李凌．经济学的定性分析与定量分析：争论与融合．上海立信会计学院学报，2007，21（3）：57～64.

[5] 陈旭东．工程质量控制的定性与定量分析．建设监理，2005，（5）：48～50.

[6] 孙卫红，何德全．从定性到定量的信息安全模糊综合评估．系统工程理论与实践，2006，（12）：93～98.

[7] 马小闳，龚国伟．定性与定量结合的方法在高校图书馆评估中的应用．2006，（7）：163～167.

[8] 伊山，马利辉，付东．定性定量相结合的军队建设模型研究．军事运筹与系统工程，2006，20（2）：32～35.

[9] 朱永娇，刘洪刚．基于定性模型和定量知识集成的智能故障诊断方法研究．科学技术与工程，2007，7（13）：3107～3110.

[10] 臧恒佶，臧恒佳．定性研究方法和定量研究方法在中外连锁店选址中的运用．现代企业教育，2006，（6）：161～162.

[11] 胡晓峰，司光亚，吴琳，等．SDS2000：一个定性定量结合的战略决策综合集成研讨与模拟环境．系统仿真学报，2000，12 (6)：595～599.

[12] Maxwell J. Qualitative research design：an interactive approach. Thousands Oaks：Sage，1996：1～15.

[13] Patton M Q. Qualitative evaluation and research methods. Newbury Park：Sage. 1990：1～15.

[14] Phillips P J，Newton E M. Meta-analysis of face recognition algorithms. Automatic Face and Gesture Recognition，Fifth IEEE International Conference on. 2002：235～241.

[15] Haque S，Srinivasan S. A meta-analysis of the training effectiveness of virtual reality surgical simulators. Information Technology in Biomedicine，IEEE Transactions on. 2006：51～58.

[16] Lim J，Richardson V J，Roberts T L. Information technology investment and firm performance：a meta-analysis. System Sciences，Proceedings of the 37th Annual Hawaii International Conference on. 2004：221～230.

[17] Sohn S Y. Meta analysis of classification algorithms for pattern recognition. Pattern Analysis and Machine Intelligence，IEEE Transactions on. 1999：1137～1144.

[18] Hwang M，Mclean E R. The use of meta-analysis in validating the deLone and mcLean information systems success model. System Sciences，Proceedings of the Twenty-Ninth Hawaii International Conference on ，1996：176～180.

[19] Shaw G J. User satisfaction in group support systems research：a meta-analysis of experimental results. System Sciences，Proceedings of the Thirty-First Hawaii International Conference on. 1998：360～369.

[20] 韩雁飞，江敬灼．综合集成理论技术发展分析．军事运筹与系统工程．2006，20 (1)：3～7.

第 11 章

战争设计工程中装备与战法集成分析基础

装备与战法集成分析是战争设计工程中的四大集成之一，充分体现了装备与战法相互促进的关系，其目标是促进战争设计工程中干预策略的不断进化，最终形成具有创新性、有效性、一致性、可行性、适应性、鲁棒性相容性的干预策略。本章主要目标是分析战争设计工程中装备与战法集成分析的基本依据。首先研究战法分析与装备策划的内在逻辑关系，包括战法分析与装备策划的基本概念、战法分析与装备策划相互促进的内在机制、现有典型的战法分析与装备策划逻辑关系模式、战争设计工程战法分析与装备策划的关系。在此基础上，提出战争设计工程中装备与战法集成的微分对策模型以及基于该微分对策模型的装备与战法集成分析基本流程。

11.1 装备与战法集成分析的概念

由于系统的复杂性、对手干预策略的不确定性以及人们认知的有限性，实际上在制定干预策略的过程中，不同部门决策者往往单独分析与创造其中的部分子策略，然而战争的核心对抗性要求任何一方都必须尽可能地探索更好的干预策略。如何扩大双方能够感知（设计）的干预策略空间，使得干预策略内部具有一致性，并确保干预策略不断改进，从而达到相应的作战效果具有现实的意义。从认知科学而言，干预策略设计过程是一个分布式认知过程。分布式认知通过涉及多个维度上元素的循环迭代，不断促进对问题的深化理解，所以干预策略的改进是一个螺旋式上升的过程。

战争复杂系统干预策略的创新过程就是一个认知的过程，是一个分布式认知的过程，在多个维度上的元素循环迭代，从而不断促进对问题理解的不断深化。分布式认知实际上是“多重逻辑”和“循环逻辑”的另外一种表述。装备与战法集成分析过程应该是一个不断循环迭代的过程，是一个逐步深入的过程。对于己方而言，如何确保己方装备与战法建设策略不断改进是至关重要的问题。为了确保干预策略集合的合理性，应该具有多重视角，多重逻辑。

可从研究对象、研究步骤、研究人员和研究技术四个维度对一项研究活动进行完整描述。在战法分析与装备策划活动中，研究对象是明确的，所以关于战法分析与装备策划这两类活动的关系描述只需要从以下三个角度进行分析即可：内在逻辑关系、研究者协作关系以及技术协作关系。

11.1.1　战法分析与装备策划的概念

对于战争复杂系统的干预主要包括三个方面：战法（战略、战役和战术）运用、编制体制调整和装备建设。根据 Levchuk 的组织设计三阶段法[1~4]，编制体制设计可以看成是任务（实现战法的主要作战活动）以及资源约束（各类主要装备）确定后的组织设计问题。因此，编制体制设计可以被看做为战法和装备策划确定之后派生的问题，战法分析和装备策划是战争复杂系统干预策略中最基本的两项。战法分析与装备策划是一个相当泛化的概念，为了避免歧义，首先分析这两个概念的内涵，在此基础上，规范这两个名词在本书中的含义。

1. 战法分析的概念

战法[5]，作战的方法，是指战争的策略和技能。作战的方法是由一系列的作战行动所表现出来的，战争的策略分为战略层次的策略、战役层次的策略和战术层次的策略。战争设计工程中的战法是指为了实现设定而拟采用的一系列的关键性作战行动。

在战争设计工程中对战法的描述就是对关键性作战行动的描述，从作战行动的执行者（人或者组织）、作战行动的被执行者（装备）、作战行动所对应的动作、作战行动之间的时序关系和空间关系。其中，常见的时序关系包括：并发关系、顺序关系、嵌套关系、无限制关系、迭代关系、条件关系。常见的空间关系包括：包含关系、重合关系、相交关系、分离关系。

本书中战法分析是指为了实现某一个作战目标而对可用兵力资源运用策略的探索。兵力资源主要是指各类武器装备及其操作者所形成的结合，则兵力资源的计量单位是指武器及其操控者组成的结合体，在不引起歧义的条件下这种结合体仍然称之为武器装备（或者装备）。

战争设计工程中战法分析是围绕一个具体的设定，对未来可运用的武器装备的运用模式进行探索，可运用的武器装备资源分为两大部分：实体资源和虚拟资源。其中，实体资源是现已存在的资源，虚拟资源是未来可能存在的资源，即装备策划中所提出的武器装备。

2. 装备策划的概念

《中国大百科全书》（军事Ⅱ卷）中对武器装备定义为：武装力量用于实施和保障战斗行动的武器、武器系统和军事技术器材的统称[6]。武器装备是军事系统的物质基础，是指在作战过程中可以直接利用的物质性工具。武器装备或者武器系统，在本书中简称为装备。战争设计工程中的装备为了实现设定，支持相关作战行动集合所应该具备的物质性工具，包括通常意义上的后勤物资、作战基地等，其概念比[6]中的要宽泛。

在战争设计工程中主要关注武器装备的外在能力和作战效果之间的关系，即装备所具有的功能和效能之间的关系，一般不关注武器装备内部的结构。所以，在战争设计工程中对装备的描述，体现在对装备主要功能的战术技术指标的描述上。武器装备既可以是单个的武器平台，也可以是多个武器平台组成的系统，需要根据研究问题所需要的粒度进行选择。

战争设计工程中装备策划是围绕设定，确定未来关键性装备功能需求，即武器装备的功能策划，主要任务是确定相关武器装备的关键功能以及度量这些功能的关键性能指标。装备策划的结果是一系列的虚拟装备，这些虚拟装备由相关的装备性能指标所描述，在战争设计工程中，这些虚拟装备和实体装备组成未来装备体系，共同决定作战效果。战争设计工程中装备与战法的概念都宽于常用的概念。战法包括了对所有作战人员和物资的运用策略和决策，而装备包括了作战需要的所有资源。

11.1.2 战争设计工程中装备与战法集成分析的概念

在战争设计工程中装备与战法集成分析是指：把在时间、人员、技术手段上相对独立的战法分析和装备策划统一起来放在一个框架中进行研究，使之形成一个整体。即战法分析人员和装备策划人员在装备建设实施和战法实施之前，根据装备与战法相互促进的内在逻辑机制共同完成战法制定和装备策划方案，形成具有创新性的、有效的、可行的、统一的、鲁棒的装备与战法结合模式。

在实际战争中，装备与战法并不具有一致性，其根源在于：①研究时间上的分布性，时间差距太大。重点装备的立项（装备策划）和其实际的运用模式的确定（战法研究）之间的时间间隔长达数十年[7~9]，在这段时间中会发生太多的变化，两项关键性决策所面临的状况可能有很大的不同。产生这种状况的关键性原因有二：其一，对技术发展的趋势估计不足；其二，战争复杂系统中的对抗性，对对手干预策略估计不足。②研究者的分离性。装备策划和战法分析分别由不同知识背景的人进行研究，研究者之间缺少必要的沟通，传统的工作模式使得战法分析与装备策划在相对封闭的领域里进行，战法分析和装备策划过程中两类研究者之间交互不够。③两个策略集之间缺少必要的循环迭代反馈。实际上装备和战法只有经过充分的迭代之后才能逐渐趋于一致。④对抗考虑不够。在一个长时间跨度上，对手可能有很多反制措施和新的干预策略。由对抗双方组成的战争系统是一个人工系统，双方的干预策略共同决定了战争发生时刻的状况，需要在干预策略和未来情景这一相互决定的关系框架中考察未来情景。

因此，需要研究采取某种集成分析机制，把战法分析和装备策划放在一个框架中同时进行，促进装备与战法整体性，最大限度地发挥干预策略的整体效果。装备与战法集成在战争设计工程中具有重要作用，主要表现在：①装备与战法结合模式是研究过程中循环迭代的载体。②装备与战法结合模式是战争设计的目标。③装备与战法集成分析一定程度上体现了其他几个维度的结合。④装备与战法集成分析贯穿于战争设计工程全过程。

11.2　装备与战法集成分析的逻辑机制

战法分析与装备策划相互促进的内在逻辑机制，实质上是“多重逻辑原则”和“回归环路原则”组合而成的一个多重逻辑循环迭代机制，包括三个层次：装备与战法在局中人内部的一致性需求所引起的战法分析与装备策划的循环迭代，简称为面向内部一致性的循环迭代机制，是干预策略不断改善的第一推动力；装备与战法在局中人对抗中的适应性需求所引起的干预策略反制与反反制之间循环迭代，从而引起战法分析与装备策划的协作演化，简称为面向外部适应性的整体演化机制，是干预策略不断改善的第二推动力；装备与战法同未来情景相适应的需求所引起的多方干预策略与未来情景假定的循环迭代，从而引起战法分析与装备策划的进化，简称为面向未来情景相容性的进化机制，是干预策略不断改善的第三推动力。

11.2.1　面向内部一致性的循环迭代机制

装备与战法螺旋式的发展模型，实际上可以运用两句比较通俗的语言进行描述：“什么打法就发展什么装备”和“有什么装备就怎么打”。这两句话在数学上可以描述为两个优化问题，装备与战法螺旋式发展的过程就是这两个模型不断循环迭代的过程。前一个优化问题的控制变量是装备功能策划方案，目标函数是作战效果，约束是拟实施的战法；而后一个优化问题的控制变量是战法，目标函数是同样是作战效果，约束是可以运用的装备资源。目标函数 f 是装备策划方案 u 与战法 ϕ 的函数。

表达“什么打法就发展什么装备”的优化模型可以简化描述为

$$
\begin{aligned}
&J_{\phi}(u_{\phi}^{*}) = \max_{u\in \mathbf{U}_{\phi}} J_{\phi}(u) = \max_{u\in \mathbf{U}_{\phi}} f(u,\phi) = f(u_{\phi}^{*},\phi) \\
&\text{s.t.}\quad u_{\phi}^{*} = \mathbf{U}_{\phi}
\end{aligned}
\tag{11.1}
$$

其中，ϕ 表示给定的战法，是常量；u 表示在 ϕ 指导下在相关资源约束（包括技术、经济、时间等）下的某一种具体装备策划方案，ϕ 给定后，u 可取值范围记为 $\mathbf{U}_{\phi}$。式 11.1 所示的模型表示在给定的战法 ϕ 约束下寻求能获得最佳作战效果的装备策划方案 u_{ϕ}^{*} 和作战效果最优值 $J_{\phi}(u_{\phi}^{*})$，该模型简称为“装备策划模型”。

同样地，表达“有什么装备就怎么打”的优化模型可以简化描述为

$$
\begin{aligned}
&J_{u}(\phi_{u}^{*}) = \max_{\phi\in \mathbf{\Phi}_{u}} J_{u}(\phi) = \max_{\phi\in \mathbf{\Phi}_{u}} f(u,\phi) = f(u,\phi_{u}^{*}) \\
&\text{s.t.}\quad \phi_{u}^{*} \in \mathbf{\Phi}_{u}
\end{aligned}
\tag{11.2}
$$

在式 11. 2 中，u 表示给定的武器装备，是常量；ϕ 表示在 u 约束下以及在其他资源约束下某种可行战法，u 给定后，ϕ 全体记为 $\mathbf{\Phi}_{u}$。式 11.2 所示的模型表示在装备约束下寻求最佳的战法 ϕ_{u}^{*}，获取最佳的作战效果 $J_{u}(\phi_{u}^{*})$，该模型简称为“战法分析模型”。

所以，在上述两个优化问题中，装备与战法互为对方演化的资源约束，每一方演变意味着另外一方发展所依赖的约束改变了。不断地修改战法或者装备，使得与之相适应

的装备和战法也不断地改变。所以，通过对这两个最优模型的不断迭代可以使得装备与战法的结合模式不断演化，从而促进干预策略的演化。

装备与战法具有一致性是指“打什么仗就发展什么装备”中的“战法”与“有什么装备就打什么仗”中的“战法”相同，并且前者中的“装备”和后者中的“装备”相同，即满足以下条件：①$J_{\phi}(u_{\phi}^{*})=J_{u}(\phi_{u}^{*})$；②$u=u_{\phi_{u}^{*}}^{*}$；③$\phi=\phi_{u_{\phi}^{*}}^{*}$。

装备与战法具有一致性是局中人干预策略具有一致性的重要保障，装备与战法一致性的内在需求源于核心利益的对抗性，在于作战效果需求，具有统一性的干预策略的作战效果优于不具有统一性的干预策略的作战效果。

沙基昌在《数理战术学》[10]一书中提出了武器装备的价值与其在体系对抗中的运用互为因果的一种理论。书中提出“武器装备的作战指数应以对对方总作战指数的毁伤能力来衡量，而武器装备的作战运用应以造成对方作战指数的最大毁伤为目标。”在这两条公理的基础上进一步提出了规范交战模式、核心循环等一系列概念，借助于 Lanchester 方程和其他数学工具证明了规范交战模式的存在与唯一性定理。该理论可用于合理地确定武器装备的作战指数和最优火力分配运用，也从理论上揭示了武器装备与战法运用间的内在联系。

式 11.1 和式 11.2 是战法分析与装备策划循环迭代发展模式的理论描述方式，而这种发展模式首先存在于战争实践之中。具体而言，可以从以下三个方面进行分析。其一，从人类战争史分析可以看出装备与战法是螺旋式发展的；其二，从历史上一场具体战争可以看出装备与战法在实践中不断地协同演化；其三，在未来的信息化战争中，装备与战法的循环迭代应该在战争之前进行。

1. 战争史上装备与战法迭代式地螺旋发展

武器装备是国防技术的载体，所以在宏观人类战争史上，战法分析和装备策划的关系表现为战法与技术关系，或者称为作战模式与技术的关系。一方面，技术发展推进了战法的创新。人类的战争历史表明：冷兵器战争到热兵器战争是由以火药为核心技术所推动的，热兵器战争到机械化战争是由以机械和电气为核心的技术所推动的[11~13]。而当前的新军事变革在本质上是机械化战争向信息化战争的变革，是以信息技术为核心的新技术群所推动的[14~15]。正如恩格斯所言，“一旦技术的进步可以用于军事目的并且已经用于军事目的，他们立刻几乎强制性，而且往往是违反指挥官意志而引起作战方式上的改变甚至是变革”[16]。

另一方面，战法引导技术进步。当前的新作战模式反过来推动了相关军事技术飞速发展，例如，美军军事技术具体发展都服务于军事理论创新成果的实现，其军事技术发展规划服务于“2020 联合作战构想”的实现[13,17]。

战法和技术两者相辅相成、相互促进，共同推动人类战争史的发展[13,15]。在人类战争史这一大尺度上，可以看出装备与战法是循环迭代式的发展，螺旋式上升的。装备与战法螺旋式的发展决定了战法分析与装备策划密不可分，也应该是循环迭代的。

2. 历史上具体战争中装备与战法在实践中不断协同演化

在信息化战争以前的时代，包括冷兵器时代的战争、热兵器时代的战争和机械化时代的战争，一场战争的进程很长，装备与战法在整个战争跨度上不断演化，在此演化过程中，有一个必不可少的环节——战争实践。根据作战实际的作战效果改进装备或者战法，这个过程其实是在一个很长的时间尺度上的装备与战法相互迭代，表现为在战争中学习战争。例如，抗日战争时期八路军创造的地雷战、地道战都不是一蹴而就的，地雷战随着地雷及其应用方式的改进而不断发展，地道战随着地道、相关武器以及地道战中战术的改进而不断发展。

3. 未来信息化战争中装备与战法循环迭代在战争之前进行

战争复杂系统中对抗双方对战争复杂系统干预分为两大阶段：装备建设与战法实现。由于信息化时代的战争进程加快，在战争最初的几天甚至几个小时就能决定战争的胜败。所以，一旦战争开始之后，就很难再有机会去设计生产新的主战武器装备，所以对信息化时代的战争系统发展可以分为两大阶段——双方装备建设阶段和双方战法实现阶段，即和平建设阶段和交战阶段，并且在交战阶段不考虑主要武器装备的建设。如图 11.1 所示，T_0 时刻表示当前时间点，T_1 时刻表示战争发生的时刻（或者虚拟的战争发生时间），T_2 时刻表示战争结束时刻。由于信息化战争时代战争的节奏加快，一般而言，从 T_0 到 T_1 时刻远远大于从 T_1 到 T_2 时刻。

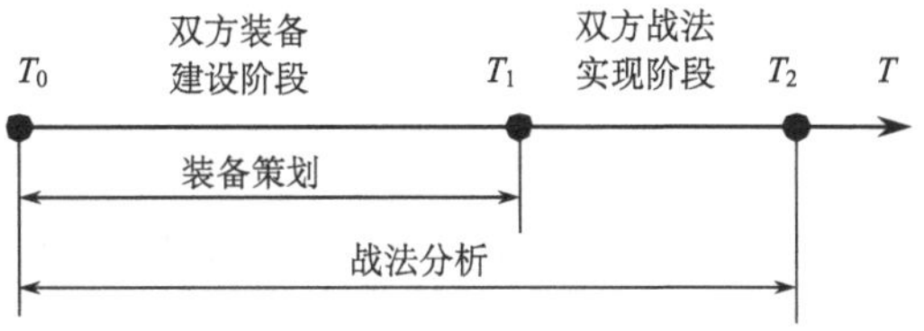

图 11.1　干预策略在时间上分布示意图

从图 11.1 中可以看出，从 T_0 到 T_1 时间段表示装备策划阶段，从 T_0 到 T_2 时间段是战法分析阶段。战法分析又分为两个子阶段：一是 T_0 到 T_1 时间段，该阶段战法分析成果往往成为装备策划的输入条件，即指导装备建设，体现了“打什么仗就发展什么装备”的逻辑；二是 T_1 到 T_2 时间段，该阶段战法分析往往受制于已有的装备建设成果，体现了“有什么装备就打什么仗”的逻辑。在理想的状态下，指导从 T_0 到 T_1 时期装备建设的战法应该和 T_1 到 T_2 时期所实施的战法一致，T_1 到 T_2 战法实施所要求的装备和 T_0 到 T_1 时期装备建设结果是一致的，这就是局中人内部装备与战法的一致性。

因为信息化时代的战争进程加快，从 T_1 到 T_2 的时间很短，人们很难有在一次战争中学习战争的机会，需要在战争之前研究战争。在战争之前使得装备与战法能够循环迭代不断演化，从而设计出具有一致性的干预策略。战法分析和装备策划的交互必须在 T_0 到 T_1 时间段完成。装备与战法的集成分析，把装备与战法内在相互促进的关系，放在战争之前进行分析，从而促进干预策略的创新。所以在信息化时代装备与战法的一致性必须在战争之前完成，而不能在战争过程中甚至是战争之后完成。

11.2.2　面向外部鲁棒性的整体演化机制

对抗过程中核心利益的零和特征是战争复杂系统区别于其他复杂系统的关键性特征之一。对抗过程中各局中人都尽其所能地创新干预策略，反制对手的进攻策略，因此已方的干预策略必须能够承受对方的反制措施。能够有效地应对对手各种反制性干预策略的能力特性称为鲁棒性，鲁棒性描述了干预策略应对对方不同干预策略的能力。

为了确保干预策略在对抗环境下仍然有效，战争复杂系统中的干预策略都必须具有鲁棒性。战争复杂系统演变过程实际也是局中人博弈过程。策略的有效性不仅仅取决于己方所实施的策略。还取决于对手所实施的策略。换言之，由双方所实施的策略共同决定。双方策略的对抗可以分解为两个最优控制问题不断循环迭代的过程。最优控制模型可以参考文献［10］。

红方的最优控制模型如下

$$J_{v,\psi}(u,\phi)^*_{v,\psi} = \max_{(u,\phi)\in(\mathbf{U},\mathbf{\Phi})_{v,\psi}} J_{v,\psi}(u,\phi) = \max\Theta(z(T_2))$$

$$\text{s. t.}\begin{cases}\dot{z} = F(u,v,\phi,\psi,t)\\ z(0) = z_0\\ (u,\phi)^*_{v,\psi} \in (\mathbf{U},\mathbf{\Phi})_{v,\psi}\end{cases} \tag{11.3}$$

其中，v 与 ψ 表示蓝方某一战法与装备干预策略，是常量；u 与 ϕ 分别表示针对蓝方的干预策略 v 与 ψ，红方在相关资源约束下的一个具体可行的装备与战法干预策略，$(u,\ \phi)$允许取值的全体记为$(\mathbf{U},\ \mathbf{\Phi})_{v,\psi}$；$z$ 表示战争系统状态变量，z_0 表示战争复杂系统的初始状态，而 $z(T_2)$表示系统在战争结束时（T_2 时刻）的状态；F 表示系统随时间 t 演化的微分方程，$J_{v,\psi}(u,\ \phi)$表示战争结束时红方的收益，它是在双方采用策略 u、v、ϕ、ψ 下的终点状态变量 z 的函数 Θ（z（T_2））。式 11.3 所表示的模型称为“红方策略分析模型”。

蓝方的最优控制模型可以表示为

$$K_{u,\phi}(v,\psi)^*_{u,\phi} = \max_{(v,\psi)\in(\mathbf{V},\mathbf{\Psi})_{u,\phi}} K_{u,\phi}(v,\psi) = \max(-\Theta(z(T_2)))$$

$$\text{s. t.}\begin{cases}\dot{z} = F(u,v,\phi,\psi,t)\\ z(0) = z_0\\ (v,\psi)^*_{u,\phi} \in (\mathbf{V},\mathbf{\Psi})_{u,\phi}\end{cases} \tag{11.4}$$

其中，u 与 ϕ 表示红方某一具体的装备与战法干预策略，是常量；v 与 ψ 表示针对红方干预策略 u 与 ϕ，蓝方在相关资源约束下的一个具体可行的装备与战法干预策略，$(v,\ \psi)$允许值的全体记为（$\mathbf{V}$，$\mathbf{\Psi}$）$_{u,\phi}$；$K_{u,\phi}(v,\ \psi)$表示蓝方在战争结束时的收益，它是在双方采用策略 u、v、ϕ、ψ 下的终点状态变量 z 的函数，因将战争作为红蓝双方的零和博弈，故其值恰好为$-\Theta(z(T_2))$，其余符号含义和式 11.3 中相关符号含义相同。式 11.4 所表示的模型称为“蓝方反制策略分析模型”。

从上述博弈模型中可以看出，红方的最佳收益不仅仅取决于红方的策略还取决于蓝方的策略。适应性要求无论对方采取何种策略己方都能获得满意的作战效果。为了确保己方的干预策略具有良好的适应性，应该尽可能地确定分析对方各种可能的反制措施。通过站在对方立场上思考其反制措施，根据对方的反制措施反思己方干预策略改进的空间和方向。己方策略改进后对方有可能采取新的反制措施，己方干预策略与对方的反制性策略遵循着“道高一尺，魔高一丈”的逻辑在螺旋式地上升。这种换位考察己方干预策略的适应性，使得己方策略和对方反制策略不断地循环迭代，不断演化，从而推动战法分析或者装备策划的深入。一旦己方策略中的装备与战法之一发生改变，将引起装备与战法新一轮的循环迭代。

这种对抗性矛盾是推动战争发展的最直接的动力，是战争复杂系统不断发展的最原始的动力，也是战争系统干预策略创新的源泉。人类历史上过去的战争中由于战争进程很长，这种推动力往往体现在战争进程之中。在信息化战争时代，这种对抗需要在战争之前进行，大部分决策问题在战争之前就有所考虑，战争中只需要根据当时情景选择相关决策预案即可。当然，还有一部分决策问题需要作战指挥人员在战争中根据突发情况灵活处置。这就要求包括军事人员在内的各类战争复杂系统决策人员在战争发生之前就发挥其创造性。

11.2.3　面向未来情景的装备与战法集成分析

战争设计中装备与战法建设策略必须适应于一定的背景，其中影响最大的当首推敌我双方当时武器装备的状况以及双方的战略战术原则、作战观念等，一个好的设计必然在双方策略运用的博弈中占上风。从这点上可以说战争背景决定了战争设计。

由于战争设计往往是针对未来某个时段，经常是几年甚至十几年后。而未来时刻的作战背景在很大程度上又是可能的交战各方在这几年，乃至十几年时间内共同干预的结果。因此又可以说作战背景取决于当前的战争设计。

这种作战背景与战争设计相互依赖的关系导致了战争设计中针对未来，又没有确定未来的悖论。解决这个悖论的方法就是作战背景与战争设计的循环迭代研究。要保证战争设计是在这种作战背景下最好的设计，而按照这种设计，从当前出发，在未来某预期时刻的作战背景又恰好是上述的作战背景。于是这样的作战背景假设才是可信的，才是可用的。这里作战设计既要考虑红方，也要考虑蓝方。所谓最好的设计就是任何一方如果改变设计，对方必有相应的反制措施，使其不会获得更好的作战效果，更多的时候是效果更糟。于是交战双方都不愿意主动改变设计，这样的设计才是有用的，因此这种设计必定是博弈的结果。

这种博弈模型中红方的支付函数可表示为

$$J = J(u, v, \phi, \psi, z_1, T_1) \tag{11.5}$$

蓝方的支付函数可表示为 $-J$，其中，t 为时间，当前时间定作 $t=0$，预期发生战争的未来时刻为 T_1。

z 为描述作战背景的变量，即反映双方作战系统的状态变量，通常它是高维的时间函数。z 满足状态方程和约束条件

$$\begin{cases} \dot{z} = F(u, v, \phi, \psi, t) \qquad 0 \leqslant t \leqslant T_1 \\ z(0) = z_0 \end{cases} \tag{11.6}$$

而 $z_1 = z(T_1)$ 反映了我们关心时刻 T_1 的作战背景，特别是双方当时可用的装备种类、性能和数量。

u，v 分别为红、蓝双方的装备发展策略，通常它们也是高维的时间函数。我们特别关心 $0\leqslant t\leqslant T_1$ 时的发展策略 u，v，在很大程度上它们直接决定了 $z_1=z(T_1)$。

ϕ，ψ 分别为红、蓝双方的战法，通常它们也是高维的时间函数。我们特别关心 $t\geqslant T_1$ 时的双方战法。当然用一点小小的数学技巧就可将其转化为 T_1 时刻的战法 $\phi(T_1)$ 和 $\psi(T_1)$。

u，v，ϕ，ψ 都会受到一定的制约，而且相互之间还有一定的牵制。采用一点数学技巧就可将这种制约独立开来。于是，可以假定 u，v，ϕ，ψ 的取值范围分别为集 $\mathbf{U}$，$\mathbf{V}$，$\mathbf{\Phi}$，$\mathbf{\Psi}$，即

$$\begin{cases}u\in \mathbf{U}\\ v\in \mathbf{V}\\ \phi\in \mathbf{\Phi}\\ \psi\in \mathbf{\Psi}\end{cases} \tag{11.7}$$

在这种假设下，红蓝双方策略对抗的模型可表示为双方是否存在满足式 11.7 的最优策略 u^*，v^*，ϕ^*，ψ^*，使得

$$\begin{aligned}&\max_{u\in \mathbf{U},\phi\in \mathbf{\Phi}}\ \min_{v\in \mathbf{V},\psi\in \mathbf{\Psi}} J(u,v,\phi,\psi,z_1,T_1)\\ &=\min_{v\in \mathbf{V},\psi\in \mathbf{\Psi}}\ \max_{u\in \mathbf{U},\phi\in \mathbf{\Phi}} J(u,v,\phi,\psi,z_1,T_1)\\ &=J(u^*,v^*,\phi^*,\psi^*,z_1,T_1)\end{aligned} \tag{11.8}$$

其中，$z(t)$ 满足式 11.6 的约束条件。

式 11.8 连同式 11.6、式 11.7 是一个微分对策模型，不仅体现了双方策略 u^*，ϕ^* 与 v^*，ψ^* 间的对抗，而且还充分考虑到了作战发生时刻 T_1 战争系统的状态变量对双方策略 u，ν，ϕ，ψ 的依赖，体现了情景分析的思想。

11.3 装备与战法集成分析的微分对策模型

在 11.2 节分析了装备与战法集成分析的逻辑机制——三层循环迭代的逻辑机制，运用三对模型分别描述三层循环迭代关系。为了便于更加直观地从整体上把握战法分析与装备策划的关系，将运用更加综合的模型对装备与战法集成分析的逻辑机制进行分析。在三层迭代逻辑机制中，涉及装备与战法的互为因果的关系、对抗双方策略的对抗关系、干预策略和未来相互决定的关系。所以，在综合性模型中必须能够反映上述关系。

11.3.1 微分对策模型的分解

在式 11.6 的约束条件下，微分对策模型（11.8）的解不能采用通常对策论中的方法。其基本原因是式 11.8 只是一种理论模型，在实际战争设计问题中支付函数 J 与系统状态变量的系统动力学方程中的函数 F 都是无法获得解析结果的。交战双方的武器装备发展策略 u，v 以及战法 ϕ，ψ 对支付函数 J 以及状态方程 F 的影响都分布于专家

的脑海中，需要将不同领域专家群体脑海中的隐性知识挖掘出来，高度融合才能进行有效的对策分析。这是一件非常复杂的事情。因此有必要将整个问题分解为若干个子问题，再将这些子问题的研究结果有机集成。这在数学理论上实际就是对 min 与 max 的分解。

11.3.2　红方策略问题的分解

式 11.8 中第二式的 max，即

$$\max_{u\in \mathbf{U},\phi\in \mathbf{\Phi}} J(u,v,\phi,\psi,z_1,T_1) \tag{11.9}$$

反映了红方策略的优化过程，这是对于红方武器装备发展策略 u 与战法 ϕ 的协调优化。

式 11.9 的优化还可以进一步分解为

$$\max_{u\in \mathbf{U}} J(u,v,\phi,\psi,z_1,T_1) \tag{11.10}$$

与

$$\max_{\phi\in \mathbf{\Phi}} \max_{u\in \mathbf{U}} J(u,v,\phi,\psi,z_1,T_1) \tag{11.11}$$

或者

$$\max_{\phi\in \mathbf{\Phi}} J(u,v,\phi,\psi,z_1,T_1) \tag{11.12}$$

与

$$\max_{u\in \mathbf{U}} \max_{\phi\in \mathbf{\Phi}} J(u,v,\phi,\psi,z_1,T_1) \tag{11.13}$$

1. 战法指导下装备建设的优化

式 11.10 是给定 $\phi\in\mathbf{\Phi}$ 情况下，对 $u\in\mathbf{U}$ 的优化。在实际问题中就是战法确定情况下如何进行装备建设的问题。这里优化的装备建设策略 u^* 主要是从战争设计工程开始的时刻$t=0$起到预期战争发生的时刻 $t=T_1$ 期间内的装备建设策略。我们将这个优化策略解记作

$$u^* = u^*(\phi) \tag{11.14}$$

2. 装备约束下战法的优化

式 11.12 是给定 $u\in\mathbf{U}$ 情况下，对 $\phi\in\mathbf{\Phi}$ 的优化。在实际问题中就是在一定装备约束条件下，采用何种战法最为有利的问题。这里优化的战法 ϕ^* 主要是指战争发生时刻 T_1 以后的战法。我们将这个优化策略记作

$$\phi^* = \phi^*(u) \tag{11.15}$$

3. 装备建设与战法优化的迭代

式 11.9 分解为式 11.10 与式 11.11 或者式 11.12 与式 11.13 实现起来都比较复杂。这是因为式 11.11 与式 11.13 的优化中都同时涉及装备建设策略 u 与战法 ϕ。为此考虑用式 11.10 与式 11.12 迭代的方法来解决式 11.9 的问题。

如果以式 11.10 为起始点，则给定一个红方的战法 ϕ 后，通过式 11.10 的优化得到一个相对于 ϕ 最优的装备建设策略 $u^*=u^*(\phi)$。但这个 u^* 还不一定是式 11.9 解中的一部分，因为不知道这个 ϕ 是否也是使式 11.9 最优的解。这时，固定装备发展策略 $u^*\in U$ 后，再按式 11.12 模型优化战法 ϕ，得到相对于 u^* 而言最优的战法 $\phi^*=\phi^*(u^*)=\phi^*(u^*(\phi))$。这种以给定战法为迭代起点的迭代称为迭代模式Ⅰ。

这时可能出现两种情况，一种是 $\phi^*(u^*(\phi))$ 恰好等于 ϕ，也就是说我们一开始优化式 11.10 时选定的红方战法 ϕ 就是在装备建设策略 u^* 约束下的最优战法。这时可以看到 $(u^*(\phi),\phi)$ 就构成了使式 11.11 与式 11.13 都达到最优的策略对。称 $u^*(\phi)$ 与 ϕ 为红方相互匹配的武器装备发展策略与战法。

另一种情况是 $\phi^*(u^*(\phi))\neq\phi$，这说明 $u^*(\phi)$ 与 ϕ 不是匹配的。对于战法 ϕ 来说，装备建设策略 $u^*(\phi)$ 是最好的，而对于 u^* 来说，战法 ϕ 不是最好的。至于 $u^*(\phi)$ 与 $\phi^*(u^*(\phi))$ 是否匹配，就需要再一次对式 11.10 进行优化。

再次对式 11.10 优化的结果，我们得到相对于给定的战法 $\phi^*(u^*(\phi))$ 最好的装备策划方案 $u^*(\phi^*(u^*(\phi)))$。

这时又分两种情况，一种是 $u^*(\phi^*(u^*(\phi)))=u^*(\phi)$，这就说明 $u^*(\phi)$ 与 $\phi^*(u^*(\phi))$ 是匹配的。第二种情况是 $u^*(\phi^*(u^*(\phi)))\neq u^*(\phi)$，则需要固定 $u^*(\phi^*(\phi)))\in\mathbf{U}$ 来再次调用对式 11.12 的优化以获得新的战法。

这种迭代程序一直进行下去，或者到某个时候我们就找到了武器装备建设策略与战法优化相匹配的方案 u^*，ϕ^*，或者当迭代进行得到一定时候，方案的改进对实际作战效果，即目标函数的影响，我们认为已经不重要了。这时也可以停止迭代，而认为式 11.9 的优化已经取得了一个基本匹配的策略对 u^*，ϕ^*。

这种相互匹配的武器装备发展策略 u^* 与战法 ϕ^* 可能不止一个。每一对匹配的策略都可以认为是"局部最优的"，但不一定是"全局最优的"。因此找到一对匹配的 u^*，ϕ^* 后，为了避免思维僵化，需要加大思维的发散力度，去努力寻找新的更好的匹配策略对 (u^*,ϕ^*)。这往往意味着武器装备概念的重要创新和战法的重要创新。

对于以式 11.12 为起始点的迭代原理与方法同以式 11.10 为起始点是一样的，就不再赘述这种以给定装备为迭代起点的迭代称为迭代模式Ⅱ。

11.3.3 策略对抗的反思

1. 策略反思的机理

式 11.9 的优化模型中实际上是在蓝方的武器装备发展策略 $v\in\mathbf{V}$ 以及蓝方的战法 $\psi\in\mathbf{\Psi}$ 都是确定的情况下进行的。因此这不是一个对策模型，要真正解决对策模型(11.8)，必须考虑蓝方对抗我方的反制措施。

如果在 11.3.2 节对模型（11.9）的求解中得到了蓝方策略 $\nu\in\mathbf{V}$，$\psi\in\mathbf{\Psi}$ 条件下红方的最优策略 $u^*\in\mathbf{U}$ 与 $\phi^*\in\mathbf{\Phi}$，它使得支付函数 J 达到最大，且 J 值为正，也就是说双方按此策略于 T_1 时刻开战，红方可获胜。那么红方采用策略 u^*，ϕ^* 的根据仍然不足，因为实战中蓝方未必会采用策略 v，ψ。为此必须完整地考虑式 11.8 中的第二式，

即为

$$\min_{v\in \mathbf{V},\psi\in \mathbf{\Psi}} \max_{u\in \mathbf{U},\phi\in \mathbf{\Phi}} J(u,v,\phi,\psi,z_1,T_1) \tag{11.16}$$

来寻找蓝方的最优策略 v，ψ。只有对满足式 11.16 的 u^*，ϕ^*，v^*，ψ^* 才能保证红方采用策略 u^*，ϕ^* 后，蓝方不会轻易改变 v^*，ψ^*。因为蓝方策略的变更只能使蓝方输得更惨。

2. 策略对抗的迭代模型

由于式 11.16 的求解涉及双方的策略 u，v，ϕ，ψ，因此难度极大。我们仿照 11.3.2 节的方式采用迭代的方法。为此转而考虑式 11.8 中第一式的 min，即

$$\min_{v\in \mathbf{V},\psi\in \mathbf{\Psi}} J(u^*,v,\phi^*,\psi,z_1,T_1) \tag{11.17}$$

这里假定红方的策略 u^*，ϕ^* 已经选定，寻求蓝方策略 v，ψ 的优化。式 11.17 的形式与式 11.9 十分相像，差别仅在于红、蓝双方对掉了位置而已。因此求解式 11.17 的方法也很抽象。唯一的不同在于真正的蓝方成员不会与我方一起进行战争设计。因此关于蓝方策略的创新同样必须由我们的战争设计工程团队来完成。或者说战争设计工程团队既要为红方设计策略，也要为蓝方设计策略。这才是真正体现面向未来情景的对抗条件下的战争设计。

假定式 11.17 的解 v^*，ψ^* 已经求出，并将其表达为

$$(v^*,\psi^*) = B(u^*,\phi^*) \tag{11.18}$$

类似的将 11.3.2 中，在蓝方策略 v，ψ 下求得的红方最优策略表达为

$$(u^*,\phi^*) = R(v,\psi) \tag{11.19}$$

这时可能出现两种情况。第一种情况 $(v^*,\psi^*)=B(u^*,\phi^*)=B(R(v,\psi))=(v,\psi)$。即针对红方 u^*，ϕ^*，蓝方的最优策略 v^*，ψ^* 恰好与当初求解模型（11.9）中用到的 v，ψ 一致。这时可以证明 (u^*,v,ϕ^*,ψ) 就是模型（11.8）的解，达到鞍点，是任何一方都无法进一步单方面改进的策略。

第二种情况 $(v^*,\psi^*)=B(R(v,\psi))\neq(v,\psi)$。只要 $v^*\neq v$ 或 $\psi^*\neq\psi$ 中有一项成立，就说明这时 (u^*,v,ϕ^*,ψ) 不是模型（11.8）的解，对于红方的策略 u^*，ϕ^*，蓝方有比 (v,ψ) 更好的策略 (v^*,ψ^*)。这就是 $(v^*,\psi^*)=B(u^*,\phi^*)$ 对红方策略 (u^*,ϕ^*) 的反制措施。

在这种情况下我们可以将蓝方策略为锁定为 $(v^*,\psi^*)=B(u^*,\phi^*)$，再次求解模型（11.9），求得红方相应的最优策略 $(u^{**},\phi^{**})=R(v^*,\psi^*)=R(B(u^*,\phi^*))$。

我们再次比较 $R(B(u^*,\phi^*))$ 与 (u^*,ϕ^*)。同样地，若二者相等，模型（11.8）就解决了。若二者不相等，则再次从 (u^{**},ϕ^{**}) 起求解模型（11.7）。

如此迭代直至某阶段得到的红方最优策略 $\bar{u}$，$\bar{\phi}$ 满足 $R(B(\bar{u},\bar{\phi}))=(\bar{u},\bar{\phi})$，或者得到的蓝方的最优策略 $\bar{v}$，$\bar{\psi}$ 满足 $B(R(\bar{v},\bar{\psi}))=(\bar{v},\bar{\psi})$。于是就得到了模型（11.8）的解。

如果始终不出现上述情况则可能出现的第二种情况是迭代优化若干次后，双方的策略改进已经比较微小，没有大的变化，且这种变化已经没有更多关注的必要，支付函数

的变化也很小了，这时就可以停止迭代，认为已经找到了模型（11.8）的近似解或满意解。

第三种可能的情况是迭代优化的结果始终不能收敛，反而出现策略循环的现象。出现这类现象的典型例子是“石头、剪刀、布”游戏。在应用篇中我们也有一些例子说明在实际作战问题中出现这种策略循环相克的现象是可能的。一般来说，这种情况下需要我们拓宽思路，探索干预战争进程的新策略、新手段，甚至修改战争设计的设定。

11.3.4 微分对策模型求解中需要考虑的一些问题

1. 作战背景

未来作战背景在模型（11.8）中主要通过 z 来体现。z 是包括双方在内的战争状态变量。它是包罗万象的，它应包括对作战有明显影响作用的全部因素。这些变量的动态变化规律在式 11.6 中用微分方程表示，虽然这并不是绝对必需的。z 的变化与双方采用的策略(u，v，ϕ，ψ)相关，特别是与 u，v 关系很大。因此这个模型是反映了情景分析的，且是策略与背景互为因果的关系。这类问题的研究最有挑战性。

T_1 是设计中战争爆发的时刻，T_1 的选择对于战争的得失，即 J 值也有很大的关系。其实 T_1 也是可以设计的，也是需要认真分析的。当然 T_1 也不是任何一方想怎么定就可以怎么定的，而是要造成一定的格局以保证在 T_1 时刻以前不会开战。

2. 不可控因素

模型（11.5）与模型（11.8）中未涉及不可控因素。战争中如自然环境等存在诸多的不确定性。考虑不可控因素，实际上就是研究战争设计的适应性。将不可控因素考虑进去，式 11.5 就要改为

$$J = J(u,v,\phi,\psi,z_1,x,T_1) \tag{11.20}$$

其中，x 为不确定因素全体变量的集合，它也是高维的时间函数。x 的取值范围为 $\mathbf{X}$。

这时，双方策略的对抗研究中有几种常用的方法：乐观法、悲观法、平均法、最大可能法等。即生成一个新的支付函数 $\widetilde{J}$，乐观法中为

$$\widetilde{J} = \max_{x\in \mathbf{X}} J(u,v,\phi,\psi,z_1,x,T_1)$$

悲观法中为

$$\widetilde{J} = \min_{x\in \mathbf{X}} J(u,v,\phi,\psi,z_1,x,T_1)$$

平均法中为

$$\widetilde{J} = \int_{\mathbf{X}} J(u,v,\phi,\psi,z_1,x,T_1)p(x)\mathrm{d}x$$

其中，$p(x)$为 x 在 $\mathbf{X}$ 中的分布密度函数。

最大可能法为

$$\widetilde{J} = J(u,v,\phi,\psi,z_1,\widetilde{x},T_1)$$

其中，$p(\widetilde{x})$达到 $p(x)$的最大值。

需要注意的是，在第 11.2.2 节关于鲁棒性的分析中，如果红方的目标函数采用乐观法，则蓝方的目标函数应采用悲观法。反之，若红方采用悲观法，蓝方应采用乐观法。

实际战争设计的每一环节中，采用何种方法来衡量不确定性对战争结果的影响还需战争设计团队来决定。

3. 不能获胜怎么办

上篇中已经说过，并不是每一项战争都有胜利设计的。如果在上述双方决策的博弈模型中求得的平衡解(u^*，v^*，ϕ^*，ψ^*)使得支付函数值 $J<0$，则意味着红方必定会输掉这场战争，这样的战争设计还有什么意义，这时战争设计团队又该怎么办?

出现 $J<0$ 的情况是正常的。之所以出现 $J<0$，可能有如下几种情况：①对我方的策略 u，ϕ 研究不够，创新不够，还有更好的策略未被发现。所以要进一步运用发散思维的形式创新，探讨是否存在更好的策略，至少研究的战争设计可以使我们避免输得更惨。②对蓝方的策略 v，ψ 研究得过于深入，而实际作战时，蓝方没有那么聪明，没有那么强。这就提醒我们要密切关注敌方策略是否有失误。一旦蓝方出现失误，我们就有可能反败为胜。③我们确实找到了战争设计的解，且确实 $J<0$，这时说明该战争设计没有胜利解。这时要反思我们进行战争设计的初衷是否合理，是否需要推迟或者避免战争，是否需要修改设定等。

4. 求解对策模型与讨论式模拟

本章中的对策模型及其求解方法只是一种理论性的表述，比较便于表述战争设计问题中装备策划与战法运用的一种对策本质和求解过程的逻辑含义。由于其中 J 与 F 的函数形式无法确定，并不能直接运用对策论中现成的求解方法。大量的工作在于探讨 u，v，ϕ，ψ 以及 J 与 F 的具体值，而每一个值的求得实际上都是战争设计专家群体反复研讨的结果。这就是为什么在战争设计工程中特别强调专家群体作用的原因。

11.4 本章小结

从装备与战法集成分析的概念出发，研究了装备与战法集成分析的逻辑机制，阐述了装备与战法螺旋式进化的三层循环迭代机制，并且运用微分对策模型对该机制进行了理论描述和分析。

参考文献

[1] Levchuk Y N, Levchuk G M, Pattipati K R. A systematic approach to optimize organizations operating in uncertain environments: design methodology and applications. American Defense Report, NO. ADA467668/XAB, 2002, 9: 1～23.

[2] Levchuk G M, Levchuk Y N, Luo J, et al. Normative design of organizations-part I: mission planning. IEEE Transactions on Systems, Man and Cybernetics, 2002, 32 (3): 346～359.

[3] Levchuk G M, Levchuk Y N, Luo J, et al. Normative design of organizations-part II: organizational structure.

IEEE Transactions on SMC，2002，32（3）：360～375.

[4] Levchuk G M，Levchuk Y N，Meirina C，et al. Normative design of organizations-part III：modeling congruent，Robust Organizations. IEEE SMC，2003，34（3）：337～350.

[5] 汉语大词典编辑委员会．汉语大词典（第五分册）．上海：汉语大词典出版社，1990：242.

[6] 姜椿芳，梅益．中国大百科全书（军事Ⅱ卷）．北京：中国大百科全书出版社，2004：1080.

[7] Cochrane C B. Introduction to Defense Acquisition Management（Sixth Edition）．DAU，2003，（11）：1～7.

[8] 铝建伟，陈霖，郭庆华．武器装备研制的风险分析与风险管理．北京：国防工业出版社，2005：167～187.

[9] 总装备部电子信息基础部．现代武器装备概论．北京：原子能出版社，2003：64.

[10] 沙基昌．数理战术学．北京：科学出版社，2003：21～50，80～98.

[11] 余春．战争形态与武器特征．北京：国防大学出版社，2007：42～61.

[12] 迈克尔·奥汉隆．高科技与新军事革命．王振西译．北京：新华出版社，2004：26～28.

[13] 陈勇，姚有志．面向信息化战争的军事理论创新．北京：解放军出版社，2004：5～33.

[14] 王保存．世界新军事变革新论．北京：解放军事出版社，2005：1～4.

[15] 林建超，吉文明．世界新军事变革概论．北京：解放军事出版社，2005：47～51.

[16] 马克思，恩格斯．马克思恩格斯军事文集（第1卷）．北京：战士出版社，1981：16～17.

[17] Armstrong R B. Communications architecture recommendations to enable joint vision 2020. IEEE Aerospace Conference，2003，3：1187～1193

第 12 章

战争设计工程中装备与战法集成分析框架

第 11 章给出了装备与战法集成分析的微分对策模型，它的主要作用是在理论上说明装备与战法集成分析内在的逻辑机制，需要经过进一步的充实，才能成为可操作的集成分析框架。本章在微分对策模型的基础上，从逻辑、组织和技术三个维度建立战争设计工程中装备与战法集成分析框架，该框架包括了集成分析过程中每个阶段的任务特征、组织模型和技术途径。

12.1 装备与战法集成分析的四个阶段

12.1.1 装备与战法集成分析的相关概念

在装备与战法集成分析的微分对策理论模型转化为实际可操作的集成分析框架之前，需要对集成分析过程中的相关概念进行定义，包括装备与战法的一致性、战法与装备结合模式的鲁棒性、战法与装备结合模式与未来情景的相容性等。

装备与战法的一致性需要满足的条件已在第 11.2.1 节中给出，即①$J_{\phi}(u_{\phi}^{*})=J_{u}(\phi_{u}^{*})$；②$u=u_{\phi_{u}^{*}}^{*}$；③$\phi=\phi_{u_{\phi}^{*}}^{*}$。根据不同的迭代起点，装备与战法的一致性可分为两种：一是装备与战法的一致性；二是战法与装备的一致性。在迭代模式Ⅰ中，以给定战法 ϕ 为迭代起点，通过迭代得到相匹配的策略 u^{*} 和 ϕ^{*}，这种情况称为装备与战法具有一致性。在迭代模式Ⅱ中，以给定装备 u 为迭代起点，通过迭代得到相匹配的战法 ϕ^{*} 和 u^{*}，这种情况称为战法与装备具有一致性。

干预策略的有效性 对于红方而言，如果系统在 T_2 时刻的状态 $z(T_2)$满足红方的作战需求，则称该策略对红方具有有效性，即红方接受 $z(T_2)$状态。有效性具有相对性，并不一定是获取绝对胜利才算有效，对于一个实力远小于对手的战争设计者而言，如果能输得少一点也是一种有效性。

干预策略的适应性 对于红方而言，其干预策略（战法与装备结合模式）在不可控变量 x 的可预期变化范围内变化时仍然有效，称为红方干预策略具有适应性。

干预策略的鲁棒性 对于红方而言，其干预策略（战法与装备结合模式）在蓝方反制性干预策略作用下仍然有效的能力，称为红方干预策略具有鲁棒性，反映了干预策略在对抗条件下的有效性。

干预策略与未来情景的相容性 对于红方而言，如果其干预策略在未来情景状态变量的估计范围之内，则称红方干预策略具有相容性，反映了干预策略与未来情况的一致性。

除了以上五个策略评价指标外，还有两个辅助性评价指标：创新性、可行性。

（1）创新性，反映了干预策略超常规性，军事干预策略讲究突然性，讲究出其不意，具有创新性的干预策略往往具有更好的作战效果、更好的鲁棒性、更好的适应性等；

（2）可行性，一个完整的干预策略（战法与装备的结合模式，(u, ϕ)）需要确保其可行性，否则是空中楼阁，没有任何实际意义，可行性包括三个方面——技术可行性、战术可行性和经济可行性。

12.1.2 装备与战法集成分析逻辑框图

装备与战法螺旋式进化逻辑机制中把效果分析分为效果定性判断和效果定量分析两大类。其中，定量判断需要建立效果模型，在效果模型的帮助下基于效果的变化定量分析干预策略适应性和相容性。而定性判断存在于干预策略研讨阶段，可以确保研讨连贯有效。

在逻辑协作机制的框图中增加“建立效果模型”和“基于效果反思”这两大步骤之后，装备与战法螺旋式发展的动力机制包含战争设计工程中四大步骤：研讨约束、研讨干预策略、建立效果模型和基于效果反思，如图 12.1 所示。

在图 12.1 中，四个阶段的主要任务和逻辑关系如下：

（1）研讨未来情景约束。包括未来的技术发展趋势、双方未来的主要装备情况、双方未来主要装备运用情况（战法）。

（2）研讨干预策略。研讨干预策略中的两重嵌套循环迭代过程：外面一层是研讨己方干预策略和研讨对方反制策略之间的循环迭代，把“研讨对方反制策略”独立出来就是为了在不使用微分对策模型的情况下确保干预策略的适应性；内层是战法分析和装备策划之间的循环迭代组合成己方干预策略研讨过程。这两重嵌套循环迭代中活动在同一个空间进行，并且实时交互。研讨干预策略中的两重嵌套循环机制，确保干预策略的一致性和适应性，而且这种一致性和适应性是建立在定性分析基础上的。

步骤（1）和步骤（2）之间的循环迭代确保干预和未来环境的相容性，最后获得有一致性、适应性和相容性的干预策略——装备与战法结合模式以及对方的反制模式（包括主要装备以及运用模式），其一致性、适应性和相容性由定性分析所得。

（3）建立效果模型。根据步骤（1）与（2）循环迭代所确定的干预策略，建立干预

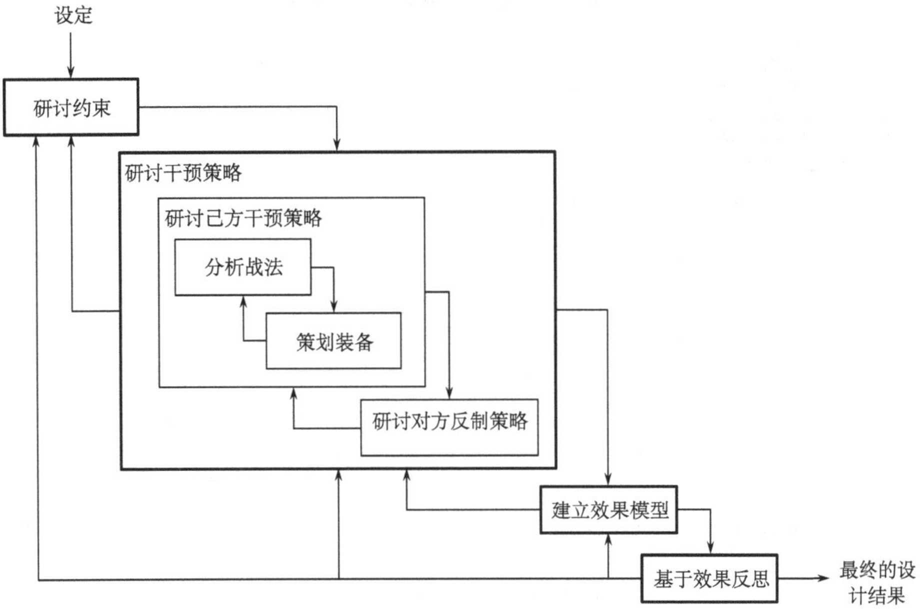

图 12.1 装备与战法集成分析的逻辑框图

策略的作战效果模型，为定量分析干预策略一致性、适应性和相容性提供模型基础。如果建模阶段发现所设计的干预策略需要改进，再返回到步骤（2）。

（4）基于效果反思阶段的主要工作就是从定量的角度反思一致性、适应性、适应性和相容性，促进干预策略进一步优化。

12.1.3 装备与战法集成分析各阶段任务

在图 12.1 中，装备与战法集成分析中的效果分析分为定性分析和定量分析两大类，从宏观上描述了装备与战法集成分析的基本流程。在策略对抗模型的基础上对图 12.1 各阶段工作进一步扩展得各阶段主要任务及其逻辑关系。扩展过程主要从以下两点出发：

（1）在策略对抗的迭代模型中，用定量方法对支付函数 J 的值进行改进，使得装备与战法集成分析框架的效果分析发展为定性判断和定量分析两个阶段，从定性与定量相结合的角度进行扩展。

（2）把干预策略的评价指标，即一致性、有效性、适应性、鲁棒性、相容性和可行性的评估活动扩展到分析流程中。

1. 研讨约束

研讨约束的输入是战争设计工程的设定，其主要目标是寻找解决问题的起点，确定问题解决方案相关的具体领域。研讨约束阶段的流程图如图 12.2 所示。研讨约束阶段获得的产品是规范化的未来情景。未来情景由一个或多个关键因素子集所组成，其中一个关键因素子集被作为问题域而被明确化和规范化，成为下一阶段“干预策略研讨”的起点。

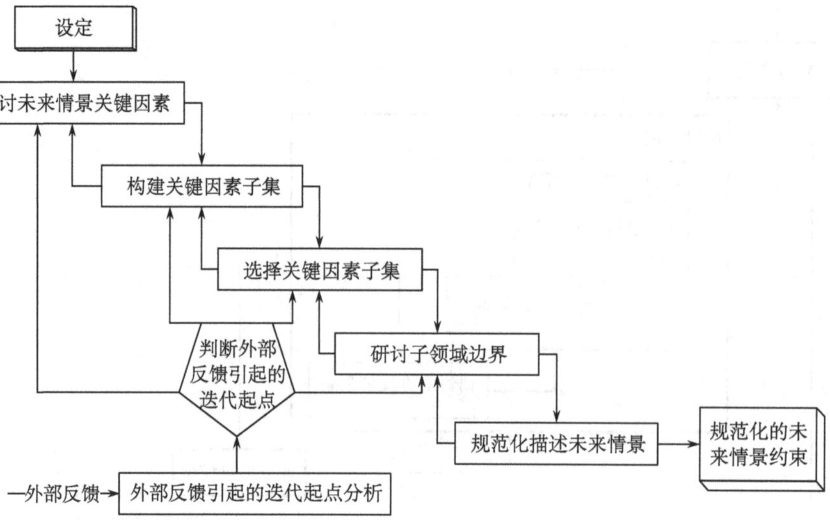

图 12.2　研讨约束的流程图

研讨约束阶段的主要任务包括：

(1) 研讨未来情景的关键因素。围绕战争设计工程的设定，战争设计工程团队研讨与分析未来情景中影响问题的关键因素。未来情景的关键因素包括技术、装备和战法三个方面的内容，需要各领域专家交互探讨确定。采取从定性到定量的分析方法，是体现创新性的主要环节；

(2) 构建关键因素子集。根据关键因素之间的关系划分关键因素，形成关键因素子集，每一个关键因素子集反映了一种潜在解决方案所涉及的领域。关键因素子集划分的基本思路是面向问题，以解决问题为导向，每一个子集对应于一个问题域，以定量分析技术为主；

(3) 选择一个关键因素子集。根据关键子集的优先序选择一个关键因素子集作为问题域，确定后续研讨分析的具体起点。选择合适的关键因素子集的过程，是一个多因素的评估过程，在任务分析的内部体现了定性与定量相结合；

(4) 研讨子领域边界。根据关键因素子集确定未来情景的子领域及其边界，包括以下三个方面的内容：技术发展趋势 S_t、双方的战法趋势 S_{tx} 与 S_{ty}、双方装备趋势 S_{ex} 与 S_{ey}，每一个未来情景子领域用五元组(S_t，S_{tx}，S_{ty}，S_{ex}，S_{ey})表示。选择研讨子领域边界，涉及多领域专家，主要以定性研讨为主，也是体现创造性的关键性环节，需要充分发挥异质专家群体的创造性；

(5) 规范化地描述未来情景，把未来情景明确地、无歧义地表述出来。把前四大任务执行的结果规范化地描述出来。以上五大任务分别记为 *Dfs*1，*Dfs*2，*Dfs*3，*Dfs*4，*Dfs*5。

五大任务的关系组成一种“瀑布式”开发流程，相邻两个任务之间具有反馈关系，每个子任务结束时都需要判断是进入下一个任务还是反馈到上一个任务。在 *Dfs*2，

$Dfs3$，$Dfs4$，$Dfs5$ 执行过程中，如果发现上一个任务完成存在不足则反馈到上一个子任务，如果任务结果和上一个任务具有相容性，则进入下一个任务。

（6）外部反馈引起的迭代起点分析，记为 $Dfs6$。在研讨约束阶段，需要处理从源自后续阶段（研讨干预策略阶段、基于效果反思阶段）的外部反馈，外部反馈意味着需要重新处理五大任务中某些任务。所以，在约束研讨阶段需要确定外部反馈在本阶段所引起的迭代起点，外部反馈引起的迭代起点确定基本原则是深度优先的原则和从近到远的原则。所谓深度优先原则和从近到远的原则是指在促使干预策略进化时，优先考虑末端的各种可能性，如果末端各种可能性都被排除后，再考虑其上一级约束的合理性。基本规则如下：

- 外部反馈引起的循环迭代起点的选择优先序记为 fs ()，则优先序之间的优先关系记为$\succ$，则在本阶段外部反馈选择迭代起点优先关系可以表示为 fs（$Dfs4$）$\succ fs$（$Dfs3$）$\succ fs$（$Dfs2$）$\succ fs$（$Dfs1$）
- 首先反馈到任务 $Dfs4$（研讨子领域边界），在 $Dfs1$，$Dfs2$，$Dfs3$ 不变化的情况下，如果经过若干轮反馈，战争设计工程团队对子领域的边界经过了充分的研讨、分析和修正之后无法获得更新的结论，则反馈到 $Dfs4$ 的上一任务 $Dfs3$，即重新选择关键因素子集作为具体的问题域；
- 在 $Dfs1$，$Dfs2$ 不变化的情况下，如果经过若干轮反馈，所有关键因素子集都被作为具体问题域进行充分的分析，则反馈到 $Dfs3$ 的上一任务 $Dfs2$，即重新构建关键因素子集；
- 在 $Dfs1$ 不变化的情况下，如果经过若干轮反馈，构建关键因素子集的任务进行了充分研究并且无法获得更合理的关键因素子集划分方式，则反馈到 $Dfs2$ 的上一任务 $Dfs1$，即重新研讨未来关键因素。

具体领域的约束实际上是对设定的进一步扩展，它继承了设定中所有内容，包括约束，是对设定进一步细化的结果，研讨约束的结果是设定的多种细化方案。例如，在制空权案例中，制空权问题的解决有两种可能的途径，这两种途径分别来源于中程空对空导弹对抗领域和敌我识别系统对抗领域。研讨约束，把解决问题起点定位到具体的领域，需要战争设计工程团队的创造性。

研讨约束阶段的子领域约束和设定中的约束有比较大的差别。子领域约束建立起未来情景，相对较为具体，是对问题的一种更为具体的表述。而设定中的约束更为抽象，是具体约束的约束。例如，在夺取制空权的战争设计案例中，经过约束研讨，把问题定位聚焦到“攻击敌我识别系统”领域，问题解决转化为“攻击对方的敌我识别系统”，子领域约束就是实现攻击对方敌我识别系统的约束。后续的干预策略研讨将在攻击敌方敌我识别系统这一目标下进行讨论。

2. 研讨干预策略

研讨干预策略的输入是规范化的未来情景约束，其主要目标是在未来情景的约束下研讨获得问题的解决方案（或者问题合理的分解方案）。研讨干预策略阶段得到的产品是：经过定性分析论证具有一致性、有效性、适应性、可行性、鲁棒性和相容性的装备与战法的结合模式。

装备与战法结合模式是指在装备与战法集成分析过程中获得的战法及其物质载体建设方案（或者装备及其运用模式），是战争设计工程团队围绕设定所设计出的、具有整体性的干预策略组合，包括所设计的战法和装备策划方案两个方面。

干预策略研讨的主要工作，包括循环迭代的三大主要任务和为了实现三大任务的循环迭代所需要的辅助性工作——干预策略的定性评价工作。三大主要任务是研讨战法、研讨装备策划、分析对手反制措施；辅助性评价任务是指定性评价一致性、定性评价有效性、定性评价鲁棒性和可行性、定性评价鲁棒性和定性评价相容性。研讨干预策略的流程如图 12.3 所示，研讨的主要任务如下：

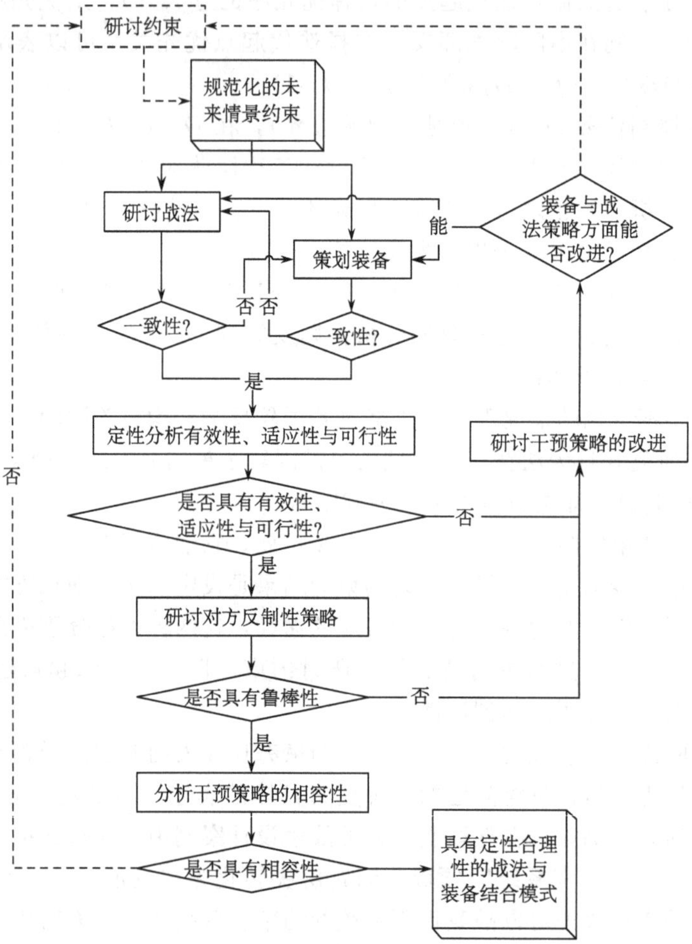

图 12.3 研讨干预策略的流程图

（1）研讨战法，记为 $Dte1$。在未来情景约束下研讨应对问题的战法，在战法研讨过程中，既要分析未来战法发展趋势，也要分析未来技术发展趋势和装备发展趋势。因此，在战法研讨过程中装备技术领域专家参与研讨，为战法分析提供装备和技术方面的支持。研讨战法任务结束之前，需要定性判断战法与相关装备策划方案的一致性。如果不具有一致性，则把战法研讨的结果作为装备策划研讨的输入，执行研讨装备策划任务，如果具有一致性则执行定性分析效果任务。

（2）研讨装备策划，记为 $Dte2$。在未来情景约束下研讨应对问题的装备，装备策划研讨同样需要军事领域的专家参与。研讨装备策划任务结束之前，需要定性分析判断战法与相关装备策划方案的一致性。如果不具有一致性，则把装备策划研讨的结果作为战法研讨的装备约束，执行研讨战法任务，如果具有一致性则执行定性分析效果任务。

实际上，“研讨战法”和“研讨装备策划”往往在同一时空进行，由多领域专家在一起协作研讨，没有必然的先后顺序，所以在图 12.3 中“研讨战法”和“研讨装备策划”处于并行地位，两种研讨相互迭代共同完成己方干预策略的研讨。这两大任务主要采取定性的研讨技术。装备与战法一致性的定性分析，包含于上述两大任务之中。

（3）定性判断干预策略有效性、适应性和可行性，记为 $Dte3$。在干预策略组合具有一致性的条件下，分析干预策略的效果。在研讨战法与研讨装备策略过程中，都包含干预策略有效性定性判断，在干预策略研讨阶段主要是定性分析效果。适应性定性评估主要分析在未来情景中对干预策略效果影响的客观不确定性及其影响。可行性评估主要分析干预策略在战法、技术和经济三方面的可行性，技术可行性是重点考察对象。如果有效性、适应性或者可行性不满足要求，还需要改进，则执行任务 $Dte4$，否则执行任务 $Dte5$。主要是定性分析为主。

（4）研讨干预策略的改进措施，记为 $Dte4$。根据反馈类型分析干预策略的改进方向，研讨干预策略的改进措施。在干预策略效果改进措施研讨任务中，其反馈形式包括以下两大类，一是干预策略研讨阶段定性评价干预策略时产生的反馈，二是基于效果反思阶段定量评价干预策略时产生的反馈。如果反馈源自于干预策略的一致性评价，则在干预策略改进时重点放在一致性改善上；如果反馈源自于干预策略的有效性评价，则在干预策略改进时重点在效果改善上；如果反馈源自于干预策略的鲁棒性评价，则在干预策略改进时重点在鲁棒性改善上；如果反馈源自于干预策略的可行性评价，则在干预策略改进时重点在可行性改善上；如果反馈源自于干预策略的适应性评价，则在干预策略改进时重点在适应性改善上。在干预策略改进方向的分析过程中，也需要从战法和装备两个角度进行探讨。如果能够通过改进干预策略集（战法或者装备策划方案）改进效果，则返回执行任务 $Dte1$ 或者任务 $Dte2$，否则返回到约束研讨阶段。这一任务的完成需要各领域专家的群体智慧，主要是定性研讨为主。

（5）研讨对方的反制性策略，记为 $Dte5$。在此基础上分析己方干预策略的鲁棒性。研讨对方反制策略需要从装备与战法两个方面进行分析，首先分析对方在战法上的反制措施，然后分析对方在装备策划领域的反制措施。如果鲁棒性不满足要求，则需要改进己方干预策略，即执行任务 $Dte1$ 或者任务 $Dte2$，否则执行任务 $Dte4$。研讨对方反制性策略主要采取讨论式模拟的方法，战争设计工程团队部分成员扮演蓝方的角色，站在蓝方的角度上分析应对己方提出的干预策略。

（6）定性分析干预策略与未来情景的相容性，记为 $Dte6$。在干预策略具有一致性、有效性、可行性、适应性和鲁棒性的基础上，分析己方的干预策略和对方的反制性措施是否符号未来情景。如果不满足相容性要求，则返回步骤“研讨约束”阶段，重新研讨约束，如果满足要求，则表明在本阶段获得了“经过定性分析证明具有合理的装备与战法结合模式”(合理性包括干预策略的一致性、有效性、适应性、可行性、鲁棒性和相容性)，在此基础上形式化描述己方应对问题的干预策略以及对方的反制措施，并转到下一阶段——建立效果模型阶段。

在图 12.3 中，虚线表示本阶段任务执行过程中和“研讨约束”阶段之间的交互关系。

3. 建立效果模型

建立效果模型的输入是研讨干预策略的结果——经过定性分析证明具有合理性的装备与战法结合模式，其主要目标是建立干预策略和作战效果之间的桥梁。一方面为定量分析干预策略的一致性、有效性、适应性、可行性、鲁棒性和相容性提供模型支持；另一方面为干预策略的改进提供定量变化趋势基础。建立效果模型阶段获得的产品是干预策略的效果模型，包括三方面内容：己方干预策略以及对方反制策略实现的作战概念模型、关键性参数变化范围、定量的效果模型。建立效果模型阶段主要任务包括：

(1) 建立干预策略的概念模型，记为 *Bem*1。在战争设计工程异质专家群体智慧集成过程中，概念模型起着沟通系统工程师、军事工程师、装备工程师、模型工程师和技术工程师的桥梁作用，是领域专家一致理解的基础。建立概念模型，就是把抽象的干预策略放在未来典型作战环境中的具体化，包括战法具体化、装备的具体化，最后还需把作战概念模型进行格式化地描述，形成无歧义的、具有一致性的作战概念模型。如果概念建模过程中发现干预策略的缺陷(包括策略不完整、冲突等)，则需要反馈到上一阶段——研讨干预策略阶段——重新研讨干预策略，一般直接反馈到任务 *Dte*1。如果能够顺利构建合理的概念模型，则执行任务 *Bem*1。概念建模阶段主要采取定性分析技术和格式化的概念获取与描述技术。

(2) 确定关键参数及其范围，记为 *Bem*2。由于影响作战效果的变量很多，需要确定关键性参数，关键参数主要包括重要的随机变量、装备的关键性能参数、作战活动中关键性时空属性(所消耗的时间、所需要的空间、时间间隔、空间位置关系等)。其中的一些参数的具体取值无法确定，需要考证其变化范围。确定关键参数及其取值范围有三方面的作用：

- 确定关键参数取值范围有利于建立合理的效果模型，若效果模型和关键参数取值范围有质的变化，则效果模型也可能有质的变化；
- 确定关键参数取值范围的过程，实际上也是定量分析可行性的过程，因为装备关键性能参数取值范围就是定量分析技术可行性分析的结果，而作战活动中关键性时空属性取值范围就是定量分析战法可行性分析的结果；
- 只有确定了参数取值范围后才能确定具体的作战效果及其变化范围，从而为基于效果的反思提供定量支持。

如果在确定关键参数取值范围的过程中，发现干预策略的可行性不满足要求，则反馈到上一阶段——研讨干预策略阶段，分析干预策略的改进方向，即反馈到任务 *Dte*4。

如果在确定关键参数取值范围的过程中，发现概念模型中存在不足，则反馈到任务 *Bem*1。关键参数的考证主要是定性到定量的分析技术，装备性能参数考证由装备领域专家完成，而作战活动属性的考证由军事领域专家完成。

(3) 建立链式效果模型，记为 *Bem*3。效果模型是基于效果反思的基础。根据干预策略实施的作战概念模型以及关键性能参数，建立干预策略的作战效果模型。效果模型实际上也是微观和宏观之间沟通的桥梁，在战争复杂系统中为了把微观的干预策略和最终整体性的干预效果联系起来，可以采取链式模型的建模思想建立效果模型。如果在建立效果模型阶段，发现关键参数取值范围有冲突或者某些关键参数取值范围未确定，则需要反馈到任务 *Bem*2。建立效果模型主要是建模专家完成。

(4) 外部反馈引起的迭代起点分析，记为 *Bem*4。在建立效果模型阶段可能接收来自基于效果反思阶段的反馈，如概念模型的不合理性、参数估计的不合理性以及链式效果模型本身的不合理性等。在这种情况下，需要根据反馈内容分析判断循环迭代起点，即确定重新执行任务 *Bem*1，任务 *Bem*2 和任务 *Bem*3 之中那个任务。主要以定性分析技术为主，由专家群体协作完成。

各阶段任务之间的关系如图 12.4 所示。图 12.4 中虚线表示建立效果模型阶段和研讨干预策略阶段之间的交互关系。

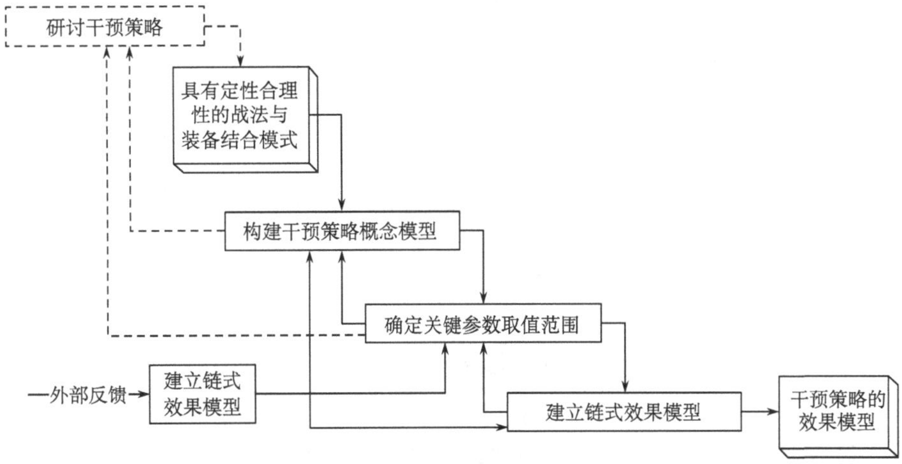

图 12.4　建立效果模型阶段逻辑流程

4. 基于效果反思

基于效果反思阶段的输入是干预策略的效果模型，主要目标有两个方面：一方面验证定性分析中关于干预策略合理性的判断，另一方面定量评估干预策略的一致性、有效性、适应性、鲁棒性和相容性，从而根据干预策略各属性的定量变化趋势分析干预策略的优化方向。基于效果反思，既体现了定性分析对定量分析的指导作用，又体现了定量分析对定性分析的反作用。基于效果反思阶段获得的产品分为两种情况，中间迭代过程中基于效果反思阶段获得是基于定量分析基础上的干预策略优化方向，最后一个基于效果反思阶段获得的是经过定量分析验证的具有合理性的干预策略。建立效果模型阶段的逻辑流程如图 12.5 所示，主要任务包括：

(1) 定量分析干预策略的一致性，记为 $Rqt1$。定量分析干预策略的一致性，主要分析己方装备性能参数和作战行动时空属性参数对作战效果的影响，分析装备与战法对效果的影响趋势，判断装备与战法的匹配性，分析某些关键参数是否过剩或者不足。如果发现装备性能参数（或者作战行动时空属性参数）过剩或者不足，再返回到干预策略研讨阶段执行任务 $Dte4$；如果具有一致性，则执行后续任务 $Rqt2$。

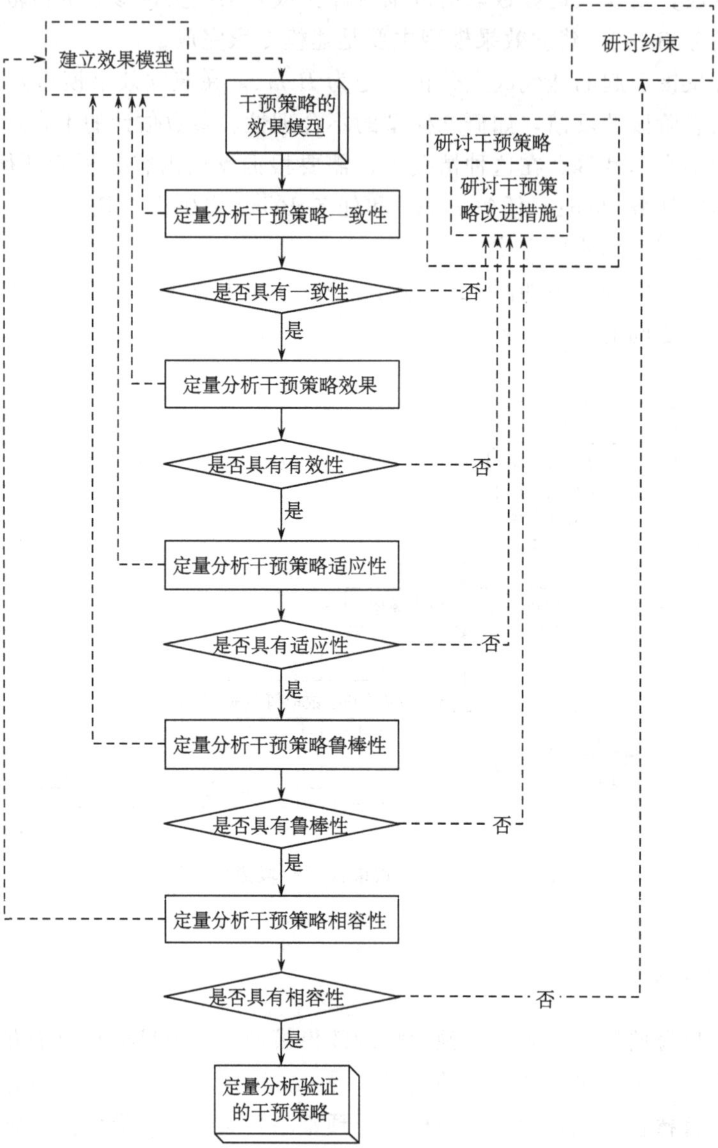

图 12.5 基于效果反思的逻辑流程

(2) 定量分析干预策略的有效性，记为 $Rqt2$。定量分析干预策略有效性，主要是分析与干预策略相关的关键性参数对作战效果的影响，判断干预策略作战效果变化的趋势，分析干预策略的效果能否进一步改进。如果能改进，则确定改进方向，并且返回到干预策略研讨阶段执行任务 $Dte4$；如果满足有效性不需进一步优化作战效果，则执行后续任务 $Rqt3$。

(3) 定量分析干预策略的适应性，记为 $Rqt3$。定量分析干预策略适应性，主要是未来情景中关键性不可控因素对作战效果的影响，分析作战效果随不可控因素变化的趋势，定量确定干预策略的适应性。如果不满足适应性要求，则根据不可控因素影响趋势确定改进方向，并且返回到干预策略研讨阶段执行任务 $Dte4$；如果满足适应性要求，则执行后续任务 $Rqt4$。

(4) 定量分析干预策略的鲁棒性，记为 $Rqt4$。定量分析干预策略鲁棒性，主要是对方反制措施相关的关键参数（包括对方装备性能参数、对方作战行动时空属性参数）对作战效果的影响，分析作战效果随对方反制措施变化的趋势，定量确定干预策略的鲁棒性，如果不满足鲁棒性要求，则根据对方反制措施对作战效果的影响趋势确定改进方向，并且返回到干预策略研讨阶段执行任务 $Dte4$；如果满足鲁棒性要求，则执行后续任务 $Rqt5$。

(5) 定量分析干预策略的相容性，记为 $Rqt5$。定量分析干预策略与未来情景的相容性。主要分析不可控性因素对作战效果的影响，分析作战效果伴随不可控因素变化的趋势，定量评价干预策略与未来情景的相容性。如果不满足相容性要求，则不可控因素的影响趋势确定改进方向，并且返回到干预约束阶段；如果满足鲁棒性要求，则归纳总结获得经过定量分析验证具有一致性、有效性、可行性、适应性、鲁棒性和相容性的装备与战法结合模式。

在上述 5 大任务中，如果发现效果模型有缺陷，则停止定量分析，反馈到建立效果模型阶段执行任务 $Bem4$，修改或者重新建立效果模型。以上 5 大任务主要由定量分析技术完成，包括单因素灵敏度分析技术和多因素灵敏度分析技术。

在图 12.5 中，虚线表示和其他阶段之间的交互关系。

12.1.4　装备与战法集成分析过程中子任务关系描述

如果运用逻辑框图的形式，则四大阶段各子任务及其关系如图 12.6 所示。根据图 12.6 可以获得各子任务的前置任务集和后置任务集，如表 12.1 所示。

1) 前置任务与后置任务

如果任务 A 的执行过程中或者执行完成之后，要求立即执行任务 B，则称任务 A 为任务 B 的前置任务，任务 B 为任务 A 的后置任务。

2) 前置任务集与后置任务集

某个任务的所有前置任务组成的集合称为该任务的前置任务集，该任务的所有后置任务组成的集合称为该任务的后置任务集。

表 12.1 装备与战法集成分析中各子任务的前置任务集和后置任务集

名 称	代码	前置任务集	后置任务集
研讨未来情景关键因素	*Dfs*1	{*Dfs*2，*Dfs*6}	{*Dfs*2}
构建关键因素子集	*Dfs*2	{*Dfs*1，*Dfs*3，*Dfs*6}	{*Dfs*1，*Dfs*3}
选择构建因素子集	*Dfs*3	{*Dfs*2，*Dfs*4，*Dfs*6}	{*Dfs*2，*Dfs*4}
研讨子领域边界	*Dfs*4	{*Dfs*3，*Dfs*5，*Dfs*6}	{*Dfs*3，*Dfs*5}
规范化描述未来情景	*Dfs*5	{*Dfs*4}	{*Dfs*4，*Dte*1，*Dte*2}
确定外部反馈的迭代起点	*Dfs*6	{*Dte*5，*Dte*6，*Rqt*5}	{*Dfs*1，*Dfs*2，*Dfs*3，*Dfs*4}
研讨战法	*Dte*1	{*Dfs*5，*Dte*2，*Dte*6}	{*Dte*2，*Dte*3}
研讨装备策划	*Dte*2	{*Dfs*5，*Dte*1，*Dte*6}	{*Dte*1，*Dte*3}
定性分析干预策略的有效性、适应性和可行性	*Dte*3	{*Dte*1，*Dte*2}	{*Dte*4，*Dte*6}
研讨对方反制策略	*Dte*4	{*Dte*3}	{*Dte*5，*Dte*6}
定性分析干预策略相容性	*Dte*5	{*Dte*4}	{*Dts*6，*Bem*1}
研讨干预策略的改进措施	*Dte*6	{*Dte*3，*Dte*4，*Bem*1，*Bem*2} ∪ {*Rqt*1，*Rqt*2，*Rqt*3，*Rqt*4}	{*Dte*1，*Dte*2，*Dfs*6}
建立干预策略的概念模型	*Bem*1	{*Dte*5，*Bem*2，*Bem*4}	{*Dte*6，*Bem*2}
确定关键参数及其范围	*Bem*2	{*Bem*1，*Bem*4}	{*Dte*6，*Bem*1，*Bem*3}
建立链式效果模型	*Bem*3	{*Bem*2，*Bem*4}	{*Bem*2，*Rqt*1}
分析外部反馈的迭代起点	*Bem*4	{*Rqt*1，*Rqt*2，*Rqt*3，*Rqt*4，*Rqt*5}	{*Bem*1，*Bem*2，*Bem*3}
定量分析干预策略一致性	*Rqt*1	{*Bem*3}	{*Dte*6，*Bem*4，*Rqt*2}
定量分析干预策略有效性	*Rqt*2	{*Rqt*1}	{*Dte*6，*Bem*4，*Rqt*3}
定量分析干预策略适应性	*Rqt*3	{*Rqt*2}	{*Dte*6，*Bem*4，*Rqt*4}
定量分析干预策略鲁棒性	*Rqt*4	{*Rqt*3}	{*Dte*6，*Bem*4，*Rqt*5}
定量分析干预策略相容性	*Rqt*5	{*Rqt*4}	{*Dfs*6，*Bem*4}

从逻辑角度而言，在多任务协作中任务之间的协作关系分为以下几类：并行关系、串行关系、循环关系、选择关系、嵌套关系。从图 12.6 中，可以看出在装备与战法集成分析过程中，各子任务之间的关系主要包括顺序关系、选择关系、循环关系，这三类关系是最基本的关系。根据前置任务集和后置任务集的特征及其元素关系，可以定义装备与战法集成分析过程中的子任务之间的三类基本逻辑关系——顺序关系、选择关系和循环关系。

1）顺序关系

对于子任务 A，如果其后置任务集中只有一个元素 B，则称子任务 B 是子任务 A 的顺序关系。顺序关系表明，执行子任务 A 之后必然会执行子任务 B。例如，子任务 $Dfs1$ 后置任务集中只有一个元素 $Dfs2$，研讨未来情景关键因素之后，紧接着构建关键因素子集，其间不会插入其他任务。

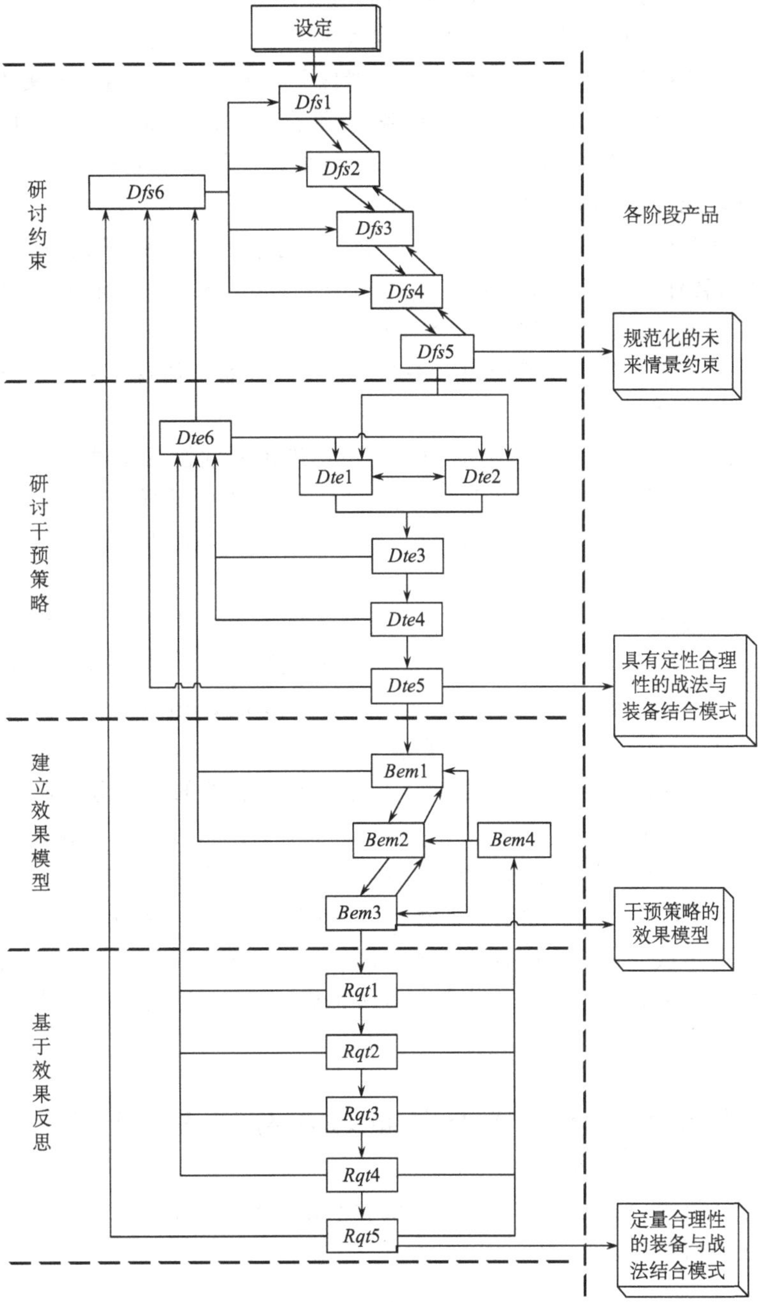

图 12.6　战争设计工程中装备与战法集成分析中各阶段子任务逻辑关系图

2）选择关系

如果子任务 A 的后置任务集 $MA=\{ma_i \mid 1\leqslant i\leqslant n\}$，其中 $n\geqslant 2$，则把子任务 A 和子任务 ma_i，$1\leqslant i\leqslant n$ 组成选择关系。在执行任务 A 过程中，如果满足条件 i，则执行任务 ma_i。例如，子任务 $Dfs6$ 和子任务系列 $Dfs1$，$Dfs2$，$Dfs3$，$Dfs4$，$Dfs5$ 之间

是选择关系。根据 $Dfs6$ 执行情况选择合适的后续任务。

3）循环关系分为双子任务循环和多子任务循环。

（1）双子任务循环关系。子任务 A 的前置任务集为 NA，后置任务集为 MA，如果 $\exists B$，使得 $B\in NA$ 且 $B\in MA$，则称子任务 A 和子任务 B 是双子任务循环关系。双子任务循环关系出现在两个相邻的子任务之间，例如，子任务 $Dfs2$ 和 $Dfs3$ 是双子任务循环关系，$Dte1$ 和 $Dte2$ 也是双子任务循环关系。

（2）多子任务循环关系。由 n（$3\leqslant n\leqslant 21$）个子任务组成的子任务系列 $\{A_i \mid 1\leqslant i\leqslant n\}$，$A_i$ 的后置任务集为 MA_i，满足 $A_{i+1}\in MA_i$，$1\leqslant i\leqslant n-1$ 且 $A_i\in MA_n$，则称子任务系列 $\{A_i \mid 1\leqslant i\leqslant n\}$ 具有多子任务循环关系。

在装备与战法集成分析过程中包含多个迭代循环关系，体现了复杂性方法中“回归环路”原则。其中最重要的是以下三对循环圈：

- 体现装备与战法一致性需求的循环，包括满足一致性的定性分析循环和定量分析循环。前者由子任务 $Dte1$ 和子任务 $Dte2$ 组成双子任务循环，后者由 $Dte1$，$Dte2$，$Dte3$，$Dte4$，$Dte5$，$Bem1$，$Bem2$，$Bem3$，$Rqt1$，$Dte6$ 组成多子任务循环关系。
- 体现干预策略鲁棒性需求的循环，包括满足鲁棒性的定性分析循环和定量分析循环。前者由 $Dte1$，$Dte2$，$Dte3$，$Dte4$，$Dte6$ 组成多子任务循环，后者由 $Dte1$，$Dte2$，$Dte3$，$Dte4$，$Dte5$，$Bem1$，$Bem2$，$Bem3$，$Rqt1$，$Rqt2$，$Rqt3$，$Rqt4$，$Dte6$ 组成多子任务循环关系。
- 体现干预策略相容性需求的循环，包括满足相容性的定性分析循环和定量分析循环。前者由 $Dfs1$，$Dfs2$，$Dfs3$，$Dfs4$，$Dfs5$，$Dte1$，$Dte2$，$Dte3$，$Dte4$，$Dte5$，$Dfs6$ 组成多子任务循环，后者是装备与战法集成分析中最大的循环圈，由 19 个子任务组成，除了子任务 $Dte6$ 和 $Bem4$ 之外都在循环圈中。

装备与战法集成分析过程中各子任务之间的逻辑关系，决定了装备与战法集成分析过程中的专家协作关系，也决定了装备与战法集成分析过程中定性分析与定量分析的结合模式。

12.2 装备与战法集成分析中各类领域专家协作模式

装备与战法集成分析过程中，五类异质专家分工不同，他们之间的协作主要由任务之间的逻辑关系所驱动。

12.2.1 装备与战法集成分析所需的领域专家

一般而言，战争设计工程团队由五类领域专家组成：系统工程师，记为 Es；军事工程师，记为 Em；装备工程师，记为 Ee；模型工程师，记为 Eo；技术工程师，记为 Et。

五类领域专家的主要作用在第 2 章有较为详细的论述，这里不再赘述。根据问题本身的特征，可以不需要全部 5 类领域专家或者还需要其他类型的专家。例如，如果战争设计工程项目是一个顶层战略问题，则可能需要政治和经济领域的专家参与。选择专家种类和数量的根本性要求在于所选择的领域专家能够共同形成一个完整的视角，该视角能够覆盖问题相关领域。

从组织角度而言，装备与战法集成分析过程中干预策略的螺旋式发展过程也是各类研究人员之间循环迭代式的交互协作过程，其中不同视角的异质专家体现了“多重逻辑原则”，而各类不同视角人员之间循环迭代式的交互协作关系体现了“回归环路原则”。

12.2.2　装备与战法集成分析过程中领域专家协作关系

在装备与战法集成分析过程中的异质专家协作体现在两个方面：一是子任务内各异质专家的协作问题，二是子任务之间专家协作问题。子任务的特征决定了异质专家在子任务中的协作模式，子任务之间的逻辑关系决定了异质专家在子任务之间的协作关系。子任务之间的逻辑关系已有充分阐述和翔实的描述，各领域专家按照图 12.6 和表 12.1 所描述的子任务之间的逻辑关系确定他们在子任务之间的协作关系。

子任务内的协作主要取决于子任务的特征，主要是子任务划分为子子任务的特征而定，因为子子任务的逻辑关系决定了子任务内异质专家间的协作关系。根据任务执行特征把任务分为两大类：描述型任务和分析型任务。

描述型任务是对分析型任务执行结果的规范化描述，促进其他领域的专家在后续任务中对问题的有效理解，从而在整体上形成异质专家对问题的一致性理解。描述型任务是异质领域专家协作过程中不可或缺的任务，因为异质专家的一致性理解建立在对问题统一描述的基础上。把阶段性分析结果规范地描述出来，便于后续阶段专家对问题的正确理解。在装备与战法集成分析中，描述型任务就是为了解决异质领域专家在子任务之间协作中的一致性理解问题。在战争设计工程中强调描述型任务的作用是异质专家群体协作的内在需求。

描述型任务主要由技术工程师实现承担，在装备与战法集成分析过程中，有两大类描述型任务：未来情景的描述任务（$Dfs5$）和作战概念模型构建任务（$Bem1$）。前者只是对分析结果的规范化描述，不需要重新添加新的信息，在系统工程师领导下由技术工程师完成，基本上属于同质专家间的协作问题。而作战概念模型构建任务中，需要添加一些新的信息，需要军事工程师和装备工程师创造性劳动。在此基础上，技术工程师运用格式化方法引导军事工程师和装备工程师把潜在信息补充完整的过程，是一种采访式的协作关系。

分析型任务是指运用各种思维方式对问题本身进行分析的过程，包括对问题域范围的分析、解决方案的分析、效果的分析等。根据问题的结构化程度，分析型任务分为研讨分析型任务、判断分析型任务（半结构化）、演绎分析型任务。其中，研讨分析型任务主要处理非结构化问题，把非结构化问题转化为半结构化子问题甚至结构化子问题；判断分析型任务主要处理的是半结构化的问题，把半结构化的问题转化为结构化的子问题；演绎分析型任务，主要处理结构化的问题，分析结构化问题。

研讨分析型任务面对的是非结构化问题，需要充分发挥人直接的形象思维，在任务执行过程中充分利用人的创造性，主要采取异质专家协作研讨的方式进行分析。研讨过程中异质领域专家的组织模式可以分为领域分组组织模式和局中人分组组织模式两种。

(1) 领域分组的研讨组织模式。在研讨过程中异质领域专家按照所属领域被分成若干小组，在研讨过程中每一位专家的发言都是实时共享的，其他领域专家都可以实时应对。

(2) 局中人分组的研讨组织模式。在研讨过程中异质领域专家分为若干组（通常是两组）扮演局中人角色，站在局中人立场上思考干预策略以及反制性策略，模拟双方的策略对抗。在研讨过程中往往采取先组内讨论和组间讨论交替进行的组织方式，组间讨论既可以信息不透明的“背靠背”式的对抗式研讨，也可以信息透明的“面对面”式的协作式讨论。

在第 9 章中对研讨形式进行比较充分的分析，从研讨中思维的发散与收敛特性，以及研讨实现的媒介两个维度对研讨形式进行了分类。常用的发散型研讨形式主要包括头脑风暴法、深度汇谈；从发散到收敛研讨形式有名义群体法、特别会议制度法、电子会议法；专家收敛型研讨形式主要包括辩论和对抗式模拟。研讨媒介是指专家之间研讨的渠道，从这个角度分析可将研讨形式分为：面对面的交互、纸质交互和电子媒体交互。

判断分析型任务面对半结构化问题。任务边界及相关子领域间有一定的区分度，相关领域专家的分工相对明确，所以在任务执行过程中，各领域专家对属于各自领域的子问题进行并行处理，最后在整体上统一分析评估确定是否需要反馈修改其中某些子领域解决方案。在整体上，先并行协作，然后总结反馈，是一种“分工—总结—反馈”逻辑过程。

演绎分析型任务面对结构化问题。问题可以按照领域明确地划分为子问题系列，甚至可以把任务明确地划分到每一个领域专家手中。演绎分析型的任务在异质专家的协作过程中主要采取并行协作的方式。

表 12.2 描述了各子任务的特征、子任务执行的专家及其执行子任务过程中的协作模式，反映了异质领域专家群体之间分工与协作关系。

表 12.2 子任务特征、背景技术、技术类型、执行者及其协作模式表

阶段/任务			组织		技术	
阶段	任务代码	子任务特征	任务实施的协作模式	任务执行者	背景技术	技术类型
研讨约束	$Dfs1$	研讨分析型	领域分组协作	Es，Em，Ee	研讨技术	t_{ml}
	$Dfs2$	演绎分析型	同质专家间协作	Es，Eo	主成份分析	t_{mn}
	$Dfs3$	判断分析型	分工与反馈协作	Es，Em，Ee	评估技术	t_{ln}
	$Dfs4$	研讨分析型	领域分组协作	Es，Em，Ee	研讨技术	t_{ml}
	$Dfs5$	描述型	同质专家间协作	Es，Et	格式化描述	t_{ml}
	$Dfs6$	判断分析型	分工与反馈协作	Es，Em，Ee	规则推理	t_{ml}

续表

阶段/任务			组织		技术	
研讨干预策略	*Dte*1，*Dte*2，*Dte*3	研讨分析型	领域分组研讨	*Es*，*Em*，*Ee*	研讨技术	t_{ml}
	*Dte*4	研讨分析型	局中人分组协作	*Es*，*Em*，*Ee*	研讨技术	t_{ml}
	*Dte*5，*Dte*6	判断分析型	分工与反馈协作	*Es*，*Em*，*Ee*	定性推理	t_{ml}
建立效果模型	*Bem*1	描述型	采访式协作模式	*Es*，*Em*，*Ee*，*Eo*，*Et*	格式化描述	t_{ml}
	*Bem*2	演绎分析型	并行协作	*Es*，*Em*，*Ee*，*Eo*	定量考证	t_{ln}
	*Bem*3	演绎分析型	同质专家间协作	*Es*，*Eo*	链式建模	t_{mn}
	*Bem*4	判断分析型	分工与反馈协作	*Es*，*Em*，*Ee*，*Eo*	规则推理	t_{ml}
基于效果反思	*Rqt*1，*Rqt*2，*Rqt*3，*Rqt*4，*Rqt*5	演绎分析型	并行协作	*Es*，*Em*，*Ee*，*Eo*	多因素灵敏度分析	t_{nl}

12.3　装备与战法集成分析的四类技术及其结合模式

从定性分析与定量分析分工的角度，根据战争设计工程技术维度，装备与战法集成分析涉及四类技术：以定性分析为主的技术 t_{ml}；从定性到定量分析的技术 t_{ln}；以定量分析为主的技术 t_{mn}；从定量到定性分析的技术 t_{nl}。每一类技术都有很多相关的技术，在装备与战法集成分析过程中采用何种技术，需要根据具体问题确定。

战法分析与装备策划相互促进的技术协作机制，是指定性分析技术和定量分析技术之间的协作关系。从技术角度而言，装备与战法集成分析过程中，定性分析与定量分析相互迭代的交互过程也是“多重逻辑原则”和“回归环路原则”的反映。其中，定性分析技术与定量分析技术体现了“多重逻辑原则”，而两种技术的循环迭代关系体现了“回归环路原则”。

和异质专家的协作模式类似，在装备与战法集成分析中定性分析与定量分析协作模式也是任务驱动式的，体现在子任务内定性分析与定量分析相结合以及子任务之间的定性分析与定量分析相结合。子任务的特征决定了定性分析与定量分析在子任务内的结合模式，而子任务间的逻辑关系决定了定性分析与定量分析在子任务之间的结合模式。子任务之间的逻辑关系在 12.1.4 节中有充分阐述和翔实的描述，如果确定了各个子任务内的定性分析与定量分析结合模式，按照图 12.6 和表 12.1 所描述的子任务之间的逻辑关系也就确定了他们在子任务之间的协作关系。

从定性分析与定量分析的角度，各子任务所采取技术如表 12.2 所示。由表 12.2 可以看出：整体上而言，对于从子任务 *Dfs*1 到子任务 *Bem*3 是不断聚焦的过程，不断缩小探索范围的过程，是不断结构化的过程，也是从定性到定量的过程，体现了定性分析对定量分析的指导作用；而对于从子任务 *Bem*3 到子任务 *Rqt*5 是不断发散的过程，不断增加探索范围的过程，也是从定量到定性的过程，体现了定量分析对定性的反作用，这种反作用包括对定性分析结果的证实，也包括提供未来定性分析新方向。

12.4 装备与战法集成分析框架

战争设计工程中目标、逻辑、组织和技术四个维度相辅相承，相互促进，装备与战法的集成分析是目标维度上的集成，同样需要逻辑维度、组织维度和技术维度的支持。装备与战法的集成分析框架是一个包括四个阶段的逻辑过程，四个阶段逻辑过程由21个子任务所组成，21个子任务之间的逻辑关系及其特征驱动了装备与战法集成分析过程中的异质专家群体协作模式以及定性分析与定量分析相结合的模式。如表12.2所示。

表12.1和表12.2以及图12.6，共同描述了装备与战法集成分析整体框架，该框架在整体上回答了装备与战法集成分析中的三个基本问题：什么人，什么技术，如何分析。具体而言该框架阐述了以下三方面的内容：①装备与战法集成分析的主要子任务的特征及其逻辑关系；②由子任务特征及其逻辑关系所确定的异质专家群体协作模式；③由子任务特征及其逻辑关系所确定的定性分析与定量分析相结合的模式。

从表12.2可以看出，在装备与战法集成分析框架的基础上，为了能够更加详尽地阐述装备与战法集成分析方法，最重要的需要进一步分析各子任务的实现方法与技术。因此，根据装备与战法集成分析的逻辑流程把装备与战法集成分析分为四个阶段，在每一个阶段，从任务、组织和技术三个维度进一步分析各阶段各子任务特征、实施组织方法和实现方法与技术。

12.5 本章小结

基于装备与战法集成分析的逻辑机制和微分对策模型，提出了具有实际可操作性的装备与战法集成分析框架，该框架从逻辑上分为四个阶段21个子任务，并且根据子任务特征和逻辑关系，分析装备与战法集成分析中异质领域专家的协作模式以及定性分析与定量分析相结合的模式。

下篇　应用篇

第 13 章

“曹操败走华容道”与战争决策复杂性

13.1 “曹操败走华容道”

《三国演义》里赤壁之战后“曹操败走华容道”是颇有哲学意味和军事意义的一段小故事[1]。

当时曹操有两种选择：走华容道（A 道）或者走大道（B 道）。

关羽拦截曹操也有两种选择：守华容道（A 道）或守大道（B 道）。当然，这里关羽只是执行者，真正的决策者是诸葛亮。

在曹操退败过程这一环节上，可以认为如果曹操和关羽同时选择 A 道或同时选择 B 道就是曹操失败，诸葛亮胜利。如果一个选择 A 道，另一个选择 B 道就是曹操胜利，诸葛亮失败。

如果关羽只是一介武夫，什么也不懂，这种情况称关羽只会 0 级判断，那么当关羽在 A 道设伏时，会有烟火等军队活动的迹象。

如果曹操懂得“见微而知著”，但缺乏更深心计，则曹操将会选择无烟火等军队活动迹象的 B 道。这种情况我们称曹操会进行 1 级判断。

关羽知道曹操会 1 级判断，但毕竟谋不深。故当诸葛亮让他在 A 道设伏，且在 A 道制造烟火等军队活动迹象时表示反对，关羽认为应该“隐真示假”，应在 A 道设伏，且在 B 道制造军队活动的假象。我们称这种情况为关羽具有 2 级判断。当然，关羽在执行时还是得听从诸葛亮决策。

关羽不知道曹操是一个军事家，不知道曹操知道“隐真示假”、虚则实之、实则虚之的道理。由于曹操知道“隐真示假”的道理，曹操的判断是：“烟火”是一种假象，也就是说“A 道有烟火”，表示“A 道有军队”是假的，因此曹操的决策是“走 A 道”。

曹操的这种判断我们称之为 3 级判断。如果这次战斗是发生在曹操与关羽之间，那么曹操就会得手，而关羽失利。

但是曹操不知道诸葛亮是一个料事如神的天才，诸葛亮不仅懂得“见微而知著”、“隐真示假”等道理，而且知道曹操也懂得这些道理，因此判断曹操必会走有“烟火”之道。最后诸葛亮获得了胜利。我们称这种情况为诸葛亮会 4 级判断。

《三国演义》中“曹操败走华容道”一回以一个戏剧性的结局而告终，就是“关云长义释曹操”。

13.2 决策描述

我们可将上述决策过程作更一般化的描述，我们称诸葛亮具有 $2n$（$n\geqslant1$）级判断，是指诸葛亮不仅具有 2、4、…、$2n-2$ 级判断能力而且知道曹操具有 1、3、…、$2n-1$ 级判断能力。曹操具有 $2n+1$（$n\geqslant1$）级判断，是指曹操不仅具有 1、3、…、$2n-1$ 级判断能力，并且认为诸葛亮具有 2、4、…、$2n$ 级判断能力。

称诸葛亮作出 $2n$ 级判断是指诸葛亮具有 $2n$ 级判断能力，并且认为曹操不具有 $2n+1$级判断能力。称曹操作出 $2n+1$ 级判断是指曹操具有 $2n+1$ 级判断能力，并且认为诸葛亮不具有 $2n+2$ 级判断能力。

我们可以得到诸葛亮和曹操在不同判断能力下的决策与胜负情况，如表 13.1 所示。由表 13.1 可以看到关羽相当于具有 2 级判断能力，他小看了曹操，曹操具有 3 级判断能力，对付关羽可以，但小看了诸葛亮。诸葛亮具有 4 级判断能力，同时作出了 4 级判断，并且这个判断是正确的，即曹操确实是有了 3 级判断能力，而缺乏 5 级判断能力。

表 13.1 不同判断条件下的决策与胜负情况

诸葛亮 / 成功方	判断级别	0	2	4	6
曹操 判断级别	决策 / 决策	A道设伏 A道有烟	A道设伏 B道有烟	A道设伏 A道有烟	A道设伏 B道有烟
1	走无烟道	曹操	诸葛亮	曹操	诸葛亮
3	走有烟道	诸葛亮	曹操	诸葛亮	曹操
5	走无烟道	曹操	诸葛亮	曹操	诸葛亮

从粗线框内可以看出在战争决策中“棋高一筹”者常能获胜。所谓棋高一筹，不仅体现在其具有更高一层的判断能力，而且体现在他对对手判断能力的准确判断。

当诸葛亮具有 4 级判断能力，并且作出 4 级判断时，如果曹操不是恰好作出了 3 级判断，而是作出了 5 级判断，或者曹操不是人才，而是个庸才，只能作出 1 级判断，那么诸葛亮反而会失败。

13.3 实践中的决策斗智

“曹操败走华容道”只是小说中描写的，虽有哲学意味和军事意义，毕竟是虚构的。但在实际战争中也有很多类似的例子，战斗结局的胜负性也体现在对某一事件的判断上。

例如，著名的“诺曼底登陆”，当时至少有几个不同的登陆地点可以选择，于是盟军和德方的决策判断就在于选择：从诺曼底登陆还是从其他地方登陆。

决策判断的第一层因素首先是对诺曼底登陆还是从其他地方登陆的自然条件的比较。这点双方都有准确的判断，从诺曼底登陆的自然条件太差，成功的希望很小，于是德方作出了“盟军不会从诺曼底登陆”的判断。盟军方面明知从诺曼底登陆困难重重，但因为他们知道德军方面也会知道这一点，所以有可能利用德方的这种心理，出奇制胜，在敌人不防备的诺曼底登陆而入“无人之境”。这是决策判断的第二层次境界。按照上一节的表示方法，我们可以说德方作出了 1 级判断，而盟军方面则作出了 2 级判断，因此盟军胜利了。

当然，盟军方面为了使德方坚信盟军不从诺曼底登陆，还采取了其他许多措施，以制造出盟军可能从其他地方登陆的假象。但是德方却不懂得“隐真示假”的道理，上了盟军的当。

13.4 战争决策的复杂性

我们经常说到的系统复杂性包含了系统过程的复杂性，但更看重系统结果的难以预测性。对于战争系统而言，最重要的就是谁胜谁负。所以战争系统复杂性最重要的就是判断双方胜负的复杂性。造成系统复杂性的因素常见的有：

1） 系统结构复杂性

复杂系统不仅含有的个体数量多，而且有层次性。因此其运行（或演变）规律及其表述都相当复杂，如果采用多维变量描述其状态，则维数极高。其中已经出现 $1+1>2$ 的非线性现象，可以出现混沌、突变等效应。

2） 组合爆炸

影响系统的因素很多，有大量的不可控的客观因素。有些因素对系统运行的影响是“微小”的，即一项因素的变化对系统运行而言只是带来一点点“误差”，而不会引起系统运行结果的质变。这类因素不会引起系统太多的复杂性。例如，热力学中一杯水的温度决定于其中水分子平均运动的动能。水分子数量在 10^{24} 量级，每一个分子的动能都会影响水的温度，但影响微乎其微，这时可用统计力学等方法来研究，而不需要逐个考虑水分子的运动。另一些因素对系统运行的影响不是“微小”的，忽略其中个别因素的影响带来的不是微小误差，而是结果的可观变化。这些因素较多的时候就会引起系统运行规律难于捉摸，这就是产生系统复杂性的又一原因。

3）人为干预

人为干预是造成系统复杂性的最重要因素，尤其是对人造系统、人类社会、经济、军事系统更是如此。人们的每一项决策都会影响系统运行，而且人们的意志就是要通过决策对系统运行造成可观的影响，并且希望系统运行能向符合人们（或者某个人、某些人）利益的方向发展。在相对简单的情况下，决策者对系统的运行规律掌握较好的情况下，决策者的理智决策是可以预期的，从而系统的运行也是可以预期的。但是在许多情况下，决策者对系统运行规律并未完全掌握，决策者掌握的信息不完全，而且决策者并非完全理智的。这时候决策者的行动不可预知，从而系统的运行轨迹也不可预知。特别是当有两个或者两个以上的主体（人、集团、国家等）共同干预系统的运行，并且各自的利益有矛盾，甚至完全对立的情况下，各主体间的决策和斗智会呈现非常复杂的情况，这样的复杂系统将是不可重复的。

从"曹操败走华容道"这个例子中我们可以看出，仅仅由于双方策略上的正确与错误就足以使成败倒置，而且任何一方的任何一种策略都不是绝对胜利的策略。能否胜利依赖于对方的策略选择，或者说依赖于对对方水平、心理的了解。这种对策中没有"平衡点"，没有"纯策略"意义上的平衡点。

Von. Neumann 提出了纯策略和混合策略的概念，他证明了在这种情况下可以有混合策略意义上的最优解[2]。按混合策略的意义诸葛亮方的最优策略为以 50％的概率在 A 处设伏，50％的概率在 B 处设伏。而曹操的最优策略为 50％的概率在 A 处通过，50％的概率在 B 处通过。

由于实际战争不可能重复，这种概率可以采用扔硬币的方法来实现，如正面朝上则在 A 处设伏，反面朝上则在 B 处设伏。古代没有硬币的情况下可以采用某种占卜方式来决定。这或许是利用占卜方式来决定军队行动或其他重要行动科学性、合理性的一种解释。

但是，指挥员们通常不甘心于这种听由占卜或概率来决定命运的事，总相信自己会"棋高一筹"而获胜，这就使人们努力去研究战争。但是，不管人们的战争艺术多高，在严格对抗性矛盾的战争决策中不可能都赢，除非双方都认识到了这点而罢兵言和才能实现双赢。

从第 13.3 节的例子中我们可以看出，当双方都具有 3 级以上判断能力时，实际上双方可做的已经不只是选择 A 处还是选择 B 处的问题，人们会采用各种"隐真示假"的手段来制造假象，诱骗敌方上当，也会采用各种侦察探测的手段来发现真情，"去伪存真"。为了夺取战争的胜利，双方会不断扩展自己对战争可以决策干预的范围，使出浑身解数，这就是造成战争复杂性以及战争结果难以预测的最重要原因，也是军事情报系统愈益突显其重要性的原因。

13.5 本章小结

本章从《三国演义》中的虚构故事"曹操败走华容道"入手，从决策的角度分析双方存在的博弈关系，以著名的"诺曼底登陆"战例说明这种博弈关系存在的军事意义——战争决策的复杂性，最后对导致战争决策复杂性的因素进行分析和总结。从上面的例子可以看出，核心利益的零和对抗是导致战争系统复杂性的主要因素，一个正确的决策更多地依赖于对敌策略的判断，某种程度上这种策略对抗也决定了战争系统的复杂性。

这种敌对双方的斗智斗勇不但在小说中存在，在现代化战争中也真实地存在着，信息化条件下的敌我双方策略对抗斗智斗勇更是如此。

参考文献

[1] 罗贯中．三国演义．北京：人民文学出版社，1990：246～249.
[2] 张最良，李长生，赵文志等．军事运筹学．北京：军事科学出版社，1997：597-617.

第 14 章

若干常规作战的设计

本章通过“信息质量对潜射反舰导弹作战效果的应用分析”和“反舰导弹突破电子干扰中箔条冲淡式干扰的策略选择”两个例子，对战争设计工程中部分方法的应用进行说明。

14.1 信息质量对潜射反舰导弹作战效果影响分析

14.1.1 示例研究综述

1. 研究目的

信息化是新军事变革的核心。新信息系统的研制、部署将对未来潜射反舰导弹作战战法和作战效果产生重大影响。本示例的研究目的是研究以“预警机和数据链”为核心的新型信息装备支持下的信息质量变化对潜射反舰导弹作战效果产生的影响，为新型信息系统的研制、部署和新型信息装备支持下的战法提供理论支持，且在此基础上确定在新型信息系统的支持下，采取什么样的作战行动才能在海战中取得较好的作战效果，同时确保自己具有较高的安全性。通过本示例的研究对战争设计工程中设定动态深化的过程、装备与战法集成分析方法等进行说明。

2. 军事背景

以“预警机和数据链”为核心的新信息系统的研制、部署将对海军各作战力量的综合集成以及海军海上编队作战战法与作战效果产生重大影响。本示例研究新信息系统对海上编队作战能力影响的度量，从而用定性分析与定量分析相结合的方法为新信息系统的研制、部署提供理论支持。

由于种种原因，本示例以说明战争设计工程基本方法为目的，其中的数据是虚构的，并且用符号替代了某些中间计算结果。这种做法可能使某些本来可以直观理解的结果变得需要耐心捉摸，但是必须的。

3. 基本设定

红方与蓝方作战的基本情况设定包括：作战背景设定、红蓝双方装备情况设定、红蓝双方作战模式的基本设定。

1）作战背景设定

在军事冲突中，红方与蓝方在一定时空范围内进行海上作战。双方水面舰艇和潜艇以及必要的海航飞机在各自指挥信息系统的支持下进行较量。

2）装备情况设定

• 蓝方装备情况设定

蓝方的预警系统可以执行全天候海空目标的侦察。蓝方的通信系统由通信数据链组成，保持预警机、驱逐舰和护卫舰之间的联系。蓝方由定位卫星为预警机、驱逐舰和护卫舰等提供高精度的位置和速度信息。

• 红方装备情况设定

红方的装备分两部分。

一部分是在研究中性能参数固定的装备，包括潜艇、反舰导弹等。红方由定位卫星为各参战平台等提供高精度的定位信息。

另一部分是在研究中性能参数可变的装备，包括由侦察预警装备组成的侦察预警系统，可以执行全天候的海上目标侦察任务。侦察预警装备和指挥中心由数据链支持其通信。由于红方的这些信息装备还都在待研制状态，具有很强的可塑性，所以它们的性能参数具有一定的选择空间。不仅如此，根据作战的需要，还可以提出其他新型信息装备加入到红方信息装备集合之中。

在此需要说明的是：①蓝方驱逐舰和护卫舰对潜艇的探测主要依靠声呐，被动声呐的探测距离为 r，主动声呐的探测距离为 r'；②红方潜艇被动声呐的探测距离为 r，主动声呐的探测距离为 r'；③潜射导弹的射程为 L_t，$L_t>r'$。当目标噪声较大时，$r>r'$；当目标噪声较小时，$r<r'$。

3）作战模式设定

（1）红蓝双方的决策者都是理性人，所以都会采用对己方最为有利的作战行动策略。

（2）作战中红方主要采用反舰导弹对蓝方舰船编队进行打击，不考虑鱼雷攻击。

（3）根据研究目的，不考虑蓝方舰船编队的反潜作战过程，但要考虑舰队的反潜能力对潜艇的安全所构成的威胁，以及对反舰导弹发射形成的不利影响。

（4）红方潜艇已经成功完成占位。

（5）红方潜艇并不是执行红方作战任务的唯一力量，还有水面舰艇、海航飞机等其他力量参与执行该任务。如果潜艇发射潜舰导弹时距离适当，再加上水面舰艇和海航飞机的掩护，潜艇有较大的可能安全逃逸。

为了研究信息质量对反舰导弹作战效果的影响，假设蓝方的所有装备不作任何变化，红方潜艇、潜舰导弹的性能也不作任何变化，变化的只有红方的信息装备所提供的信息质量。本示例就是要研究红方信息质量的变化对反舰导弹作战效果产生的影响。

4. 问题分解及基本结论

对红方潜艇而言，研究目标是确定在新信息系统的支持下，采取什么样的作战行动才能在海战中取得较好的作战效果，同时确保自己具有较高的安全性。根据此目标，主要考虑单发潜舰导弹的命中概率、潜艇安全性两个指标。对潜艇安全性的分析主要以定性分析为主。

潜艇的作战行动策略可以分为三部分：微观的、中观的和宏观的，主要考虑微观策略和中观策略，微观策略本示例只考虑潜舰导弹突破冲淡式干扰的过程，包括选择目标时的“随机选择目标策略”和“选离中心最近目标策略”，以下分别简称为“随机选择”和“选择中心”策略。中观层策略中，单艘潜艇的作战行动可分为两种策略：第一种是“阵地伏击”策略，第二种是“引导截击”策略。第二种策略的安全性较第一种要低。为尽量避免被敌探测到，潜艇机动时以低速前进，保证对方的 $r<r'$。

在所有影响策略好坏的因素中主要针对四个重要的因素进行分析：侦察预警装备测位的不确定性、侦察预警装备测速的不确定性、潜艇自身测位的不确定性和潜艇收到侦察预警装备的时间延迟。从这四个主要因素对各种策略的灵敏度进行分析。本示例中战争设计工程的问题树如图 14.1 所示。该问题树只对阵地伏击策略的第 5 层策略进行了详细分解，其他五层的分解也包括四个方面策略。

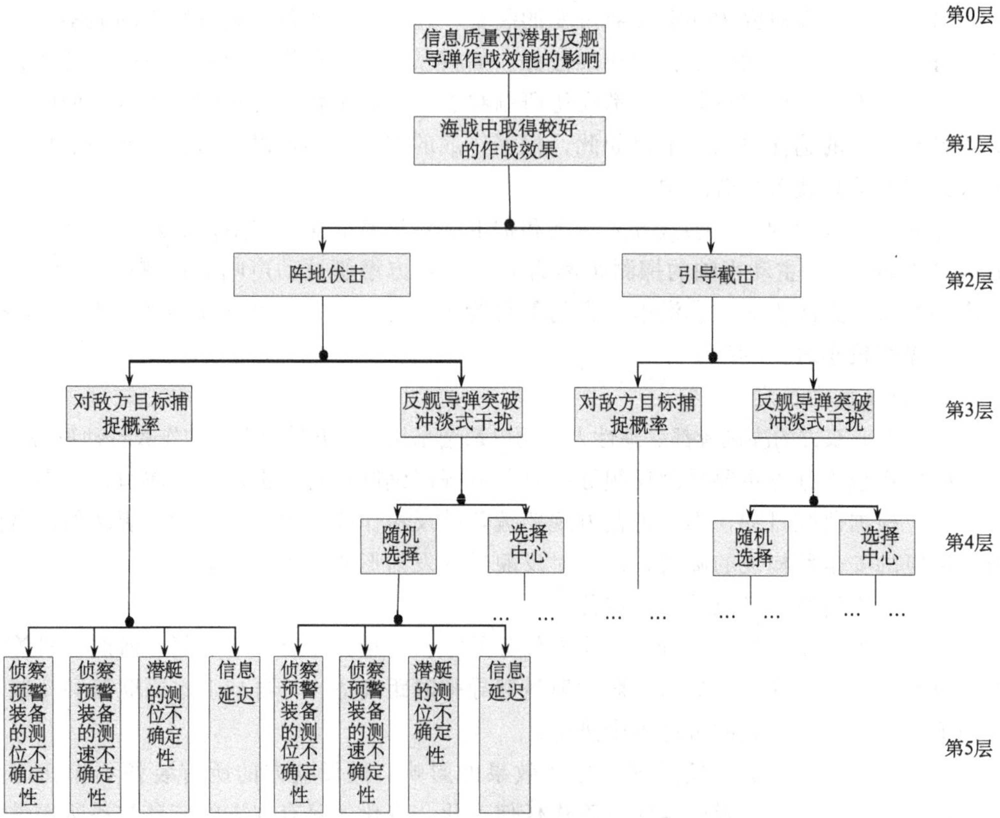

图 14.1 潜射反舰导弹作战过程设计问题树

本示例通过三次迭代研讨，得到以下结论：

（1）通过每一轮的迭代分析都可以发现，信息质量主要通过反舰导弹作战行动对反舰导弹作战效果产生影响。一定信息质量条件下可能采取的潜射反舰导弹作战行动策略是不固定的，这就使得信息质量对反舰导弹作战效果的影响变得复杂化。

（2）通过三轮定性与定量相结合的迭代分析之后发现红方反舰导弹作战系统的信息瓶颈为信息延迟和潜艇本身测位的不确定性，而且第三轮迭代分析结果表明，克服信息瓶颈后反舰导弹作战效果得到较大提高。

（3）信息质量需要有与之匹配的作战行动策略才能充分发挥其价值，信息质量的提高呼唤着反舰导弹作战战法进行创新。每一轮迭代分析都表明，同样的信息质量条件下如果采取的作战行动策略不同，那么反舰导弹作战效果也不相同，信息质量需要有与之匹配的作战行动策略才能充分发挥其价值。

根据迭代分析的结果，对红方信息装备及其运用方式提出建议如下：

（1）研制新型通信装备重点解决信息延迟过大的问题。

（2）研制潜艇新型测位信息装备解决潜艇自身定位不确定性较大的问题。

（3）研究潜艇协同攻击命令下达的方式、时机和其他相关条件，为潜艇同步攻击的实施奠定基础。

（4）在新型信息装备支持下，建议红方多艘潜艇采用协同攻击、单艘潜艇采取阵地伏击、反舰导弹突破冲淡式干扰时采取选择中心的作战行动策略。

14.1.2　第一轮迭代

1. 基于信息质量的作战行动研讨

1）新信息系统支持条件下的信息质量度量

根据基本情况设定，在明确新信息系统支持条件下的信息质量指标的基础上对指标值进行度量。为简洁起见，示例中并没有考虑到全部信息质量指标，而是以几个具有代表意义的信息质量指标为主进行分析，没有考虑的信息质量指标可认为足够满足作战的需要以至于可以忽略不计。

（1）不确定性。由于在新型信息系统支持条件下，红方潜艇关于目标位置和速度信息的获取都来自于侦察预警装备，假设红方侦察预警装备对蓝方目标位置测量方差在 X 轴方向和 Y 轴方向上都等于 σ_{x0}，红方侦察预警装备对目标速度探测方差为 σ_{v0}。由于红方的侦察预警装备尚处在待研制之中，因此，σ_{x0} 和 σ_{v0} 只是侦察预警装备测位误差和测速误差的初始值，如果它们不满足作战的需要，可以在一定范围内进一步调整。根据目标位置和速度的不确定性计算公式，可以计算出红方侦察预警装备对目标位置探测的不确定性为 $\pi\sigma_{x0}^2$，对目标速度探测的不确定性为 $\pi\sigma_{v0}^2$。对于潜艇而言，由于安全保密的原因，一般不能直接接收卫星的定位信息，而是依靠自身的定位装置进行定位，所以位置和速度的测量上都存在着不可忽视的误差，设潜艇自身定位误差的方差在 X 轴和 Y 轴上都等于 λ_{x0}，速度误差的方差在 X 轴和 Y 轴上都等于 λ_{v0}，则红方潜艇的定位不确定性和测速不确定性可以表示为 $\pi\lambda_{x0}^2$ 和 $\pi\lambda_{v0}^2$。

(2) 时间延迟。

对于潜艇而言，通过红方数据链和红方通信网接收侦察预警装备信息时，存在着比较大的时间延迟，设该延迟为 τ_0.

(3) 探测范围（空间完整性）。

红方侦察预警装备探测范围可用其有效探测距离来表示，设其探测距离为 R_0 公里。红方潜艇被动声呐的有效探测距离为 r，主动声呐的探测距离为 r'。

2) 信息质量对反舰导弹作战行动的影响分析

对红方潜艇而言，研究目标是确定在新信息系统的支持下，采取什么样的作战行动才能在海战中取得较好的作战效果，同时确保自己具有较高的安全性。根据此目标，进一步把潜艇的作战效果指标进行细化，主要考虑单发潜舰导弹的命中概率、潜艇安全性两个指标。与此同时，由于潜艇的安全性计算必须考虑到蓝方的反潜装备和反潜战法，因此潜艇的安全性指标计算比较复杂，对潜艇安全性的分析主要以定性分析为主。

在系统工程师的主持下，由军事工程师和装备工程师围绕这一问题进行了研讨，初步认为潜艇的作战行动策略可以分为三部分：第一部分是微观的，即反舰导弹在突破冲淡式干扰过程中应该采取什么目标选择策略才能提高反舰导弹的命中概率（突破质心式干扰的目标选择策略研究类似，限于篇幅，示例中只研究突破冲淡式干扰过程中所采取的策略）；第二部分是中观的，即单艘潜艇在不同的信息质量下如何行动才能取得较好的作战效果；第三部分是宏观的，即多艘潜艇是否能够协同打击，如果能够协同打击，应该如何协同。

对于微观层策略，经过进一步研讨，认为潜舰导弹在突破冲淡式干扰的过程中具有一定的主动性，选择目标时可以采取“随机选择目标策略”和“选离中心最近目标策略”，以下分别简称为“随机选择”和“选择中心”策略。

对于中观层策略，战争设计工程团队进一步研讨后认为，单艘潜艇的作战行动可分为两种策略：

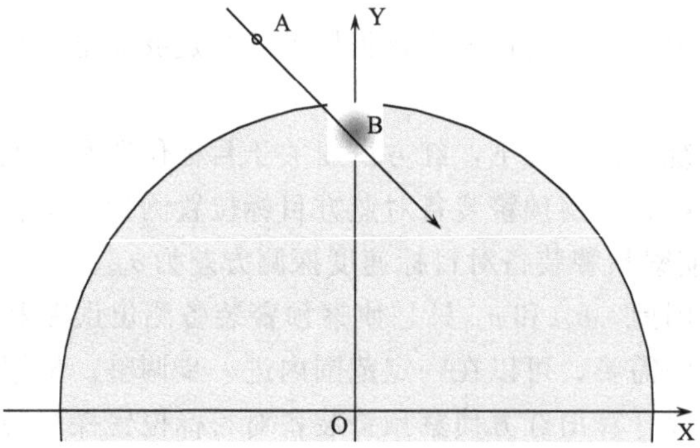

图 14.2　潜艇阵地伏击过程图

第一种是“阵地伏击”策略，此策略下，潜艇在发射潜舰导弹之前在伏击区中的 O 点一直保持静默，当收到侦察预警装备传来的信息后经估算（按照舰艇匀速直线运动和一定的方向偏差进行估算），如果估算结果表明蓝方舰船编队已经进入潜舰导弹的火力圈，红方潜艇则发射潜舰导弹对目标进行打击。如图 14.2 所示。

其中，O 点为潜艇伏击点，外面的圆圈为潜舰导弹的火力圈，A 点为潜艇接收到延迟为 $\Delta T_{\text{sub-}R}$ 的信息时所指示的目标的位置，B 点为目标实际位置分布的中心，以 B 为中心的圆代表目标实际位置分布的区域，AB 方向为潜艇收到的信息所指示的目标的运动方向。这种作战行动策略的优点是潜艇的安全性较高，缺点是潜舰导弹的命中率较低。

第二种是“引导截击”策略，即潜艇在侦察预警装备信息的引导下接敌，然后利用自身的被动声呐（开启主动声呐探测要求距离敌舰艇相当近，潜艇一般无法达到这个距离便被发现了，因此不考虑主动声呐进行探测）对目标进行定位和打击。这种策略的优点是潜舰导弹的命中率比第一种要高，其缺点是安全性较第一种要低。

对于宏观层策略，经过进一步研讨，虽然系统工程师、军事工程师和装备工程师都一致认为，为了协同打击必须同时具备三个条件：首先是侦察预警装备的信息延迟足够小；其次是潜艇之间必须进行通信；第三是潜艇通信时必须距敌人足够远。由于第一个条件目前不具备，第二个条件实现起来也有一定的困难，第三个条件由于侦察预警装备的信息延迟太大，潜艇之间通信时可能距离蓝方目标太近。因此战争设计工程团队最终否定了多艘潜艇协同攻击的作战行动策略，认为潜艇在当前信息质量条件下只能单独对目标进行攻击。

由于战争设计工程团队无法直接判断中观层和微观层中哪种策略更优，因此将红方潜艇可能采取的中观和微观作战行动策略罗列形成策略表（见表 14.1），便于对作战效果进行分析深入比较。

表 14.1　潜艇作战行动策略选择表

策略	中观策略	微观策略
u_1	阵地伏击	随机选择
u_2	阵地伏击	选择中心
u_3	引导截击	随机选择
u_4	引导截击	选择中心

对于蓝方舰船编队而言，一方面由舰艇和反潜直升机的声呐对可能存在的红方潜艇进行探测，如果探测到潜艇后立即发射鱼雷进行打击；另一方面当预警机发现红方有反舰导弹来袭，舰船编队开始实施对反舰导弹的防御行动，防御手段有舰空导弹拦截、冲淡式干扰、质心式干扰和密集阵火炮拦截，并且在冲淡式干扰过程中始终采用向本舰艇正前、正后、正左和正右四个点各发射一发箔条弹的策略。

2. 反舰导弹作战行动的效果

潜艇进行反舰导弹作战的效果指标有单发潜舰导弹的命中概率和潜艇的安全性两个指标。单发潜舰导弹的命中概率可以表示为成功发射概率、突破舰空导弹拦截的概率、成功捕捉目标的概率、突破冲淡式干扰的概率、突破质心式干扰的概率、突破密集阵火炮的概率、成功命中的概率和成功爆炸的概率之积。在影响单发潜舰导弹的命中概率的这些因素中，除了突破冲淡式干扰的概率和突破质心式干扰的概率受到潜舰导弹策略选择的影响外，其他几个概率可以看成常数。

1）中观层策略下的捕捉概率与潜艇的安全性

(1) 阵地伏击策略下的捕捉概率

根据以下基本参数：

- 潜舰导弹速度
- 侦察预警装备的测位误差
- 侦察预警装备的测速误差
- 目标平均速度在 X 轴和 Y 轴上改变引起的误差
- 打击距离
- 目标速度
- 潜艇水下航行的速度
- 潜艇自身的位置误差
- 传输延迟时间
- 导弹末制导雷达开机距离

按一定数学模型，可求得阵地伏击策略下的捕捉概率为 p_{31}。同时，由于阵地伏击策略下潜艇发射潜舰导弹的距离近似于潜射导弹的最大有效射程 L_t，蓝方舰艇或反潜直升机在这么远的范围内很难发现潜艇。因此，在阵地伏击策略下，潜艇的安全性比较高。

(2) 引导截击策略下的捕捉概率

在引导截击策略下，潜艇先根据侦察预警装备提供的信息接敌，接着用自身声呐对目标进行探测，最后发射潜舰导弹对目标进行攻击。因此，引导截击策略下的捕捉概率等于潜艇可打击目标的概率与潜舰导弹末制导雷达捕捉概率之积。

根据以下基本参数：

- 潜舰导弹速度
- 侦察预警装备的测位误差
- 侦察预警装备的测速误差
- 目标速度
- 目标平均速度在 X 轴和 Y 轴上改变引起的误差
- 打击距离
- 潜艇水下航行的速度
- 潜艇自身的位置误差
- 传输时间延迟
- 导弹末制导雷达开机距离
- 潜艇占位时间
- 潜艇声呐探测距离
- 海战区长
- 海战区宽

可求得潜艇可打击目标的概率 p^*，潜舰导弹末制导雷达的捕捉概率 p_{32}，于是，在引导截击策略下捕捉概率为 $p^* p_{32}$，潜艇发射潜舰导弹时与敌舰距离等于被动声呐的探测距离 r，这个距离与蓝方舰艇被动声呐的探测距离相当，安全性较低。

2）微观层策略下的突防概率

（1）随机选择策略下突破冲淡式干扰的概率

根据以下基本参数：

- 潜舰导弹速度
- 侦察预警装备的测速误差
- 目标平均速度在 X 轴和 Y 轴上改变引起的误差
- 目标速度
- 敌方水面舰艇航速
- 潜艇水下航行的速度
- 潜艇自身的位置误差
- 传输时间延迟
- 导弹末制导雷达开机距离

按照计算突破冲淡式干扰概率的数学模型，可以求出在随机选择策略下，阵地伏击时潜舰导弹突破冲淡式干扰的概率 p_{411}，引导截击时潜舰导弹突破冲淡式干扰的概率 p_{421}.

（2）选择中心策略下突破冲淡式干扰的概率

根据以下基本参数：

- 潜舰导弹速度
- 侦察预警装备的测位误差
- 侦察预警装备的测速误差
- 目标平均速度在 X 轴和 Y 轴上改变引起的误差
- 目标速度
- 打击距离
- 敌方水面舰艇航速
- 潜艇水下航行的速度
- 潜艇自身的位置误差
- 传输时间延迟
- 导弹末制导雷达开机距离

按照计算突破冲淡式干扰概率的数学模型，可以求出在选择中心策略下，阵地伏击时潜舰导弹突破冲淡式干扰的概率 p_{412}，引导截击时潜舰导弹突破冲淡式干扰的概率 p_{422}.

3）四种策略下的作战效果

为了进一步计算潜舰导弹的命中概率，根据以下参数：

- 成功发射的概率
- 突破舰空导弹拦截的概率
- 突破质心式干扰的概率
- 突破密集阵火炮的概率
- 成功命中的概率
- 成功爆炸的概率

可以求出潜舰导弹作战过程中采取四种策略 u_1、u_2、u_3 和 u_4 下的作战效果，见表 14.2.

表 14.2 潜舰导弹作战综合效果表

策略代号	策略名称	单发潜舰导弹的命中概率	潜艇的安全性
u_1	阵地伏击+随机选择	$p'p_{31}p_{411}$	高
u_2	阵地伏击+选择中心	$p'p_{31}p_{412}$	高
u_3	引导截击+随机选择	$p'p^*p_{32}p_{421}$	低
u_4	引导截击+选择中心	$p'p^*p_{32}p_{422}$	低

说明：这里的 p' 为潜舰导弹成功发射的概率、突破舰空导弹拦截的概率、突破质心式干扰的概率、突破密集阵火炮的概率、成功命中的概率和成功爆炸的概率之积。

由于篇幅关系，本示例中未详细介绍计算有关概率的数学模型。

3. 基于作战效果的信息质量评价与优化

1）基于作战效果的信息质量评价

（1）综合作战效果指标

潜舰导弹作战效果指标中包含单发潜舰导弹的命中概率、潜艇的安全性。由于信息质量的变化，单发潜舰导弹的命中概率 x 的取值范围为 $[0, p']$。根据作战效果综合指标合成方法，可以取单发潜舰导弹命中概率的相对值，其规范化函数为

$$f(x) = \frac{x}{p'} \tag{14.1}$$

同时，潜艇的安全性是一个定性的指标，分为高、中、低、极低四个档。潜艇的安全性指标也可以进行量化，见表 14.3.

表 14.3 潜艇的安全性量化表

潜艇的安全性	量化值
高	0.9
中	0.5
低	0.3
极低	0.1

经过军事工程师和装备工程师的打分，确定单发潜舰导弹命中概率的权重为 0.3，潜艇安全性的权重为 0.7，根据表 14.2 中数据和“积法”来计算作战效果综合指标，可以计算出四种不同作战策略下的综合作战效果，见表 14.4.

表 14.4 潜舰导弹综合作战效果表

策略代号	策略名称	综合作战效果
u_1	阵地伏击+随机选择	0.365
u_2	阵地伏击+选择中心	0.290
u_3	引导截击+随机选择	0.243
u_4	引导截击+选择中心	0.238

(2) 信息质量评价

通过灵敏度分析，对当前信息质量作进一步评价。在综合作战效果指标计算中，涉及以下四种可变化的信息质量指标：侦察预警装备测位的不确定性、侦察预警装备测速的不确定性、潜艇自身测位的不确定性和潜艇收到侦察预警装备的时间延迟。上述四种信息质量对综合作战效果的灵敏度分析分别如图 14.3～图 14.6 所示。

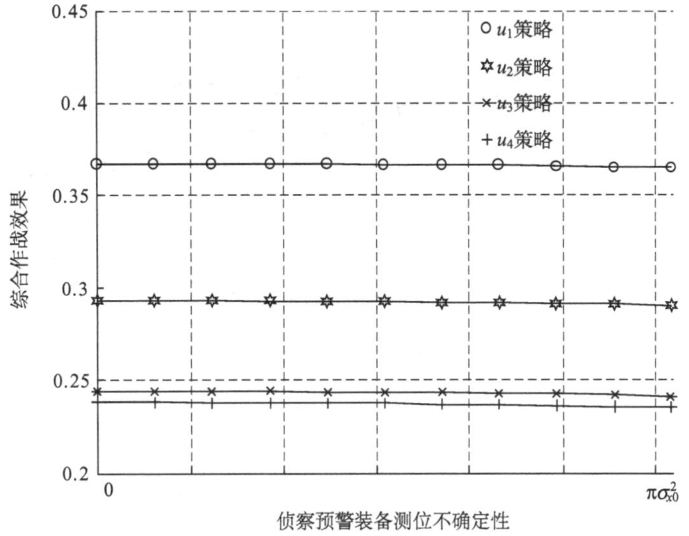

图 14.3　四种策略下侦察预警装备测位不确定性对综合作战效果的灵敏度

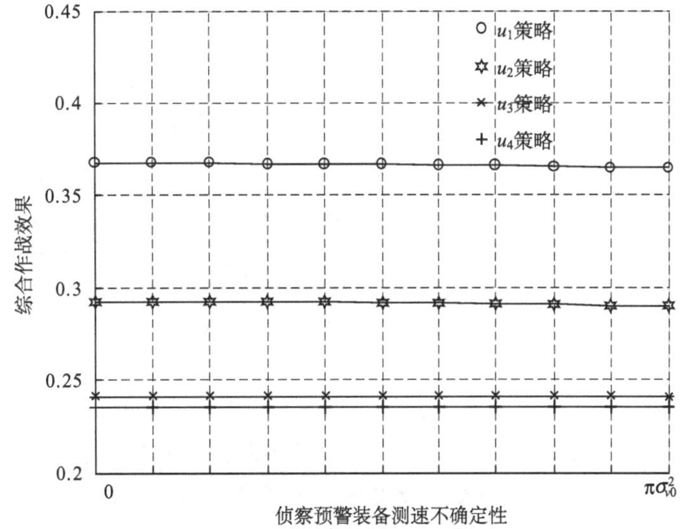

图 14.4　四种策略下侦察预警装备测速不确定性对综合作战效果的灵敏度

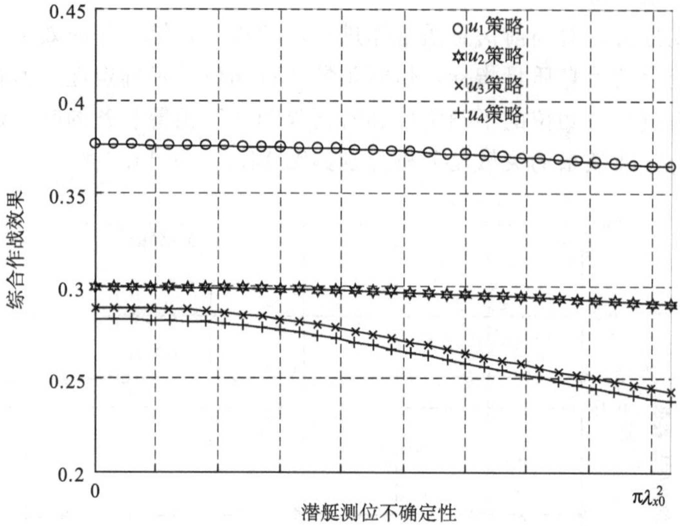

图 14.5 四种策略下潜艇测位不确定性对综合作战效果的灵敏度

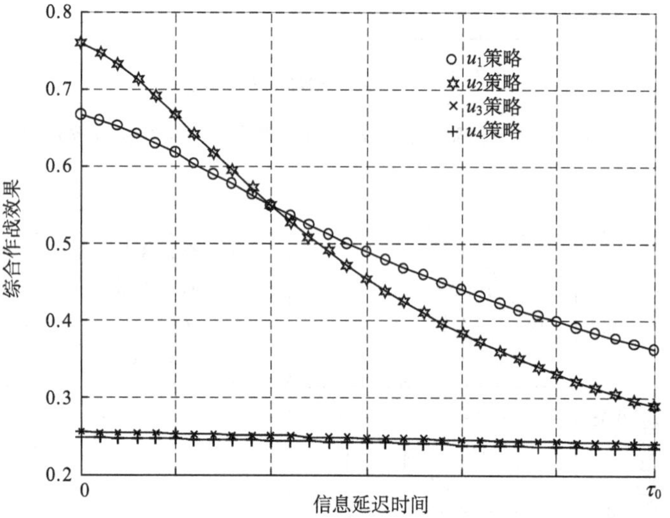

图 14.6 四种策略下信息延迟对综合作战效果的灵敏度

从图 14.3～图 14.6 中可以看出，对于作战行动策略 u_1 和 u_2 而言，信息延迟是影响综合作战效果比较敏感的指标，而侦察预警装备测位不确定性、测速不确定性和潜艇测位不确定性等 3 个指标对综合作战效果指标不敏感；对于策略 u_3 和 u_4，综合作战效果对这 4 个信息质量指标都不敏感。

根据信息质量评价方法，可以对当前信息质量指标值进行评价，如下所示：

• 对于作战行动策略 u_1 而言，当前的信息质量综合值为“准中”。侦察预警装备的测位不确定性、测速不确定性、潜艇的测位不确定性等信息质量指标的适应性较强，信息延迟指标的适应性较弱，如果能减少时间延迟，综合作战效果可以进一步得到提高。

• 对于作战行动策略 u_2 而言，当前的信息质量综合值为“准中”。侦察预警装备的测位不确定性、测速不确定性、潜艇的测位不确定性等信息质量指标的适应性较强，信息延迟指标的适应性较弱，如果能减少时间延迟，综合作战效果可以进一步得到提高。

• 对于作战行动策略 u_3 和 u_4 而言，当前的信息质量综合值为“准差”，因为通过潜艇测位不确定性的调整可以使综合作战效果值达到 0.3 左右。侦察预警装备的测位不确定性、测速不确定性、潜艇的测位不确定性和信息延迟等信息质量指标的适应性较强，通过信息质量指标值的优化，综合作战效果提高不明显。

2）基于作战效果的信息质量优化

根据以上信息质量评价可知，总体上当前信息质量指标值偏差。信息质量的优化应该从减小信息延迟着手。

经过军事工程师和装备工程师的研讨，认为通过研制新的通信网络、提高侦察预警装备的部分性能参数可以使红方潜艇接收信息的延迟降为 $\tau_0/6$。于是，战争设计工程团队对详细设定进行修改，将红方潜艇接收信息的延迟由 τ_0 修改为 $\tau_0/6$，转入下一轮迭代。

14.1.3　第二轮迭代

1. 基于信息质量的作战行动研讨

在第二轮迭代中，除红方潜艇接收到的信息延迟降为 $\tau_0/6$ 之外，其他信息质量指标值不变。

在新的信息质量基础上，经过战争设计工程团队的研讨，潜舰导弹作战行动策略也可以分为前面四种。

2. 基于作战行动的效果分析

第二轮迭代中四种策略下的作战效果见表 14.5。

表 14.5　潜舰导弹作战效果表

策略代号	策略名称	单发潜舰导弹的命中概率	潜艇的安全性
u_1	阵地伏击＋随机选择	略	高
u_2	阵地伏击＋选择中心	略	高
u_3	引导截击＋随机选择	略	低
u_4	引导截击＋选择中心	略	低

虽然为保密起见，单发潜舰导弹的命中概率没有在表 14.5 中列出，但通过实际数值对比表 14.5 和表 14.2 可以发现，在第二轮迭代中，策略 u_1 和 u_2 中单发潜舰导弹的

命中概率有了明显的提高，而且都已经大于 u_3 和 u_4 下的命中概率。不仅如此，策略 u_1 和 u_2 的大小关系也发生了重大变化：策略 u_2 下的命中概率已经明显地超过策略 u_1 的命中概率。

3. 基于作战效果的信息质量评价与优化

1）基于作战效果的信息质量评价

（1）综合作战效果指标

同样可计算出四种不同作战策略下的综合作战效果，见表 14.6。

表 14.6 潜舰导弹综合作战效果表

策略代号	策略名称	综合作战效果
u_1	阵地伏击＋随机选择	0.618
u_2	阵地伏击＋选择中心	0.668
u_3	引导截击＋随机选择	0.259
u_4	引导截击＋选择中心	0.253

对比表 14.4 和表 14.6 可知，随着信息延迟降为 $\tau_0/6$，策略 u_1 和 u_2 下的综合作战效果指标有了成倍的提高，而且策略 u_2 下的综合作战效果优于策略 u_1 下的综合作战效果。但对于策略 u_3 和 u_4，综合作战效果提高不明显。这一方面说明信息质量提高后作战效果的提高和作战行动有关，对于一些作战行动而言作战效果提高明显，对于另一些作战行动而言作战效果却没有什么提升；另一方面说明了如果信息质量发生了变化，作战行动一般也要发生相应变化才能取得较好的作战效果。

（2）信息质量评价

根据信息质量的评价准则，对当前条件下的信息质量进行初步的评价结果如下：当前信息质量在作战行动策略 u_1 和 u_3 下的评价值为“准良”，在作战行动策略 u_2 和 u_4 下的评价值为“准中”。

对于策略 u_1 而言，四种信息质量指标对综合作战效果的灵敏度如图 14.7 所示。

从图 14.7 可以看出，潜艇测位不确定性是影响综合作战效果比较敏感的指标，而侦察预警装备测位不确定性和测速不确定性以及信息延迟等 3 个指标对综合作战效果指标不敏感。对于策略 u_2 也可以得出同样的结论。

对于策略 u_3 和 u_4，综合作战效果指标对这四个信息质量指标均不敏感。

根据信息质量评价准则，可以对当前信息质量指标值进行如下评价：

• 对于作战行动策略 u_1 和 u_2 而言，当前的信息质量综合值为“准良”。侦察预警装备的测位不确定性、测速不确定性等信息质量指标的适应性较强，潜艇测位不确定性和信息延迟指标的适应性较弱，如能减小潜艇测位不确定性，综合作战效果可以进一步得到提高。

• 对于作战行动策略 u_3 和 u_4 而言，当前的信息质量综合值为中。侦察预警装备的测位不确定性、测速不确定性、潜艇的测位不确定性和信息延迟等信息质量指标的适

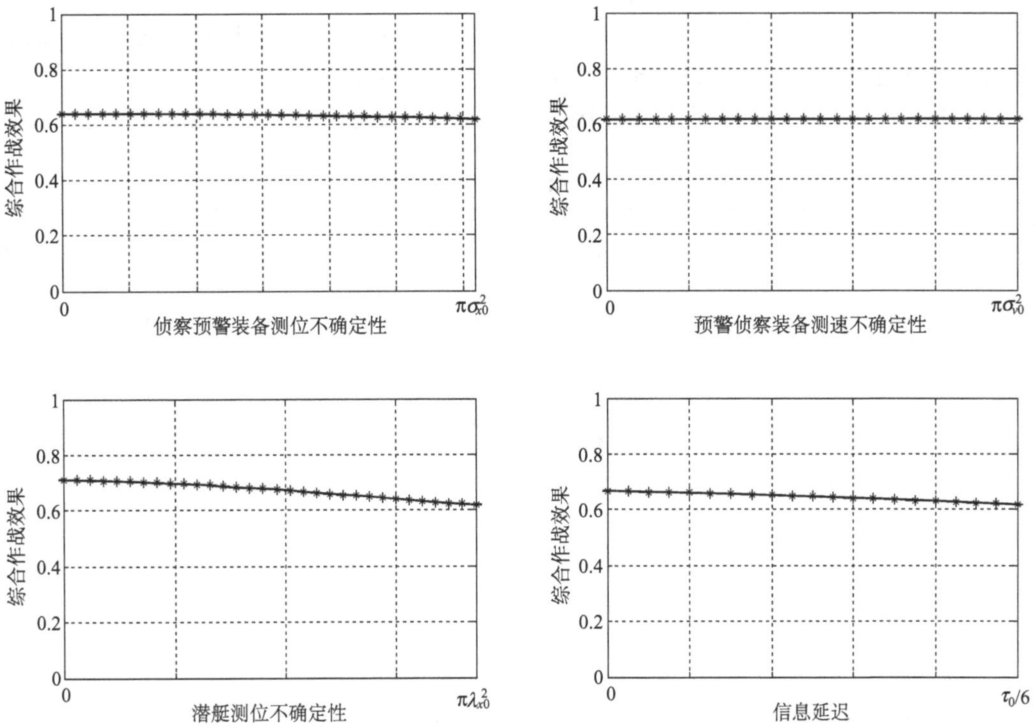

图 14.7　u_1 策略下信息质量指标对综合作战效果的灵敏度

应性较强，通过信息质量指标值的优化，综合作战效果提高仍不明显。

2) 基于作战效果的信息质量优化

根据以上信息质量评价可知，对于作战行动策略 u_1 和 u_2 而言，当前信息质量为“准良”，但仍有进一步优化的可能，信息质量的优化应该从减小潜艇测位不确定性着手。

经过军事工程师和装备工程师的研讨，认为红方潜艇接收信息的延迟已经无法再减小，但可以通过研制新的潜艇定位装备使潜艇测位不确定性降至 $\pi(\lambda_{x0}/3)^2$。于是，战争设计工程团队对详细设定进行修改，将红方潜艇测位不确定性由 $\pi\lambda_{x0}^2$ 修改为 $\pi(\lambda_{x0}/3)^2$，转入下一轮迭代。

14.1.4　第三轮迭代

1. 基于信息质量的作战行动研讨

第三轮迭代中，除红方潜艇自身的测位不确定性降至 $\pi(\lambda_{x0}/3)^2$ 外，其他信息质量指标值与第二轮迭代中的信息质量指标值保持一致。

在新的信息质量基础上，经过战争设计工程团队的研讨，达成以下两点共识。

首先，潜艇的接收信息的延迟已经比较小，自身的测位不确定性也比较小，在指挥中心的指挥下多艘潜艇同时对同一目标进行打击已具有可行性，在第三轮迭代中需要考虑宏观策略对潜舰导弹作战效果的影响。

其次，第二轮迭代结果已经表明，对于作战策略 u_3 和 u_4，信息质量优化对作战效果提高作用已经非常小，在第三轮迭代中可以排除这两种策略。

根据以上两点，第三轮迭代中潜舰导弹作战行动策略可以形成策略表 14.7。

表 14.7 潜艇作战行动策略选择表

策略	宏观策略	中观策略	微观策略
u_{11}	非协同攻击	阵地伏击	随机选择
u_{12}	协同攻击	阵地伏击	随机选择
u_{21}	非协同攻击	阵地伏击	选择中心
u_{22}	协同攻击	阵地伏击	选择中心

2. 基于作战行动的效果分析

不考虑是否协同攻击，计算策略 u_1 和 u_2 下的作战效果，得到表 14.8。

表 14.8 潜舰导弹作战效果表

策略代号	策略名称	单发潜舰导弹的命中概率	潜艇的安全性
u_1	阵地伏击＋随机选择	略	高
u_2	阵地伏击＋选择中心	略	高

说明：表中策略 u_2 下单发潜舰导弹的命中概率比策略 u_1 下的要高一点。

以 4 艘潜艇齐射的 8 发潜舰导弹造成的毁伤效果为作战效果指标，可以计算出非协同攻击下的作战效果及策略 u_{11}、u_{12}、u_{21} 和 u_{22} 下的总收益，见表 14.9。从表 14.9 中可看出，在策略 u_{22} 下作战效果得到了尽可能的优化。

表 14.9 潜舰导弹综合作战效果表

策略	p	击伤数量的数学期望	击沉数量的数学期望	总收益
u_{11}	略	0.350	0.015	0.481α
u_{12}	略	0.039	0.347	3.159α
u_{21}	略	0.445	0.025	0.671α
u_{22}	略	0.044	0.434	3.947α

说明：假设命中 1 发蓝方舰艇则毁伤等级定为击伤，命中 2 发以上则毁伤等级定为击沉。

3. 基于作战效果的信息质量评价

设侦察预警装备测位不确定性为 $\pi\sigma_{x0}^2$、测速不确定性为 $\pi\sigma_{v0}^2$、潜艇自身定位的不确

定性为 $\pi\lambda_{x0}^2$、信息延迟为 $\tau_0/6$ 时，根据前两轮的信息质量评价准则，可以得出当前的信息质量在 u_1 和 u_2 下都为优，而且综合作战效果对四种信息质量指标的适应性都比较强。

经过灵敏度分析，发现信息质量的进一步提高对于潜舰导弹命中概率、潜艇安全性和协同攻击的影响不大。信息质量优化已无必要，迭代停止。

应当指出的是，在第三轮的迭代分析中出现的新的情况：考虑了潜艇与潜艇之间的协同攻击。这时由于考虑的层次提高了，作战效果指标也随之发生了变化，由原来的潜艇安全性转变为击沉和击伤蓝方舰艇获得的总收益。在当前的信息质量条件下，当红方若干艘潜艇采取协同攻击、单艘潜艇采取阵地伏击、反舰导弹突破冲淡式干扰时采取选择中心的策略时红方潜艇的作战效果得到尽可能地提高，信息的价值得到充分发挥。

14.1.5　结论与建议

通过本示例的分析，可以得到以下结论：

(1) 信息质量对反舰导弹作战效果的影响机理复杂、影响程度较大。通过每一轮的迭代分析都可以发现，信息质量通过反舰导弹作战行动这个中介面影响反舰导弹作战效果。一定信息质量条件下可以采取不同的反舰导弹作战行动策略，使得信息质量对反舰导弹作战效果的影响变得十分复杂。通过第一轮和第三轮的迭代分析可以发现，信息质量的部分调整可以使得反舰导弹综合作战效果指标值由 0.365 提高到 0.750 以上，说明信息质量的优劣对反舰导弹作战效果的影响程度很大。

(2) 反舰导弹作战系统的信息瓶颈是比较隐蔽的，克服信息瓶颈后会使反舰导弹作战效果有较大的提高。在第一轮迭代分析之前，仅通过信息质量的度量很难找出反舰导弹作战系统的瓶颈，通过三轮定性与定量相结合的迭代分析之后才找出红方反舰导弹作战系统的信息瓶颈为信息延迟和潜艇本身测位的不确定性，而且第三轮迭代分析结果表明，克服信息瓶颈后反舰导弹作战效果得到很大提高。

(3) 信息质量需要有与之匹配的作战行动策略才能充分发挥其价值，信息质量的提高呼唤着反舰导弹作战战法产生创新。每一轮迭代分析都表明，同样的信息质量条件下如果采取的作战行动策略不同，那么反舰导弹作战效果也不相同，信息质量需要有与之匹配的作战行动策略才能充分发挥其价值。例如，在第一轮分析中采取“阵地伏击＋随机选择”策略是 4 种策略中最优的，但在第二轮分析中随着信息质量发生了变化，采取“阵地伏击＋中心选择”策略又成为 4 种策略中的最优策略，到了第三轮迭代分析中，随着信息质量的进一步优化，反舰导弹作战战法产生了创新，作战效果又在更高的层次上得到提升。

(4) 定量分析离不开作战效果计算用的数学模型。因此数学模型的合理性对于战争设计与战争分析是至关重要的，需要专门地深入研究，本示例未作详细介绍。

14.2 反舰导弹突破电子干扰中箔条冲淡式干扰的策略选择

14.2.1 示例研究综述

1. 研究目的

信息系统对潜艇作战能力的影响是多方面的，其中最重要的是对潜射导弹突防概率的影响。以“预警机和数据链”为核心的新型信息系统对潜射导弹的突防概率的研究为例，对战争设计工程专家群体智慧集成过程中采用定性定量相结合方法解决问题的过程，以及战争设计工程中设定的深化过程进行说明。

2. 军事背景

本示例的军事背景和想定与14.1节中一样，所不同的是，本示例主要对潜射反舰导弹的突防概率为研究目标进行分析。

3. 基本设定

本示例的基本设定主要包括如下几点：

(1) 由于采用对比的方法分析对潜射导弹突防概率的影响，因此，都是比较在同一末制导雷达开机距离下的突防概率；

(2) 在红方有无“预警机和数据链”情况下，蓝方预警探测平台都比红方先进，红方一发射就会被蓝方获知，因此，在新信息系统和无“预警机和数据链”支持下，潜射导弹突破第一层和最后一层的概率在有、无“预警机和数据链”支持下认为是一样的；

(3) 蓝方不管红方是新信息系统还是无“预警机和数据链”支持下发射潜射导弹，都采用同样的冲淡式干扰策略。

4. 问题分解及基本结论

采用对比有无“预警机和数据链”支持的方法进行分析。信息系统对潜艇作战效果影响的主要因素之一就是潜射导弹的突防概率。潜射导弹一般需三层突防：突破外层反导导弹、突破中层电子干扰和突破内层密集阵火炮。

由于蓝方预警探测平台比较先进，红方一发射就会被敌方获知，因此有“预警机和数据链”和无“预警机和数据链”支持下，潜射导弹突破第一层和最后一层的概率在新、无“预警机和数据链”支持下可以认为是一样的，重点分析突破中层电磁干扰的概率。

本节只对突破中层电子干扰中突破箔条冲淡式干扰的概率进行分析。冲淡式干扰的作用机理是在雷达开机的时候，在雷达上显示多个目标，把导弹引导到假目标之上。当末制导雷达上有多个目标时，末制导雷达选择目标一般有两种不同的策略，一是在多个目标中随机地选择一个，二是选择一个离开机搜索区域中心最近的目标。突破冲淡式干扰概率的分析指标主要包括四个：目标信息的探测质量、信息传输的延迟、末制导雷达开机距离和末制导雷达选择目标的策略。本示例的作战背景是问题相对明确的战争设计问题，问题树如图 14.8 所示。

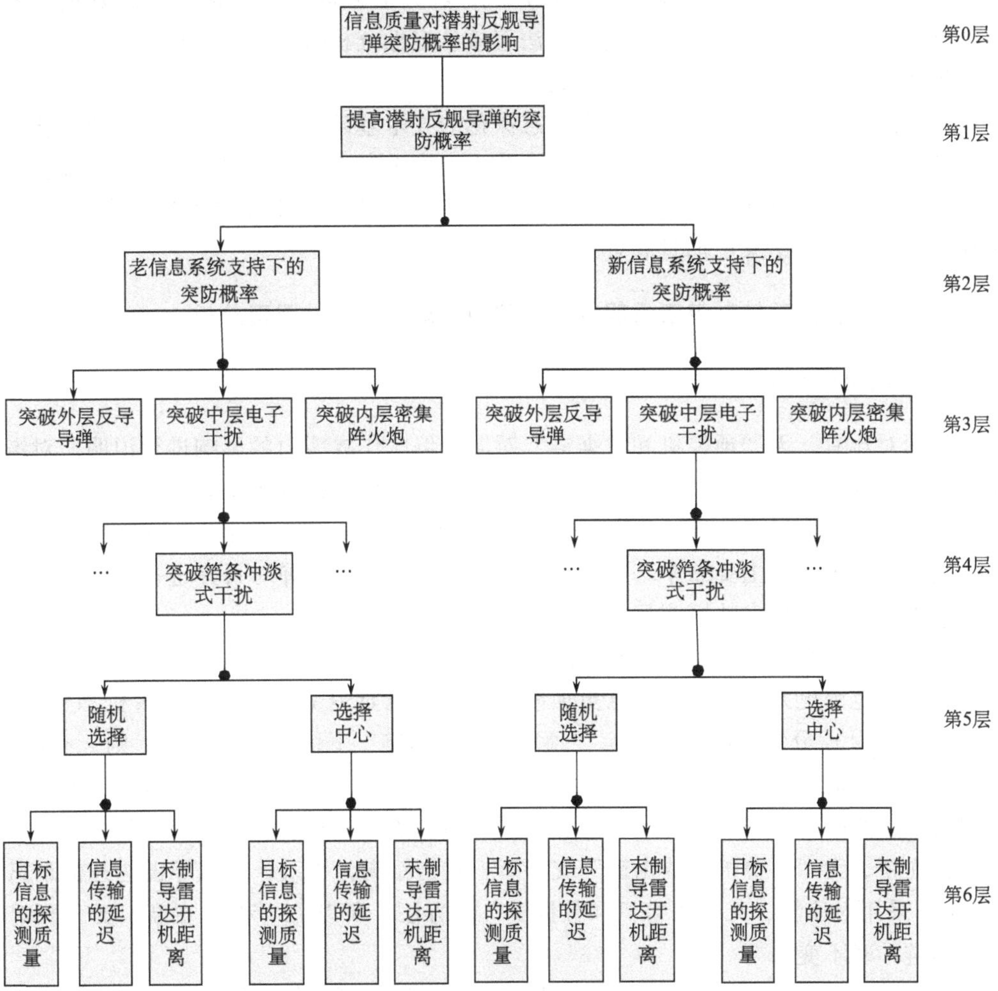

图 14.8　潜射反舰导弹突防概率问题树

在以上问题树分析过程中，敌方舰艇采用的四点式冲淡干扰方式是一样的。

通过定量模型以及运算结果，可以得出如下结论：

(1) 不论是采用随机选择或者选择中心潜射导弹突破冲淡式干扰的概率，在有“预警机和数据链”支持的条件下都比无“预警机和数据链”支持下采用相应策略时大，并且突破冲淡式干扰的概率提升的幅度比较大。

(2) 如果敌方采用向本舰艇正前、正后、正左和正右四个点各发射一个箔条弹实施冲淡式干扰策略，和随机选择目标策略相比，选择离中心最近目标策略，在信息延迟时间比较小的时候，比较适用；当时间延迟比较大的时候随机选择目标策略更加具有优越性。

（3）定量模型及其分析结果可用于设计新干预策略。通过定量分析，将有“预警机和数据链”支持下红方的干预策略进一步优化为：如果信息延迟比较小（具体值根据其他因素比如打击距离、开机距离等确定）时，红方应采取的策略以及信息延迟比较大时，红方应采取的策略。这个结论是无法直接从定性分析得到的，这种新的干预策略是在定量模型及其结果分析的基础上得到的。

（4）定性定量相结合分析是设定动态深化的技术基础。这一点可以从“进一步的对策定性研讨”得到印证。只有在定性分析基础上的定量运算及其结果分析，才能发现新的干预策略，而针对新干预策略存在的漏洞的定性分析，使得设定不断地完善、合理，也使得战争设计的结果更加具有合理性、科学性。

14.2.2 信息系统对潜艇反舰导弹突破冲淡式干扰关键因素分析

1. 影响因素分析

采用对比有、无“预警机和数据链”对海上编队作战能力的影响进行说明。对潜艇来说，无“预警机和数据链”下的信息链是岸基对目标的探测系统以及潜艇自身声呐所组成的信息系统。潜艇的作战行动一般是事先计划好的，在对敌目标进行攻击过程中。如果是远程攻击，则主要靠岸基提供目标信息，通过潜射导弹对目标进行攻击；如果是视距攻击，则主要靠声呐探测目标信息，进行攻击。

有“预警机和数据链”相对于无“预警机和数据链”来说，主要有三个方面的优点：①探测范围更大；②目标信息更加准确；③信息延迟更小。无“预警机和数据链”下信息延迟为 τ_l 分钟左右，假设有“预警机和数据链”下信息延迟为 τ_x，则 $\tau_x<\tau_l$。

信息系统对潜艇作战效果影响的主要因素之一就是潜射导弹的突防概率。潜射导弹一般需三层突防：突破外层反导导弹、突破中层电子干扰和突破内层密集阵火炮。设潜射导弹在新、无“预警机和数据链”支持下，打击距离为 L_{max}，末制导雷达开机距离为 L。由于采用对比新、无“预警机和数据链”的方法，所以 L_{max} 和 L 在新、无“预警机和数据链”时不变。

红方潜射导弹突破外层反导导弹的概率主要与敌武器系统外层拦截效率以及蓝方进行拦截中可利用的时间窗口有关。这里主要考虑蓝方的时间窗口，即考虑潜射导弹发射距离（飞行时间）对突破外层反导导弹概率的影响，突破密集阵火炮的概率主要取决于敌密集阵拦截效率和导弹的爆炸范围等因素。由于蓝方预警探测平台比较先进，红方一发射就会被敌方获知，因此有“预警机和数据链”和无“预警机和数据链”支持下，潜射导弹突破第一层和最后一层的概率在新、无“预警机和数据链”支持下可以认为是一样的，重点分析突破中层电磁干扰的概率。

本节只对突破中层电子干扰中突破箔条冲淡式干扰的概率进行分析，以此来说明定量模型及其分析结果可用于设计新干预策略以及设定动态深化的过程。

冲淡式干扰的作用机理是在雷达开机的时候，在雷达上显示多个目标，把导弹引导到假目标之上。当末制导雷达上有多个目标时，末制导雷达选择目标时一般有两种不同的策略，一是多个目标中随机地选择一个，二是选择一个离开机搜索区域中心最近的目标。

影响突破冲淡式干扰概率的因素很多，其中，目标信息的探测质量、信息传输的延迟、末制导雷达开机距离以及末制导雷达选择目标的策略是主要影响因素。目标信息的探测质量、信息传输的延迟和末制导雷达开机距离影响目标在末制导雷达搜索区域的散布位置，而末制导雷达选择目标的策略影响选择真目标的概率。

由于采用对比的方法分析对潜射导弹作战效能的影响，因此，都是比较在同一末制导雷达开机距离下的突防概率。

通过专家小组的定性研讨分析，确定突破冲淡式干扰概率的分析指标主要包括四个：目标信息的探测质量、信息传输的延迟、末制导雷达开机距离和末制导雷达选择目标的策略。

2. 红蓝双方干预策略定性分析

对于红、蓝双方干预策略的分析，给出如下的设定：

1) 红方干预策略分析

红方干预策略分为“预警机和数据链”下的干预策略和无“预警机和数据链”下的干预策略。

有“预警机和数据链”支持下的干预策略包括：

(1) 末制导雷达采用随机选择目标的策略，称为红方策略 u_1；

(2) 末制导雷达采取选择离中心最近目标的策略，称为红方策略 u_2。

无“预警机和数据链”支持下的干预策略包括：

(3) 末制导雷达采用随机选择目标的策略，称为红方策略 u_3；

(4) 末制导雷达采取选择中心最近目标的策略，称为红方策略 u_4。

2) 蓝方干预策略分析

假设蓝方不管红方是有“预警机和数据链”还是无“预警机和数据链”支持下发射潜射导弹，都采用向本舰艇正前、正后、正左和正右四个点各发射一枚箔条弹，实施冲淡式干扰策略，称为蓝方策略 v_1。

3) 初步定性分析

经过专家组的讨论，给出如下定性分析结论：有“预警机和数据链”相对于无“预警机和数据链”来说，①对目标位置探测精度虽然有所提高，但是提高不大；对目标速度探测误差基本一样。②信息传输延迟相对来说降低了很多，使得对目标位置预测的散布相对减少很多，提高了末制导雷达捕捉目标的概率，因此，这个因素应该是最关键因素。③有“预警机和数据链”相对于无“预警机和数据链”来说，既然使得目标的散布位置相对减少，就应该使得 u_1 比 u_3 优越，u_2 比 u_4 优越。但是，u_1 和 u_2 相比，在有“预警机和数据链”支持下，哪个是较优策略呢?

根据以上的分析，决定建立随机选择目标工作模式下的捕捉概率模型和选择离中心最近目标工作模式下的捕捉概率模型，进而对结果进行分析，以验证③中的判断，并确定 u_1 和 u_2 哪个较优。

这些分析都是建立在蓝方采用策略 v_1 的情况下分析的。

14.2.3 数学建模及模拟仿真

由于末制导雷达选择目标策略不同，导致建模过程不同，对这两种末制导雷达的工作模式分别建模。

1. 随机选择目标工作模式下的捕捉概率

当冲淡式干扰使得末制导雷达上有多个目标时，末制导雷达以一定的概率在真假目标之间随机选择一个目标。假定选择某个假目标相对于选择真目标的概率比为 ε_c（$0<\varepsilon_c\leqslant 1$），$\varepsilon_c$ 反映了反舰导弹在冲淡式干扰条件下辨识真假目标的智能。若完全以相同的概率选择真目标或假目标，那么 $\varepsilon_c=1$，意味着末制导雷达在辨识真假目标上没有任何智能，若末制导雷达有一定的辨识真假目标的智能，则 $\varepsilon_c<1$。

随机选择目标工作模式下捕捉目标概率的计算模型可以按照下面方法构建。

（1）随机选择目标工作模式下的捕捉概率模型

图 14.9 表示目标分布区域、末制导雷达开机搜索区域与冲淡式干扰箔条云三者之间的位置关系。

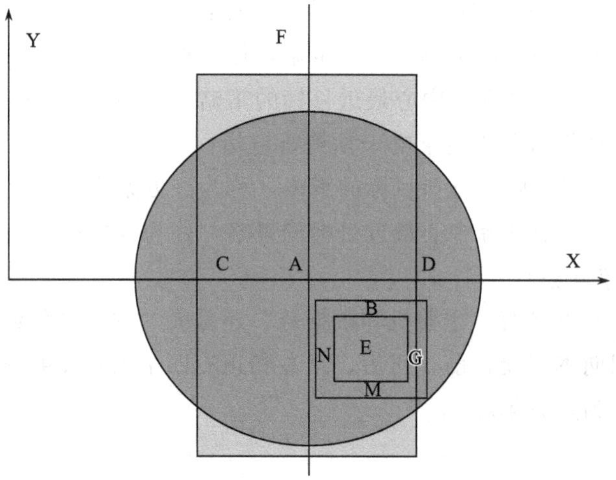

图 14.9 目标分布区域、搜索区域与箔条云位置关系图

A 点为 t_2 时刻目标（舰艇）预测位置的散布中心，坐标为$(\bar{x},\ \bar{y})$，E 点为 t_2 时刻目标（舰艇）的实际位置，E 点的坐标为$(x_2,\ y_2)$，B 点、G 点、M 点、N 点为 t_2 时刻舰艇周围 4 个箔条云质心的位置。其中，箔条云 B 的质心坐标为$(x_b,\ y_b)$；C 点和 D 点分别为末制导雷达横向边界与 X 轴的交点，C 点坐标为$(v_x^0 t_2-b,\ 0)$，D 点坐标为$(v_x^0 t_2+b,\ 0)$；F 点为 t_2 时刻导弹的位置，F 点坐标为$(v_x^0 t_2,\ l)$，其中 l 为雷达发射时装定的雷达开机距离，等于 F 到 A 点的距离，b 为雷达的扫描宽度。

在采用冲淡式干扰的过程中，假定蓝方采用一般性的电子干扰战术原则 v_1，一般性的冲淡式电子干扰战术原则有：

- 舰艇发现导弹向自己飞来，在导弹离舰艇一定距离的时候，舰艇发射若干箔条弹从而实施冲淡式电子干扰；

- 箔条云在空中的有效时间为 T_k；
- 舰艇发射箔条弹后，形成了 4 个箔条云，形成 4 个有效的假目标；
- 箔条弹的有效射程为 l_b；
- 蓝方舰艇采用最有效的四点式冲淡干扰方式，4 个箔条云分别在舰艇的正前、正后、正左和正右四个点上，箔条云 B 在 x 轴上与舰艇质心的偏离为 x_{eb}，在 y 轴上与舰艇质心的偏离为 y_{eb}。如图 14.9 所示。

以四个箔条云中的箔条云 B 为例，箔条云 B 的位置可以表示为

$$x_b = x_2 + x_{eb} \qquad y_b = y_2 + y_{eb}$$

又因为目标的位置(x_2, y_2)相对于预测位置服从正态分布，所以对于某一个箔条云而言，其位置相对于预测位置也服从正态分布，即设 $f_b(x, y)$为箔条云 B 在 xOy 平面中的概率密度。

其中，$f_{bx}(x) = \frac{1}{\sqrt{2\pi}\sigma_x}\exp\left(-\frac{(x-\overline{x})^2}{2\sigma_x^2}\right)$为某一个箔条云在 x 轴上的概率密度，$f_{by}(y) = \frac{1}{\sqrt{2\pi}\sigma_y}\exp\left(-\frac{(y-\overline{y})^2}{2\sigma_y^2}\right)$ 为某一个箔条云在 y 轴上的概率密度。x_b 和 y_b 相互独立，所以 $f_b(x, y)=f_{bx}(x)\times f_{by}(y)$。

在末制导雷达的搜索区域中，对某个箔条云的概率密度进行积分可以求出单个箔条云在末制导雷达搜索范围中的概率。

假设 p_{b1}为箔条云 B 在末制导雷达搜索范围 s 中的概率，则

$$p_{b1} = \iint_s f_b(x,y)\,\mathrm{d}x\mathrm{d}y.$$

四个假目标（箔条云）在雷达搜索区域的概率分别为 p_{b1}、p_{b2}、p_{b3}、p_{b4}，当真假目标都在末制导雷达的搜索区域时，雷达会对目标进行辨识，假设末制导雷达选择假目标作为打击目标和选择真目标作为打击目标的概率之比为 ε_c，则冲淡式电子干扰的突防概率为

$$p_{21} = \frac{p_0}{p_0 + (p_{b1} + p_{b2} + p_{b3} + p_{b4})\varepsilon_c}$$

其中，p_0 为 E 点落在雷达搜索区域的概率。

(2) 随机选择目标工作模式下的捕捉概率计算

根据上面的模型，选择相关参数，进行计算。图 14.10 是有“预警机和数据链”支持和无“预警机和数据链”支持条件下，开机距离与冲淡式干扰下全程搜索捕捉概率的变化关系图。

基本参数有：

- 打击距离；
- 导弹巡航速度；
- 导弹捕捉目标的概率包括末制导雷达开机时波门选择范围中的搜索区域的捕捉概率，也包括末制导雷达全程搜索过程的捕捉概率；

- 末制导雷达在多目标环境下以一定智能随机选择打击目标；
- 敌舰艇采用四点施放箔条弹，箔条云中心离舰艇的位置；
- 冲淡式干扰下末制导雷达辨识假真目标的概率之比 ε_c；
- 末制导雷达开机距离为 L。

有“预警机和数据链”支持下：

- X 轴和 Y 轴上位置测量误差为 $\sigma_{x0}=\sigma_{y0}$；
- X 轴和 Y 轴上测速误差为 $\sigma_{vx0}=\sigma_{vy0}$；
- 目标平均速度在 X 轴和 Y 轴上改变引起的误差为 $\sigma_{\Delta vx}=\sigma_{\Delta vy}$；
- 信息延迟时间 τ_x。

无“预警机和数据链”支持下：

- X 轴和 Y 轴上位置测量误差为 $\sigma_{x0}=\sigma_{y0}$；
- X 轴和 Y 轴上测速误差为 $\sigma_{vx0}=\sigma_{vy0}$；
- 目标平均速度在 X 轴和 Y 轴上改变引起的误差为 $\sigma_{\Delta vx}=\sigma_{\Delta vy}$；
- 信息延迟时间 τ_l。

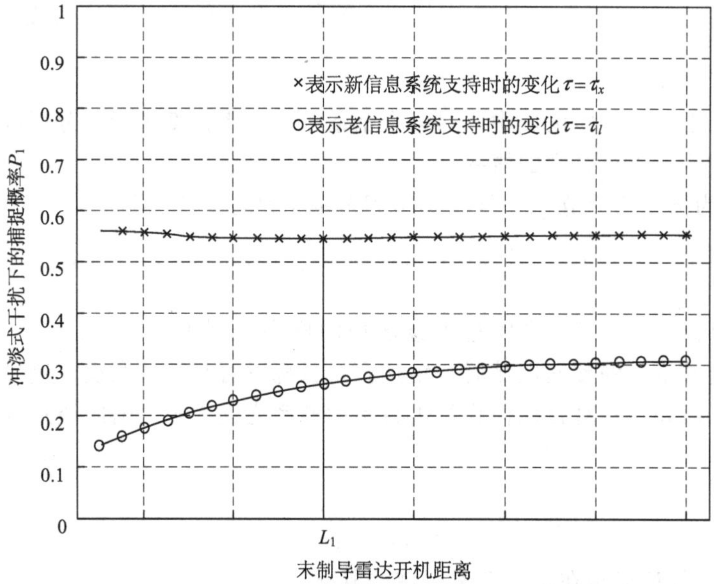

图 14.10　随机选择目标模式时开机距离和冲淡式干扰下捕捉概率变化关系图

2. 选择离中心最近目标工作模式下的捕捉概率

当冲淡式干扰使得末制导雷达上有多个目标时，末制导雷达选择离搜索中心最近目标进行打击，这种条件下只要蓝方舰艇（真目标）位置变化比较小，就能够接近 100％地选中真目标。此时，影响捕捉真目标的概率主要因素是真目标的散布度。这种情况下，捕捉真目标的概率可以按照下面的模型计算。

(1) 选择离中心最近目标的工作模式下捕捉概率计算模型

图 14.11 的坐标系和图 14.9 的坐标系相同，图中字母具有相同的意义，不同的是真目标的位置不一样。在图 14.11 中，B、G、M、N 四个点是冲淡式干扰的四个假目标。A 点为 t_2 时刻目标（舰艇）所在的散布中心，坐标为$(\bar{x}, \bar{y})$，E 点为 t_2 时刻目标（舰艇）的实际位置，E 点的坐标为(x_2, y_2)，B 点为 t_2 时刻舰艇周围某一个箔条云的中心位置，坐标为(x_b, y_b)。很显然，在敌舰艇采用四点式冲淡式干扰时，只有当目标在x 轴上离中心的距离不超过 $x_{eb}/2$，而且在 y 轴上离中心距离不超过 $y_{eb}/2$ 时，才能确保选中真目标，否则选中的都是假目标。所以在这种情况下，选中真目标的概率就是真目标落在$[-x_{eb}/2, x_{eb}/2]$和$[-y_{eb}/2, y_{eb}/2]$范围之内的概率。

假设目标在 t_2 时刻的位置服从正态分布，所以在选择打击离搜索中心最近目标工作模式下捕捉真目标的概率可以表示为

$$p_{22} = \left(2\Phi\left(\frac{x_{eb}}{2 \times \sigma_x}\right) - 1\right) \times \left(2\Phi\left(\frac{y_{eb}}{2 \times \sigma_y}\right) - 1\right)$$

其中，Φ 为标准正态分布函数。

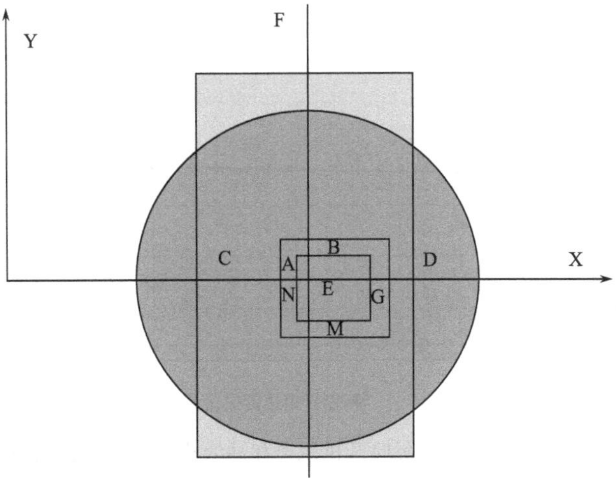

图 14.11　选择离中心最近目标时目标分布区域、搜索区域与箔条云位置关系图

(2) 选择离中心最近目标的工作模式下捕捉概率计算

图 14.12 是开机距离与冲淡式干扰条件下捕捉概率的变化关系图。

基本参数有：

- 打击距离；
- 导弹巡航速度；
- 导弹捕捉目标的概率包括末制导雷达开机时波门搜索区域和全程搜索过程的捕捉概率；
- 末制导雷达在多目标环境下选择离搜索中心最近的目标作为打击目标；
- 敌舰艇采用四点施放箔条弹，箔条云中心离舰艇的位置；
- 末制导雷达开机距离为 L。

有“预警机和数据链”支持下：

- X 轴和 Y 轴上位置测量误差为 $\sigma_{x0}=\sigma_{y0}$；
- X 轴和 Y 轴上测速误差为 $\sigma_{vx0}=\sigma_{vy0}$；
- 目标平均速度在 X 轴和 Y 轴上改变引起的误差为 $\sigma_{\Delta vx}=\sigma_{\Delta xy}$；
- 信息延迟时间 τ_x。

无“预警机和数据链”支持下：

- X 轴和 Y 轴上位置测量误差为 $\sigma_{x0}=\sigma_{y0}$；
- X 轴和 Y 轴上测速误差为 $\sigma_{vx0}=\sigma_{vy0}$；
- 目标平均速度在 X 轴和 Y 轴上改变引起的误差为 $\sigma_{\Delta vx}=\sigma_{\Delta vy}$；
- 信息延迟时间 τ_l。

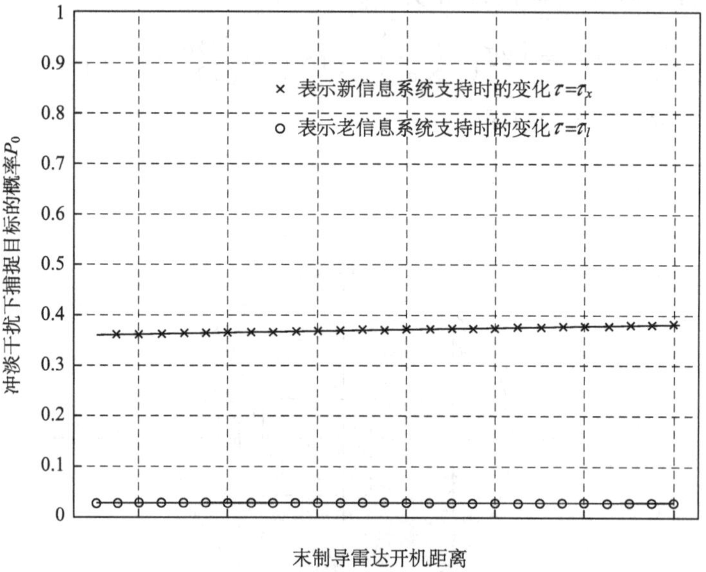

图 14.12 选择离中心最近目标时开机距离和冲淡式干扰下捕捉概率变化关系图

图 14.13 为在其他参数相同的情况时，在有“预警机和数据链”支持下，末制导雷达随机选择目标工作模式和选择离中心最近目标的工作模式下捕捉概率与延迟时间之间的关系，其中横坐标为信息延迟时间。

基本参数有：

- 打击距离；
- 末制导雷达开机距离；
- X 轴和 Y 轴上位置测量误差为 $\sigma_{x0}=\sigma_{y0}$；
- X 轴和 Y 轴上测速误差为 $\sigma_{vx0}=\sigma_{vy0}$；
- 目标平均速度在 X 轴和 Y 轴上改变引起的误差为 $\sigma_{\Delta vx}=\sigma_{\Delta vy}$；
- 导弹巡航速度；
- 信息延迟时间为 $\tau=\tau_x$ 在一段时间内变化。

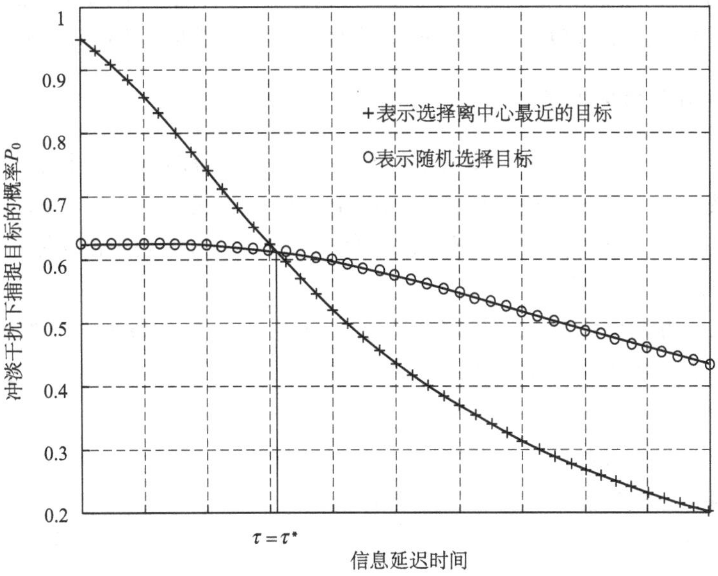

图 14.13 末制导两种工作模式下捕捉概率与信息延迟时间变化关系图

14.2.4 定量模型结果分析

1. 定量运算结果分析

通过以上的定量模型以及运算结果，可以得出如下结论：

(1) 从图 14.10 和图 14.12 可以看出，在蓝方采用策略 v_1 情况下，红方有“预警机和数据链”支持下采用策略 u_1、u_2，都比无“预警机和数据链”支持下采用策略 u_3、u_4 时潜射导弹的突破冲淡式干扰的概率大，并且突破冲淡式干扰的概率提升幅度也比较大。如图 14.10 中，在末制导雷达开机距离为 L_1 时，对于运用策略 u_3 和 u_1 来说，突防冲淡式干扰的概率从 0.2606 提高到 0.5459。这说明有“预警机和数据链”更加有助于提高潜射导弹的作战效果。在定性分析时，也初步判断得出这种结论，而定量的结果更加印证了这种结论。

(2) 在定量分析之前，我们定性分析得出，在蓝方采用策略 v_1 时，有“预警机和数据链”支持下采用策略 u_1、u_2，比无“预警机和数据链”支持下采用策略 u_3、u_4 效果好。但是，u_1 和 u_2 哪个效果更好，我们无法做出判断。通过定量的计算，我们得到如下结论：在信息延迟时间比较小的时候，和随机选择目标策略 u_1 相比，选择离中心最近目标策略 u_2 比较适用；当时间延迟比较大的时候随机选择目标策略 u_1 更加具备优越性，这个结论可以从图 14.13 看出。通过定量计算得出，当末制导雷达开机距离为 L_1 时，延迟时间小于 τ^* 情况下，选择离搜索中心最近目标策略 u_2 更加有利，大于 τ^* 的时候随机选择目标策略 u_1 更加有利，如图 14.13 所示。

通过定量分析，将有“预警机和数据链”支持下红方的干预策略更加优化为：如果信息延迟比较小（具体值根据其他因素比如打击距离、开机距离等确定）时，红方应采

取策略 u_2，而信息延迟比较大时，红方应采取策略 u_1。这个结论是无法直接从定性分析得到的，这种新的干预策略是在定量模型及其结果分析的基础上得到的。

2. 进一步对策的定性研讨

在以上分析的基础上，进一步对红、蓝双方的干预策略进行分析。

（1）如果在有“预警机和数据链”支持下，信息延迟比较小，则红方较优策略应该是 u_2，这是在蓝方采用策略 v_1 情况下的较优策略，蓝方的这种策略是在不知道红方会采用策略 u_2 时的干预策略。

（2）如果蓝方知道红方采用策略 u_2，蓝方采用将四个箔条弹全部发射到同一方位，使得舰艇本身不是散布中心的策略 v_2。从定性判断上来说，u_2 应该不是较优策略，那么 u_1 是不是较优策略？

（3）如果红方知道蓝方采用策略 v_2，红方的较优策略是 u_1 还是 u_2，是不是还有别的策略，比如提高导弹选择真目标时的智能系数？

（4）如果信息延迟比较大，蓝方采用干预策略 v_2，u_1 还是不是较优策略？红方应该采用何种策略？

这个时候，就需要重新修正设定，计算如果蓝方采用干预策略 v_2 的各种情况，从而需要重新进行建模分析。

这样的对抗式研讨是定性分析、判断→定量为主的计算→定量结果的分析→定量分析的结论→针对漏洞的新干预策略研讨→设定动态深化→定性分析、判断……如此不断迭代进行。

如果将红蓝双方的这种策略对抗进一步深入下去，比如蓝方知道红方采用策略 u_2，则其采用策略 v_2 应对红方的策略 u_2；同样，如果红方知道蓝方采用策略 v_2，则红方可以策略 u_1 应对蓝方策略 v_2……作为防守方的蓝方如果知道红方采用何种策略，进而修改自己的策略得当比较容易些；作为攻击方的红方，由于现行导弹策略装定比较单一，所以需要对导弹本身的设计进行修改，在导弹弹体内加装一个选择开关，便于在装定诸元时根据对蓝方策略的判断进行策略选择。

从上面分析可以看出，红蓝双方策略对抗不断深入，可以得到与第 13 章“曹操败走华容道”完全类似的结果。

3. 结论

从以上的分析过程，验证了战争设计工程领域专家智慧集成过程中的如下几个结论：

（1）领域专家智慧集成过程中，解决问题的主要方法是定性定量相结合。

在对有“预警机和数据链”对潜艇作战效能影响分析过程中，我们在对问题背景和关键因素定性研讨分析、判断的基础上，给出了红、蓝双方对战争系统的初始干预策略 u_1、u_2、u_3、u_4、v_1，在此基础上建立了概念模型（由于篇幅原因，本节未作深入介绍），并进行了定量计算。定量的结果一方面验证了定性分析的结果，另一方面深化了对问题定量的认识，并产生了新的干预策略。新干预策略存在的漏洞是我们下一步定性分析、判断的起点。整个过程是定性分析、定量为主的分析再到定性分析的迭代过程。

（2）定量模型及其分析结果可用于设计新干预策略。

这一点可以从“定量运算结果分析”中的（2）得到印证。通过定量的结果分析，我们得到了新的干预策略，即如果蓝方采用策略 v_1，红方在信息延迟比较小的情况下，干预策略 u_2 是较优策略。

（3）定性定量相结合分析是设定动态深化的技术基础。

这一点可以从“进一步的对策定性研讨”得到印证。只有在定性分析基础上的定量运算及其结果分析，才能发现新的干预策略，而针对新干预策略存在的漏洞的定性分析，使得设定不断的完善、合理，也使得战争设计的结果更加具有合理性、科学性。

第 15 章

信息化战争高级形态与高级信息武器装备概念研究

15.1 信息化战争与信息武器装备是新军事变革的核心

从海湾战争开始，到最近的伊拉克战争，信息化作战已成为战争中一个重要的，甚至是决定性的作战样式。信息化武器装备与信息战武器装备（为叙述简洁起见，本章以下统称为信息武器装备）在作战中发挥了关键作用。在机械化程度大体相当的两军对阵中，信息技术占优势的一方在战争初期就能使对方的信息系统与指挥系统瘫痪，从而信息技术处于弱势的一方就只有被动挨打，任人宰割。

15.1.1 初级信息化战争与信息武器装备的特点

战争形态，是指由主战武器、军队编成、作战思想、作战方式等战争诸要素构成的战争总体面貌。其中，主战武器决定着军队的编成、作战思想和作战方式的变化，并由此产生不尽相同的战争形态。当信息武器装备广泛使用并成为战场上的主导性力量时，标志着人类社会经过徒手作战、冷兵器战争、热兵器战争、机械化战争后，已经进入信息化战争时代。

海湾战争以来的历次重大战争中，信息化作战样式与信息武器装备的特点可以说主要是解决信息的获取问题[1~3]。战场遥感技术解决战场信息感知问题，全球定位系统解决位置、速度的获取问题，而通信系统则是解决远程信息的获取问题。这些技术在信息化作战样式和信息武器装备中的应用都是为了解决信息的获取问题。

15.1.2 信息化战争必然导致信息对抗

信息对抗在古代冷兵器时代就有，就是兵书上所谓“兵不厌诈”[4]。随着信息武器装备与信息化战争的发展，人们对信息在战争中作用的认识也逐步提高，信息对抗技术也必然得到长足的发展。当前信息对抗的形式有干扰与抗干扰、伪装与反伪装、假目标与目标识别和隐身与反隐身等[5]。这些信息对抗技术基本上是利用“能量”来对抗“信息”，是信息化战争初级形态下的技术，还没有针对信息的辨识机理。例如，干扰主要还是通过某个电磁波频段上的高能噪声来降低对方的信息获取能力。

计算机黑客、病毒的攻击是利用信息的辨识机理对计算机信息系统进行攻击的，但这些技术迟迟未形成武器装备，也并未用于战争。

15.1.3 研究信息化战争必须着眼于未来

“从战争中学习战争”是冷兵器时代、热兵器时代以及机械化兵器时代的规律，现代战争的进程大大加快了，往往战争刚开始的几天就给战争一方造成重大的伤亡损失，从而显露出战争结局的胜负。于是，“从战争中学习战争”将会在战争初期付出难以承受的代价。换言之，很难有“从战争中学习战争”的机会。信息化战争更是如此。

信息化时代研究战争必须具备超前的眼光，对信息化战争的深入研究是新军事变革的必然要求，我们必须着眼于未来，“在战争前研究战争”。

15.2 信息化战争的高级形态与高级信息武器装备

15.2.1 高级信息化技术与信息化战争高级形态

如果将信息获取技术，解决信息有无的问题作为信息战初级技术，将以能量对抗信息作为信息对抗的初级形式，把这种初级技术下的信息化战争形态叫做信息化战争的初级形态，那么可以将以解决信息的“以假乱真”与“去伪存真”技术称为信息化战争的高级技术，即高级信息化技术，从信息的辨识机理进行信息对抗的形式称为信息化战争的高级形式。把这种高级技术下的信息化战争形态叫做信息化战争的高级形态。当信息战高级技术，高级信息武器装备与高级信息化战争形态成为战争中决战决胜的重要因素时就是高级信息化战争来临的时代。

世界强国关于信息战方面的准备工作（尤其是武器装备的研发)，都是在某一战争形态想定下进行的，他们讲的是“打什么样的仗发展什么样的装备”，提的是需求牵引。我们在讲“有什么样的装备打什么样的仗”的同时，也要讲“打什么样的仗发展什么样的装备”。

世界强国为了实现“打什么样的仗发展什么样的武器装备”，在作战准备方面下了很大的工夫，特别是在战争“设定”方面，进行了作战设计和模拟，从中找到了发展思路，并在海湾战争、科索沃战争、阿富汗战争、伊拉克战争等实践中得到了实验和验证，并找到进一步发展的思路。

15.2.2 信息化战争高级形态与高级信息武器装备作用机理及其威力

近一、二十年内发生的大部分战争都是不对称的战争。战争优势一方已经具备了信息化战争初级形态应该具备的条件（包括技术和武器装备等），其战争也显示了初级信息装备的威力。这一点我们也可以从海湾战争、科索沃战争、阿富汗战争、伊拉克战争看出，谁掌握了制信息权，谁就占据优势地位。但是在这些战争中，信息战的目的主要是为了解决信息的获取，即有无的问题，信息对抗主要是以“能量”来对抗“信息”的形式，属于信息化战争初级形态的作战形式，还没有涉及信息化战争高级形态下的作战形式。

诚然，对于初级信息化技术处于明显劣势的军队谈不上高级信息化技术，犹如机械化程度落后的军队单靠信息化取胜是不可想象的一样。但是，对于初级信息化技术大体相当的两支军队作战时，高级信息战技术占优势的军队获胜的机会大得多。因为高级信息化技术落后的军队获取的许多信息很可能是被对方篡改过的信息。在信息化战争高级形态下，主要是从信息的辨识机理进行信息对抗的，在信息化战争高级技术条件下，其信息武器装备发展主要是解决信息的“以假乱真”与“去伪存真”，已经不再仅仅是为了解决信息的获取问题。

在信息化高级形态下的战争，一方对另一方进行的信息战，主要侧重于使得敌方获取的信息要么是不完整的，要么是经过我方“加工”过的，使敌方尽量按照我方的意志行事。

有的国家正在试图将计算机病毒、黑客等技术变为武器，除此之外的卫星软攻击，攻击敌我识别系统等也都属于信息化战争高级形态的范畴。这些“高级信息武器装备”的发展，必然将在未来信息化战争中发挥不可估量的威力。

高级信息化技术、高级信息武器装备与高级信息化战争形态是历史发展的必然。

15.3 信息化战争高级形态与高级信息武器装备概念研究需要新思路

信息化战争高级形态研究的是未来信息技术高度发达的条件下可能发生的战争形态。这是历史上从未出现过的战争，但是今后可能发生。其中，运用的许多高级信息武器装备是现在没有的，甚至都未列入各国武器装备研制计划。对于这样的战争形态进行研究，对于这类武器装备的研究，没有充分的想象力是不可能完成的。同时，这种想象又都要经过严格的概念考核与审定。因此，概念研究必须有现代技术，特别是信息技术的支持，与传统的做法会有很大的不同，需要新思路、新方法。

15.3.1 信息化战争高级形态的研究需要技术、装备与战术相结合

对于信息化战争高级形态的研究，我们要注意技术、装备与战术的紧密结合。以前的研究思路是技术的发展指导装备的建设，而装备的建设决定战术的运用。在研究信息化战争高级形态时，我们除了注意这三者之间的紧密关系外，还要从需求的角度出发，首先研究战术，由战术的需要来研究该发展什么样的技术，进而再研究技术成熟下可发展什么装备。

“打什么样的仗发展什么样的装备”是说武器装备的发展应以适应未来作战形态、作战样式的需要为目标，“有什么样的装备打什么样的仗”可以理解为作战形态，作战

样式决定于武器装备的发展。于是，武器装备的发展与未来作战形态、作战样式形成了一种相互影响相互依存的关系。如何很好地处理这对矛盾，使我们找到正确的武器装备发展方向就是在未来战争中能否立于不败之地的重要基础。同时对这两方面进行协调研究本身就是一个挑战。

15.3.2　信息化战争高级形态和高级信息武器装备要注重概念研究

我们在进行新军事变革中，在完成机械化与信息化双重任务，以信息化建设带动机械化建设的过程中，不能只重视初级信息化技术与初级信息武器装备研究，必须同时，甚至加倍重视高级信息化技术和高级信息武器装备的建设。如果等到发达国家在高级信息化技术方面占有明显优势后我们再去发展这种技术的话，又会使我们落后几十年。但是，如果我们现在就注意发展这种高级信息化技术，我们的起步与发达国家最多只差几年时间，是有可能在可以预期的将来与发达国家相抗衡的。这也许将成为我们的杀手锏。

发展高级信息战武器装备要以概念研究开路，要对高级信息化战争形态与高级信息武器装备发展的概念、可能、潜力、趋势作全面探索，要对我军高级信息武器装备的发展做全面规划，切忌以个别技术点上的设想和探索来代替全面规划。

15.3.3　信息化战争高级形态与高级信息武器装备概念研究

战争设计工程是进行高级信息战形态与高级信息武器装备概念研究最好的方法。战争设计工程和以往的作战模拟有很大的不同。以往的作战模拟大体上是在一个想象的作战背景之下对作战过程的推演与表现，而在战争设计工程中，作战背景都是在设计的范畴之内，允许人们充分发挥想象力，对未来作战形态、作战样式与武器装备发展同时展开研究。战争设计工程的运行环境包括软硬两个方面。软环境主要是包括系统工程、战工程、装备工程、技术工程在内的一群专家，他们既在各自的领域内有很深的造诣，又具有丰富的想象力。硬环境则是为众多专家的研讨提供一个信息集成的综合环境，包括有关的信息与管理信息系统、决策支持模型与决策支持系统、作战评估与方案评价系统等。

战争设计工程就是针对未来战争的不可预测性，对未来战争进行系统的设计，从而指导武器装备、战术等方面的发展，为我军赢得 21 世纪的战争做好充分的准备。

15.4　本章小结

信息技术的高度发展和信息流量的空前扩充，把人类社会推向了信息时代，引发了军事上的变革，战争的形态开始由工业时代的机械化战争向信息时代的信息化战争迈进。而信息化战争由于技术的不断发展，必然经由初级形态发展到高级形态，也必然导致高级信息武器装备的发展。对于信息化战争高级形态与高级信息武器装备的研究必须从概念研究着手，着眼于未来，而战争设计工程是着眼于未来研究信息化战争高级形态和高级信息武器装备的好方法。

参考文献

[1] 军事科学院军事历史研究部．海湾战争全史．北京：解放军出版社，2000：253～266.
[2] 中国人民解放军总参军训部．科索沃战争研究．北京：解放军出版社，2000：78～89.
[3] 王永明，刘小力，肖允华．伊拉克战争研究．北京：军事科学出版社，2003：150～159.
[4] 孙武．孙子兵法．北京：中国商务出版社，2004：157.
[5] 粘振华．美国信息战的现状与未来．情报指挥指控系统与仿真技术，2003.

第 16 章

空中联合编队与先进机型对抗的案例研究

在本章，应用战争设计工程方法与技术对具体案例进行了研究，以案例的形式展示了整个战争设计的过程，使读者更加深刻地理解战争设计工程的理论、方法和技术，给读者以启示。

案例从影响高技术局部战争中夺取制空权的关键因素出发，针对中程空对空导弹作战的技术体制，创造性地提出了红方主战飞机携带 2 架无人机组成空中联合编队对抗蓝方主战飞机的新战法。理论计算分析显示，战争设计工程应用于夺取制空权、对抗航母编队、信息对抗等复杂系统问题研究具有很高的创新性和有效性，为军事创新，包括战法创新与装备创新，提供了新的思路。

一个有实际军事价值的战争设计是不可能发表在公开出版的刊物上的，本案例是经过充分简化的结果，其中有关参数也是假设的。

16.1 案例研究综述

16.1.1 研究目的

在空战占有决定性作用的高技术战争中，掌握制空权才能限制敌方航空兵和防空兵的战斗活动，保障己方的行动自由，使陆军、海军的作战行动得到有效的空中掩护，重要目标不受敌方航空兵的严重破坏。

夺取制空权将是整个战争中最为重要、最为关键的环节之一。夺取一定时空范围内的制空权将对高技术局部战争带来如下好处：夺取制空权可以使作战情报信息网实现“共享一张战场态势图”；夺取制空权可以实现空地一体化的指挥控制网，保障宏观指挥控制和微观空地协同；夺取制空权可以为红方提供更好的远程精确火力支持。

为夺取一定时空范围内的制空权，仅靠对地面目标的轰炸不能完全消灭对方空军力量；依靠空军现有装备作战来夺取制空权，不能达到快速制胜的目标，同时会给空军带来重大损失。因此，在高技术局部战争中夺取制空权需要新思路，新思路可以从多方面入手考虑。提高预警机与数据链的性能，这是正常的思路，也是解决问题的基础性、长远性方法，但是难度大、周期长，既需要努力为之付出，又不一定能解近忧。提高第三代作战飞机的性能，研制更好的战斗机，改进中程空对空导弹等都是基础性、长远性方法，但是都有很大的难度与很长的周期，而且敌方也在尽其所能地提高其飞机、导弹和预警系统的性能，“追赶全力奔跑之敌”是需要时间和代价的。

能否出奇制胜，能否在现有装备基础上作不大的改进，配合相应的战法就可以获取空战中的优势，夺取一定时空范围内的制空权？这就是本案例研究的基本出发点和目的。

16.1.2 军事背景

高技术局部冲突中，红方空军和蓝方空军在各自预警系统的支持下，进行一场旨在夺取一定时空范围内制空权的空战。双方所争夺的制空权空间区域紧靠蓝方地空导弹防空火力圈外沿。在这场空战中，蓝方空军的主力战机是 B* 机型，红方空军的主力战机是 R* 机型。B* 机型所携带的主战武器是 BD* 中程空对空导弹，而 R* 机型所携带的主战武器是 RD* 中程空对空导弹。

蓝方 B* 机型凭借主战武器的性能优势、信息优势的支持，具有先发制人的攻击机会。红方空中联合编队运用无人机 W* 对 R* 机型进行有效掩护，化解其先发制人的进攻，并获得后发制人的机会。

16.1.3 基本设定

为了避免过于具体化和其他种种因素，本案例中对作战背景没有特殊的假定，双方的初始战法也均是常规的战法。只在研究红方采用空中联合编队形式时才讨论新的战法。空中联合编队对抗 B* 机型作战的基本情况设定包括：作战背景、双方装备情况设定以及空中联合编队作战模式设计的基本假设。

1. 空中联合编队作战背景

假定蓝方 B* 机型主战武器有一定优势，信息系统也有一定优势，那么蓝方具有先发制人的攻击。红方空中联合编队将运用无人机 W* 对 R* 机型进行有效掩护，化解其先发制人的进攻，并获得后发制人的机会。

2. 关于交战双方装备性能的设定

（1）双方的预警系统

红方的预警系统能够把 R* 机型引导到作战区域，能够为 R* 机型提供一定的目标指示信息。蓝方的预警系统能够在整个作战区域为 B* 机型提供目标指示信息。蓝方预警系统性能比红方预警系统的性能略强。在整个作战过程中，B* 机型能够获得相对于 R* 机型的信息优势。

（2）双方的主战飞机

红蓝双方的作战飞机都为第三代战机。

（3）双方的主战武器[1,2]

双方的主要武器是空对空导弹，其中，最为关键的是中程空对空导弹。红蓝双方飞机所携带的中程空对空导弹 RD* 和 BD* 均为第四代雷达制导导弹，末制导都是采用主动多普勒脉冲雷达，末制导距离都是 20km。双方导弹性能大体相当，蓝方导弹射程略远于红方。

（4）空中联合编队特有的装备

空中联合编队由 R* 机型和 W* 共同组成。W* 是红方某型无人机，能够接受 R* 机型的指控命令，并且按照 R* 机型指控命令执行相应的战术动作，和 R* 机型协同完成空中联合编队的作战活动。

3. 基本设定

在空中联合编队对抗 B* 机型的空战模式设计中，除了对双方装备进行设定之外，还有如下基本假设：

（1）双方作战的目的是争夺一定时空范围内的制空权，所以双方都不会撤退或者逃离，因为逃离或者撤退就意味着失去了制空权；

（2）双方飞行员都是理性人，所以都会采用对己方最为有利的作战行动；

（3）双方都尽其所能尽早地“制敌于死地”，所以双方都会首先利用中程空对空导弹的进攻机会，即双方首先进行中程空对空导弹作战；

（4）空对空导弹格斗是第三代战机之间的主要对抗形式，主要是中程空对空导弹和近程空对空导弹的较量，所以在空战过程中不考虑双方运用航炮进行格斗；

（5）空中联合编队作战模式具有很强的创新性，完全不同于以往的无人机作战模式，所以假定蓝方不知道红方的“空中联合编队的作战模式”，不会针对空中联合编队作战模式进行准备；

（6）详略结合分析的原则，对于两种作战模式（R* 机型单独对抗 B* 机型的作战模式和空中联合编队对抗 B* 机型的作战模式）的不同点进行详尽的分析，对于两种作战模式的相同点进行简略分析；对于作战的关键性环节进行详尽分析，对于次要性因素进行简略分析。

16.1.4　问题分解及基本结论

红方目前夺取制空权的主要思路大体有：①利用地对地常规导弹先行打击蓝方机场以及在停机坪上的作战飞机。由于蓝军方面已采取洞库起飞、公路起飞等措施，这种攻击方式虽然能损耗一部分蓝方飞机，但无法消灭蓝方空军主力，对机场的毁损效果也有限，难以达到完全阻止蓝方飞机起飞的效果。因此，为了获得制空权，双方作战过程中的空战仍难避免。②用红方空军 R* 机型对抗蓝方空军 B* 机型。

R* 机型与 B* 机型主要性能指标大体相当，没有明显差异。但假定蓝方预警机数据链、机载雷达等装备性能高于红方，并且作战地域位于蓝方，从而在交战中 R* 机型要吃点亏，而 B* 机型可以凭借其信息系统优势而达到先视、先射、先毁的效果，从而使 R* 机型在与 B* 机型进行中程空对空导弹交战中处于劣势。假设近程格斗中，R* 机型不会让 B* 机型“占便宜”，但前期的中程空对空导弹作战奠定了 B* 机型获得优势的基础。所以，运用 R* 机型对抗 B* 机型获得制空权比较困难，即使能够依靠数量优势达到目标也需要付出极大代价——即大量 R* 机型受损。

红方空战过程中难以先发制人的原因主要有三个方面：载机的性能、中程空对空导弹的性能以及预警系统的性能。R* 机型的机载雷达性能及火控系统性能比 B* 机型稍差，红方 RD* 中程空对空导弹的射程及末制导雷达的精度比蓝方 BD* 稍差、红方预警系统的探测距离及探测精度比蓝方预警系统的差。

要提高红方空战能力自然会从以下三个方面入手：提高载机的性能或者研制更好的载机、提高中程空对空导弹的射程以及提高预警系统的性能。要破解蓝方先发制人的优势，要么需要对红方现有装备进行大幅度改进，要么研制新的高性能装备。这些措施一方面难度较大，另一方面周期也较长，很难快速见效。因此，为达到破解蓝方先发制人的优势，对红方现有装备提出了新的需求。如果红方能够在现有装备基础上作不大的改进，配合相应的战法就可破解蓝方先发制人的优势，那么红方就能在空战中获取优势，从而夺取一定时空范围内制空权。

在大量研究的基础上，红方提出了由 R* 机型携带无人机 W* 组成空中联合编队对抗蓝方 B* 机型的作战模式。在无人机的配合下，红方空军可以采用 R* 机型指挥若干架无人机的方式，在蓝方 B* 机型抢先发射 BD* 时，首先指挥无人机对 BD* 进行拦截，从而提高红方 R* 机型的生存概率，并在此基础上为 R* 机型反击 B* 机型提供机会。无人机应用模式的开发，可以在红方现有装备改进不大的情况下提高红方 R* 机型的生存概率，达到破解蓝方 B* 机型先发制人的优势，从而达到夺取一定时空范围内制空权的目的。

本案例中战争设计工程的问题树如图 16.1 所示。通过研究案例得到如下结论：

(1) 用 R* 机型指挥两架无人机 W* 组成空中联合编队是对抗 B* 机型的好办法。无人机 W* 可以用于吸引 B* 机型的首次攻击，起到了用廉价的无人机 W* 保护昂贵的主战飞机 R* 及其飞行员的作用，使 R* 机型具备了后发制人的能力。从而使得在空中联合编队与 B* 机型首轮中程空对空导弹作战中，B* 机型与 R* 机型毁损交换比上升到 4 左右，使空中联合编队相对于 B* 机型占有绝对优势，从而为利用空中联合编队夺取制空权奠定基础。

这种作战设计有相当高的适应性，即当有关参数和战法在相当范围内变化时不会改变空中联合编队相对于 B* 机型的优势。并且这种设计还具有适应性，可以用于对抗蓝方性能类似于或略高于 R* 机型的作战飞机。只要蓝方中程空对空导弹的射程不是远大于红方中程空对空导弹的射程，红方这种联合编队作战模式仍然起到很好的效果。运用空中联合编队对抗其他相近性能机型应该能够产生良好的作战效果，在众多对抗这些机型的措施中，这种空中联合作战模式可能成为一种满足红方作战需求、代价较小、比较可行的作战模式。

(2) 空中联合编队对抗 B* 机型的作战设计需要装备的改造和改进，这里涉及 R*

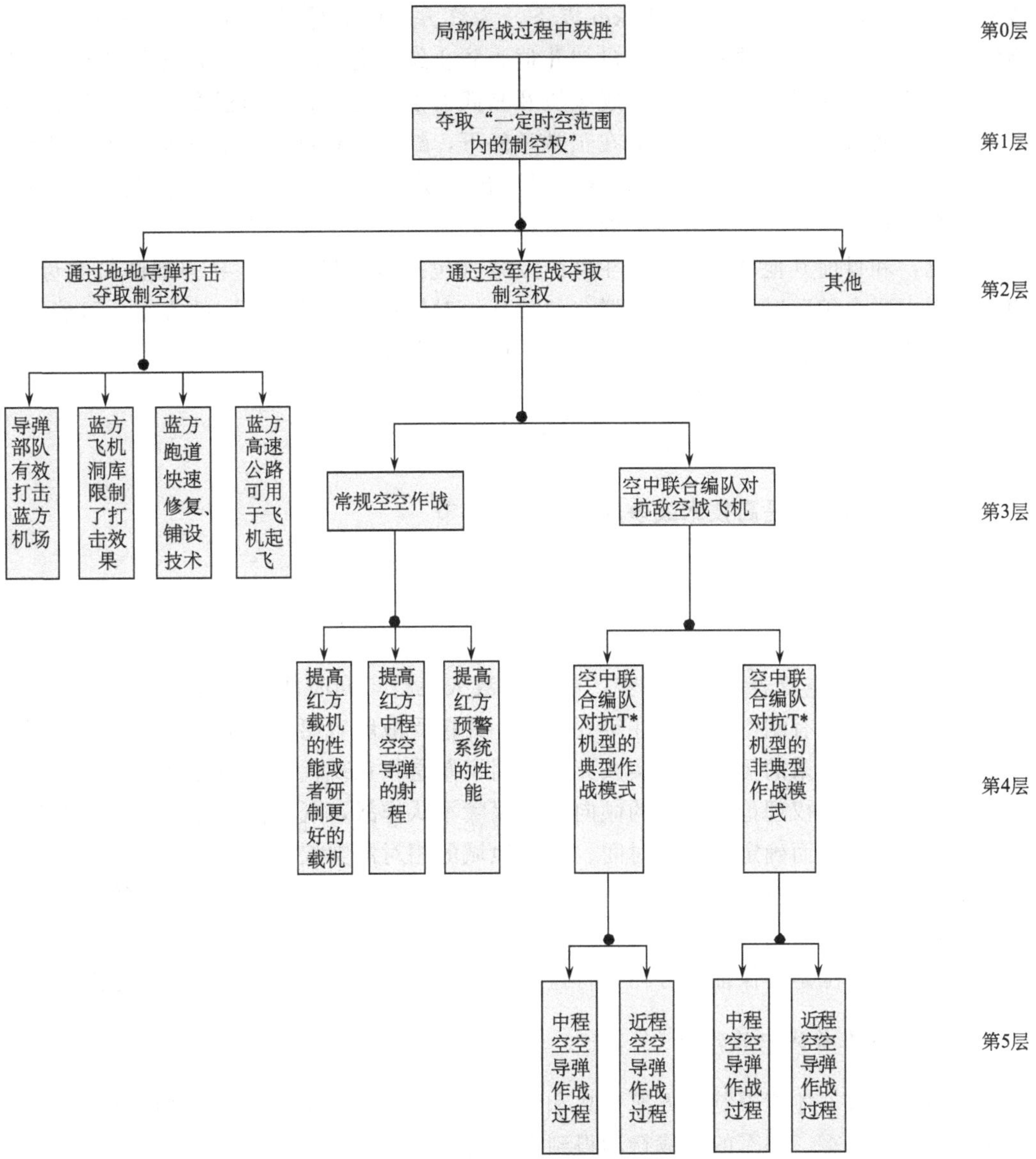

图 16.1　夺取制空权战争设计问题树

机型与 W* 机型的改造，R* 机型需具备指挥 W* 机型的能力。这方面的工作在后面章节中有较详细的论述，应该说这种改造比新研制一种“杀手锏”武器难度要小得多，这是一种创新性理念指导下通过技术改造与重组形成的“杀手锏”。

（3）空中联合编队对抗 B* 机型的作战设计不仅需要作战理念的创新和装备改造，而且需要将 W* 这类无人机部队与 R* 机型战斗机部队统一建制、归属，进行战法细节的研究和训练等。

（4）空中联合编队还可应用于对抗航母上的有关舰载机机型，其与 R* 机型毁伤的交换比可达 2 左右。空中联合编队能有效地突破航母战斗群的外层空中防御，迫使航母战斗群的对空防御范围缩小到180km以下，为红方空中力量对航母战斗群进行空舰导弹饱和式攻击创造极佳的机会。航母战斗群为防止红方潜艇对其突然袭击采用了一系列的反潜措施，而航母战斗群自恃其舰载机及其武器性能比红方优越很多，对空舰导弹饱和式攻击的防御措施并不多（因为在正常条件下，红方没有对其实施空舰导弹饱和式攻击的条件），这一点从其防空火力配置就可看出。所以，一旦出其不意对其实施空舰导弹的饱和式攻击，对其航母战斗群的攻击将是致命的。

因此，和目前其他攻击航母战斗群的方案（包括潜艇打航母、导弹部队打航母等）相比，空中联合编队对抗航母战斗群（包括其他对舰作战飞机支持）的方案，可能是一个技术上比较可行、代价较小、效果较好、可操作性较强的方案。

16.2 高技术局部作战中的制空权问题

16.2.1 制空权是高技术战争的一个关键环节

1. 制空权的含义[3,4]

世界空军先期理论家、意大利将军朱里奥·杜黑在80年前就系统阐述了制空权。他指出，“掌握制空权表示一种态势，能阻止敌人飞行，同时能保持自己飞行。掌握制空权就是胜利。没有制空权，就注定要失败，并接受战胜者愿意强加的任何条件。”

自海湾战争以来的历次战争实践充分证明了制空权在现代战争中的重要地位，同时也纠正了战前制空权理论绝对化的倾向。为保障军队作战，既不需要也不可能取得全面的绝对制空权。从而确定了一定时间、一定地域的相对制空权概念。

作战中红方很难也不必要夺取作战区域全面、绝对的制空权，红方需要的是一定时空范围内的制空权。在此，一定时间范围是指红方为完成某一特定作战任务所需的时间，一定空间范围是指保证红方在执行这些任务的战场范围内不受敌方空军打击。

2. 制空权在作战中的作用[3,4]

掌握制空权，才能限制敌方航空兵和防空兵力兵器的战斗活动，保障己方航空兵的行动自由，使陆军、海军的作战行动得到有效的空中掩护，重要目标不受敌方航空兵的严重破坏。在海湾战争以后，各国对制空权的理解和重视达到了前所未有的程度，对其在现代战争中的重要作用有了更加深刻的认识。随后的几次局部战争也表明，是否拥有战场制空权已成为顺利实现其他作战行动的基本条件及保障。

夺取制空权将是整个战争中最为重要、最为关键的环节。能否对作战区域上空进行有效的控制，将是红方未来能否顺利完成作战任务的关键所在。

(1) 夺取制空权是作战任务顺利完成的基本条件与保障。夺取作战区域制空权，可以保障红方作战部队在局部作战过程中不受蓝方航空武器的打击，有效地保存红方陆战部队的作战力量，可以在随后的地面战争中充分发挥红方陆军作战能力。

(2) 夺取制空权可以使局部作战的情报信息网实现“共享一张战场态势图”。夺取制空权后，红方空军可以实时监视蓝方重要军事目标和其部队动态，为红方地面部队攻占各要地提供及时准确的战术情报。

（3）夺取制空权可以实现空地一体化的指挥控制网，保障宏观指挥控制和微观空地协同。高技术局部战争表现为攻击区域的地区性、兵力部署的全局性和空地协同的微观性。夺取制空权后，红方地面部队在遇到蓝方地面部队的抗击和阻挠时，可以立即呼叫空中待战飞机火力支援，实现“兵机一体”。从作战指挥部接到随机目标情报后，可以及时传给空中待战的轰炸机，对目标实施精确轰炸。实现这些作战方式的关键是以空天战场平台为主，组成有效的战区空中 C4ISR 系统。

（4）夺取制空权可以为红方提供更好的远程精确火力支持。获取制空权，红方空军侦察部队可以为导弹部队提供更准确的目标信息，同时空军也可以对蓝方后方目标展开攻击，对蓝方实施“斩首”、“震慑”等行动，实现“速决”战略。

制空权是信息化条件下高技术局部作战取胜的决定性条件，在作战一开始就迅速夺取制空权是保障红方陆战部队迅速投入作战的基本条件，同时也是红方快速制胜的基本保障。

16.2.2　红方夺取制空权的主要途径及其效果

对于红方夺取制空权的主要途径及其效果，根据对现有空战各种情况的总结，对红方夺取制空权做如下假设。

1. 通过地对地导弹打击夺取制空权

红方夺取制空权的一种方式是利用导弹部队常规地对地导弹对蓝方主要空军基地进行压制性打击，破坏蓝方机场跑道与停机坪上的蓝方飞机，以阻止蓝方飞机起飞或直接摧毁蓝方飞机。由红方导弹部队打击蓝方空军基地，对蓝方空军力量具有一定程度的消耗，但其打击很难获得作战所需要的一定时空范围内的制空权。

假设红方常规导弹部队为应对作战已经进行了长期的准备，但还是难以夺取预期的制空权，主要由以下几方面原因造成：

（1）导弹部队打击精度有限，打击效果评估缓慢，难以保证持续压制能力。一般用 300～500km 的常规弹道导弹打击蓝方机场，这种导弹打击精度的圆概率误差在百米级，需要对蓝方机场实施饱和式攻击。这种情况下，红方或许能够摧毁蓝方跑道和跑道上的飞机，但很难完全摧毁蓝方机库内的飞机。因此，蓝方在遭受打击后，会迅速修复跑道或构建临时跑道，只要有一条跑道能用，蓝方机库内的飞机就能够起飞迎战。此时，需要红方侦察系统及时对打击效果和蓝方机场修复情况进行评估，反馈给导弹部队，进行第二波次的针对性打击。当前红方导弹部队打击效果评估主要由军事卫星应用系统完成，其信息反馈周期较长，给蓝方留有很大的机会：在第二批次打击之前，修复一条跑道，供机库内的飞机起飞。

（2）蓝方建有飞机洞库，限制了打击效果。假设蓝方战时可把一半左右的主战飞机藏于这些洞库。对于这些洞库型机场，导弹部队很难有效打击洞库内的军事设施与飞机。作战时，由这些洞库起飞的先进战机将对红方海、陆、空部队形成重大威胁，延缓红方作战进程。

(3) 蓝方具有跑道快速修复和铺设技术对抗红方导弹打击。假设为应对红方导弹部队的攻击，蓝方一直在大力开发跑道快速修复与铺设技术，并进行多次演练，蓝方自称最快可以在半小时内修复被部分摧毁的跑道，达到飞机起飞要求。

(4) 蓝方部分高速公路可用于飞机起飞。假设蓝方部分高速公路是按机场跑道标准修建的，在野战条件下可作为机场使用，特别是高速路的下方还修建了可供飞机进行疏散的场地。

从上面的分析可以看出，由于红方导弹部队攻击能力限制，同时蓝方积极研究了多种应对措施，导致红方单独依靠导弹部队只能对蓝方空军力量造成一定程度的损伤，不能伤其根本。因此，仅靠导弹部队很难夺取作战需要的制空权。

同时，战争实践也证明，即使在优势很明显的情况下，仅靠对地面目标的轰炸是不能完全消灭对方空军力量的。科索沃战争时，北约对南联盟进行了大规模压制性轰炸，但在随后的作战中，南联盟还有一定数量的飞机起飞作战。

2. 通过空军作战夺取制空权

通过导弹部队先期打击后，蓝方还会保存一定的空军力量。此时，红方夺取制空权的另一种重要途径就是应用红方第三代先进战机对抗蓝方先进战机，通过空战夺取制空权。这种情况下，红方在三代先进战机的总量上占有一定优势，夺取局部地区最终的制空权是可能的，但也很难达到红方作战需要的一定时空范围的制空权。

(1) 同等数量情况下，红方飞机整体不占优势

红方第三代战机在机动性能、近程格斗能力等方面优于蓝方现有先进战机，红方预警机的预警、探测与指挥能力劣于蓝方预警机。同时，蓝方主战机型的机载雷达性能、火控系统等略优于红方主战机型，蓝方的中远程导弹也略优于红方中远程导弹。从整体作战来看，蓝方的中程空战能力优于红方，在近程格斗阶段红方略占优势（详细分析见16.5节）。从近几次现代空战来看，第三代战机的空战将以超视距中程空战为主，所以在与蓝方同等数量的第三代战机对抗时，红方并不占优势。

(2) 需要进行多轮空战，战争进程拖长

蓝方飞机数量颇多，在遭受红方导弹部队打击后，蓝方机场起飞能力会较大降低，同时将损失一定数量的飞机。但蓝方通过各种应对措施，保存一定数量的飞机，并保存一定的起飞能力是可能的。

在红蓝双方局部区域作战这个相对狭小的空域内，进行数十架甚至上百架飞机的大规模空中攻防作战的可能性不大。同时，蓝方在遭受打击后也很难在短时间内集结起如此大量的飞机。因此，蓝方很可能首先集结数架飞机来拦截红方进攻机群，同时继续集结飞机，先后分不同批次，与红方进行多轮空战，争夺制空权。

(3) 需要进行激烈空战，红方代价太大

在争夺制空权的过程中，虽然红方飞机在数量上有一定优势，但若蓝方空军抵抗决心很大，双方将在局部区域上空展开激烈空战。可以想象要消灭蓝方空军夺取制空权，红方也会损失相当数量的第三代战机。这对第三代先进战机数量优势不大的红方空军来说，将是一个很大的损失，甚至很难应付随后可能出现的各种危机，这种情况是红方不

能接受的。

从上面的分析可以看出，由空军作战来夺取制空权，不能达到红方快速制胜的目标，同时会给红方空军带来重大损失。因此，只能说这是红方夺取制空权的一个可行途径，但不是红方想要的解决途径，更不是最优的解决途径。

16.2.3　夺取制空权需要新思路

现有夺取制空权的主要途径已经不能满足红方在作战中快速制胜的目标，需要研究新的更有效的途径来夺取作战区域的制空权。在研究中，需要突破传统束缚，开发新的思路，来解决局部作战中的制空权问题。

红方快速夺取制空权的新途径需要满足以下几方面的要求：

1. 速度快

“速度快”包括两个方面：一是要能够快速形成战斗力，假设红蓝双方的战争时刻都可能发生，红方已经没有多少时间来慢慢研究对策或武器装备。因此新途径需要能够在短时间内形成战斗力，用于解决制空权问题。二是新途径能够使红方迅速夺取制空权或占据空中优势。

2. 效费比高

新途径的开发不能耗费太多的人力物力，不能影响红方全局建设，更不能影响红方当前经济发展。同时应用新途径在夺取制空权时，红方付出的代价要小，使红方在解决局部作战问题后，还有能力应对随之而来的各种可能的危机。

3. 适应性强

新途径不仅能用于解决局部作战中的制空权问题，还应该能用于多种作战模式，应对不同的空中力量。同时，在万一被蓝方间谍窃取机密后，仍对其具有威慑作用，使其短时间内难以形成有效的应对措施。

快速夺取制空权的新思路可以从以下几个方面同时入手：

- 对红方现有装备进行改造，组合成新的作战系统以达到迅速提高作战能力的目的。
- 红方研究新的战法，通过战法的创新实现出其不意，迅速制胜。
- 红方现有装备改造与新战法研究相结合，同步发展。

16.2.4　小结

通过对红蓝双方作战现状的假设及其分析，确认了对于局部作战红方必须立足于打赢的解决原则，阐述了制空权在红、蓝双方未来局部作战中的作用，假设并分析了红方在局部作战夺取制空权中的主要途径及其效果，得出以下结论：

(1) 制空权是未来红方局部战争取胜的决定因素。

夺取制空权是未来红方在局部战争中取胜的决定因素，没有制空权就没有制海权，没有制空权就不能保证红方陆战部队顺利完成地面作战任务，没有制空权红方就很难完成快速制胜的目标。

（2）以红方现有的装备和战法夺取制空权将会付出巨大代价。

导弹部队远程常规火力打击不能保证消灭蓝方的空军作战力量，蓝方在多年的经营中对红方火力打击的防护已经具有成熟的方法，导弹部队常规火力无法将蓝方空军作战力量消灭。空战是解决制空权问题最为直接的办法。而空战中红方作战飞机与蓝方相比没有明显优势。空战中红方将会付出巨大代价。

（3）红方需要研究新的思路夺取高技术局部作战的制空权。

在现有解决途径无法满足红方夺取制空权需要的情况下，研究新的思路来解决红蓝双方某一局部战争中的制空权问题已经迫在眉睫。且红蓝双方军事冲突随时都有可能发生，已经没有多少时间让红方慢慢研究新的武器装备来解决制空权问题。对现有装备进行改造并结合新的战法以快速提升红方战斗力，是解决制空权问题新思路的一个重要研究方向。

16.3 无人机运用模式创新研究

在红蓝双方空战过程中，蓝方空军现有某主战飞机机动性劣于红方某主战飞机，但在机载武器性能（主要是指机载中程空对空导弹）和预警系统方面比红方强。整体来看，在中程空战阶段蓝方占有很强的先发制人优势，在这种情况下一旦战争爆发，如果红方空军直接基于现有装备进行空战，空中力量损失太大，并且很难破解蓝方先发制人的优势，难于获得一定时空范围内的制空权。这对红方空军武器装备及其作战模式的发展提出了新的要求。而新装备研制的技术难度大和研制周期长，很难在短期内形成优势战斗力。如何“立足现有装备打赢未来战争”对红方空战模式的研发提出了新的需求。本节从解决当前现有空战中红方空军存在的主要问题入手，提出了一种新的作战模式，即运用红方某机型主战飞机指挥某特殊类型的无人机组成空中联合编队对抗蓝方主战机型。从本节定性分析可知，这种新的作战模式能够有效破解蓝方主战机型先发制人的优势，并为获取一定时空范围内的制空权提供坚实的基础。

16.3.1 红方区域空战中存在的主要问题

在空战过程中，红方空军现有的装备在机载武器性能和预警系统方面比蓝方稍差。如果直接基于现有装备与红方作战，损失会较大。这对红方空军发展提出了新的要求。下面就区域空战中存在的主要问题进行分析。

1. 空战过程中主战飞机性能对比分析

假设红方目前空战的第三代主战飞机主要以进口的某机型和自主研发的某机型（R^*机型）为主。由于进口机型的发动机及其航电系统只能依靠国外进口，战时维护需要国外的技术与设备补充。在战时外国是否会按需求提供这些装备和技术还未得到证实，使得进口的某机型在作战过程中受制于人。因此，在近期可能发生的空战过程中，红方首先考虑使用自行研制的战机。蓝方的第三代战机在性能上和数量上都占很大优势。因此，如果进行区域空对空作战，蓝方空战的主战飞机主要是 B* 机型。下面就红蓝双方对抗机型各自特点和综合性能进行对比分析。

R* 机型是红方最新研制的第三代轻型战斗机，蓝方的 B* 机型则是第三代战斗机中比较成熟的机型，经过不断升级改造已经衍生出很多型号。

从气动布局上看，R* 机型具有优良的超音速性能、亚跨音速瞬间盘旋性能、亚跨音速稳定盘旋性能。R* 机型较高的推重比还保证了飞机具有优良的爬升性能，机动性能比较全面。而 B* 机型则基本放弃了超音速性能，主要突出亚音速稳定盘旋性能，有比较好的瞬间盘旋性能。总的来看，R* 机型的机动性比 B* 机型更为全面。

从航电系统上看，R* 机型与 B* 机型结构上应属于同一代产品，部分电子设备要更先进些。

从武器系统上看，R* 机型与 B* 机型都装备了先进的第四代主动雷达制导中程空对空导弹，都具备较强的超视距空战能力。但是在机载雷达性能方面，B* 机型机载雷达在对目标的探测距离、探测精度方面都超过 R* 机型。

从以上分析可以看出，红方 R* 机型战机的火控系统与 B* 机型火控系统在技术指标上还有差距，其核心差距在发现目标、跟踪目标的距离上。这项技术指标决定了火控系统是否能及时发现目标和锁定目标，对超视距攻击武器的应用起着决定性作用。现代战争中，中程空对空导弹作战是现代超视距空战中最为常用的手段，也是保护自己、消灭敌人的最有效的方法。往往通过超视距攻击，首先消灭大量敌方飞机以形成近战中数量上的优势，从而取得作战的全面胜利。

由此可知，虽然 R* 机型与 B* 机型相比在机动性能上有一定优势，但从航电系统、火控系统、武器系统性能等方面与蓝方 B* 机型战机相比不占优势。

2. 空战过程之中中程空对空导弹性能对比分析[1,2]

在空战过程中，红方和蓝方可选择的中程空对空导弹都比较多。但综合考虑数量、性能等方面的原因，本书中蓝方采用的主战中程空对空导弹取为 BD*，红方采用的主战中程空对空导弹取为 RD*。与 RD* 相比，BD* 打击距离较远、末制导雷达性能较好、最大过载较大、技术成熟度较高。

BD* 与 RD* 同属世界上最先进的第四代主动雷达制导中程空对空导弹，其表现受很多因素的影响，如导弹自身的推进系统、制导系统、控制系统以及载机速度、目标速度、导弹发射时的进入角等。

假设 RD* 的有效发射距离为 45km，而 BD* 的有效发射距离为 50km，即蓝方可略先于红方发射导弹。

3. 空战过程中预警机以及数据链等信息装备性能对比分析

假设红蓝双方预警机及其数据链等信息装备性能大体相当，主要差别在于蓝方雷达的发现距离略高于红方雷达。另外，在空战过程中，由于红方预警系统需要在红方空防火力范围之内，为了夺取一定时空范围内的制空权，使得红方 R* 机型在对抗蓝方 B*

机型时，很可能由于蓝方预警系统探测距离远的原因，蓝方能及早发现红方 R* 机型，从而在无线电静默的情况下引导 B* 机型抢先完成占位、锁定等动作，对 R* 机型实施先发制人的攻击。

4. 红方空战中存在的主要问题

从空战过程中红蓝双方主战飞机、主战中程空对空导弹以及预警系统等的性能对比可以发现，空战对抗中红方空军力量相对于蓝方空军力量稍有逊色，蓝方的优势主要表现在三个方面：先视、先射及先毁。先视，即空战过程中，蓝方先于红方发现空战飞机，蓝方空军在其预警机和数据链系统的支持下，可以较早发现红方飞机。此时蓝方 B* 机型就可以在其预警系统支持下，采取无线电静默方式，抢先占位进行搜索（还可能通过预警系统提供 R* 机型所在的比较精确的位置，缩短搜索时间）并锁定红方 R* 机型。先射，即 B* 机型可以抢在 R* 机型之前发射导弹，一方面由于 B* 机型在其先进预警系统支持下，可以尽早发现红方 R* 机型，另一方面，B* 机型携带的 BD* 中程空对空导弹的射程比 R* 机型携带的 RD* 远，所以，蓝方的 B* 机型可在红方 R* 机型发射导弹之前对红方进行攻击。先毁，即能在 RD* 导弹还未发射或还未脱离载机控制的时候就摧毁 R* 机型，破坏 R* 机型对 RD* 导弹的中段制导，由于蓝方 B* 机型能及早发现并对 R* 机型进行攻击，所以其发射的 BD* 很可能在红方 R* 机型还未对 RD* 完成中制导之前对红方 R* 机型进行摧毁，从而提高 B* 机型的生存概率并达到击毁 R* 机型的目的。

根据上面对红蓝双方区域空战过程的分析，如果红方采用 R* 机型携带 RD*，蓝方采用 B* 机型携带 BD* 进行对抗，蓝方 B* 机型占据了三个方面的优势，即先视、先射和先毁，从而使得红方 R* 机型在单独与 B* 机型进行中程空对空导弹对抗中难以先发制人。于是为达到“夺取一定时空范围内的制空权”这一作战目的，红方需要付出更大的代价。

如果红方采用进口机型携带其中程导弹对抗 B* 机型携带 BD*，一方面进口机型在空战过程中受制于人，另一方面携带导弹的射程也比 BD* 的近，同样存在上面提到的问题。

16.3.2 无人机运用模式创新的需求分析

在红蓝双方夺取制空权交战过程中，综合比较预警机、数据链、中程空对空导弹、机载雷达性能、飞机火控系统性能上的差距，R* 机型在与 B* 机型中程空对空导弹对抗时，R* 机型难以先发制人，从而在“夺取一定时空范围内制空权”方面需要付出更大的代价。基于此，需要从研发新的武器装备或作战模式等方面提高红方空军在对抗 B* 机型时的作战能力，从而化解蓝方先发制人的优势。

1. 提高红方空战能力的几种应对措施及可行性分析

通过 16.2 节的分析可以看出，红方空战过程中难以先发制人的原因主要由三个方面产生：载机的性能、中程空对空导弹的性能以及预警系统的性能。R* 机型的机载雷达性能及火控系统性能比 B* 机型稍差、红方 RD* 中程空对空导弹的射程及末制导雷达的精度比 BD* 稍差、红方预警系统的探测距离及探测精度比蓝方预警系统的差。

因此，要想提高红方空战能力，自然会从以下三个方面入手：提高红方载机的性能或者研制更好的载机、提高中程空对空导弹的射程以及提高预警系统的性能。这三方面的措施都有利于红方空战能力的提高，但是这些措施依然存在着如下的问题：第一，要提高载机、中程空对空导弹以及预警系统的性能从红方现有的技术储备来看，难度比较大，周期比较长，所以在当前红蓝对抗过程中难以迅速实现；第二，即便红方能够提高以上三方面的性能，在提高其性能的同时，蓝方也在提高其武器装备的性能，这样红方很难在短期内取得效果。因此，从提高这三方面武器装备入手，短期内红方很难破解蓝方先发制人的优势。

2. 无人机运用模式用于提高红方空战能力的需求分析

从上面提高红方空战能力的几种应对措施分析可知，要破解蓝方先发制人的优势，要么需要对红方现有装备进行大幅度改进，要么研制新的高性能装备。这些措施一方面难度较大，另一方面周期也较长，很难快速见效。因此，为达到破解蓝方先发制人的优势，对红方现有装备提出了新的需求。如果红方能够在现有装备基础上作不大的改进，配合相应的战法就可破解蓝方先发制人的优势，那么红方就能在空战中获取优势，从而夺取一定时空范围内的制空权。

从作战思想上来说，在现有装备条件下破解蓝方先发制人的优势，就需要提高红方 R* 机型在对抗 B* 机型过程中的生存概率，使 R* 机型在被 B* 机型抢先发射的 BD* 导弹攻击的情况下，仍能有机会对 B* 机型进行反击。如果红方采用提高 R* 机型数量的优势对抗蓝方 B* 机型先发制人的优势，则红方 R* 机型损失的代价太大。而无人机的运用正是可以在不增加红方 R* 机型对抗 B* 机型数量的情况下，破解蓝方 B* 机型先发制人的优势。在无人机的配合下，红方可以采用 R* 机型指挥若干架无人机的方式，在蓝方 B* 机型抢先发射 BD* 时，首先指挥无人机对 BD* 进行拦截，从而提高红方 R* 机型的生存概率，并在此基础上为 R* 机型反击 B* 机型提供机会。

这种无人机应用模式的基本理念就是，通过将无人机的外形及反射特征做的和 R* 机型尽量一致，使得 BD* 导弹无法识别红方 R* 机型和无人机；通过“牺牲”无人机来保存红方 R* 机型的有生力量，从而使 R* 机型有机会对蓝方 B* 机型进行反击，以破解蓝方 B* 机型先发制人的优势。这种措施不管是在技术上，还是在作战应用上都是可行的，红方只需要对无人机以及 R* 机型进行改造，使得 R* 机型可以指挥无人机参与对抗 B* 机型的作战。因此，无人机应用模式的开发，可以在红方现有装备改进不大的情况下提高 R* 机型的生存概率，达到破解蓝方 B* 机型先发制人的优势，从而达到夺取一定时空范围内的制空权的目的。

3. 现有可利用的无人机资源分析

现有可利用的无人机的资源主要有两种：一般意义上的无人机以及特种类型的无人机。

如果采用一般意义上的无人机，红方需要对现有的无人机进行改造或者根据需要重新制造新的无人机。本书中无人机的应用模式主要是通过将无人机的外形及反射特征做得和 R* 机型尽量一致，使得蓝方导弹无法识别红方主战飞机和无人机，以提高红方主战飞机的生存概率，为 R* 机型提供攻击机会。因此，对于一般意义上的无人机来说，为了实现对红方主战飞机的保护，需要对现有无人机进行改造或者研制新的无人机，这都需要一定的技术支持和时间要求。同时，一般意义上的无人机在体积方面比 R* 机型要小得多，这也为改造雷达反射特征使之尽量一致带来了一定的难度。[5,6]

另一种思路就是采用红方的特种类型的无人机。假设红方有一种特殊类型的无人机，该无人机在外形大小方面与 R* 机型比较接近，在操控系统上该无人机的飞行性能和第二代战机的飞行性能相当，且现有对无人机进行改造的能力和技术已经比较完善，不需要再投入太多的经费改造。如果对红方现有的特种类型的无人机进行改造，还便于 R* 机型操控，更重要的是有利于使其雷达反射特征和 R* 机型尽量一样。这样不但使得特种类型的无人机改造费用较低，而且能够达到掩护主战飞机的效果。

在本书中，红方主要采用对某特种无人机进行改造，将其改造后的无人机称为 W*。在 R* 机型的指挥下，形成空中联合编队对抗蓝方 B* 机型，为 R* 机型攻击 B* 机型提供机会，从而化解蓝方 B* 机型先发制人的优势。

16.3.3 空中联合编队的作战概念

1. 空战过程中空中联合编队作战的概念

主战飞机与无人机空中联合编队的作战概念，是建立在红方装备现状的基础之上，通过分析现有各国的发展状况提出的。在本书中空中联合编队是指由一架现有的第三代战机 R* 机型指挥两架第二代特种无人机改造而成的无人机 W* 组成的编队。W* 具有较高的自动驾驶性能，同时又能接受 R* 机型指挥。R* 机型飞行员只需给出几个简单指令，W* 就能完成预先规定的几类动作，因此 R* 机型飞行员指挥二架 W* 不会造成太多的指挥负担。

在空中联合编队作战过程中，主要通过对某特殊无人机进行改造，使其外形及反射特征尽量接近 R* 机型，并使其改造成便于 R* 机型指挥的无人机 W*。在 B* 机型发射 BD* 攻击 R* 机型时，通过 W* 无人机对 BD* 末制导阶段进行电子干扰，从而降低 BD* 选择并攻击 R* 机型的概率，以达到保护 R* 机型的目的，为 R* 机型反击 B* 机型提供机会，破解蓝方 B* 机型先发制人的优势，具体作战过程在 16.4 节中详细讨论。

2. 空中联合编队作战与其他无人机作战模式的对比分析

空中联合编队中无人机的应用与现有一般意义上的无人机应用模式具有本质不同。本节主要分析空中联合编队中无人机应用与无人机单独应用模式以及主战飞机和无人机分离应用模式的异同。

(1) 与无人机单独应用模式的对比

一般意义上的无人机的主要用途仅限于训练、研究、侦察监视、通信中继等传统用途，用于攻击的无人机一般也是对地面目标进行攻击或者作战过程中进行电子干扰，真正与主战飞机组成空中联合编队对抗空中飞机的应用模式还未出现过。而由某些有人机改造而成的无人机一般主要用途为靶机、防空导弹诱饵等。

红方对 W* 进行改造，扩展了其用途。除用作靶机和防空导弹诱饵外，主要按巡航导弹的模式进行改进，使其能够携带炸弹对预定目标进行攻击，不考虑回收的过程。但是，这种改造成的无人机在对蓝方防空阵地或者重要目标进行攻击时，很容易被蓝方识破。这样，蓝方就可用地面防空高炮或者战斗机上的航炮进行攻击（在被识破之前一般会用防空导弹进行攻击），而红方无人机毫无躲避和还手之力，损失较大。

本节中提出的空中联合编队中无人机的应用模式，一方面联合编队中 R* 机型等主战飞机的存在，使得蓝方很难识别哪些是主战飞机，哪些是无人机，不敢轻易用火炮进行攻击，只能采用空中力量发射空对空或者地空导弹进行攻击。而红方空中联合编队在损耗蓝方导弹的过程中也可对其进行有效的攻击，既保护了红方主战飞机，也对蓝方形成了极大的威胁。

这种主战飞机指挥无人机的空中联合编队模式，可以充分发挥无人机的作用，同时还可以扩展无人机的使用模式，使其携带导弹，增加红方主战飞机的载弹量。此外，还可对无人机进行回收。

（2）与主战飞机和无人机分离运用模式的对比

所谓主战飞机和无人机分离运用模式是指无人机形成一个编队在前方飞行，而红方主战飞机形成一个编队在后方飞行，并且这种分离模式中的无人机是指特种无人机。在这种无人机应用模式下对蓝方防空阵地攻击过程中，蓝方一旦发现红方飞机编队，则会派遣由 B* 机型等高性能飞机组成的编队对红方编队进行空中拦截。在蓝方 B* 机型发射若干枚中程空对空导弹后，如果发现红方前方无人机编队没有进行任何还击，则基本可以判断出红方前方编队是无人机编队（假设蓝方对红方某特种类型无人机已经比较清楚）。在这种情况下，就会将红方无人机编队放入其防空火力圈范围用地面防空高炮进行攻击，而 B* 机型编队则应对红方 R* 机型组成的主战飞机编队。所以，在分离模式下，红方无人机的损失会比较大，并且无人机也不能有效地对红方主战飞机进行掩护。从而不能化解蓝方 B* 机型先发制人的优势。

在空中联合编队作战模式下，蓝方难以区分红方无人机和主战飞机，从而改造后的无人机可以有效地对红方主战飞机进行掩护，为 R* 机型提供反击 B* 机型的机会，以破解蓝方 B* 机型先发制人的优势。

16.3.4　空中联合编队作战的主要特点及价值

空中联合编队作战模式的设计通过作战理念的创新与技术整合，将劣势装备组成新的系统，改造成为杀手锏，有极大的军事价值和经济效益。

1. 空中联合编队作战的主要特点

在红蓝双方空战过程中，空中联合编队作战的主要特点表现如下：

（1）基于现有装备进行改造

空中联合编队的力量是由现有的 R* 机型以及某特种类型无人机改成的无人机 W*

组成，R^* 机型和某特种无人机都属于红方自产飞机，对其性能以及内部结构比较熟悉，其制造技术和改造技术相对来说比较成熟。

(2) 能够快速形成战斗力

空中联合编队立足于自产现有装备改造的思想，使得红方空军在短期内能够组建完整的空中联合编队，也便于试验和训练，使得可以快速形成战斗力，以应对空战的需要。

(3) 具有很大的创新性

空中联合编队中无人机的作战模式是现有无人机应用中所没有涉及的，一是无人机的载体不同，本书中无人机载体不是一般意义上的无人机，而是由某外形和反射特征和 R^* 机型尽量接近的无人机改造而成的无人机 W^*；二是无人机的用途不同，本书中无人机的主要作用不是侦察、通讯等，现有用于作战的无人机也只是对地面目标进行攻击。本书中无人机 W^* 的主要用途是协助 R^* 机型对抗蓝方 B^* 机型，从而破解蓝方先发制人的优势，具有很强的创新性。这种创新性带来的好处就是蓝方对红方这种作战模式的初次使用毫无防备，使得红方在空战过程中可以达到很好的效果。另外，即便蓝方能很快得知红方的这一作战模式，在短时间内也很难找到破解的方法。

(4) 具有很大扩展性

在本书设计的空中联合编队作战模式中，红方无人机并没有携带任何攻击性武器(中程空对空导弹、电子干扰吊舱等)。如果红方 W^* 能够改造成携带中程空对空导弹、电子干扰吊舱等的无人机，这相当于增加红方主战飞机的载弹量。在多轮中程空对空导弹作战过程中，可以首先使用 W^* 上的导弹，并由 R^* 机型负责引导，降低 R^* 机型上导弹消耗量，使红方 R^* 机型不需频繁返回装弹，同时还可以实现对多目标进行攻击或者多发齐射攻击的效果，从而提高红方 R^* 机型对 B^* 机型的毁伤概率。

(5) 可以应用于其他作战模式中

本书中空中联合编队的作战模式主要用于对 B^* 机型的作战，由于这种作战模式的适应性，这种作战模式可用于对地、对海攻击。对地攻击主要是指在红方空中联合编队对空作战后，继续对蓝方防空火力系统进行攻击。这种情况下，由于空中联合编队在对空作战中占据很大优势，使得红方可以保存足以摧毁其防空系统的力量，对蓝方地面防空系统进行攻击，从而获取一定时空范围内的制空权。对海攻击主要是指空中联合编队可以对航母编队进行有效攻击。航母编队的最外沿火力圈是其舰载飞机，红方空中联合编队可破解空战中蓝方先发制人的优势。一旦红方瓦解了其外层空战的优势，就可以对航母编队进行有效的攻击。

2. 空中联合编队作战的军事价值及经济效益

主战飞机与无人机空中联合编队的军事价值及经济效益主要体现在以下几个方面：

(1) 破解空战中 B^* 机型先发制人的优势

从上面的定性分析可以看出，以空中联合编队的形式应对蓝方 B^* 机型，通过无人机的掩护作用，提高了 R^* 机型对抗 B^* 机型的生存概率，为 R^* 机型反击 B^* 机型提供了机会，破解了蓝方 B^* 机型先发制人的优势。这种作战模式不但使空中联合编队与 B^*

机型作1对1对抗时具有优势，并且在小编队对小编队以及机群作战过程中都能获取很大的优势。从而在整体上破解空战中 B^* 机型先发制人的优势。

(2) 为夺取一定时空范围内的制空权提供坚实的基础

破解空战过程中蓝方 B^* 机型先发制人的优势，使得红方 R^* 机型在空战中能够后发制人，并在空战中占据很大的优势。一旦红方在空战中占据优势，对蓝方地面防空系统就会造成极大的威胁。蓝方空军 B^* 机型战机以及蓝方防空系统的损失，造成的直接结果就是丢失其制空权。这种优势的转移为红方空军“夺取一定时空范围内的制空权”提供了坚实的基础，而制空权的获取是区域地面部队作战顺利进行的前提。

(3) 空战中代价小

红方现有某特种型号的无人机在操控系统上已经有了良好的基础，不需要投入大量的经费改造，相对研发新飞机的费用上已经产生了巨大的效益，大大节省了无人机设计、研究和制造的费用。蓝方 B^* 机型在与红方主战飞机与无人机空中联合编队作战过程中，将会比 B^* 机型单独对抗 R^* 机型需要更多的中程空对空导弹，BD^* 的价格还要高于 RD^*。因此，红方某特种无人机改造而成的 W^* 对蓝方中程空对空导弹的作战，红方本身代价就小，再加上使红方 R^* 机型获取了后发制人的优势，将会对蓝方 B^* 机型造成巨大的毁伤。因此，为达到“夺取一定时空范围内的制空权”，空中联合编队作战的代价也比较小。

16.4 空中联合编队对抗 B^* 机型的作战模式设计

在16.3节中，创造性地提出了空中联合编队作战模式的概念。本节将在16.3节的基础上设计空中联合编队作战模式的具体形式，包括作战基本情况设定、空中联合编队对抗 B^* 机型的典型作战模式、空中联合编队对抗 B^* 机型的非典型作战模式以及蓝方对付红方空中联合编队作战模式的可能措施及其效果等。

16.4.1 基本情况设定

空中联合编队对抗 B^* 机型作战的基本情况设定包括作战背景、双方装备情况设定、空中联合编队作战模式设计等基本假设。

1. 空中联合编队作战背景

红蓝双方区域空战过程中，红方空军和蓝方空军在各自预警系统的支持下，进行一场旨在夺取一定时空范围内制空权的空战。双方所争夺的制空权空间区域紧靠蓝方地空导弹防空火力圈外沿。在这场空战中，蓝方空军的主力战机是 B^* 机型，红方的主力战机是 R^* 机型。B^* 机型所携带的主战武器是 BD^* 中程空对空导弹，而 R^* 机型所携带的主战武器是 RD^* 中程空对空导弹。

蓝方 B^* 机型凭借主战武器的性能优势、信息优势的支持，具有先发制人的攻击机会。红方空中联合编队运用 W^* 对 R^* 机型进行有效掩护，化解其先发制人的进攻，并获得后发制人的机会。

2. 关于交战双方装备性能的设定

(1) 双方的预警系统

红方的预警系统能够把 R* 机型引导到作战区域，能够为 R* 机型提供一定的目标指示信息。蓝方的预警系统能够在整个作战区域为 B* 机型提供目标指示信息。蓝方预警系统性能比红方预警系统的性能略强，在整个作战过程中，B* 机型能够获得相对于 R* 机型的信息优势。

(2) 双方的主战飞机

红方的主战飞机是自产第三代战机 R* 机型，而蓝方主战飞机是 B* 机型。和 B* 机型相比，R* 机型的机动性能更胜一筹，但由于红方在雷达和火控系统等方面的技术基础薄弱，R* 机型的雷达系统和火力系统略逊于 B* 机型的相关系统。

(3) 双方的主战武器

双方的主要武器是空对空导弹，其中最为关键的武器是中程空对空导弹。R* 机型所携带的中程空对空导弹是 RD* 导弹，而 B* 机型所携带的中程空对空导弹是 BD*。RD* 和 BD* 导弹都是第四代雷达制导导弹，末制导都是采用主动多普勒脉冲雷达，假设其末制导距离都是 20km。BD* 导弹的性能略胜于 RD* 导弹。

(4) 空中联合编队特有的装备

空中联合编队由 R* 机型和 W* 共同组成。W* 是由红方某外形和反射特征和 R* 机型尽量接近的无人机改装而成的，能够接受 R* 机型的指控命令，并且按照 R* 机型指控命令执行相应的战术动作以及协同 R* 机型完成空中联合编队的作战活动。

3. 基本设定

在空中联合编队对抗 B* 机型的空战模式设计中，除了对双方装备进行设定之外，还有如下基本假设：

(1) 双方作战的目的是争夺一定时空范围内的制空权，所以双方都不会撤退或者逃离，因为逃离或者撤退就意味着失去了制空权；

(2) 双方飞行员都是理性人，所以都会采用对己方最为有利的作战行动；

(3) 双方都尽其所能尽早地“制敌于死地”，所以双方都会首先利用中程空对空导弹的进攻机会，即双方首先进行中程空对空导弹作战；

(4) 空对空导弹格斗是第三代战机之间的主要对抗形式，主要是中程空对空导弹的较量和近程空对空导弹的较量，所以在空战过程中不考虑双方运用航炮进行格斗；

(5) 空中联合编队作战模式具有很强的创新性，完全不同于以往的无人机作战模式，所以假定蓝方不知道红方的“空中联合编队的作战模式”，不会针对空中联合编队作战模式进行准备；

(6) 详略结合分析的原则，对于两种作战模式（R* 机型单独对抗 B* 机型的作战模式和空中联合编队对抗 B* 机型的作战模式）的不同点进行详尽地分析，对于两种作战模式的相同点进行简略分析，对于作战的关键性环节进行详尽分析，对于次要性因素进行简略分析。

16.4.2 空中联合编队对抗 B* 机型的典型作战模式

本书将空中联合编队对抗 B* 机型中研究的主要作战模式称为“典型作战模式”，而其他作战模式统称为“非典型作战模式”。

本节首先分析常规条件下 R* 机型单独对抗 B* 机型的作战模式。在此基础上，分析空中联合编队对抗 B* 机型的典型作战模式，并对两种对抗 B* 机型的作战模式进行对比分析。

1. R* 机型单独对抗 B* 机型的作战模式

对于 R* 机型单独对抗 B* 机型的作战模式，主要考虑以下两类作战过程：中程空对空导弹作战过程和近程空对空导弹作战过程。实际作战过程由若干个中程空对空导弹作战过程和一个近程空对空导弹作战过程组成。

1）R* 机型与 B* 机型之间的中程空对空导弹作战过程

中程空对空导弹作战是第三代战斗机之间对抗不可缺少的环节。R* 机型单独对抗 B* 机型的中程空对空导弹作战过程，分为首轮中程空对空导弹作战和后续中程空对空导弹作战。

（1）首轮中程空对空导弹作战

蓝方 B* 机型和红方 R* 机型在各自预警机支持下采用无线电静默的方式进入作战区域。由于预警系统的性能、机载雷达系统性能、火控系统性能以及中程空对空导弹性能的差距，在双方接敌过程中 B* 机型先于 R* 机型占位，且抢先发射中程空对空导弹。

对抗双方首轮中程空对空导弹的主要作战活动系列如下：

• 红方 R* 机型起飞；

• 蓝方 B* 机型升空到其防空导弹火力圈外沿；

• B* 机型机载雷达开机发现 R* 机型，并机动占位；

• R* 机型机载雷达发现 B* 机型，并开始机动占位；

• 在 R* 机型和 B* 机型相距 50km 时，B* 机型发射一枚 BD* 中程空对空导弹，并对其进行中制导；

• R* 机型和 B* 机型相距 45km 时，R* 机型发射一枚 RD* 中程空对空导弹，并对其进行中制导；

• BD* 导弹进入末制导，B* 机型进行规避 RD* 导弹的机动；

• R* 机型对 BD* 导弹实施以箔条云为载体的冲淡式干扰；

• RD* 导弹进入末制导阶段，如果冲淡式干扰不成功，R* 机型开始进行规避 BD* 导弹的机动；

• B* 机型对 RD* 导弹实施以箔条云为载体的冲淡式干扰。

（2）后续中程空对空导弹作战

经过首轮中程空对空导弹作战之后，如果双方都未被击毁，则双方有可能进入下轮的中程空对空导弹作战或者进入近程空对空导弹作战。在第一轮中程空对空导弹作战过程中，B* 机型率先完成对己方导弹的中制导，所以在后续中程空对空导弹作战过程中，

B* 机型仍然具有率先占位、率先发射中程空对空导弹的能力。

与首轮中程空对空导弹作战过程相似，后续中程空对空导弹的主要作战活动由首轮中程空对空导弹的后 8 个作战活动组成。这些活动发生的空间位置不同，它们的时序没有变化。

一般而言，只有两轮中程空对空导弹作战过程。因为到第二轮中程空对空导弹作战结束的时候，R* 机型和 B* 机型之间的距离已缩短到 25km 左右，这个距离接近于近程空对空导弹作战的距离。

2）R* 机型与 B* 机型之间的近程空对空导弹作战过程

在近程格斗过程中，最重要的是率先完成占位获得先机发射机会。在很大程度上，谁获得了先敌发射机会谁就能取得近程空战的胜利。一方面，由于在中程空对空导弹作战过程中，R* 机型比 B* 机型晚于完成对己方导弹的中制导，B* 机型能够率先进行机动占位，所以 B* 机型在占位过程中具有时间优势。另一方面，由于 R* 机型机动性能比 B* 机型要好，在占位过程中 R* 机型具有机动能力优势。因此，从整体考虑而言，进入近程空对空导弹作战过程之后，B* 机型和 R* 机型在获取先敌占位抢先发射导弹的机会方面难分伯仲。

由于在 R* 机型和 B* 机型对抗过程中，首先经过了若干轮中程空对空导弹作战。作为世界上最先进的中程空对空导弹之列，BD* 和 RD* 导弹都有较高的命中概率，所以双方进入近程空对空格斗的机会相对较小，近程空对空导弹作战在整个作战过程中的作用有限。

因此，在 R* 机型单独对抗 B* 机型的空战模式中，近程空对空导弹作战过程处于从属地位。故对此进行简化处理，把近程空对空导弹作战过程看做一个整体，不再对该作战过程进行细化。

由于近程空对空导弹作战的命中率十分高。一旦对抗双方之一在有效攻击范围内向敌方发射了一枚近程空对空导弹，则敌方被击毁的概率很高。因此，只考虑一个回合的近程空对空导弹作战。

3）R* 机型单独对抗 B* 机型的典型作战模式

R* 机型单独对抗 B* 机型空战模式的典型作战过程可以描述为：对抗双方首先进入首轮中程空对空导弹作战，如果交战双方都未被消灭，需要继续交战以分胜负。在这种情况下，作战进程将会有两种可能性：进入近程空对空导弹作战或进入第二轮中程空对空导弹作战。R* 机型单独对抗 B* 机型的空战模式的典型作战过程如图 16.2 所示。

2. 空中联合编队对抗 B* 机型的关键性作战活动

空中联合编队对抗 B* 机型的关键性作战活动主要是指和 R* 机型单独对抗 B* 机型显著不同的、能够有效地掩护 R* 机型并能有效地化解 B* 机型先发制人攻击机会的作战活动。化解 B* 机型先发制人的攻击，是空中联合编队空战模式设计的出发点。空中联合编队对抗 B* 机型空战模式中有两个关键性作战活动，一是以无人机为载体的冲淡式干扰活动；二是无人机质心式干扰的拦截掩护活动。这两个关键性作战活动都是根据第四代主动雷达制导导弹的制导特点而设计的，具有很强的针对性，能够有效地化解

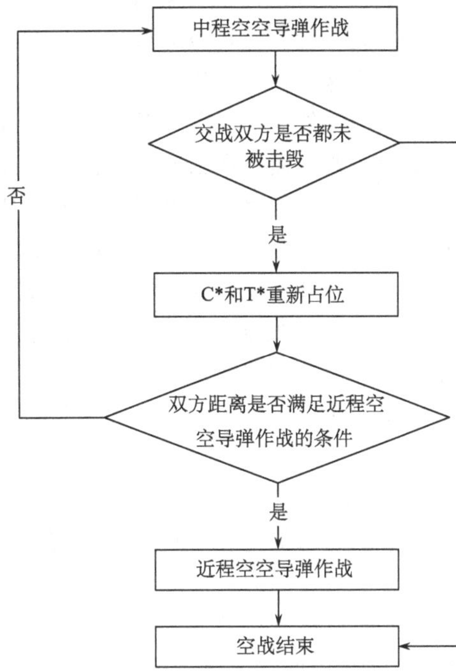

图 16.2　R* 机型单独对抗 B* 机型的空战模式的典型作战过程图

B* 机型先发制人的进攻。

以 BD* 导弹为代表的第四代主动雷达制导导弹，其制导过程分为三个阶段：程序制导、中制导和末制导。其中，程序制导时间很短，由导弹控制程序自动完成。中制导由机载雷达完成，机载雷达获取目标位置和速度信息，然后生成对导弹的控制指令，不断修正导弹航向使得导弹能够飞向待攻击目标。中制导结束时，载机把导弹引到一定的区域，在该区域导弹的末制导雷达开机应能搜索到待攻击目标，并且保证导弹具有足够的能量追击目标。这个区域也称为中程空对空导弹的中、末制导交接班区域。中制导与末制导交接班完成后，导弹进入末制导阶段。在末制导阶段导弹依靠自身的末制导雷达搜索并确定攻击目标，末制导由弹载雷达完成。

1）以无人机为载体的冲淡式干扰活动

（1）冲淡式干扰的含义。

对中程空对空导弹末制导系统的冲淡式干扰可以描述为：当蓝方中程空对空导弹进入中制导和末制导交接班区域时，蓝方导弹需要依靠自身的末制导雷达开机搜索目标并确定攻击对象。这种情况下，受到威胁的飞机采取某些措施，在蓝方导弹末制导雷达的开机搜索区域中生成一定数量的箔条云或者其他形式的假目标，使得导弹的末制导系统必须在多个目标中（真、假目标）选择一个作为攻击目标，从而降低导弹攻击真目标的机会。冲淡式干扰的详细过程可以参考 16.6 节。

（2）以 W* 为载体对 BD* 导弹进行冲淡式干扰有效的原因。

以 W* 为载体对 BD* 导弹进行冲淡式干扰具有可行性和良好效果。主要原因有：

①BD^*导弹在作战环节中引入了末制导雷达开机搜索目标这一环节，末制导雷达开机搜索环节使得实施冲淡式干扰成为可能。近程空对空导弹以红外制导和半主动雷达制导为主，不存在末制导雷达开机搜索目标这一环节，因此没有对其实施冲淡式干扰机会。所以，以往对空对空导弹的干扰多采用红外干扰。②中程空对空导弹的末制导雷达为多普勒脉冲雷达，具有测量目标速度的功能，而箔条云在空中的移动速度缓慢，而被保护目标——飞机是一种高速运动的物体，被保护目标和箔条云之间的速度差甚大，同时冲淡式干扰实施时间比较早，末制导系统能够有较长的判断时间，所以末制导系统能够比较容易区分箔条云和被保护目标。因此，以箔条云为载体实施冲淡式干扰的效果很差，而以W^*为载体实施冲淡式干扰，弹载雷达将很难分辨真假目标，这是该方法有效的主要原因。

(3) 空中联合编队遂行冲淡式干扰的作战活动描述。

空中联合编队的冲淡式干扰作战活动发生在中制导和末制导交接班过程中。主要作战活动如下：

- 在BD^*导弹中制导阶段，空中联合编队采用紧凑队形（紧凑队形的纵向间距为两个机身的长度，横向间距为两个机宽的长度），使得空中联合编队在B^*机型的机载雷达上显示为一个目标，因为机载雷达对目标的分辨率有限，所以无法分辨出空中联合编队中目标的个数，只能被当做一个大目标进行处理。
- 当BD^*即将进入末制导时，空中联合编队由先前紧凑飞行队形改为疏散飞行队形（如图16.9所示），主战飞机和无人机之间的距离达到足够大，使得在BD^*导弹的末制导雷达搜索区域中有三个待攻击目标。
- 根据能量最大原则，BD^*导弹依次选择雷达反射波能量最大的目标进行目标真伪的判断，最后确定一个攻击目标。
- 空中联合编队判断BD^*导弹攻击的是主战飞机还是无人机。如果攻击的是主战飞机，则在后续作战过程中空中联合编队采用质心式干扰以无人机掩护主战飞机。

2) 质心式干扰的拦截作战活动

质心式干扰的拦截作战活动，也是以无人机为载体，充分利用BD^*末制导系统区分W^*和R^*机型的智能有限。质心式干扰发生在BD^*导弹的末制导阶段。

(1) 质心式干扰的含义。

对中程空对空导弹末制导系统的质心式干扰可以描述为：当冲淡式干扰失败后，利用蓝方中程空对空导弹（BD^*）末制导雷达在距离、方位、高度上存在的分辨率极限，R^*机型通过机动使得R^*机型与一架W^*在BD^*末制导雷达的同一分辨率单元之内保持一段时间，从而BD^*导弹末制导系统把R^*机型和W^*作为同一个目标。此后，W^*和R^*机型逐渐分开，由于W^*雷达反射面积远比R^*机型的雷达反射面积大，两者的雷达反射面质心接近于W^*。导引头把导弹引到R^*机型和W^*的公共质心，W^*和R^*机型的公共质心离R^*机型越来越远，最后达到把导弹逐渐引离R^*机型的目的。

质心式干扰成功必须满足两个基本条件：①W^*和R^*机型的质心都在同一个分辨率单元之中的时间不少于0.5秒，这0.5秒是末制导系统把W^*和R^*机型判断成为一个目标的决策时间。②当R^*机型和W^*逐渐成为两个目标的时候，雷达导引头能够选中W^*进行打击。第一个条件主要取决于质心式干扰的时间窗口是否足够，第二个条件和导弹末制导系统识别真假目标的智能系数相关。质心式干扰的详细过程可以参考16.6节。

（2）以 W* 为载体对 BD* 导弹进行质心式干扰有效的原因。

以 W* 为载体对 BD* 导弹进行质心式干扰具有可行性和良好效果，主要原因有：①主动多普勒雷达为质心式干扰创造了可能性，有主动雷达制导这一过程就有质心式干扰的可能；②BD* 末制导系统是主动脉冲多普勒雷达，以目标的雷达反射特性（速度、能量等）判断目标的真伪，W* 和 R* 机型的雷达反射特征是真飞机，没有本质区别，末制导系统区分 W* 和 R* 机型的智能有限。

（3）空中联合编队遂行冲淡式干扰拦截的作战活动描述。

空中联合编队的质心式干扰作战活动发生在 BD* 导弹的末制导阶段，发生在冲淡式干扰失败之后，主要作战活动如下：

- R* 机型迅速机动，靠近与其最近的无人机 W*；
- R* 机型向 W* 发出指令，令其按照一定的速度和方位飞行；
- R* 机型飞行于 W* 之后 45m 的地方，并尽量使得来袭导弹、W* 和 R* 机型在同一轴线上；
- R* 机型和 W* 协同飞行 0.5 秒以上，使得 R* 机型和 W* 在 BD* 末制导雷达的同一分辨率单元内；
- R* 机型以一定的速度和方向逐渐离开 W*；
- BD* 末制导系统发现两个目标，重新选择攻击目标。

3. 空中联合编队与 B* 机型之间的中程空对空导弹作战过程

空中联合编队与 B* 机型之间的中程空对空导弹作战过程也分为两种：首轮中程空对空导弹作战过程和后续中程空对空导弹作战过程。

1）首轮中程空对空导弹作战过程

与 R* 机型单独对抗 B* 机型的空战模式类似，在首轮中程空对空导弹作战过程中，空中联合编队和 B* 机型都在己方预警系统的支持下进入作战区域，B* 机型能够抢先占位、抢先发射中程空对空导弹。

在空中联合编队与 B* 机型之间首轮中程空对空导弹作战过程中，对抗双方的主要作战活动如下：

- 蓝方预警机发现红方飞机起飞；
- R* 机型和 W* 在某空域完成空中联合编队组队；
- 蓝方 B* 机型升空到蓝方地面防空导弹火力圈外沿；
- B* 机型机载雷达开机发现 R* 机型，并开始机动占位；
- R* 机型机载雷达发现目标，并开始机动占位；
- 在 R* 机型和 B* 机型相距 50km 时，B* 机型发射一枚 BD* 中程空对空导弹，并对其进行中制导；
- R* 机型和 B* 机型相距 45km 时，R* 机型发射一枚 RD* 中程空对空导弹，并对其进行中制导；

- BD* 导弹进入末制导，B* 机型开始进行规避 RD* 导弹的机动；
- 空中联合编队形成疏散队形，以无人机为载体进行冲淡式干扰；
- 如果冲淡式干扰失败，空中联合编队遂行质心式干扰拦截 BD* 导弹的活动；
- RD* 导弹进入末制导阶段，R* 机型开始进行规避 BD* 导弹的机动；
- B* 机型对 RD* 导弹的末制导系统实施以箔条云为载体的冲淡式干扰。

2）后续中程空对空导弹作战过程

在空中联合编队对抗 B* 机型的空战模式中，第一轮中程空对空导弹作战后，可能会进行第二轮中程空对空导弹作战。第二轮中程空对空导弹的作战活动系列由首轮中程空对空导弹作战过程中后 9 个作战活动组成，这些作战活动的时间顺序基本没有变化。与 R* 机型单独对抗 B* 机型作战模式相似，一般情况下，只进行两个回合的中程空对空导弹作战。

3）小结

空中联合编队作战对抗 B* 机型的中程空对空导弹作战过程中，上述两种中程空对空导弹作战过程是典型作战过程。空战千变万化，实际作战过程中可能还有另外一些非典型作战过程。空中联合编队的其他非典型中程空对空导弹的作战形式及其作战效果在 16.6 节中有详细阐述。

4. 空中联合编队与 B* 机型之间的近程空对空导弹作战过程

在近程空对空导弹作战过程中，机动优势是获取胜利的关键性因素之一，而空中联合编队中 W* 的机动性能比 R* 机型的机动性能差。如果 R* 机型为了迁就 W* 可能使得 R* 机型的机动性无法发挥出来。所以，在近程格斗过程中 W* 可能会成为 R* 机型机动性发挥的制约因素。此外，W* 在近程格斗中既不能有效掩护无人机，也无法对蓝方飞机发起有效进攻，这是因为近程空对空导弹以半主动雷达制导和红外制导为主。在这两种制导方式下，无人机不可能成为这两种制导系统中的假目标，不能对这两种制导方式进行有效的电子干扰。所以在近程空对空导弹作战过程中，将不考虑无人机的作用，空中联合编队对抗 B* 机型的近程空对空导弹作战退化为 R* 机型单独对抗 B* 机型的近程空对空导弹作战。

和 R* 机型单独对抗 B* 机型的近程空战过程类似，在空中联合编队对抗 B* 机型的近程空对空导弹作战过程按照以下原则进行处理：

（1）在空中联合编队对抗 B* 机型的空战模式中，双方进入近程格斗发生的可能性比较低，所以近程空对空导弹格斗对整个交战模式的作用有限。因此，近程空对空导弹作战过程处于从属地位，对此进行简化处理，把近程空对空导弹作战过程看做一个整体，不对该作战过程进一步细化。

（2）在近程格斗过程中，谁先获得有效攻击机会谁就能赢得近程空战的胜利。与 R* 机型单独对抗 B* 机型的近程空对空导弹作战过程一样，假设 B* 机型与 R* 机型获取率先占位和抢先发射导弹的机会难分伯仲。

（3）由于近程空对空导弹作战的命中率十分高，所以只考虑一个回合的近程空对空导弹作战。

5. 空中联合编队对抗 B* 机型的典型作战模式

空中联合编队对抗 B* 机型空战模式的典型作战过程可以描述为：首先进入首轮中程空对空导弹作战，如果交战双方都未被消灭，需要继续交战以分胜负，这种情况下，作战进程将会有两种可能性：进入近程空对空导弹作战或进入第二轮中程空对空导弹作战。空中联合编队对抗 B* 机型的空战模式的典型作战过程如图 16.3 所示。

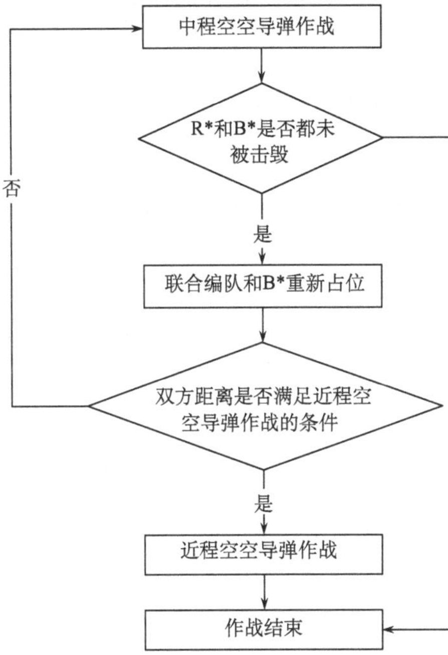

图 16.3 空中联合编队对抗 B* 机型的作战模式的典型作战过程

空中联合编队对抗 B* 机型的典型空战模式可能包括一到两个中程空对空导弹作战过程和一个近程空对空导弹作战过程。

16.4.3 空中联合编队对抗 B* 机型的非典型作战模式

空中联合编队对抗 B* 机型的典型作战模式中，无人机主要起防御作用。如果对无人机进一步改造，使之能够携带中程空对空导弹和电子干扰吊舱，则无人机将具备一定的进攻作战能力。这就节省了 R* 机型的有效载荷，使得 R* 机型可以携带更多的导弹或者燃料，扩展 R* 机型有效载荷或者滞空时间（作战半径），相当于有效地增加了 R* 机型飞机的作战性能。此外，无人机发射导弹时可以突前，从而获得更多的攻击机会，增加空中联合编队对蓝方攻击效果。

红方某特种类型的无人机无法为 RD* 导弹提供目标信息，无法发射 RD* 中程导弹。把特种类型的无人机改造成为 W* 的过程中，不考虑对其进行更新换代使 W* 能够独立承担发射 RD* 并且对其进行中制导的任务。因为这样做的话，将面临技术和成本两个方面的困难。使得 W* 能够发射中程空对空导弹的一个可行方案是：R* 机型通过数据链为 W* 的中程空对空导弹提供目标信息，引导 W* 在适当的时机发射 RD* 导弹。W* 发射导弹后，R* 机型的机载雷达通过数据链为 RD* 导弹提供目标指示信息，完成对 RD* 导弹的中制导。

当无人机改造成能携带中程空对空导弹和电子干扰吊舱后，在典型空战模式的基础上，空中联合编队还能够遂行以下非典型空战模式：主战飞机支持下无人机单独攻击目标的作战模式、主战飞机和无人机联合攻击目标的作战模式以及无人机挂载电子吊舱进行电子干扰的作战模式。

1. 主战飞机支持下无人机单独攻击目标

主战飞机支持下无人机发射中程空对空导弹攻击目标的作战模式，和空中联合编队典型空战模式中的中程空对空导弹作战过程相比，主要的不同在于发射导弹的平台不同。在典型模式中由 R* 机型发射 RD* 导弹，而在无人机发射中程空对空导弹的作战模式中，由 W* 发射 RD* 导弹。

无人机在主战飞机机载雷达支持下发射中程空对空导弹的作战示意图如图 16.4 所示。

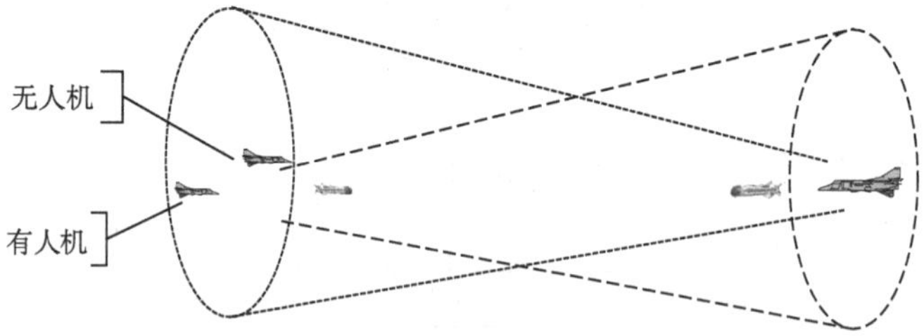

图 16.4 无人机在主战飞机支持下发射 RD* 导弹的示意图

2. 主战飞机和无人机联合攻击目标

主战飞机和无人机联合攻击目标是指：红方 R* 机型所携带的 RD* 导弹和 W* 上所携带的 RD* 导弹同时对同一个目标进行攻击，相当于齐射两枚 RD* 导弹。

联合攻击目标的作战模式，和空中联合编队典型空战模式中的作战过程相比，主要的不同在于：空中联合编队完成占位后，R* 机型和 W* 同时发射 RD* 中程空对空导弹，两枚 RD* 导弹都由 R* 机型的机载雷达完成中制导。

无人机和主战飞机联合攻击目标的作战示意图如图 16.5 所示。

3. 无人机挂载电子干扰吊舱进行电子干扰

无人机上挂载电子干扰吊舱之后，可以由主战飞机数据链传递指控命令，操控无人机上的电子吊舱进行相关的电子干扰。例如，在 BD* 导弹中制导阶段，操纵电子吊舱对 BD* 和 B* 机型之间通信链路进行干扰，破坏 BD* 导弹的中制导效果。

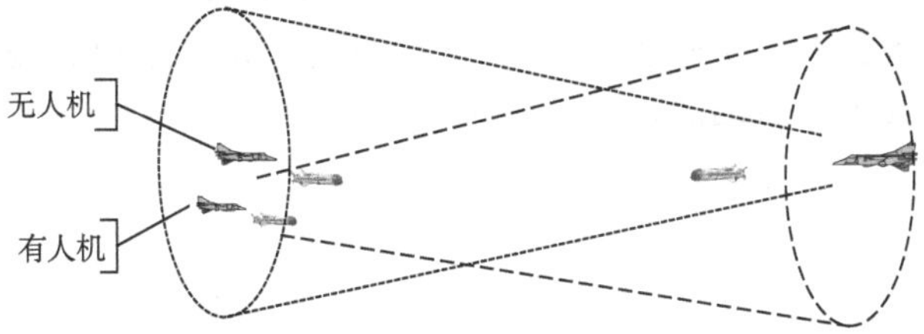

图 16.5　主战飞机无人机联合攻击目标

和空中联合编队对抗 B* 机型的典型空战模式相比，无人机挂载电子干扰吊舱之后的作战行动没有本质性的差异，只是原来由 R* 机型完成的常规电子干扰措施，现在改为由 W* 完成而已。虽然，具体到某个回合的空对空导弹格斗，其作战效果没有太多变化，但可以使得 R* 机型携带更多的导弹和燃料，从而 R* 机型能够在更长的时间上攻击更多的蓝方飞机，提高了 R* 机型的整体作战效能。

16.4.4　蓝方对抗红方空中联合编队的措施

目前无人机的作战模式主要有两种：无人机单独使用模式和分离使用模式。蓝方对红方这两种无人机的作战模式会采用不同的应对措施。

如果当红方把某特种无人机改造为无人机 W* 后，让 W* 机群单独作战以消耗蓝方的中远程防空导弹（空对空导弹和地空导弹）。这种情况下蓝方预警系统可能会发现这是无人机群，从而蓝方可能采取如下措施：蓝方 B* 机型和防空系统通过指挥控制系统协同攻击 W* 机群，即 B* 机型放过 W* 机群的一部分，把部分 W* 机群交给蓝方防空系统的高炮进行打击，B* 机型使用近程空对空导弹对 W* 机群进行攻击，地面防空系统使用高炮对 W* 机群进行攻击。由于红方某特种无人机速度等性能的限制，高炮是其主要威胁之一，对于无人驾驶的 W* 而言，高炮对其威胁将会更大，且不能对蓝方地面防空系统构成任何威胁。如果红方 W* 机群采用独立作战模式，红方将可能无法达到消耗蓝方中远程导弹的目的。同时由于这种作战模式是蓝方意料之中的作战模式，蓝方也一直在研究破解这种作战模式的方法，这种作战模式的效果可能会不理想。

如果红方采用分离作战模式，W* 机群首先进攻，一方面想消耗蓝方中远程对空导弹，另一方面引诱蓝方防空导弹阵地的雷达开机。蓝方可能的措施是：同样采用 B* 机型机群和防空阵地相互配合的作战模式，以及“远近配合”的作战模式。B* 机型和防空系统首先运用近程攻击武器打击 W* 机群。当主战飞机或无人机将要进入的时候，B* 机型首先发射中程空对空导弹，判断目标是主战飞机还是无人机，如果是主战飞机则 B* 机型继续采用中程空对空导弹攻击目标，否则，把目标引入高炮阵地，运用地面高炮攻击，或者引诱目标进入其近程武器攻击范围后运用近程武器攻击。如果蓝方采用这种应对措施，红方采用分离作战模式的效果可能也不理想，况且这种作战模式在中东战争中以色列已经成功运用过，蓝方也一直在研究克制这种无人机分离作战模式的方法。

如果蓝方运用上述两种应对无人机的方法，应对空中联合编队对抗 B* 机型的作战模式，则蓝方“协同攻击”和“远近配合”的策略均无效。因为一旦 B* 机型让空中联合编队靠近，则空中联合编队便能够给 B* 机型致命一击。所以，蓝方应对无人机群作战的常规措施对于空中联合编队作战模式无效。

16.4.5 小结

本节首先分析了空中联合编队对抗 B* 机型的基本设定，然后分析了常规条件下 R* 机型单独对抗 B* 机型的作战过程。在此基础上，分析了空中联合编队对抗 B* 机型的作战过程，确定对抗双方的作战活动及其时间关系，建立了空中联合编队对抗 B* 机型的作战概念模型。此节为 16.6 节中分析作战活动序列在时间和空间上的合理性奠定了基础，也为空中联合编队对抗 B* 机型的作战效果评估奠定了基础。

16.5 基本参数典型取值及其变化范围的估计

16.3 节和 16.4 节中，分析了空中联合编队对抗 B* 机型的典型作战过程，在此基础上，本节将根据空中联合编队对抗 B* 机型的典型作战模式，分析影响红方空中联合编队对抗 B* 机型作战效果的关键性参数，这些参数的取值决定最后的作战效果。为保证获得的空中联合编队作战效果具有较高的可靠性，需要对相关参数的典型取值进行分析，并且还需要确定相关参数可信的变化范围（以下简称“参数估计”）。

16.5.1 参数估计的特点和原则

1. 参数估计的特点

空中联合编队对抗 B* 机型作战效果分析过程涉及的众多参数主要分为两类：一是作战武器基本性能参数，如战斗机机载雷达性能、火控系统性能、机动性能、中程空对空导弹的主动雷达制导性能、抗干扰能力等；二是双方遂行典型作战任务过程中的相关参数，如雷达探测目标距离、中程空对空导弹发射距离、空战过程中空中联合编队与 B* 机型的时空关系等。对这些参数进行估计应考虑以下特点和措施：

1）难度较大

先进作战武器装备的性能参数通常被作为核心机密严格控制外泄，空战过程千变万化，所以要想得到本案例研究所需要的准确和翔实的武器装备参数值难度很大。本案例研究着眼于空中联合编队与 B* 机型对抗过程中较为典型的空战过程，为了建立准确的模型来深入剖析空中联合编队对抗 B* 机型的作战效果，需要对相关参数在典型空战过程中的取值（或取值范围）及其依据加以论证，这些都是难度较大和富于挑战性的工作。

2）作用关键

对参数尤其是具有较大灵敏度的关键参数估计结果的准确与否、误差大小，直接影响后续定量和定性分析的信度和效度，所以参数估计作用十分关键。

3）突出重点

即便采用空中联合编队与 B* 机型对抗的典型空战过程，要为各个阶段建立较为准确的数学模型需要考虑的影响因素（参数）也仍然太多。因此，在参数估计过程中有重点地将灵敏度较高的关键参数反复斟酌或将其分解为粒度更小的参数进行评估，对影响作用有限的参数加以忽略或只给出定性分析。

2. 参数估计的原则

以上参数估计的特点决定了在参数估计过程中应遵循以下原则：

1）有了解相关知识的人士参与估计

根据战争设计工程的指导思想，本节参数估计的内容需要相关领域的军事工程师或装备工程师的积极参与。因此，邀请了对相关知识具有一定经验和知识积累的人士参与意见，力图弥补专家知识上的不足。

2）广泛查阅大量文献资料

参数估计查阅了大量相关理论文献和参考资料。

3）采用多种方法相互印证

初步得到一些参数的估计值往往存在不一致甚至彼此矛盾的情况，这就需要对数据来源的可靠性、分析角度、影响因素等进行多方面的考虑，相互印证、去伪存真。

16.5.2　需要分析论证的一些关键性定性结论

1. R* 机型与 B* 机型超视距对抗优劣分析

现代空战已经不再是单架飞机之间简单的性能技术比拼，科技的发展已经使空战变成了系统和系统之间的对抗，其涉及的范畴远远不止主战装备，或者说主战装备只是大系统中的一个较为关键的环节而已。

正如前面所述，R* 机型和 B* 机型在挂载同一代空对空导弹情况下，综合作战效能难分伯仲，但如果综合考虑其他一些因素，如战机性能优势、信息系统支持、后勤保障能力，R* 机型在与 B* 机型超视距对抗中不仅优势不明显，甚至还可能具有一定程度的劣势。

首先，影响超视距作战的关键因素是预警探测能力，B* 机型在蓝方“XX 防空系统”，特别是预警机的支援下大大增强了空中防卫侦察能力，使 B* 机型得到更多的预警时间，这就意味着 B* 机型在“先敌发现、先敌锁定、先敌攻击”的能力上具有一定优势，这对 R* 机型的生存是十分不利的。

其次，在超视距空战中起关键作用的飞机性能指标，如航电系统、火控系统、武器系统能力方面 R* 机型相对 B* 机型并不具备明显的优势，甚至还稍有劣势，在很大程度上决定空战结果的中程空对空导弹性能方面，RD* 的综合性能也略逊于 BD*。

最后，B* 机型经过大量实战检验和不断升级换代，其后勤保障系统、战机可靠性、战法运用上都趋于成熟，这是 R* 机型目前所不具备的。

所以，在蓝方指挥控制信息系统和 B* 机型战机初期得到有效保存情况下，R* 机型在超视距空战阶段很可能难以达到以较短的时间和较小的代价来压制和毁伤 B* 机型，并进而夺取一定时空范围内制空权的目的。

2. 将某特种无人机改造为 W* 的可行性分析

在空中联合编队对抗 B* 机型的战法研究中，W* 改造的可行性成为至关重要的问题。下面从经济、技术、效果三个方面就将某特种无人机改造为 W* 的可行性进行分析。

- 经济上，首先，从红方已有的无人机改装经验来看，某特种无人机的改装成本较低，维护方便；其次，大量改装现有装备虽有一定工作量，但比起从头研制一种高性能的新型武器装备而言却是简单可行的；最后，改造并利用现有武器装备，使其重新发挥作战效能，本身就是一件很经济节约的行为。
- 技术上，假设红方在无人机研究领域突飞猛进，已在小型无人机上成功应用了遥控设备、遥测设备、定位设备、自动驾驶设备等，研制成功了多款无人机，如无人靶机系列、高空高速无人侦察机、通用型无人机、无人侦察机系列等，开发出数十种靶机和侦察型无人机。另外，通过对自动驾驶仪下达若干简单指令以较小负担达到控制无人机的目的是可行的。
- 效果上，首先，某特种无人机作为空对空导弹的靶机可以模仿各种飞机的电子特征并可以做机动飞行，特别是对于增强了雷达特征的 W* 对于诱导欺骗空对空导弹，保护红方空中联合编队主战飞机的生存率，提高 B* 机型对 R* 机型的交换比都是十分有利的。其次，使用 W* 改装的性价比较高，其改造后的总价值仍远远低于蓝方一枚中程空对空导弹的价值，这样的交换无论是从装备价值角度，还是从降低导弹毁伤高价值战机可能性角度考虑都是值得的。

16.5.3 需要进一步分析取值及其变化范围的参数

1. 部分武器性能参数的典型值及其取值范围估计

1）R* 机型与 B* 机型战机性能对比分析

R* 机型与 B* 机型是本书涉及的两种主力战机，下面就两者各自特点和综合性能进行假设并作对比分析，列举出两种主力战机的部分性能参数。

R* 机型是红方最新研制的三代轻型战斗机。B* 机型则是三代战斗机中比较成熟的机型，经过不断升级改造已经衍生出很多型号，蓝方的 B* 机型是某国在 B* 机型的基础上改装而成的。

从气动布局上看，R* 机型具有优良的超音速性能、亚跨音速瞬间盘旋性能、亚跨音速稳定盘旋性能，R* 机型较高的推重比还保证了飞机具有优良的爬升性能，机动性能比较全面。而 B* 机型则基本放弃了超音速性能，主要突出亚音速稳定盘旋性能，有比较好的瞬间盘旋性能。R* 机型的机动性比 B* 机型更为全面。

从航电系统上看，R* 机型与 B* 机型结构上应属于同一代产品。B* 机型改进的也是电子设备，改装了雷达，使用新的模块化计算机等，使 B* 机型不低于 R* 机型的水平，部分电子设备还要更先进些。

从武器系统上看，R* 机型与 B* 机型都装备了先进的第四代主动雷达制导的中程空对空导弹，都具备较强的超视距空战能力。

R* 机型在研制过程中的各项技术标准都是立足于赶超蓝方空军 B* 机型战斗机的。经过综合评估，R* 机型战斗机在机动性、发动机推力方面已经领先 B* 机型战斗机，但在航电系统、火控系统、武器系统性能方面与蓝方 B* 机型战机相比不占优势。

2）BD* 与 RD* 基本性能估计

BD* 与 RD* 同属世界上最先进的第四代主动雷达制导的中程空对空导弹，其表现受很多因素的影响，如导弹自身的推进系统、制导系统、控制系统以及载机速度、目标速度、导弹发射时的进入角等。

导弹有效发射距离是本书首先要明确的问题。中程导弹一般在拥有较大目标杀伤概率的“不可逃逸攻击区①”发射。综合考虑前面提到的影响空对空导弹作战性能的因素，典型情况下认为 BD* 与 RD* 的有效发射距离定义为载机飞行高度 10～13km、速度均为 1.2～1.5 马赫，相对飞行（迎头攻击是所有射程在中程以上导弹的普遍模式）情况下导弹“不可逃逸攻击区”的上界距离值。

RD* 导弹总设计师认为：RD* 对 B* 机型这类目标的“不可逃逸攻击区”大约为载机前方 35～45km 范围内，而 BD* 射程略好于 RD*（综合性能和使用灵活性也略好于 RD*）。所以典型情况下，RD* 有效发射距离取为 45km，BD* 有效发射距离取为 50km。

3）雷达分辨率估计

雷达分辨率单元由雷达的距离分辨率、方位分辨率和仰角分辨率所决定。蓝方的预警机雷达的分辨率单元、B* 机型机载雷达的分辨率单元以及 BD* 弹载雷达的分辨率单元对空中联合编队对抗 B* 机型的作战效果有较大影响。下面将分别分析这三种雷达的分辨率单元大小。

郦能敬教授在文献《对空情报雷达的测量精度分析》[7] 中对空情雷达的测量精度进行了详尽的分析，其主要结论有：对空情报雷达的测距精度在 10m 级到 100m 级上，典型情况下测距精度为 64m，对空情报雷达的仰角测量精度为 2 毫弧度（0.11°）左右。在本案例中取预警机预警雷达的仰角分辨率为 0.1°。该文献的分析表明同一雷达的仰角误差和方位角误差比较接近，所以，在本案例中预警机的方位角分辨率也取为 0.1°。根据该文献的分析结果对预警机雷达分辨率估计如下：雷达脉冲宽度 $\tau=0.4\mu s$，方位角分辨率 0.1°，仰角分辨率 0.1°。

由于重量、体积、能源等方面的制约，一般而言战斗机上的机载雷达的性能比预警机雷达的性能差很多，所以，可以肯定的是战斗机机载雷达的性能不会优于如下估计：雷达脉冲宽度 $\tau=0.45\mu s$，方位误差 0.3°，仰角误差 0.3°。在这种参数估计下，机载雷达都无法识别空中联合编队中相互距离不超过 45m 的三个目标，而 B* 机型机载雷达的

---

① 不可逃逸攻击区：每种导弹都有发射包线，进入到发射包线以内，就可以发射导弹了，但这时并不一定命中。为了给飞行员一个清晰的关于发射机会和命中概率的判断，空对空导弹设计中采用“不可逃逸攻击区”的概念。当载机发现并锁定目标之后，其平视显示器上会出现一个以本机为中心的区域，等敌机进入这个区域后再发射导弹，即便按照敌机的最大飞行性能推算，也不可能逃脱，这就是“不可逃逸攻击区”。在‘不可逃逸攻击区’发射空对空导弹影响命中概率的因素主要为：导弹自身可靠性以及电子对抗的影响。

实际性能应该劣于上述性能估计，所以，B* 机型机载雷达在距目标 30km 时应该无法识别出空中联合编队由三个目标组成。

和巡航导弹相比，中程空对空导弹和目标之间的相对速度很大、末制导雷达在导弹中所占的比重更小、末制导雷达搜索范围更广，所以中程空对空导弹末制导雷达分辨率单元应该大于巡航导弹末制导雷达的分辨率单元，巡航导弹末制导雷达的脉冲宽度为 0.5μs，方位分辨率为 0.5°，仰角分辨率为 0.5°。参考巡航导弹的参数，中程空对空导弹的末制导雷达分辨率参数取如下值：脉冲宽度为 0.5μs，方位分辨率为 0.5°，仰角分辨率为 0.5°。实际上中程空对空导弹的分辨率性能低于上述估计，这种情况下更加有利于红方空中联合编队形成质心式干扰，更加有利于空中联合编队发挥无人机的掩护作用。

预警机和空中联合编队之间的距离在 300km 以上，在 300km 时预警机雷达的分辨率单元在 X 轴、Y 轴和 Z 轴上的参考值分别为 60m、523.60m、523.60m。中程空对空导弹作战距离在 30～50km，B* 机型和目标之间的距离为 30km 时，机载雷达的分辨率单元在 X 轴、Y 轴和 Z 轴上的参考值分别为 67.5m、157.08m、157.08m。中程空对空导弹末制导雷达开机时的末制导雷达分辨率单元在 X 轴、Y 轴和 Z 轴上的参考值分别为 75m、174.53m、174.53m。

总体而言，预警机雷达、战斗机机载雷达和中程空对空导弹弹载雷达分辨率参数估计如表 16.1 所示。

表 16.1　预警机雷达、战斗机机载雷达和中程空对空导弹弹载雷达分辨率估计表

雷达 / 分辨率	预警机雷达	战斗机机载雷达	中程导弹弹载雷达
距离分辨率	60m	67.5m	75m
方位分辨率	0.1°	0.3°	0.5°
仰角分辨率	0.1°	0.3°	0.5°
分辨率单元大小（单位：m）	60×523.60×523.60（300km 时）	60×157.08×157（30km 时）	60×174.53×175.53（20km 时）

2. 空中联合编队与 B* 机型对抗过程中部分参数的典型值及取值范围估计

1）BD*、RD* 对抗电子干扰能力

空中联合编队对抗 B* 机型的作战过程中，空中联合编队对抗 BD* 导弹的电子干扰方式和 B* 机型对抗 RD* 导弹的电子干扰方式最大的不同在于：空中联合编队对抗 B* 机型过程中可采用以无人机为载体的冲淡式电子干扰方式，而 B* 机型对抗 RD* 导弹的过程中可以采用以箔条弹为载体的冲淡式电子干扰方式。

以箔条弹为载体的冲淡式干扰，由于箔条云的速度、雷达反射特征和真实目标的速度和雷达反射特征有质的区别，而且中程空对空导弹末制导雷达具有对目标的测速能力，所以，中程空对空导弹的末制导雷达能够以较大的概率区分真假目标。

综合上述因素考虑，本节估计飞机对中程空对空导弹进行电子干扰（箔条弹冲淡式干扰）成功的概率 p_{be} 的取值范围为 0.05～0.2，典型值取为 0.1。

其他电子干扰方式的干扰效果，在本案例中没有进一步详尽分析，主要是因为双方其他电子干扰方式在干扰机理上没有区别，干扰效果不大且没有本质性的差距，所以对双方交换比对比效果的影响比较小。因此，本案例中主要考虑冲淡式电子干扰，其他电子干扰方式的干扰效果不作进一步的定量分析。

2）与冲淡式及质心式干扰效果计算相关的参数估计

(1）与冲淡式干扰效果计算相关的参数估计

冲淡式干扰的效果取决于弹载末制导雷达的探测范围、弹载雷达与目标之间的相对误差以及 BD* 导弹末制导系统的智能。与弹载末制导雷达探测范围相关参数有：末制导雷达的纵向搜索距离 a 和末制导雷达扫描偏角；与弹载雷达与目标之间的相对误差相关的参数有：X 轴上的均方差 σ_x、Y 轴和 Z 轴上的均方差 σ_y 和 σ_z 以及 BD* 导弹末制导系统的智能系数 λ。下面将分析上述 5 个参数的取值。

• 末制导雷达的纵向搜索距离 a，由于中程空对空导弹搜索的是高速机动目标，所以和巡航导弹相比，中程空对空导弹的末制导雷达的搜索范围应该大很多，一般巡航导弹末制导雷达的纵向搜索距离在 3～4km，所以，在本案例中假定中程空对空导弹末制导雷达的纵向搜索距离为 6km；

• 末制导雷达扫描偏角决定了末制导雷达在横向和侧向（Y 轴和 Z 轴上）的搜索范围大小，一般中程空对空导弹末制导雷达扫描偏角在 30°左右，在本案例之中中程空对空导弹末制导雷达的扫描偏角取为±30°；

• 弹载雷达与目标的相对位置的均方差（σ_x，σ_y 与 σ_z）直接来源于载机与导弹以及载机与目标相对位置的测量精度。由于目标和弹载雷达的位置关系可以由载机对目标位置关系以及载机对导弹的位置关系表示，而弹载雷达和目标的位置关系最终还表示为弹载雷达与目标之间距离以及方向偏角（偏角误差由机载雷达的测量精度确定），在末制导阶段弹载雷达和目标之间的相对距离 l_0 取为 20km，为简单起见可以假定 $\sigma_x=\sigma_y=\sigma_z=l_0/100=200\text{m}$，这意味着弹载雷达和目标在三维方向的误差在 400m 之外的概率小于 0.05，也就是说，弹载雷达和目标在三维方向的误差估计为 400m 左右，该误差大于机载雷达在 30km 时的分辨率单元在 Y 轴和 Z 轴上取值（157m）。实际上，在 16.6 节关于作战效果的分析中，发现即使 σ_x、σ_y、σ_z 增加到 400m 也不影响冲淡式干扰的效果，主要是因为弹载雷达的搜索范围比较大；

• 导弹末制导雷达的智能系数 λ 可以表示为 $\lambda=1-p_s$，反映了末制导雷达区分主战飞机和无人机的能力。其中，p_s 表示把无人机当做主战飞机的概率，p_s 取值范围为 0～0.95（导弹的智能系数从 1 到 0.05），典型值取为 0.5。p_s 最为可能的取值范围为 0.2～0.7。p_s 的典型值之所以取 0.5 是因为：某特种无人机改装的无人机的雷达反射特征是一架真实飞机的雷达反射特征，不是电子干扰物（箔条弹、角反射器等），对威胁目标的漏判将给己方带来致命威胁，所以导弹选择攻击目标的决策规则会倾向于把高相似性的目标当做真目标进行处理。此外，红方可以对 R* 机型和 W* 采取一些相互伪装的措施，使得蓝方导弹末制导系统更加难于分辨 R* 机型和

W^*。实际情况中，p_s 的取值可能会大于 0.5，这种情况下将更加有利于提高空中联合编队的作战效果。

(2) 与质心式干扰效果计算相关的参数估计

质心式干扰的效果主要取决于弹载末制导雷达分辨率单元的大小、一架主战飞机和一架无人机密集飞行时相对位置的控制误差以及蓝方导弹末制导系统的智能水平。关于弹载末制导雷达分辨率单元的估计前面分析过，蓝方导弹末制导系统的智能水平也已经分析过，在此不再赘述，这里只分析主战飞机和无人机密集飞行时相对位置的控制误差。

假定飞机三个方向上的飞行控制误差服从正态分布，对应的均方差为 σ_{xc}、σ_{yc} 和 σ_{zc}。空中加油过程中加油机和受油机之间距离的变化可以控制在 5m 以内，考虑到无人机控制自动驾驶系统的系统误差，主战飞机和无人机之间距离的变化会有所增大。如果均方差取为 15m，则主战飞机和无人机之间的距离变化超过 30m 的概率不大于 0.05。所以，本次战争设计工程案例中假定均方差 σ_{xc}、σ_{yc} 和 σ_{zc} 为 15m，如果这三项均方差都不到 15m，则质心式干扰效果将会更好，对红方更为有利。

3) R^* 机型机动规避 BD^*，B^* 机型机动规避 RD^* 的概率

战机通过机动成功规避空对空导弹的概率，不仅与战机的机动性能、战机规避的时机、规避动作的合理性、飞行员接敌的意志等有关，还与导弹载机为其不断提供目标信息的能力以及空对空导弹跟踪锁定目标时的状态有关。

空对空导弹在“不可逃逸攻击区”发射时，目标战机要想仅通过机动逃过空对空导弹的致命一击是比较困难的。但在对方导弹的可靠性制约下，以及载机常规电子干扰的支持下，结合战机合理有效的机动，将有一定可能成功规避空对空导弹的锁定攻击。所以，即便仅采用空对空导弹“不可逃逸攻击区”的上界作为其有效发射距离，飞机仍然有一定的概率成功机动规避导弹的攻击。

综合多方面因素考虑，给出典型估计值及其范围：在 50km 范围之内发射的 RD^* 中程空对空导弹，B^* 机型机动摆脱 RD^* 导弹的概率为 p_{mf}，p_{mf} 的取值范围为 0.1～0.4，典型取值为 0.3；在 50km 范围之内发射的 BD^* 中程空对空导弹，R^* 机型机动摆脱 BD^* 导弹的概率为 p_{mj}，p_{mj} 的取值范围为 0.1～0.3，典型值取为 0.2。

p_{mf} 的典型取值（0.3）之所以比 p_{mj} 的典型取值（0.2）高是因为以下原因：①BD^* 导弹性能比 RD^* 导弹的性能高一些，包括最大过载、有效攻击距离、抗干扰性能和成熟性等，所以躲避 BD^* 导弹比躲避 RD^* 导弹困难一些；②在 B^* 机型与 R^* 机型对抗过程中，B^* 机型比 R^* 机型更早完成末制导，所以 B^* 机型机动规避时间更加充分一些（作战过程的详细分析可以参考 16.6 节）；③这种取值对于本案例的结论更为严峻，如果 $p_{mf}<p_{mj}$，则结果会更好。虽然 R^* 机型的机动性能比 B^* 机型稍好一些，但由于上述三个因素，综合考虑诸多因素之后，假定 p_{mf} 比 p_{mj} 稍大。

4) B^* 机型被 RD^*、R^* 机型被 BD^* 击中后被击毁的概率

从理论上讲，一旦具备了先进中程导弹引信引爆的条件，目标在导弹战斗部杀伤半径内难逃厄运。BD^* 战斗部为高能炸药及定向预制破片，RD^* 的战斗部为高效能杆式杀伤战斗部，两者对大小目标均有良好的毁伤效果，但是实际作战过程中被攻击目标可

能对引信采取电子干扰，所以即使命中也无法做到 100%的击毁目标。考虑到以上原因，本节假设中程空对空导弹命中后被击毁的概率为 p_d，p_d 的取值范围为 0.95～1，典型取值为 0.99。实际上，在中程空对空导弹作战过程中，p_d 的取值变化不会严重影响 B* 机型对 R* 机型的交换比。

5）R* 机型和 B* 机型 1VS1 近程空战中参数估计

由于空战双方都具备了较强的超视距空战能力，所以在空战初期双方都急于首先运用中程空对空导弹达到毁伤对方的目的，交战双方的首轮中程导弹交战阶段很大程度上就决定了双方的胜负，战机大规模近程格斗的可能性便大大降低。因而对近程空战进行简化处理，认为在 1VS1 近程空战中，谁先成功锁定目标并发射空对空导弹就意味着能够击毁对方。

综合以上因素考虑，本节假定双方先锁定对方的概率为 p_{fj} 和 p_{jf}，p_{fj} 表示近程空战中 B* 机型先锁定 R* 机型的概率，p_{jf} 表示近程空战中 R* 机型先锁定 B* 机型的概率，并且有 $p_{jf}+p_{fj}=1$。p_{fj} 和 p_{jf} 与诸多因素有关，包括飞机的机动性能、飞行员的水平、双方进入夹角等，典型情况下，$p_{jf}=p_{fj}=0.5$，p_{jf} 的取值范围为 0.3～0.7，相应的，p_{fj} 的取值范围为 0.7～0.3。

6）R* 机型与 B* 机型 2VS1 近程空战中参数估计

近程空战格斗 R* 机型与 B* 机型 2VS1 情况下，如果一架 R* 机型战机首先被 B* 机型锁定（典型情况认为红方两架飞机会在近战格斗中呈分离队形从不同方向包抄 B* 机型战机，以防被同时锁定攻击，也保证了各自的作战灵活性），R* 机型得到告警后会进行机动以摆脱 B* 机型锁定，B* 机型为了稳定跟踪锁定 R* 机型一段时间以满足近程空对空导弹的准备时间和发射条件，需要跟随 R* 机型做类似的机动飞行，这就大大限制 B* 机型的机动灵活性，特别是两架 R* 机型飞机在战术配合情况下，后一架 R* 机型便有较高的概率能够跟踪锁定 B* 机型战机，正所谓“螳螂捕蝉，黄雀在后”。R* 机型与 B* 机型 1VS2 的情况亦然。

综合以上分析，如果近程格斗中两架 R* 机型对抗一架 B* 机型，当 B* 机型先锁定 R* 机型后，红方另一架 R* 机型锁定 B* 机型的概率为 P_{jfj}。同样在近程格斗中一架 R* 机型对抗两架 B* 机型情况下，蓝方另一架 B* 机型锁定 R* 机型的概率为 p_{fjf}。认为 $p_{jfj}=p_{fjf}$，且 p_{jfj}、p_{fjf} 的变化范围为 0.7～0.9，选取典型值为 0.8。近程空战 R* 机型与 B* 机型锁定目标发射空对空导弹后击毁目标的概率都为 1。

16.5.4　小结

以上是空中联合编队对抗 B* 机型研究中对涉及的重要参数的典型取值（及其范围）的估计，同时论证了若干关键性定性结论。由于开始提到参数估计难度很大，在现有的条件下本案例的研究很难使参数估计结果十分准确，但通过大量工作基本能保证参数估计具有相当程度的准确性。并且由于灵敏度分析的支持，有关参数在一定范围内变化不会引起结论的本质变化。如果能有更多相关军事专家和装备专家等领域专家的参与，参数估计将会得到准确性更高的结果。

16.6 空中联合编队作战效果分析

在空中联合编队对抗 B^* 机型的典型作战模式（16.4 节）和关键性参数估计（16.5 节）的基础上，本节主要分析空中联合编队（一架 R^* 机和两架无人机 W^*，W^* 由某特种无人机改造而成）对一架 B^* 机型作战效果分析，简称空中联合编队与 B^* 机型间 1VS1 的作战效果分析。空中联合编队与 B^* 机型间 1VS1 作战效果是小编队作战效果分析的基础，也是大规模机群作战分析的基础。

16.6.1 空中联合编队与 B^* 机型间 1VS1 的典型作战过程

蓝方 B^* 机型在蓝方预警机支持下采用无线电静默的方式进入作战区域，R^* 机型在红方预警机的支持下采用无线电静默的方式进入作战区域。虽然双方都有预警机的支持，但是，一方面由于红方预警机性能和蓝方预警机性能相比略为逊色，另一方面由于作战区域接近蓝方空域，有利于蓝方预警系统性能的发挥，所以可以假定在双方接敌过程中，B^* 机型先于 R^* 机型占位，并且抢先发射中程空对空导弹。

根据 16.4 节中设计的空中联合编队与 B^* 机型的典型作战模式，空中联合编队与 B^* 机型间 1VS1 的典型作战过程如下：

（1）蓝方预警机发现红方飞机起飞；

（2）蓝方 B^* 机型升空到蓝方地面防空导弹火力圈外沿；

（3）红方飞机空中联合编队与 B^* 机型之间的距离达到 85km，R^* 机型机载雷达开机开始搜索目标，B^* 机型机载雷达开机发现 R^* 机型，并开始机动占位。B^* 机型开启机载雷达并开始机动占位，这就意味着 B^* 机型无法再保持规避雷达探测的飞行状态，R^* 机型机载雷达会在很短时间（假设为 2～5s，一个扫描周期的时间）内发现 B^* 机型；

（4）B^* 机型完成占位，此时 B^* 机型和 R^* 机型相距 80km；

（5）R^* 机型机载雷达发现目标，并开始机动占位，此时 B^* 机型和 R^* 机型相距 80km；

（6）R^* 机型完成占位，此时 B^* 机型和 R^* 机型相距 60km，R^* 机型占位所消耗的时间为 $20000/[340\times(0.9+0.9)]=32.68s$；

（7）B^* 机型跟踪目标，B^* 机型进入超音速飞行状态，平均飞行速度为 1.5 马赫（未细分加速、匀速以及减速飞行过程），进行导弹发射准备，此时 B^* 机型和 R^* 机型相距 60km；

（8）R^* 机型占位完成后跟踪目标，进入超音速飞行状态，平均飞行速度为 1.5 马赫（未细分加速、匀速以及减速飞行过程），进行导弹发射准备，此时 R^* 机型和 B^* 机型相距 55km；

（9）B^* 机型发射一枚 BD^* 型中程空对空导弹，此时 B^* 机型和 R^* 机型相距 50km，此时刻记为 $t_0=0$，此时 B^* 机型的飞行速度为 1.5 马赫，B^* 机型从进入开机跟踪起到导弹发射准备状态（第 7 步所描述的状态）超音速飞行时间为 $5000/[340\times(1.5+0.9)]+5000/[340\times(1.5+1.5)]=11.03s$；

(10) t_0 时刻之后，B^* 机型高亚音速巡航（0.9 马赫）对 BD^* 导弹进行中制导，BD^* 中制导阶段的平均飞行速度为 2.5 马赫；

(11) R^* 机型发射一枚 RD^* 中程空对空导弹，此时 R^* 机型的飞行速度为 1.5 马赫，R^* 机型和 B^* 机型相距 45km。此时刻记为 $t_1 = 5000/[340\times(0.9+1.5)] = 6.13s$，$R^*$ 机型超音速飞行时间为 $5000/[340\times(1.5+0.9)] + 5000/[340\times(1.5+1.5)] = 11.03s$；

(12) t_1 时刻之后，R^* 机型开始亚音速巡航（0.9 马赫）对 RD^* 导弹进行中制导，RD^* 中制导阶段的平均飞行速度为 2.5 马赫；

(13) BD^* 导弹进入末制导（BD^* 导弹的末制导距离为 20km），B^* 机型开始进行规避导弹的机动，此时刻记为 $t_2 = t_1 + [50000-(2.5+1.5)\times 340t_1 - 20000]/[(2.5+0.9)\times 340] = 24.87s$，$t_2$ 时刻 B^* 机型和 R^* 机型之间的距离为 $l_{fj2} = 45000-(0.9+0.9)\times 340\times(t_2-t_1) = 33.53km$，$RD^*$ 和 B^* 机型之间的距离为 $l_{fd2} = 45000-(2.5+0.9)\times 340\times(t_2-t_1) = 23.34km$，从这个时刻以后 B^* 机型不再与 RD^* 相向飞行，而是接近机动，RD^* 和 B^* 机型之间的相对速度为 2 马赫；

(14) 在 t_2 时刻，空中联合编队形成疏散队形，以无人机为载体进行冲淡式干扰；

(15) RD^* 导弹进入末制导阶段，此时刻为 $t_3 = t_2 + (l_{fd2} - 20000)/(2\times 340) = 29.78s$，此时 R^* 机型和 B^* 机型之间的距离为 $l_{fj3} = l_{fj2} - (0.9-0.5)\times 340\times(t_3-t_2) = 32.86km$（这里假定 B^* 机型在从 t_2 到 t_3 时（4.91s），在相对速度方向投影以平均 0.5 马赫的速度反方向机动），R^* 机型和 BD^* 的距离 $l_{ja3} = 20000-(2.5+0.9)\times 340\times(t_3-t_2) = 14.33km$；

(16) 在 t_3 时刻，B^* 机型对 RD^* 导弹的末制导雷达实施以箔条云为载体的冲淡式干扰；

(17) 在 t_3 时刻，如果 BD^* 跟踪无人机，则 R^* 机型机动占位准备近程格斗，如果 BD^* 跟踪 R^* 机型，则 R^* 机型指挥一架无人机突前，并且隐藏在该无人机之后形成防御性密集队形；

(18) 空中联合编队形成防御性密集队形，此时刻为 $t_4 = t_3 + 4 = 33.78s$；

(19) R^* 机型运用无人机摆脱 BD^*，或者 R^* 机型被 BD^* 命中。

值得注意的是，上述作战过程的分析，可能和实际的作战过程有所出入，尤其是双方发射导弹之前作战行动系列。但由于 BD^* 要求在 50km 之内发射，RD^* 要求在 45km 之内发射，所以导弹发射之前作战行动的细微变化不会影响整个作战行动的合理性以及最后的作战效果。

作战过程的状态演变可以表示为图 16.6。

整体作战过程的描述符合双方飞机的机动性能大体相当、机载中程空对空导弹性能大体相当并且蓝方略优于红方、蓝方信息系统相比于红方信息系统略占优势的情况。至于具体数值只是一种假定的结果，并无绝对意义。

作战过程流如图 16.7 所示。

在图 16.7 中，中间虚线为时间线，从上到下表示时间不断增加，时间线上的时间表示相对应事件发生的时间点。

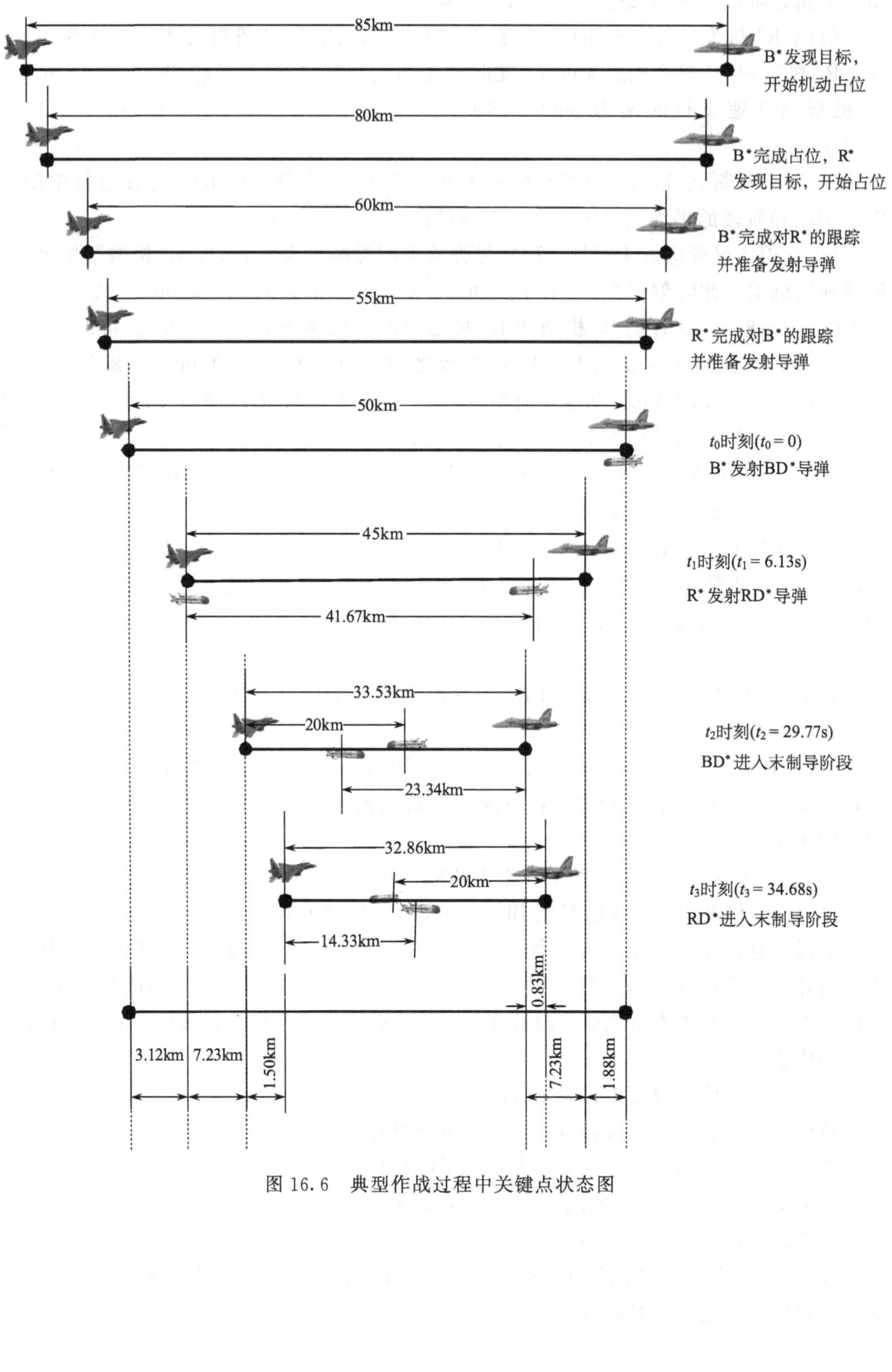

图 16.6 典型作战过程中关键点状态图

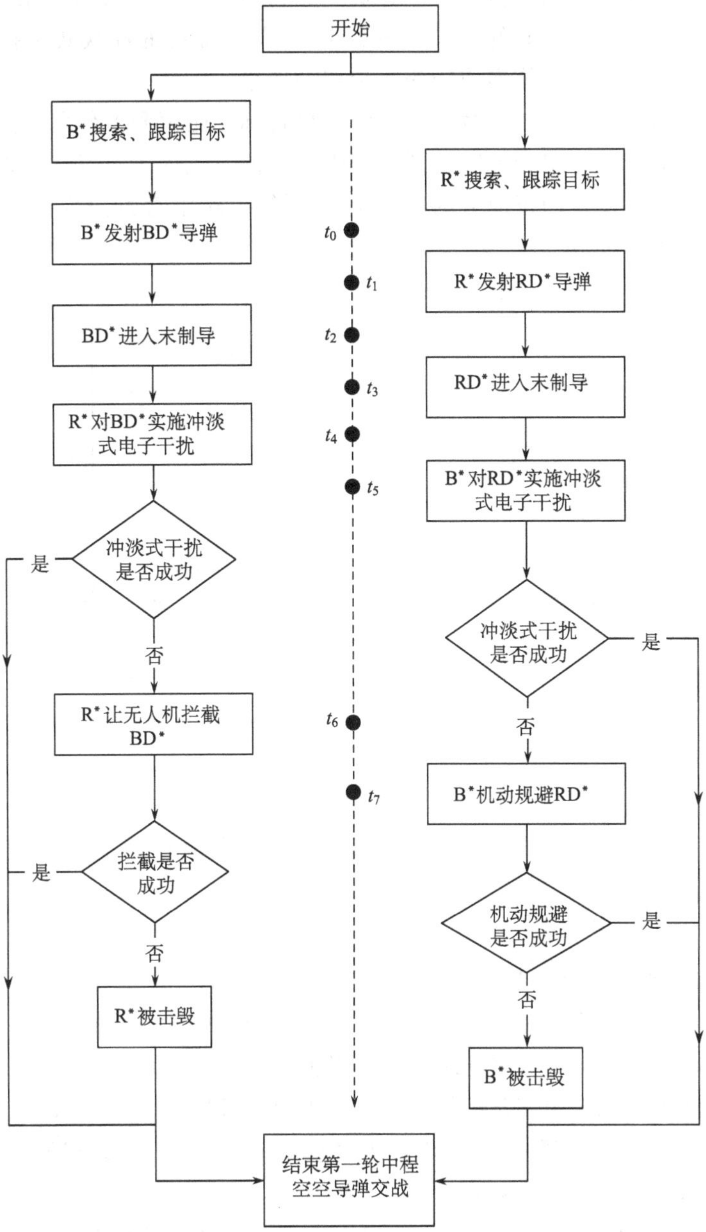

图 16.7　空中联合编队与 B* 机型间的 1VS1 中程空对空导弹作战流程图

16.6.2　1VS1 作战过程各环节建模

1. 以无人机为载体的冲淡式干扰模型

中程空对空导弹在作战环节中引入了末制导雷达开机搜索目标这一环节，末制导雷达开机搜索环节的引入使得实施冲淡式干扰成为可能，而且以 W* 为载体实施冲淡式干扰，中程空对空导弹的末制导雷达很难分辨真假目标，所以，以 W* 为载体实施冲淡式干扰不仅可行，而且具有良好的效果。根据 16.4 节中提出的冲淡式干扰活动过程，下面将定量分析以无人机为载体实施冲淡式干扰的效果。

中制导和末制导交接班时，载机为导弹提供目标的距离和方位角。为了能够最大限度捕获目标，一般而言，末制导雷达开机搜索的正前方应该正对目标。以导弹质心为原点，末制导雷达开机搜索的正前方为 X 轴，末制导雷达垂直方向为 Y 轴，Z 轴由右手定则确定，如图 16.8 所示。

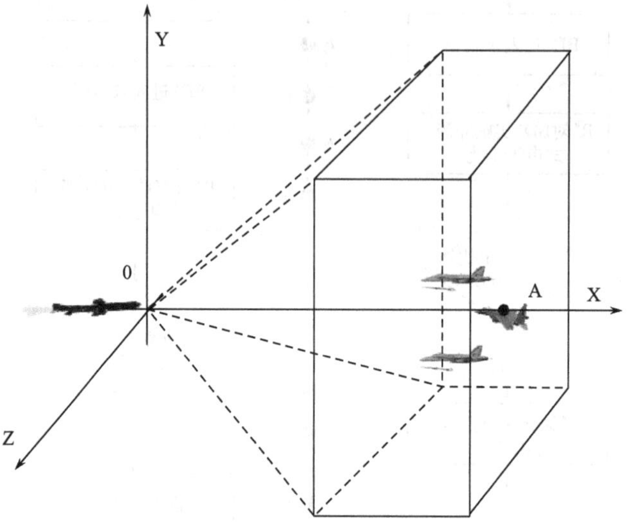

图 16.8 空对空导弹的末制导雷达搜索区域图

根据图 16.8，导弹位置为（0，0，0），主战飞机的位置为（x_m，y_m，z_m），其中，x_m，y_m，z_m 都服从正态分布，即

$$x_m \sim N(l_0,\sigma_x^2),\quad y_m \sim N(0,\sigma_y^2),\quad z_m \sim N(0,\sigma_z^2)$$

l_0 表示载机对导弹与目标之间距离的测量值。

主战飞机和无人机采用三角配置方式，主战飞机和无人机的位置关系图如图 16.9 所示。根据图 16.9，无人机（1）的位置为（x_m-j，y_m-h，z_m-k），无人机（2）的位置为（x_m-j，y_m-h，z_m+k）。

雷达的纵向（X 轴）搜索距离 a，其中心是 A 点（即载机经过测量所确定的目标所在的位置），雷达垂直方向（Y 轴）搜索距离与侧向（Z 轴）搜索距离和末制导雷达扫描偏角有关，假定雷达扫描偏角为 30°，则横向和侧向搜索距离 b 范围为 $2l_0\tan(\pi/6)$ m。这种情况下导弹开机搜索区域近似于一个长方体，即由下式所确定的长方体空间 Ω，Ω 可以表示为

$$\Omega=\{(x,y,z)\mid l_0-0.5a\leqslant x\leqslant l_0+0.5a,-0.5b\leqslant y\leqslant 0.5b,-0.5b\leqslant z\leqslant 0.5b\}$$

根据 16.5 节中的参数估计，σ_x、σ_y 和 σ_z 取决于导弹和目标之间的偏角测量误差以及距离，取 $\sigma_x=\sigma_y=\sigma_z=l_0/100$。

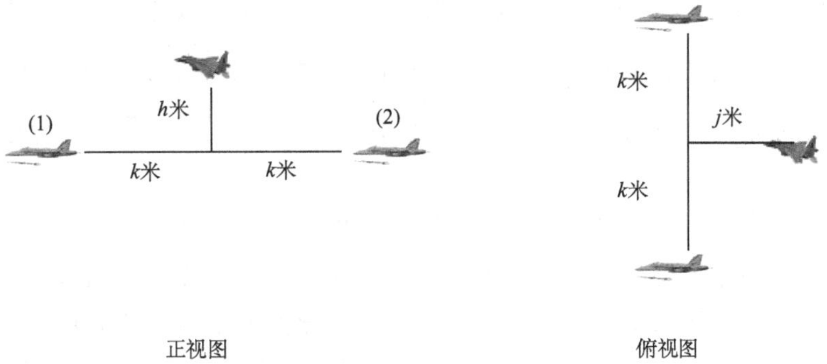

图 16.9　主战飞机和无人机编队位置关系图

在图 16.8 中，主战飞机的概率密度函数 $f_0(x,y,z)$ 为

$$f_0(x,y,z)=\frac{1}{\sqrt{2\pi}\sigma_x}\exp\left(-\frac{(x-l_0)^2}{2\sigma_x^2}\right)\times\frac{1}{\sqrt{2\pi}\sigma_y}\exp\left(-\frac{y^2}{2\sigma_y^2}\right)\times\frac{1}{\sqrt{2\pi}\sigma_z}\exp\left(-\frac{z^2}{2\sigma_z^2}\right)$$

则目标在搜索区域中的概率 p_0 可以表示为

$$p_0=\iiint_\Omega f_0(x,y,z)\mathrm{d}x\mathrm{d}y\mathrm{d}z$$

$$=\int_{l_0-0.5a}^{l_0+0.5a}\frac{1}{\sqrt{2\pi}\sigma_x}\exp\left(-\frac{(x-l_0)^2}{2\sigma_x^2}\right)\mathrm{d}x\int_{-0.5b}^{0.5b}\frac{1}{\sqrt{2\pi}\sigma_y}\exp\left(-\frac{y^2}{2\sigma_y^2}\right)\mathrm{d}y\int_{-0.5b}^{0.5b}\frac{1}{\sqrt{2\pi}\sigma_z}\exp\left(-\frac{z^2}{2\sigma_z^2}\right)\mathrm{d}z$$

无人机（1）的概率密度函数 $f_1(x,y,z)$ 为

$$f_1(x,y,z)=\frac{1}{\sqrt{2\pi}\sigma_x}\exp\left[-\frac{(x-l_0-j)^2}{2\sigma_x^2}\right]\times\frac{1}{\sqrt{2\pi}\sigma_y}\exp\left[-\frac{(y-h)^2}{2\sigma_y^2}\right]\times\frac{1}{\sqrt{2\pi}\sigma_z}\exp\left[-\frac{(z-k)^2}{2\sigma_z^2}\right]$$

则无人机（1）在搜索区域中的概率 p_1 可以表示为

$$p_1=\iiint_\Omega f_1(x,y,z)\mathrm{d}x\mathrm{d}y\mathrm{d}z$$

同理，无人机（2）的概率密度函数 $f_2(x,y,z)$ 为

$$f_2(x,y,z)=\frac{1}{\sqrt{2\pi}\sigma_x}\exp\left[-\frac{(x-l_0-j)^2}{2\sigma_x^2}\right]\times\frac{1}{\sqrt{2\pi}\sigma_y}\exp\left[-\frac{(y-h)^2}{2\sigma_y^2}\right]\times\frac{1}{\sqrt{2\pi}\sigma_z}\exp\left[-\frac{(z+k)^2}{2\sigma_z^2}\right]$$

则无人机（2）在搜索区域中的概率 p_2 可以表示为

$$p_2=\iiint_\Omega f_2(x,y,z)\mathrm{d}x\mathrm{d}y\mathrm{d}z$$

雷达分辨率单元，在纵向（X 轴）上的长度为$\frac{1}{2}c\tau$，在横向（Z 轴）上的长度为

$\frac{1}{2}R\theta_{0.5}$，在侧向（Y 轴）上的长度$\frac{1}{2}R\theta$。当 $l_0=20000$m 时，按照 16.5 节对弹载雷达的分辨率的估计，可以计算获得对中程空对空导弹末制导雷达分辨率在 X 轴、Y 轴和 Z 轴上的参考值分别为：$0.5\times3\times10^8\times0.5\times10^{-6}=75$，$0.5\times\frac{2\pi}{360}l_0=174.53$ 和$0.5\times\frac{2\pi}{360}l_0=174.53$。取 $h=100$m，$j=200$m，$k=200$m，$a=6000$。

BD* 导弹末制导系统把假目标（W*）当作真目标（当作攻击目标）的概率 p_s 反映了末制导雷达的智能水平，$\lambda(\lambda=1-p_s)$ 是 BD* 导弹末制导系统的智能系数，λ 表示 BD* 导弹末制导系统把 W* 当假目标的概率。导弹末制导雷达在发现多个目标之后，一般会选择获取能量较大的目标进行真假属性的判断，并确定是否对其攻击。所以在典型作战过程中，假定双方导弹的末制导雷达都首先选择能量大的目标进行真假属性的判断，且两个无人机都采用增加雷达反射面积措施，使得无人机的雷达反射面积大于主战飞机的雷达反射面积。

在以上的假设情况下，在以下三种情况末制导雷达可能选择 R* 机型主战飞机：①2架 W* 和 R* 机型都在雷达搜索区域，BD* 末制导系统首先选择能量最大的目标（无人机 W*）进行目标真假属性的判断，如果该目标为真目标则攻击该目标，如果该目标为假目标，则在剩下的两个目标中选择下一个能量较大的目标（另一架无人机 W*）进行真假属性的判断，如果该目标为真目标则攻击该目标，否则，直接攻击最后一个目标（因为前两个目标都排除了，只剩下唯一目标，所以直接攻击），这种情况下，末制导雷达选择主战飞机的概率为 $(1-p_s)^2$；②只有一架 W* 和 R* 机型在末制导雷达的搜索区域，BD* 末制导系统首先选择能量较大的目标（无人机 W*）进行目标真假属性的判断，如果该目标为真目标则攻击该目标，否则攻击最后一个目标，这种情况下，末制导雷达选择主战飞机的概率为 $(1-p_s)$；③只有 R* 机型在末制导雷达搜索区域中，这种情况下，末制导雷达选择主战飞机作为攻击目标的概率为 1。综上所述，末制导雷达选择主战飞机的概率 p_r 为

$$p_r=p_0[(1-p_1)(1-p_2)+(1-p_1)p_2(1-p_s)+(1-p_2)p_1(1-p_s)+p_2p_1(1-p_s)^2]$$

根据 p_0、p_1 和 p_2 的计算公式可得 p_0、p_1、p_2 计算值都接近于 1，这里取 $p_0=p_1=p_2=1$，当取 $p_s=0.5$，则 $p_r=0.25$。

2. 无人机拦截空对空导弹袭击的效果模型

如果冲淡式干扰失败，那么主战飞机迅速机动进入距其最近的无人机后面的区域飞行，形成图 16.10 所示的位置关系，此时主战飞机和无人机之间的距离为 j（$j=45$m，密集队形 2-3 个机身的长度），并且尽量使得 BD* 导弹、无人机和主战飞机在一条直线上，如图 16.10 所示。

在这种情况下无人机和主战飞机处于同一分辨率单元之内，无人机和主战飞机在末制导雷达上为同一目标。

形成图 16.10 所示队形时，导弹和主战飞机间的距离在 8km 以上，这时候 BD* 弹

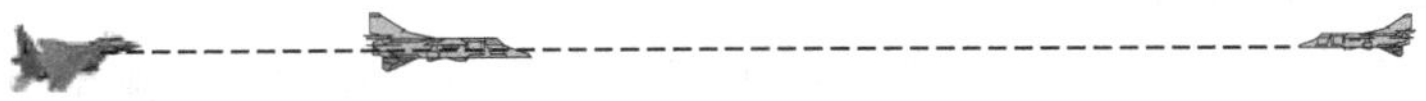

图 16.10　质心式干扰过程中导弹、无人机和主战飞机的位置关系图

载雷达的分辨率单元在 75.00m×69.81m×69.81m 以上，在稳定跟踪 0.5s 后空中联合编队被当作一个目标，0.5s 之后弹载雷达分辨率单元为 75.00m×61.09m×61.09m 以上。如果假定飞机三个方向上的飞行控制精度服从正态分布，均方差 $\sigma_{xc}=15$，$\sigma_{yc}=15$，$\sigma_{zc}=15$，这时主战飞机和无人机在同一个分辨率单元的概率 p_{cs} 可以表示为

$$p_{cs}=\left[1-\Phi\left(\frac{-75+45}{2\times 15}\right)\right]\times\left[2\Phi\left(\frac{61.09}{2\times 15}\right)-1\right]\times\left[2\Phi\left(\frac{61.09}{2\times 15}\right)-1\right]=0.7726$$

完成质心式干扰后，此时空中联合编队执行疏散队形，并且无人机采取措施使得其雷达反射面积增大，主战飞机渐渐远离无人机，完成质心式干扰。

质心式干扰成功后，中程空对空导弹末制导雷达上形成多个目标，假设中程空对空导弹末制导雷达应对质心式干扰的智能水平和应对冲淡式干扰的智能水平一样（实际上由于在质心式干扰中，对判断真假目标时效性要求更高，而且质心式干扰阶段主战飞机和无人机距离很小，这种情况下判断真假目标的智能系数会低于冲淡式干扰阶段区分真假目标的智能系数），导弹选择主战飞机的概率 p_c 取为 $p_c=(1-p_s)=0.5$。

在这种情况下无人机拦截掩护后导弹选择主战飞机的概率 $p_l=1-p_{cs}+p_cp_{cs}$，通过计算可得 $p_l=0.6137$。

16.6.3　典型参数环境下空中联合编队作战效果分析

1. 典型参数及其取值

根据 16.5 节中对参数的估计，空中联合编队作战效果计算所需的典型参数及其取值范围如下：

（1）导弹末制导雷达的智能水平，反映了末制导雷达区分主战飞机和无人机的能力，把无人机当主战飞机的概率用 p_s 表示，p_s 取值范围为 0.9～0.1，典型值取为 0.5；

（2）在 50km 范围之内发射的 RD* 中程空对空导弹，B* 机型机动摆脱 RD* 导弹的概率为 p_{mf}，p_{mf} 的取值范围为 0.2～0.4，典型值取为 0.3；

（3）在 50km 范围之内发射的 BD* 中程空对空导弹，R* 机型机动摆脱 BD* 导弹的概率为 p_{mj}，p_{mj} 的取值范围为 0.1～0.3，典型值取为 0.2；

（4）飞机对中程空对空导弹进行电子干扰（箔条弹冲淡式干扰）成功的概率 p_{be}，p_{be} 的取值范围为 0.05～0.2，典型取值为 0.1；

（5）假设中程空对空导弹命中后被击毁的概率为 p_d，p_d 的取值范围为 0.95～1，典型值取为 0.99。

2. 典型参数取值下的作战效果

在典型取值下，计算对抗双方毁伤概率或期望。

1）B^*机型被击毁的概率

导弹命中概率为（$1-p_{be}$）×（$1-p_{mf}$），所以B^*机型被击毁的概率p_{df}为

$$p_{df}=(1-p_{be})(1-p_{mf})p_d=0.6237$$

2）R^*机型被击毁的概率

当以下事件依次发生时R^*机型被命中：①以无人机为载体的冲淡式干扰失败；②无人机拦截掩护失败。上述事件发生的概率乘以p_d就是R^*机型被击毁的概率p_{dj}，p_{dj}为

$$p_{dj}=p_d p_r p_l=0.99\times 0.25\times 0.6137=0.1519$$

3）无人机被击毁的概率

以下事件之一发生时无人机被命中：①冲淡式干扰阶段BD^*导弹选择无人机作为目标；②无人机掩护拦截阶段BD^*导弹选择无人机作为攻击目标。于是无人机被击毁的概率p_{dw}为

$$p_{dw}=p_d[1-p_r p_l]=0.8381$$

4）效果总结

效果总结如表16.2所示。

表16.2 空中联合编队与B^*机型间的1VS1作战效果对比

蓝方		红方			交换比
B^*机型被击毁的概率	发射导弹数量（枚）	R^*机型被击毁的概率	无人机被击毁的架次	发射导弹的数量（枚）	B^*机型与R^*机型的交换比
0.6237	1	0.1519	0.8381	1	4.106

16.6.4 灵敏度分析

1. 典型参数的取值范围

根据16.5节中的参数估计分析，典型参数的取值范围如下：

（1）用把无人机当主战飞机的概率p_s取值范围为0～0.95（导弹的智能系数从1到0.05），典型值取为0.5，其中，p_s最可能的取值范围为0.2～0.7。

（2）在50km范围之内发射的RD^*中程空对空导弹，B^*机型机动摆脱RD^*导弹的概率为p_{mf}，p_{mf}的取值范围为0.2～0.5，典型值取为0.3。

2. 主要参数的灵敏度分析

智能系数变化对交换比的影响如图16.11所示。

智能系数从0.05上升到1，即BD^*把无人机当主战飞机的概率从0.95下降到0，表示BD^*的导弹智能水平在上升，交换比从947.24下降到0.63。图16.12更为清晰地描述智能系数从0.3～0.8变化区间的情况。智能系数为0.3（$p_s=0.7$）时，B^*机型与

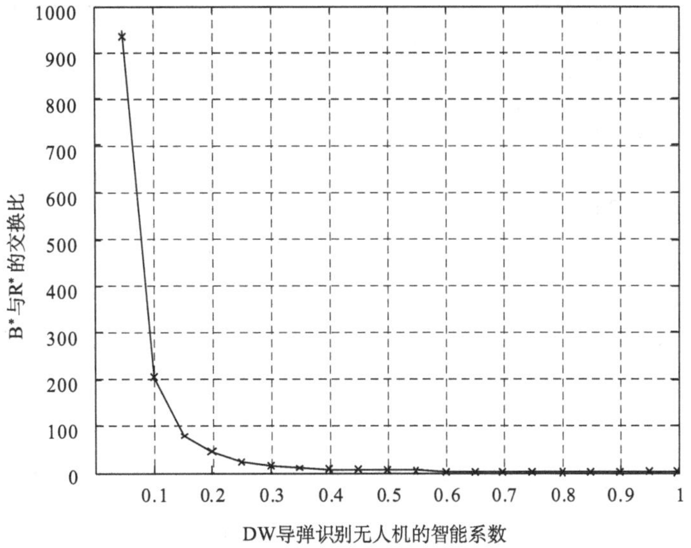

图 16.11　典型作战模式下 B* 机型与 R* 机型的交换比随 BD* 导弹智能系数变化的关系图

R* 机型的交换比为 15.244，智能系数为 0.8（p_s=0.2）时，B* 机型与 R* 机型的交换比为 1.1643。

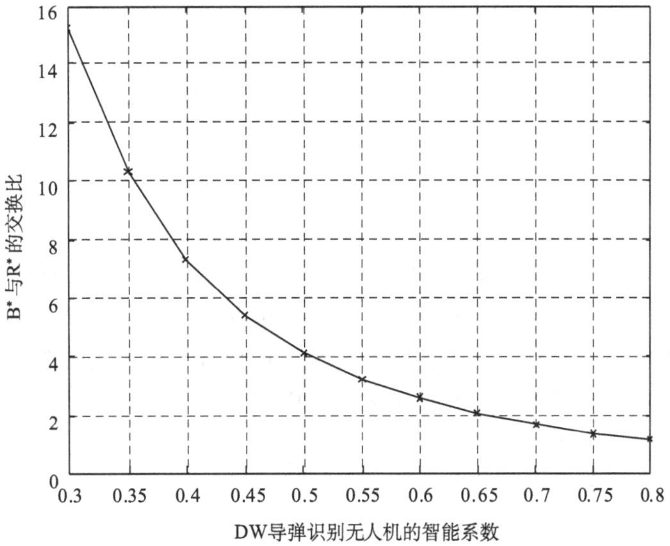

图 16.12　B* 机型与 R* 机型的交换比随 BD* 导弹智能系数（0.3～0.8）变化的关系图

BD* 导弹智能是一个关键性因素，BD* 导弹智能决定了红方无人机掩护效果发挥的好坏，红方无人机和主战飞机之间的伪装措施对 BD* 的智能系数有巨大的影响作用，所以，红方如果在主战飞机和无人机之间采取有效伪装措施，将会显著地改变最后的作战效果。

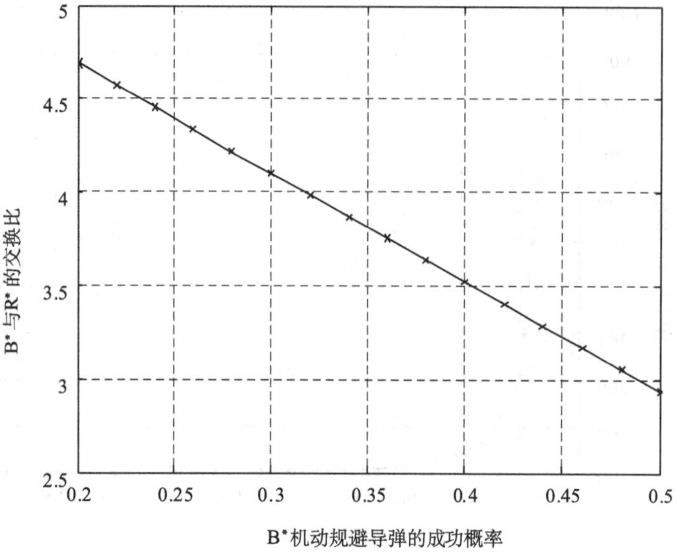

图 16.13 典型作战模式下交换比随 B* 机型机动规避导弹成功概率变化的关系图

B* 机型机动规避导弹的成功概率对 B* 机型和 R* 机型交换比的影响也比较显著，当 B* 机型机动规避导弹成功的概率从 0.2 变化到 0.5 的时候，B* 机型与 R* 机型的交换比从 4.6928 变化到 2.933。从图 16.12 和图 16.13 的对比分析中可以看出，B* 机型机动规避导弹的成功概率对交换比的影响没有 BD* 导弹智能系数对交换比的影响显著。

16.6.5 R* 机型与 B* 机型间 1VS1 对抗的典型作战效果

1. 作战过程简述

蓝方 B* 机型在蓝方预警机支持下采用无线电静默的方式进入作战区域，R* 机型在红方预警机的支持下采用无线电静默的方式进入作战区域。虽然双方都有预警机的支持，但是，由于红方预警机性能和蓝方预警机性能相比，略微逊色，另一方面由于作战区域在蓝方附近空域，有利于蓝方预警系统性能的发挥，所以可以假定在双方接敌过程中，B* 机型先于 R* 机型占位，并且抢先发射中程空对空导弹。R* 机型单独与 B* 机型对抗的典型作战过程如下：

(1) 蓝方预警机发现红方飞机起飞；

(2) 蓝方 B* 机型升空到蓝方地面防空导弹火力圈外沿；

(3) 红方 R* 机型与 B* 机型之间的距离达到 85km，B* 机型机载雷达开机发现目标，开始机动占位；

(4) B* 机型在蓝方预警机的支持下完成占位，此时 B* 机型和 R* 机型相距 80km；

(5) R* 机型机载雷达开机发现目标，并开始机动占位，此时 B* 机型和 R* 机型相距 80km；

(6) R* 机型完成占位，此时 B* 机型和 R* 机型相距 60km，R* 机型占位所消耗的时间为 20000/[340×(0.9+0.9)]=32.68s；

(7) B^* 机型开机跟踪目标，B^* 机型进入超音速飞行状态，平均飞行速度为 1.5 马赫（未细分加速、匀速及减速等飞行过程），进行导弹发射准备，此时 B^* 机型和 R^* 机型相距 60km；

(8) R^* 机型占位完成后跟踪目标，进入超音速飞行状态，平均飞行速度为 1.5 马赫（未细分加速、匀速及减速等飞行过程），进行导弹发射准备，此时 R^* 机型和 B^* 机型相距 55km；

(9) B^* 机型发射一枚 BD^* 中程空对空导弹，此时 B^* 机型和 R^* 机型相距 50km，此时刻记为 $t_0=0$，此时 B^* 机型的飞行速度为 1.5 马赫，B^* 机型从进入开机跟踪到导弹发射准备状态（第 7 步所描述的状态）间超音速飞行时间为 5000/[340×(1.5+0.9)]+5000/[340×(1.5+1.5)]=11.03s；

(10) t_0 时刻之后，B^* 机型高亚音速巡航（0.9 马赫）对 BD^* 导弹进行中制导，BD^* 中制导阶段的平均飞行速度为 2.5 马赫；

(11) R^* 机型发射一枚 RD^* 中程空对空导弹，此时 R^* 机型的飞行速度为 1.5 马赫，R^* 机型和 B^* 机型相距 45km，此时刻为 $t_1=5000/[340\times(0.9+1.5)]=6.13s$，$R^*$ 机型超音速飞行时间为 5000/[340×(1.5+0.9)]+5000/[340×(1.5+1.5)]=11.03s；

(12) t_1 时刻之后，R^* 机型开始亚音速巡航（0.9 马赫）对 RD^* 导弹进行中制导，RD^* 中制导阶段的平均飞行速度为 2.5 马赫；

(13) BD^* 导弹进入末制导（BD^* 导弹的末制导距离为 20km），B^* 机型开始进行规避导弹的机动，此时刻记为 $t_2=t_1+[50000-(2.5+1.5)\times340t_1-20000]/[(2.5+0.9)\times340]=24.87s$，$B^*$ 机型和 R^* 机型之间的距离为 $l_{fj2}=45000-(0.9+0.9)\times340\times(t_2-t_1)=33.53km$，$RD^*$ 和 B^* 机型之间的距离为 $l_{fd2}=45000-(2.5+0.9)\times340\times(t_2-t_1)=23.34km$，从这个时刻以后，$B^*$ 机型不再与 RD^* 相向飞行，而是接近同向机动，RD^* 和 B^* 机型之间的相对速度为 2 马赫；

(14) 在 t_2 时刻，R^* 机型实施冲淡式的电子干扰；

(15) RD^* 导弹进入末制导阶段，此时刻为 $t_3=t_2+(l_{fd2}-20000)/(2\times340)=29.78s$，此时 R^* 机型和 B^* 机型之间的距离为 $l_{fj3}=l_{fj2}-(0.9-0.5)\times340\times(t_3-t_2)=32.86km$（这里 B^* 机型在从 t_2 到 t_3 时，在相对速度方向投影以平均 0.5 马赫的速度反方向机动），R^* 机型和 BD^* 的距离 $l_{ja3}=20000-(2.5+0.9)\times340\times(t_3-t_2)=14.33km$；

(16) 在 t_3 时刻，B^* 机型对 RD^* 导弹的末制导雷达实施以箔条云为载体的冲淡式干扰；

(17) 在 t_3 时刻，R^* 机型以最大过载进行战术机动以规避导弹；

(18) 如果电子干扰失败，则 B^* 机型进行战术机动规避导弹。

2. 典型参数环境下的作战效果

根据 16.5 节，R^* 机型机动摆脱中程空对空导弹（在 50km 范围之内发射的 BD^*）的概率 p_{mj} 的取值范围为 0.1～0.4，典型取值为 0.2。其他相关的典型参数取值范围与空中联合编队对 B* 机型时 1VS1 中的相同。

B* 机型被 RD* 导弹命中概率为 $(1-p_{be})\times(1-p_m)$，所以 B* 机型被击毁的概率 p'_{df} 为

$$p'_{df}=(1-p_{be})(1-p_{mf})p_d=0.6237$$

R* 机型被 BD* 导弹命中概率为 $(1-p_{be})\times(1-p_m)$，所以 R* 机型被击毁的概率 p'_{dj} 为

$$p'_{dj}=(1-p_{be})(1-p_{mj})p_d=0.7128$$

效果总结如表 16.3 所示。

表 16.3 R* 机型与 B* 机型间的 1VS1 作战效果对比

蓝方		红方		交换比
B* 机型被击毁的概率	发射导弹数量（枚）	R* 机型被击毁的概率	发射导弹的数量（枚）	B* 机型与 R* 机型的交换比
0.6237	1	0.7128	1	0.875

空中联合编队作战模式下的中程空对空导弹作战的交换比为 4.106，R* 机型单独与 B* 机型作战的交换比为 0.875，在空中联合编队作战模式下，而且在只考虑中程空战条件下，交换比是单独作战的 4.6926 倍。

当 R* 机型单独与 B* 机型中程空对空导弹对抗时，B* 机型与 R* 机型的交换比和双方机动成功规避对方导弹的概率成正比。

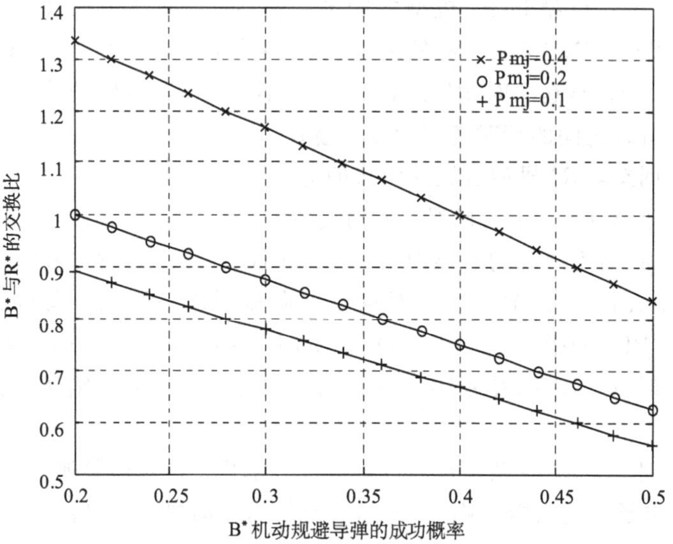

图 16.14 R* 机型单独对抗 B* 机型作战模式下交换比随双方规避导弹成功概率的变化图

从图 16.14 可以看出，当 $p_{mj}=0.1$，B^* 机型机动规避成功的概率 p_{mf} 从 0.2 变化到 0.5 时，B^* 机型与 R^* 机型的交换比从 0.8889 下降到 0.5556；当 $p_{mj}=0.2$，B^* 机型机动规避成功的概率 p_{mf} 从 0.2 变化到 0.5 时，B^* 机型与 R^* 机型的交换比从 1 下降到 0.625；当 $p_{mj}=0.4$，B^* 机型机动规避成功的概率 p_{mf} 从 0.2 变化到 0.5 时，B^* 机型与 R^* 机型的交换比从 1.3333 下降到 0.8333。

16.6.6　非典型作战过程

1. 考虑近程格斗的作战过程

当双方战斗精神比较强时，R^* 机型和 B^* 机型在第一轮的中程空对空导弹作战过程中，在规避导弹时不会向后撤，而是向其他方向机动，甚至利用脉冲多普勒雷达针对高速运动目标容易跟丢的缺点加速向前运动，在最后时刻以最大过载侧转或者俯冲。在这种情况下，在第一轮中程空对空导弹作战之后，双方的距离会小于典型作战过程中的 l_{fj3}（$l_{fj3}=32.86\text{km}$），双方将进入近程格斗阶段。

B^* 机型和 R^* 机型 1VS1 近程空战过程中假设如下：

(1) 在 1VS1 近程空战中，谁先锁定目标就意味着能够击毁目标，所以假定双方先锁定对方的概率为 p_{fj} 和 p_{jf}，p_{fj} 表示近程空战中 B^* 机型先锁定 R^* 机型的概率，p_{jf} 表示近程空战中 R^* 机型先锁定 B^* 机型的概率，并且有 $p_{jf}+p_{fj}=1$。

(2) p_{fj} 和 p_{jf} 与诸多因素有关，包括飞机的机动性能、飞行员的水平、双方进入夹角等。典型情况下 $p_{jf}=p_{fj}=0.5$，p_{jf} 的取值范围为 0.3～0.7，相应的 p_{fj} 的取值范围为 0.7～0.3。

1) 空中联合编队与 B^* 机型间的 1VS1 的作战效果

在飞机近程格斗过程中，无人机的掩护作用十分有限，一是因为无法对近程空对空导弹进行冲淡式干扰，二是无人机也不便于作为红外诱饵对近程空对空导弹进行质心式干扰，所以，在近程空对空导弹作战过程中不考虑无人机的作用。

中近程两阶段作战模式下，B^* 机型被击毁的概率 p_{df_nt1} 为

$$p_{df\_nt1}=p_{df}+[(1-p_{df})(1-p_{dj})]\times p_{jf}$$

中近程两阶段作战模式下，R^* 机型被击毁的概率 p_{dj_nt1} 为

$$p_{dj\_nt1}=p_{dj}+[(1-p_{df})(1-p_{dj})]\times p_{fj}$$

当（表达不明确）取典型值时，p_{df_nt1} 和 p_{dj_nt1} 的值分别为 0.7833 和 0.3115，交换比为 2.5146。如表 16.4 所示。

表 16.4　中近程两阶段作战模式下 R^* 机型与 B^* 机型间的 1VS1 作战效果对比

蓝方	红方	交换比
B^* 机型被击毁的概率	R^* 机型被击毁的概率	B^* 机型与 R^* 机型的交换比
0.7833	0.3115	2.5146

对相应的参数进行灵敏度分析，如图 16.15 所示。

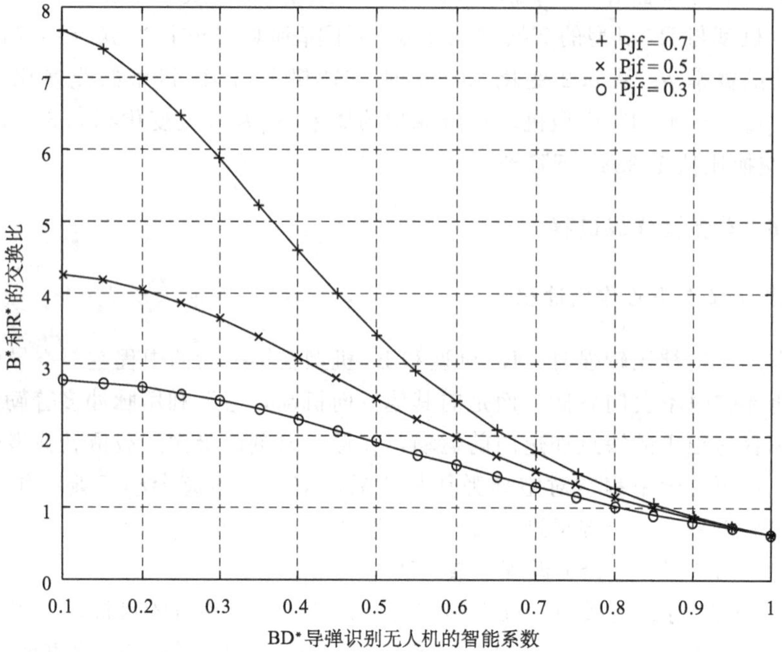

图 16.15　中近程两阶段作战模式下交换比随 BD* 导弹智能系数变化的关系图

从图 16.15 中可以看出，当 $p_{jf}=0.7$ 时（近程格斗中 B* 机型与 R* 机型的交换比为 0.7/0.3=2.3333），BD* 导弹智能系数从 0.1 上升到 1（BD* 把无人机当主战飞机的概率从 0.9 降到 0）的时候，B* 机型与 R* 机型的交换比从 7.6694 下降到 0.6319；当 $p_{jf}=0.5$ 时（近程格斗中 B* 机型与 R* 机型的交换比为 0.5/0.5=1），BD* 导弹智能系数从 0.1 上升到 1（BD* 把无人机当主战飞机的概率从 0.9 降到 0）的时候，B* 机型与 R* 机型的交换比从 4.2565 下降到 0.6307；当 $p_{jf}=0.3$ 时（近程格斗中 B* 机型与 R* 机型的交换比为 0.3/0.7=0.4286），BD* 导弹智能系数从 0.1 上升到 1（BD* 把无人机当主战飞机的概率从 0.9 降到 0）的时候，B* 机型与 R* 机型的交换比从 2.7717 下降到 0.62947。

在智能系数的典型取值（0.5）时，p_{jf} 从 0.3 上升到 0.7（近程格斗的交换比提高到 5.4444 倍），但总的交换比从 1.9170 上升到 3.4208，只提高到 1.7845 倍。

之所以出现这种现象，其主要原因在于第一个回合中程空对空导弹作战起了主导作用。因此，进入第二轮近程格斗的概率只有 $(1-p_{dj})(1-p_{df})=0.3164$。所以第一回合的中程空对空导弹作战就奠定了胜负基础，这就导致第二回合近程格斗的交换比对整体作战效果的影响比较低。

2）R* 机型与 B* 机型间的 1VS1 的作战效果

当 R* 机型单独与 B* 机型进行 1VS1 的作战时，在考虑中近程两阶段作战模式下，B* 机型被击毁的概率 p'_{df_nt1} 为

$$p'_{df\_nt1} = p'_{df} + [(1-p'_{df})(1-p'_{dj})] \times p_{jf}$$

当 R* 机型单独与 B* 机型进行 1VS1 的作战时，在考虑中近程两阶段作战模式下，R* 机型被击毁的概率 p'_{dj_nt1}

$$p'_{dj\_nt1} = p'_{dj} + [(1 - p'_{df})(1 - p'_{dj})] \times p_{fj}$$

当取典型值时，p'_{df_nt1} 和 p'_{dj_nt1} 的值分别为 0.6777 和 0.7668，交换比为 0.8838。

3）对比分析

在典型取值下，考虑中近程两阶段作战，空中联合编队作战模式下 B* 机型与 R* 机型的交换比为 2.5146，R* 机型单独与 B* 机型作战模式下，B* 机型与 R* 机型的交换比为 0.8838。在考虑中近程两阶段作战，空中联合编队作战模式下交换比是 R* 机型单独作战模式下交换比的 2.8452 倍。

2. 空中联合编队进行第二次中程空对空导弹攻击

在典型作战模式中，当 R* 机型完成对空对空导弹 RD* 的中制导之后，R* 机型可以根据蓝方的 BD* 导弹是否跟踪无人机决定是否进行第二轮中程空对空导弹攻击。如果 BD* 跟踪无人机（冲淡式干扰成功），则 R* 机型没有受到任何威胁，这时候可以发射第二枚中程空对空导弹；如果 BD* 跟踪主战飞机（冲淡式干扰失败），则指挥主战飞机形成防御队形（典型作战过程中第 17 步所描述的战术动作）。

如果 R* 机型发射第二枚中程空对空导弹，在这种情况下 B* 机型被击毁的概率将会大大增加，典型参数下的作战效果如下：

(1) B* 机型被击毁的概率

B* 机型被击毁意味下列事件之一发生：B* 机型被第一发 RD* 导弹命中击毁；B* 机型被第二发 RD* 导弹命中击毁。

B* 机型被第一枚 RD* 导弹击毁概率为

$$p_{df1} = (1 - p_{be})(1 - p_{mf})p_d$$

B* 机型被第二枚 RD* 导弹击毁概率为

$$p_{df2} = (1 - p_r)(1 - p_{be})(1 - p_{mf})p_d$$

所以 B* 机型被击毁的概率 p_{df_nt2} 为

$$p_{df\_nt2} = 1 - (1 - p_{df1})(1 - p_{df2}) = 0.7997$$

(2) R* 机型被击毁的概率

R* 机型被击毁的概率 $p_{dj\_nt2} = p_{dj} = 0.1519$，没有变化。

(3) B* 机型与 R* 机型的交换比

在空中联合编队作战模式下，B* 机型和 R* 机型中程空对空导弹作战的交换比为 5.2646。

(4) 分析小结

这说明在空中联合编队作战模式下，无人机不仅化解了蓝方飞机先发制人的攻击，而且创造了更多的攻击机会，和 R* 机型单独与 B* 机型对抗相比，交换比是原来的 6.0167 倍。

3. B* 机型提前发射导弹

如果 B* 机型在 50km 之外发射中程空对空导弹，作战过程会有很大的变化，其中最关键的是 R* 机型是否有机会发射导弹。首先需要讨论 B* 机型最远能在多远的地方发射中程空对空导弹。一般中程空对空导弹的有效作用距离为 30～50km，虽然 BD* 导弹的射程达到 80km 以上，但有效攻击距离和很多因素相关（攻击角度、载机初始速度、目标机动性能等），所以 BD* 的有效攻击距离可以假定不超过 60km，而且 60km 有效发射距离的中程空对空导弹至少具有 90km 以上的射程。因此，可以合理地假定 B* 机型最远在 60km 时发起攻击。

如果 B* 机型在 60km 外提前发射中程空对空导弹，和典型作战过程相比，则 B* 机型占位完成和雷达开机的时间点会提前。这种情况下 R* 机型完成对目标锁定的时间点也可相应的提前，所以，可以假定 R* 机型可以在 50km 处做好发射准备，在 50km 处发射 RD* 中程空对空导弹。

如果 B* 机型在相距 60km 处发射导弹，此时刻记为 $t_0'=0$，R* 机型可以发射导弹的时刻为 $t_1'=10000/[(1.5+0.9)\times 340]=12.25\text{s}$，此时，BD* 和 R* 机型的距离为 $l_{ja1}'=60000-(2.5+1.5)\times 340t_1'=43333\text{m}$，所以 R* 机型还有机会发射中程空对空导弹。

BD* 导弹进入末制导的时刻为 $t_2'=t_1'+[60000-(2.5+1.5)\times 340t_1'-20000]/[(2.5+0.9)\times 340]=32.44\text{s}$。$t_2'$ 时 B* 机型和 R* 机型之间的距离为 $l_{fj2}'=50000-(0.9+0.9)\times 340\times(t_2'-t_1')=37.64\text{km}$，RD* 和 B* 机型之间的距离为 $l_{fd2}'=50000-(2.5+0.9)\times 340\times(t_2-t_1)=26.66\text{km}$，从 t_2' 以后 RD* 和 B* 机型之间的相对速度为 2 马赫。

当 RD* 进入末制导的时刻为 $t_3'=t_2'+(l_{fd2}'-20000)/(2\times 340)=42.23\text{s}$，$t_3'$ 时 R* 机型和 B* 机型之间的距离为 $l'_{fj3}=l'_{fj2}-(0.9-0.5)\times 340\times(t'_3-t'_2)=36.31\text{km}$（这里假定在从 t_2' 到 t_3' 的时间段中（9.79s），B* 机型在相对速度方向投影以平均 0.5 马赫的速度反方向机动），R* 机型和 BD* 的距离 $l_{ja3}'=20000-(2.5+0.9)\times 340\times(t_3'-t_2')=8.68\text{km}$。

从上述分析可知，即使 B* 机型在两机相距 60km 处发射中程空对空导弹，和典型作战过程相比，主要作战活动在时间的先后关系上没有发生变化，各主要作战活动的空间关系有一定的影响，对最后的作战效果有一定的影响。例如，当 R* 机型完成对 RD* 的中程制导后，蓝方的导弹 BD* 和 R* 机型之间的距离只有 8.68km，而在典型模式下两者的距离有 14.33km，在不同的距离下 R* 机型规避摆脱的概率不同。

将分两种情况进行讨论相应的作战效果：①空中联合编队与 B* 机型作战模式；②R* 机型与 B* 机型单独作战模式。

1）空中联合编队与 B* 机型间的 1VS1 的作战模式

在空中联合编队与 B* 机型间 1VS1 的作战模式下，无论 B* 机型在 60km 处发射导弹还是在 50km 处发射导弹，空中联合编队与 B* 机型的作战效果没有明显变化。

B* 机型被击毁的概率为 p_{df_nt3}，有 $p_{df\_nt3}=p_{df}=0.6237$。

R^* 机型被击毁的概率为 $p_{dj\_nt3}=p_{dj}=0.1519$。

B^* 机型和 R^* 机型在中程空对空导弹作战过程中，B^* 机型和 R^* 机型之间的交换比为 $ExR_{fj\_nt3}=p_{df\_nt3}/p_{dj\_nt3}=4.106$。

2）R^* 机型与 B^* 机型间的 1VS1 的作战模式

在 R^* 机型与 B^* 机型间的 1VS1 的作战模式下，由于 B^* 机型提前发射导弹，使得 R^* 机型机动规避的时间窗口减少，所以 R^* 机型摆脱 BD^* 导弹的概率 p_{mj} 会降低，p_{mj} 下降的具体幅度需要大量更为精细的模型。但可看出，和典型作战过程相比，R^* 机型被击毁的概率 p'_{dj_nt3} 更高，即 $p'_{dj\_nt3}>0.7128$，而 B^* 机型被命中击毁的概率 p'_{df_nt3} 基本没有太多变化，$p'_{df\_nt3}=p'_{df}=0.6237$。在中程空对空导弹作战过程中，$B^*$ 机型和 R^* 机型之间的交换比为 $ExR_{fj'\_nt3}=p'_{df\_nt3}/p'_{dj\_nt3}<0.875$。

3）对比分析

（1）B^* 机型在 50～60km 范围内发射导弹

如果 B^* 机型在 50～60km 范围内发射导弹，空中联合编队作战模式与 R^* 机型单独作战模式相比，B^* 机型与 R^* 机型的交换比的比值 $Rexr_{\_nt2}=ExR_{fj\_nt2}/ExR_{fj'\_nt2}>4.6926$，说明在这种情况下，空中联合编队作战模式更能有效地提高 B^* 机型与 R^* 机型的交换比。

（2）B^* 机型在 75km 以外发射更为先进的导弹

如果 B^* 机型搭载更为先进的中程空对空导弹，有效攻击距离大于 75km（能够在 75km 处发射中程空对空导弹，该类导弹射程应该在 112km 以上），则 R^* 机型与 B^* 机型间的 1VS1 作战模式下，R^* 机型没有攻击机会，因为当 R^* 机型完成对 SD 中制导时（t'_3 时刻），此时蓝方的中程空对空导弹和 R^* 机型之间的距离 $l'_{ja3}\leqslant 0$，这意味着 RD^* 还处于载机的中制导阶段的时候就被蓝方的中程空对空导弹命中击毁了。

然而在空中联合编队与 B^* 机型间的 1VS1 作战模式下，因为无人机可以提供掩护，R^* 机型仍然有发射 RD^* 导弹的机会，从蓝方中程空对空导弹进入末制导阶段的时候（t'_2 时刻）到 R^* 机型完成 SD 中制导时刻（t'_3 时刻），这个阶段无人机总体上掩护主战飞机成功的概率在 $p_{tcc}=1-p_r p_l=0.8466$ 以上。

这种情况意味着空中联合编队可以有效地完成以前 R^* 机型单独无法完成的任务。

4. 双方进行多轮中程空对空导弹作战

从 16.5.1 节中的典型作战过程可以发现：在双方各自发射的中程空对空导弹进入末制导阶段时（t_3 时刻），R^* 机型和 B^* 机型之间的距离 l_{fj3} 在 30km 左右。在这种情况下，如果双方所带的中程空对空导弹比较多，双方可能不急于进入近程空对空格斗，而是继续进行多轮中程空对空导弹作战。

从典型作战模式下可知，B^* 机型完成对 BD^* 中制导的时刻为 t_2，而 R^* 机型完成对 RD^* 中制导的时刻为 t_3，$t_3-t_2=4.91\text{s}$，因此可以假定在第二轮中程空对空导弹作战过程中，B^* 机型仍然占有先发制人的机会（这里不考虑空中联合编队进行第二次中程空对空导弹攻击问题，即 16.6.6 节中第 2 部分考虑的问题），B^* 机型会获得在 4.91s 以上的先发射中程空对空导弹的机会。B^* 机型在 t_2 时刻一方面需要机动规避 RD^* 导弹，另一方面寻求占位获得第二次中程空对空导弹攻击的机会。

假定第二轮中程空对空导弹作战的典型作战过程为：

(1) B* 机型在 35km 处发射 BD* 导弹，此时刻记为 t''_0，$t''_0=0$

(2) R* 机型在 t''_1 时刻发射 RD* 导弹，$t''_1=4.91$s，此时 B* 机型和 R* 机型之间的距离 $l''_{fj1_nt4}=35000-t''_1\times340\times(1.5+0.9)=30.94$km，R* 机型和 BD* 之间的距离 $l''_{ja1_nt4}=35000-t''_1\times340\times(1.5+2.5)=28.32$km

(3) BD* 导弹在 t''_2 时刻进入末制导，$t''_2=t''_1+(l''_{ja1_nt4}-20000)/[(0.9+2.5)\times340]=12.11$s，$t''_2$ 时 B* 机型和 RD* 之间的距离 $l''_{fs2_nt4}=l''_{fj1_nt4}-(t''_2-t''_1)\times340\times(0.9+2.5)=22.62$km，B* 机型和 R* 机型之间的距离 $l''_{fj2_nt4}=l''_{fj1_nt4}-(t''_2-t''_1)\times340\times(0.9+0.9)=26.54$km

(4) RD* 导弹在 t''_3时刻进入末制导阶段，$t''_3=t''_2+(l''_{fs2_nt4}-20000)/(2\times340)=15.96$s，$t''_3$ 时 B* 机型和 R* 机型之间的距离为 $l''_{fj3_nt4}=l''_{fj2_nt4}-(t''_3-t''_2)\times340\times0.4=26.02$km，R* 机型和 BD* 之间的距离为$l''_{ja3_nt4}=20000-(t''_3-t''_2)\times340\times(2.5+0.9)=15.55$km

1) 空中联合编队与 B* 机型间的 1VS1 作战模式

在多轮空对空作战模式下，第一轮中程空对空导弹作战过程和典型作战过程一样，在此不再赘述。经第一轮中程空对空导弹作战后，出现表 16.5 所示的 6 种情况：①B* 机型被击毁，一架无人机被击毁；②B* 机型被击毁，R* 机型被击毁；③B* 机型被击毁；④一架无人机被击毁；⑤R* 机型被击毁；⑥没有任何作战单元被击毁。

表 16.5 空中联合编队与 B* 机型进行第一轮中程空对空导弹后的可能状态及其概率

第一轮空战后出现的情况	发生的概率	计算公式
B* 机型和一架无人机被击毁	0.5227	$p_{df}\times p_{dj}=0.6237\times0.8381$
B* 机型、R* 机型被击毁	0.0947	$p_{df}\times p_{dj}=0.6237\times0.1519$
B* 机型被击毁	0.0062	$p_{df}\times(1-p_d)=0.6237\times0.01$
一架无人机被击毁	0.3154	$p_{dj}\times(1-p_{df})=0.8381\times0.3763$
R* 机型被击毁	0.0572	$p_{dj}\times(1-p_{df})=0.1591\times0.3763$
没有作战单元被击毁	0.0038	$(1-p_d)\times(1-p_{df})=0.01\times0.3763$

在上述 6 种情况下，只有其中的④和⑥符合进入第二轮中程空对空导弹作战的条件。首先分析只有一架无人机掩护条件下的作战效果。

(1) 1 架无人机掩护下的第二轮中程空对空导弹作战效果（对应表 16.4 中的第 4 种情况）

只有一架无人机掩护下，进行冲淡式干扰后 BD* 导弹末制导雷达选择主战飞机的概率 p'_r，$p'_r=0.5$；单架无人机拦截掩护下 BD* 导弹选择主战飞机的概率拦截效果 p'_l，$p'_l=p_l=0.6137$，在这种情况下 B* 机型被击毁的概率为 $p_{df\_nt4\_t}$，R* 机型被击毁的概率为 $p_{dj\_nt4\_t}$，$p_{dj\_nt4\_t}=p_d p'_r p'_l=0.99\times0.5\times0.6137=0.3038$，无人机被击毁的概率为 $p_{dw\_nt4\_t}=0.6862$。

在只有一架无人机掩护下第二轮中程空对空导弹作战效果如表 16.6 所示：

表 16.6　空中联合编队与 B* 机型间的第二轮中程空对空导弹作战效果对比

蓝方		红方			交换比
B* 机型被击毁的概率	发射导弹数量（枚）	R* 机型被击毁的概率	无人机被击毁的架次	发射导弹数量（枚）	B* 机型与 R* 机型的交换比
0.6237	1	0.3038	0.6862	1	2.0530

(2) 两架无人机掩护下的第二轮中程空对空导弹作战效果

这种情况和典型作战情况一样，如表 16.2 所示。

(3) 经过两轮中程空对空导弹作战后最终的作战效果如下

经过两轮中程空对空导弹作战后，

B* 机型被击毁的概率为

$$p_{df\_nt4} = p_{df} + 0.3154 \times p_{dj\_nt4\_t} + 0.0038 \times p_{df} = 0.8227$$

R* 机型被击毁的概率为

$$p_{dj\_nt4} = p_{dj} + 0.3154 \times p_{dj\_nt4\_t} + 0.0038 \times p_{dj} = 0.2483$$

无人机被击毁的架次为

$$n_{w\_nt4} = p_{dw} + 0.3154 \times p_{dw\_t4\_t} + 0.0038 \times p_{dw} = 1.2594$$

综合以上分析，两轮中程空对空导弹作战后最终结果见表 16.7。

表 16.7　空中联合编队与 B* 机型间的经过两轮中程空对空导弹作战后最终效果

蓝方		红方			交换比
B* 机型被击毁的概率	发射导弹数量（枚）	R* 机型被击毁的概率	无人机被击毁的架次	发射导弹数量（枚）	B* 机型与 R* 机型的交换比
0.8227	1.3192	0.2483	1.0577	1.3192	3.3133

2) R* 机型与 B* 机型间的 1VS1 作战模式

在多轮空战模式下，第一轮中程空对空导弹作战过程和典型作战过程一样，在此不再赘述。经第一轮中程空对空导弹作战后，出现表 16.8 所示的四种情况：①只有 B* 机型被击毁；②B* 机型被击毁，R* 机型都被击毁；③只有 R* 机型被击毁；④没有任何东西被击毁。

表 16.8　空中联合编队与 B* 机型进行第一轮中程空对空导弹后的可能状态及其概率

第一轮空战后出现的情况	发生的概率	计算公式
B* 机型被击毁	0.1791	$p'_{df} \times (1-p'_{dj}) = 0.6237 \times 0.2872$
B* 机型、R* 机型被击毁	0.4446	$p'_{df} \times p'_{dj} = 0.6237 \times 0.7128$
R* 机型被击毁	0.2682	$p'_{dj} \times (1-p'_{df}) = 0.3763 \times 0.7128$
没有东西被击毁	0.1081	$(1-p'_{dj})(1-p'_{df}) = 0.3763 \times 0.2872$

在上述四种情况下，只有其中的④符合进入第二轮中程空对空导弹作战的条件，④和典型作战过程的初始值相同，作战效果和典型作战效果相同，即与表 16.2 中的结果一样。

经过两轮中程空对空导弹作战后，

B* 机型被击毁的概率 p'_{df_nt4} 为

$$p'_{df\_nt4} = p'_{df} + 0.1081 \times p'_{df} = 0.6237 + 0.1081 \times 0.6237 = 0.6911$$

R* 机型被击毁的概率 p'_{dj_nt4} 为

$$p'_{dj\_nt4} = p'_{dj} + 0.1081 \times p'_{dj} = 0.7128 + 0.1081 \times 0.7128 = 0.7899$$

R* 机型单独与 B* 机型经过两轮中程空对空导弹作战结果如表 16.9 所示。

表 16.9　R* 机型单独与 B* 机型经过两轮中程空对空导弹作战后的作战效果对比

蓝方		红方		交换比
B* 机型被击毁的概率	发射导弹数量（枚）	R* 机型被击毁的概率	发射导弹的数量（枚）	B* 机型与 R* 机型的交换比
0.6911	1.1081	0.7899	1.1081	0.875

3）对比分析

根据上述分析可以获得如下结论：

（1）与 R* 机型单独对抗 B* 机型相比，在空中联合编队模式下，两轮中程空对空导弹交战之后的交换比有大幅度的提高，是原来的 3.7866 倍；

（2）当第二轮中程空对空导弹交战完成后（t''_3 时刻），R* 机型和 B* 机型之间的距离在 20～30km 范围内，具有进入近程空对空格斗的条件；

（3）在空中联合编队作战模式下，如果在第二轮中程空对空导弹交战完成后，B* 机型和 R* 机型都未被击毁，这时候 R* 机型缺少无人机的掩护，应该采用尽早与 B* 机型进行近程格斗的战术；

（4）当 R* 机型单独与 B* 机型进行多轮中程空对空导弹作战时，双方的交换比不变，这种情况下 R* 机型比较好的策略是尽早与 B* 机型进行近程格斗；

（5）在空中联合编队对抗 B* 机型的作战模式下，第一轮空战结束后，如果双方都未被击毁需要进行第二回合的作战，这时 B* 机型有两个选择：近程导弹作战模式和中程空对空导弹作战模式。B* 机型的合理策略是选择近程导弹作战模式，如果 B* 机型选择中程空对空导弹作战，第二回合的交换比为 2.0530，而选择近程空对空导弹作战时，双方在第二回合的交换比在 1 左右（典型取值中交换比为 1），因为近程格斗中 B* 机型可以抑制空中联合编队中无人机作用的发挥。

5. B* 机型齐射多枚 BD* 导弹

当空中联合编队采用密集队形的时候，如果 B* 机型机载雷达分辨率极高，能够判断出空中联合编队中有三个目标，这时候 B* 机型可同时发射多枚导弹，攻击空中联合编队。

在中程空对空导弹攻击模式中，理论上 B* 机型可以同时攻击 4～6 个目标。但由于机载雷达需要对中程空对空导弹进行中制导，如果被攻击目标大幅度机动，则 B* 机型也需要相应机动使得机载雷达能够扫描到被攻击目标，所以如果四个目标都向不同的方向大幅度机动，在中制导阶段 B* 机型很有可能跟丢部分目标。所以一般而言，假定 B* 机型同时发射两枚导弹攻击两个目标。

B* 机型发射两枚中程空对空导弹的作战过程和典型作战过程相似，主要时间节点不变，主要的不同在于中制导和末制导交接班阶段无人机冲淡式干扰的不同，以及无人机拦截阶段不一样。

1）中制导和末制导阶段无人机冲淡式干扰的不同

根据典型作战过程可知，当 BD* 进入末制导的时候，由于在 BD* 末制导雷达搜索范围中出现了三个目标，导弹需要选择攻击目标，假设两枚 BD* 导弹在末制导阶段无法协同作战，这时候两枚 BD* 导弹根据各自的规则（选择能量最大的）选择攻击目标，这种情况下有可能会选择同一个目标进行攻击。假设两架无人机的雷达反射面积比主战飞机的雷达反射面积大，其中一架无人机的反射面积比另一架的稍大。

进入冲淡式干扰后，第一枚 BD* 选择攻击 R* 机型的概率为 p_{1r_nt5}，$p_{1r\_nt5}=(1-p_s)^2=0.25$，第二枚 BD* 选择攻击 R* 机型的概率为 p_{2r_nt5}，$p_{2r\_nt5}=(1-p_s)^2=0.25$，$p_{1r_nt5}$和 p_{2r_nt5}是两个独立事件的概率。经过交接班后，两枚 BD* 导弹选择攻击目标状况如下：

2）无人机掩护拦截的不同

只有表 16.10 中的第二种情况和第三种情况需要进行无人机的掩护拦截。

表 16.10　B* 机型双发齐射作战模式下 BD* 交接班后的状态

情况序号	可能的状态	概率	计算公式
1	两枚导弹都攻击无人机（同时攻击同一架无人机或者分别攻击不同的无人机）	0.5625	$(1-p_{1r\_nt5})\times(1-p_{2r\_nt5})=0.75\times0.75$
2	两枚导弹共同攻击 R* 机型	0.0625	$p_{1r\_nt5}\times p_{2r\_nt5}=0.25\times0.25$
3	一枚导弹攻击 R* 机型，一枚导弹攻击无人机	0.3750	$(1-p_{1r\_nt5})p_{2r\_nt5}+(1-p_{2r\_nt5})p_{1r\_nt5}$

（1）有两架无人机掩护拦截

第二种情况下有两架无人机掩护拦截，对单枚导弹的掩护拦截效果和典型作战模式的一样，而且第一枚 BD* 和第二枚 BD* 的掩护拦截（基于质心式干扰的掩护拦截）是独立事件，第一枚 BD* 选择攻击 R* 机型的概率为 p_{1l_nt5}，$p_{1l\_nt5}=p_l=0.6137$，第二枚 BD* 选择攻击 R* 机型的概率为 p_{2l_nt5}，$p_{2l\_nt5}=p_l=0.6137$。当两枚 BD* 在交接班后共同攻击 R* 机型的条件下，经过无人机掩护拦截后，两枚 BD* 导弹的攻击状况如表 16.11 所示。

表 16.11 经过 1 架无人机掩护拦截后 BD* 攻击状况

可能的状态	概率	计算公式
两枚导弹攻击无人机	0.1492	$(1-p_{1l\_nt5})\times(1-p_{2l\_nt5})=0.3863\times0.3863$
两枚导弹共同攻击 R* 机型	0.3766	$p_{1l\_nt5}\times p_{2l\_nt5}=0.6137\times0.6137$
一枚导弹攻击 R* 机型，一枚导弹攻击无人机	0.4741	$(1-p_{1l\_nt5})p_{2l\_nt5}+(1-p_{2l\_nt5})p_{1l\_nt5}$

（2）有一架无人机掩护拦截

表 16.10 的第三种情况表明在交接班后还有一枚 BD* 攻击 R* 机型，另一枚 BD* 攻击无人机。这种情况下需要指挥没有受到攻击的无人机掩护主战飞机，这和 16.6.6 节中第 4 部分空中联合编队在第二轮中程空对空导弹作战中一架无人机掩护的情况一样。在这种情况下，经过无人机掩护拦截后，BD* 攻击 R* 机型概率 p_{l_nt5}，$p_{l\_nt5}=p'_l=0.6137$。

3）双方最终作战效果

当 B* 机型发射两枚导弹时，空中联合编队中无人机被击毁的架次为 1.5093，R* 机型在后续战争中没有无人机的掩护，所以在第一轮作战中，如果 B* 机型发射两枚导弹，那么 R* 机型应该发射两枚中程空对空导弹。在双方都齐射两枚中程空对空导弹的条件下，B* 机型被击毁的概率 p_{df_nt5} 可以表示为

$$p_{df\_nt5}=1-(1-p_{df})^2=0.8584$$

R* 机型被击毁的概率 p_{dj_nt5} 可以表示为

$$\begin{aligned}p_{dj\_nt5}&=0.0625\times\{0.3766\times[1-(1-p_d)^2]+0.4741\times p_{l\_nt5}\times p_d\}\\&\quad+0.3750\times p_{l\_nt5}\times p_d\\&=0.2694\end{aligned}$$

无人机被击毁的架次 $nw_{\_nt5}$ 可以表示为

$$\begin{aligned}nw_{\_nt5}&=0.5\times0.5625\times[1-(1-p_d)^2]+0.5\times0.5625\times2p_d\\&\quad+0.4741\times p_d+0.4741\times(1-p_{l\_nt5})\times p_d\\&\quad+0.0625\times\{0.1492\times0.5\times[1-(1-p_d)^2]\\&\quad+0.1492\times0.5\times2p_d+0.4741\times p_d\}\\&=1.3960\end{aligned}$$

以上结果可归纳为表 16.12。

表 16.12 B* 机型双发齐射作战模式下空中联合编队与 B* 机型作战的整体效果

蓝方		红方			交换比
B* 机型被击毁的概率	发射导弹数量（枚）	R* 机型被击毁的概率	无人机被击毁的架次	发射导弹的数量（枚）	B* 机型与 R* 机型的交换比
0.8584	2	0.2694	1.3960	2	3.1863

4）小结

B* 机型如果齐射两枚 BD*，R* 机型也可齐射两枚导弹还击，这种情况下由于有两架无人机的掩护，平均一枚 BD* 导弹只毁伤了 0.1347 架 R* 机型，低于典型作战模式

下的 0.1519 架。对 B^* 机型而言，齐射作战的交换比（3.1863）略优于两轮中程空对空导弹作战的后的效果（3.3133），但劣于中程和近程两回合作战后的效果（2.5146），所以齐射两枚导弹对 B^* 机型而言并不是好策略。

6. 各种作战模式下作战效果的比较与总结

1）各种作战模式下的作战效果比较

对典型作战过程和非典型作战过程下作战效果比较，其结果如表 16.13 所示。

表 16.13　各种作战模式下的作战效果对比

各种情况	对抗模式	蓝方		红方			交换比及其变化情况	
		B^* 机型被击毁概率	发射中程导弹数量	R^* 机型被击毁概率	无人机被击毁架次	发射中程导弹数量	B^* 机型与 R^* 机型的交换比	交换比的比值
典型作战过程	空中联合编队作战	0.6237	1	0.1519	0.8381	1	4.106	4.6926
	R^* 机型单独作战	0.6237	1	0.7128	×	1	0.875	
考虑近程格斗	空中联合编队作战	0.7833	1	0.3115	0.6785	1	2.5146	2.8452
	R^* 机型单独作战	0.6777	1	0.7668	×	1	0.8838	
B^* 机型提前发射导弹	空中联合编队作战	0.6237	1	0.1519	0.8381	1	4.106	>4.6926
	R^* 机型单独作战	0.6237	1	>0.1519	×	1	<0.875	
双方进行两轮中程空对空导弹作战	空中联合编队作战	0.8227	1.3192	0.2483	1.0577	1.3192	3.1330	3.5806
	R^* 机型单独作战	0.6911	1.1081	0.7899	×	1.1081	0.8750	
空中联合编队进行第二次中程导弹攻击	空中联合编队作战	0.7997	1	0.1519	0.8381	1.7500	5.2646	×
B^* 机型齐射两枚中程导弹	空中联合编队作战	0.8584	2	0.2694	1.396	2	3.1863	×

从表 16.13 中可以得出如下结论：

（1）空中联合编队能够大幅度提高 B^* 机型与 R^* 机型相互毁伤的交换比，在有些情况下交换比达到 5 以上。和 R^* 机型单独与 B^* 机型作战模式相比，交换比的比值提高到 2.8452 倍以上，无论是相对效果还是绝对效果，空中联合编队的作战效果都十分可观。

（2）在考虑近程格斗的条件下，B^* 机型与 R^* 机型的交换比最小 2.8452，实际上在第一轮中程空对空导弹交战完成后，第二轮作战是否直接进入近程格斗取决于双方的作战策略，只要 R^* 机型不采用主动进入近程空对空格斗的策略，则双方无法进入近程空对空格斗，所以在实际作战过程中，只要 R^* 机型在第二轮作战中不采用冒进策略，则 B^* 机型与 R^* 机型的交换比应该大于 2.8452。

（3）实际作战过程中，如果双方在第一轮作战中只发射一枚导弹，则在第一轮空对空导弹作战完成后，R^* 机型和 B^* 机型都未被击毁的概率在 0.3191 以下，这时双方可能进入第二轮空战。如果第二轮作战采用近程格斗，最后的交换比为 2.8452。如果第二轮作战采用中程空对空导弹格斗，最后的交换比为 3.5806。所以，如果双方需要进行第二轮空战，双方各自合理的作战策略为：R^* 机型选择中程空对空导弹作战模式，而 B^* 机型应该选择近程空对空导弹作战模式。

（4）第一轮作战的效果在整体作战效果中起主导作用，因为进入第二轮战斗的概率小于 0.3191，所以在第一轮作战过程中，双方应该尽可能地制敌于死地。而无人机恰恰是在第一轮作战中发挥作用，充分发挥无人机在中程空对空导弹作战过程的掩护作用是空中联合编队以较高优势获胜的关键。

（5）空中联合编队作战模式下，无人机不仅能够有效地破解蓝方先发制人的进攻，而且还能够在后续作战过程中获得先发制人的攻击机会，该攻击机会产生的原因在 16.6.6 节中第 2 部分有详细的分析。如果空中联合编队在后续作战过程中充分利用此次先发制人的攻击机会，在第一轮中程空对空导弹作战中，B^* 机型与 R^* 机型的交换比可到达 5.2646。

（6）在空中联合编队作战模式下，无论 B^* 机型采用何种策略，只要 R^* 机型准确运用无人机的掩护作用并利用第二次攻击机会，那么 B^* 机型与 R^* 机型的交换比高于 2.5146（经过两轮作战之后），而 R^* 机型单独和 B^* 机型作战中（两轮空战），B^* 机型与 R^* 机型的交换比只有 0.875，所以和 R^* 机型单独与 B^* 机型作战相比，采用空中联合编队交换比的比值在 2.8452 以上。

2）与空中联合编队作战过程中 B^* 机型的作战原则

（1）B^* 机型在第一轮中程空对空导弹作战之后，如果双方都未被击毁，B^* 机型应尽可能地采用近程空对空导弹对抗的作战方式。

（2）空中联合编队作战模式的脆弱点：如果 B^* 机型同时发射三枚 BD^* 导弹协同攻击三个目标（两枚导弹分别攻击两架无人机，另一枚导弹攻击主战飞机）。这种情况下，R^* 机型被击毁的概率为 p'_{dj}（$p'_{dj}=0.7128$），无人机掩护作用无法发挥。但 B^* 机型协同攻击三个目标的技术条件有：①机载雷达的分辨率很高使得可以区分空中联合编队中各个目标，为了实现这一功能雷达分辨率水平在当前的基础上需要提高 5 倍以上；②中程空对空导弹和载机之间有双向数据链，使得在交接班的时候由载机分配目标，中程空对空导弹和载机之间的双向数据链通信是未来先进中程空对空导弹的一个发展趋势，目前还未实现，即使实现了这种技术，用这种技术改造现有的导弹也需要一定的时间；③中程空对空导弹具有很高的智能，能够区分无人机和主战飞机，W^* 在雷达反射特征上是一个真飞机，而不是箔条云或者角反射器，中程空对空导弹区分主战飞机和 W^* 是相当困难的，需要在导弹设计中就加入 W^* 和 R^* 机型的雷达特征和其他电子特征，否则无法在作战中临时加入 W^* 和 R^* 机型的雷达特征，而且空中联合编队还可以采用其他措施伪装 W^* 和 R^* 机型的雷达特征；④蓝方知道红方无人机和主战飞机的空中联合编队作战模式。

3）与 B^* 机型作战过程中空中联合编队的作战原则

（1）充分利用无人机的掩护作用，在前两轮作战中，尽可能地采用中程空对空导弹对抗形式，经过前两轮中程空对空导弹作战后，如果双方都未被消灭需要进行第三轮空战，在第三轮空战中，R^* 机型应该选择近程空战模式。

（2）当无人机在冲淡式干扰成功后，空中联合编队有效破解了蓝方的先发制人的攻击，而且在后续作战过程中获得先发制人的攻击机会，这时 R^* 机型应该发射第二枚中程空对空导弹，充分利用这种机会。

16.6.7　小结

（1）空中联合编队能够大幅度提高 B^* 机型与 R^* 机型的交换比，空中联合编队作战效果十分可观，在 1VS1 的对抗模式下空中联合编队至少能获得 2.8452 以上的交换比。

（2）空中联合编队作战模式具有适应性，对未来的环境具有较强的适应性，蓝方无法仅仅通过改变战术就获得本质性改进效果，如果蓝方不是针对空中联合编队这种独特的作战模式进行研究和装备准备，按照通常装备发展趋势，则 3～10 年后，B^* 机型无法和空中联合编队进行有效的势均力敌的对抗。

（3）无人机 W^* 在中程空对空导弹作战过程中掩护主战飞机 R^* 机型的效果十分明显，其中主要发挥作用的环节在于以无人机为载体的冲淡式干扰效果，对于中程和远程空对空导弹而言，开发高保真度目标为载体的冲淡式干扰将是未来应对中远程空对空导弹的有效措施，无人机就是这样一种廉价的高保真度的目标。

（4）在中程空对空导弹作战过程中，无人机掩护时（无论是一架无人机掩护还是两架无人机掩护），R^* 机型被击毁的概率都大大降低，所以有无人机掩护时 R^* 机型应该尽可能地选择中程空对空导弹作战。当没有无人机掩护时，R^* 机型应该选择近程空对空导弹作战模式。

（5）R^* 机型和 W^* 的相互伪装效果对空中联合编队作战模式下的作战效果有显著的影响，因为 R^* 机型和 W^* 之间的相互伪装将会显著影响 BD^* 导弹的智能系数，而智能系数对最终的作战效果有显著影响。所以在 R^* 机型和 W^* 的改造过程中，应该充分考虑 R^* 机型和 W^* 之间的相互伪装问题。

（6）空中联合编队作战模式下，在最不利的情况下都能获得 2.8452 以上的交换比。在分析过程中，一些有利于空中联合编队发挥作战效果的非关键性因素没有详尽研究。例如，因为第二阶段的作战不是起主要作用的作战阶段，所以对于第二阶段的作战过程没有建立更为详尽的分析模型。不仅如此，本节中常常采用对效果较为不利的参数估计，也未将空中联合编队可以采用的有效战术用尽。因此，若进一步仔细研究，将更有利于进一步提高空中联合编队的作战效果。

（7）这个案例针对的是 R^* 机型携带无人机（W^*）和 B^* 机型对抗的过程，由此案例获得的作战模式与作战原则具有通用性和普适性，对 R^* 机型带无人机组成空中联合编队对抗其他先进机型也同样适用，对红方进口机型带上无人机组成空中联合编队对抗更先进的飞机或对抗地面防空系统或者航母对空防御系统也具有适用性。

16.7　小编队对小编队作战效果分析

在空中联合编队与 B^* 机型一对一作战效果分析（16.6 节）的基础上，本节主要分析由两支编队组成的小编队对两架 B* 机型作战效果分析，简称小编队与 B* 机型间 2VS2 作战效果分析。小编队作战效果分析是建立在空中联合编队与 B* 机型间 1VS1 作战效果分析基础上的。本章中空中联合编队的含义与 16.6 节中相同，都是指由一架 R* 机型主战飞机指挥两架 W* 组成的编队。对于小编队对小编队作战，许多迭代结果本节中就不详细介绍了，只是为了更好地说明红方采取空中联合编队的重要作用，另外对战争设计过程的完整性进行说明。

16.7.1 小编队对小编队作战过程

在红方小编队与蓝方两架 B* 机型中程空对空导弹对抗过程中，蓝方可以采取的对抗措施可能存在两种情况：①以两架 B* 机型对付红方一个空中联合编队；②两架 B* 机型分别对付红方两个空中联合编队。假设蓝方采取以上两个措施过程时，红方采取的措施都是两个空中联合编队分别对付蓝方两架 B* 机型。在蓝方运用策略①时，可以估算，蓝方两架 B* 机型对 R* 机型的毁伤架次大约是 $1-(1-0.1519)^2=0.2807$，而红方对蓝方 B* 机型的毁伤架次大约是 $2\times0.6237=1.2474$；如果蓝方采用策略②，则 R* 机型的毁伤架次大约是 $2\times0.1519=0.3038$，蓝方 B* 机型的毁伤架次大约是 $2\times0.6237=1.2474$。从这种定性分析和粗略的定量计算可以看出，对于红蓝双方在 2VS2 过程中，蓝方最优的策略应该是两个 1VS1 的作战。所以，本章假设蓝方在发现红方小编队后采取的措施是以一架 B* 机型应对红方一个空中联合编队，这样 2VS2 作战过程在第一阶段中程空对空导弹的对抗过程就是两个 1VS1 作战过程。此外，从定性分析来看，由于在中程空对空导弹作战过程中 W* 的掩护作用，会使得红方 R* 机型剩余架次较多，在近程格斗中占据较大优势。基本作战过程和 1VS1 的作战过程相似，不再赘述。

16.7.2 基于状态转移的小编队典型作战效果分析

1. 典型参数值情况下红蓝双方拦射状态转移及概率分析

用 (m, n, l) 表示红蓝双方小编队所处的状态，m 表示红方 R* 机型的数量，n 表示红方 W* 的数量，l 表示蓝方 B* 机型的数量。中程导弹攻击后，状态转移如图 16.16 所示。

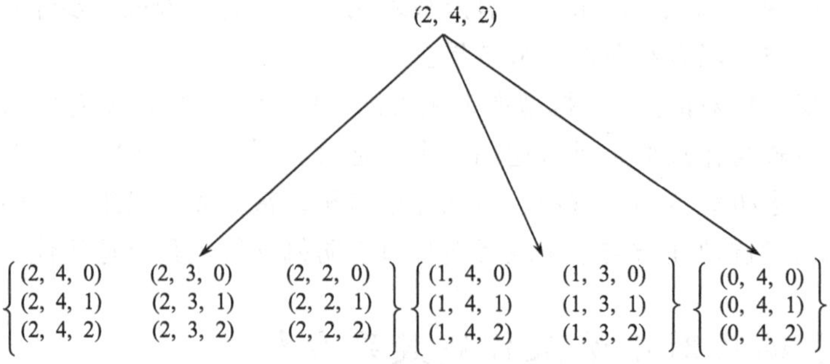

图 16.16 2VS2 第一阶段中程导弹攻击后状态转移图

根据 16.6 节，1VS1 情况下各种事件发生的概率如表 16.5 所示。因此，各种状态转移的概率如表 16.14 所示。

表 16.14　无人机支持下 2VS2 中程空对空导弹拦射后状态转移结果

序号	状态	计算公式	概率
1	(2，4，0)	p_3^2	0
2	(2，4，1)	$2p_3p_6$	0.0001
3	(2，4，2)	p_6^2	0
4	(2，3，0)	$2p_1p_3$	0.0065
5	(2，3，1)	$2p_1p_6+2p_3p_4$	0.0079
6	(2，3，2)	$2p_4p_6$	0.0024
7	(2，2，0)	p_1^2	0.2732
8	(2，2，1)	$2p_1p_4$	0.3297
9	(2，2，2)	p_4^2	0.0995
10	(1，4，0)	$2p_2p_3$	0.0012
11	(1，4，1)	$2p_2p_6+2p_3p_5$	0.0014
12	(1，4，2)	$2p_5p_6$	0.0004
13	(1，3，0)	$2p_1p_2$	0.0990
14	(1，3，1)	$2p_2p_4+2p_1p_5$	0.1195
15	(1，3，2)	$2p_4p_5$	0.0361
16	(0，4，0)	p_2^2	0.0090
17	(0，4，1)	$2p_2p_5$	0.0108
18	(0，4，2)	p_5^2	0.0033

2. 典型参数值情况下中程导弹交战后红蓝双方交换比

根据以上的结果，得到在中程导弹交战后红蓝双方效果对比如表 16.15 所示。

表 16.15　小编队与 B* 机型间的 2VS2 中程空对空导弹拦射作战效果对比

蓝方		红方			交换比
B* 机型被击毁的架次	发射导弹数量（枚）	R* 机型被击毁的架次	无人机被击毁的架次	发射导弹的数量（枚）	B* 机型与 R* 机型的交换比
1.2474	2	0.3038	1.6762	2	4.106

从表 16.15 可以得到如下结论：

(1) 相对于 1VS1 作战过程来说，小编队中程空对空导弹作战后，B* 机型与 R* 机型的交换比和 1VS1 作战过程的交换比相同。

(2) 相对于 1VS1 作战过程来说，无人机被击落的架次比相同。

(3) 在 2VS2 中程空对空导弹拦射过程中，无人机起到了和 1VS1 相同的效果。

由于在中程空对空导弹拦射中，将 2VS2 的过程看做是两个 1VS1 过程的综合，所以，定性分析看来这两个计算结果也应该是一样的，定量的结果印证了这种定性的判断。

3. 典型参数值情况下导弹拦射后红蓝双方近程格斗效果分析

在导弹拦射后，假设红蓝双方不再进行第二轮的中程空对空导弹拦射作战，直接进入近程空战。由于在近程空战中无人机没有太大作用，因此在近程空战中不考虑无人机的参与。经过中程空对空导弹交战后，红蓝双方的态势有九种，各种态势及其发生的概率如表 16.16 所示（其中不考虑 R^* 机型携带的无人机）。

表 16.16 近程空战的态势及其发生的概率表

序号	状态（m，l）	概率
1	(2，0)	$p_{11}=0.2836$
2	(2，1)	$p_{12}=0.3376$
3	(2，2)	$p_{13}=0.1019$
4	(1，0)	$p_{14}=0.1002$
5	(1，1)	$p_{15}=0.1209$
6	(1，2)	$p_{16}=0.0365$
7	(0，0)	$p_{17}=0.0090$
8	(0，1)	$p_{18}=0.0108$
9	(0，2)	$p_{19}=0.0033$

和 1VS1 近程格斗的情况一样，在 2VS2 近程格斗中，假设 B^* 机型先锁定 R^* 机型的概率为 p_{fj}，R^* 机型先锁定 B^* 机型的概率为 p_{jf}。在（2，1）情况下，假设在 B^* 机型先锁定 R^* 机型后，红方另一架 R^* 机型锁定 B^* 机型的概率为 p_{jfj}，并假设锁定并击毁的概率都为 1。同样在（1，2）情况下，蓝方另一架 B^* 机型锁定 R^* 机型的概率为 p_{fjf}，有如下假设：

(1) $p_{fj}+p_{jf}=1$，假设 p_{fj} 变化范围为 0.3～0.7，取典型值 $p_{fj}=p_{jf}=0.5$。这一点同 1VS1 中的假设一样。

(2) 假设 $p_{jfj}=p_{fjf}$，一般情况下，在 2VS1 近程格斗中，拥有两架主战飞机的一方在其中一架被对方锁定后，另一架飞机锁定对方飞机的概率很大。这就是所谓“螳螂捕蝉，黄雀在后”。所以假设 p_{jfj}、p_{fjf} 的变化范围为 0.7～0.9，典型值取 0.8。

从上面九种情况可以看出，能够进入近程空战的概率为 0.597，不进入近程空战的概率为 0.403。可进入近程空战的态势分别为（2，1）、（2，2）、（1，1）、（1，2），下面就这四种情况分别进行分析。各种情况的状态图如图 16、17 所示。

(1) 状态为（2，1）的情况

B^* 机型被击毁的概率 p_{df_nt11} 为

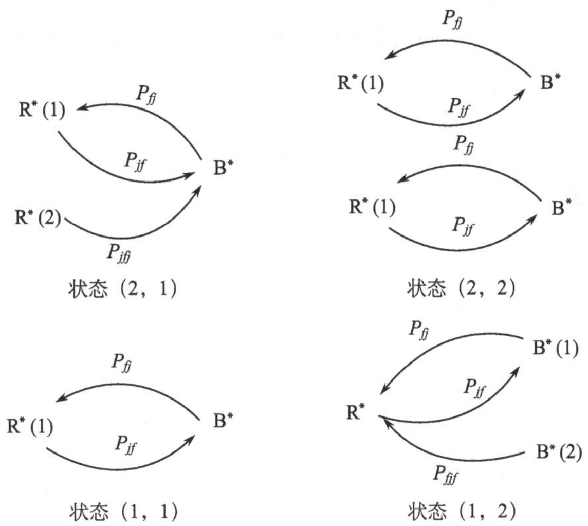

图 16.17　空中格斗初始状态图

$$p_{df\_nt11} = 1-(1-p_{jf})(1-p_{jfj}) = p_{jf} + p_{fj}p_{jfj}$$

R^* 机型被击毁的概率 p_{dj_nt11} 为

$$p_{dj\_nt11} = p_{fj} \times 1 = p_{fj}$$

当取典型值时，p_{df_nt11} 和 p_{dj_nt11} 的值分别为 0.9 和 0.5，此时近程格斗交换比为 1.8。

(2) 状态（2，2）的情况

将 2VS2 作战过程看做是两个 1VS1 的近程格斗，则

B^* 机型被击毁的概率 p_{df_nt12} 为

$$p_{df\_nt12} = p_{jf} \times 1 = p_{jf}$$

R^* 机型被击毁的概率 p_{dj_nt12} 为

$$p_{dj\_nt12} = p_{fj} \times 1 = p_{fj}$$

当取典型值时，p_{df_nt12} 和 p_{dj_nt12} 的值分别为 0.5 和 0.5，此时近程格斗交换比为 1。

(3) 状态（1，1）的情况

B^* 机型被击毁的概率 p_{df_nt13} 为

$$p_{df\_nt13} = p_{jf} \times 1 = p_{jf}$$

R^* 机型被击毁的概率 p_{dj_nt13} 为

$$p_{dj\_nt13} = p_{fj} \times 1 = p_{fj}$$

当取典型值时，p_{df_nt13} 和 p_{dj_nt13} 的值分别为 0.5 和 0.5，此时近程格斗交换比为 1。

(4) 状态 (1, 2) 的情况

状态 (1, 2) 和状态 (2, 1) 的计算过程是一样的，结果如下：

B* 机型被击毁的概率 p_{df_nt14} 为

$$p_{df\_nt14} = p_{jf} \times 1 = p_{jf}$$

R* 机型被击毁的概率 p_{dj_nt14} 为

$$p_{dj\_nt14} = 1-(1-p_{fj})(1-p_{fjf}) = p_{fj} + p_{jf}p_{fjf}$$

当取典型值时，p_{df_nt14} 和 p_{dj_nt14} 的值分别为 0.5 和 0.9，此时近程格斗交换比为 0.556。

4. 典型参数值情况下两个阶段红蓝双方总的交换比

经过第一阶段中程空对空导弹拦射和第二阶段近程空对空导弹格斗，红蓝双方的交换比为

$$I_{cs} = \frac{2p_{11}+(p_{12}+p_{12}\times p_{df\_nt11})+2p_{13}\times p_{df\_nt12}+2p_{14}+(p_{15}+p_{15}\times p_{df\_nt13})+p_{16}\times p_{df\_nt14}+2p_{17}+p_{18}}{p_{12}\times p_{dj\_nt11}+2p_{13}\times p_{dj\_nt12}+p_{14}+(p_{15}+p_{15}\times p_{dj\_nt13})+(p_{16}+p_{16}\times p_{dj\_nt14})+2p_{17}+2p_{18}+2p_{19}}$$

将典型值带入，得到交换比 I_{cs}=2.5935。两个阶段的总体结果见表 16.17。

表 16.17 无人机支持下两个阶段作战的总交换比

B* 机型被击毁的总架次	R* 机型被击毁的架次	B* 机型与 R* 机型的交换比
1.7318	0.6678	2.5935

从表 16.17 可以看出，在两个阶段综合后和 1VS1 空中联合编队作战相比，有如下结论：

(1) 第一阶段的交换比和 1VS1 相同，其原因已在 16.7.2 节中分析。

(2) 从两个阶段的交换比可以看出，和 1VS1 达到的效果一样，无人机在 2VS2 作战过程中也起到了同样重要的作用。

(3) 2VS2 中两个阶段的交换比比 1VS1 的交换比稍大一些，这主要是因为在 2VS2 近程格斗过程中，状态 (2, 1) 出现的概率为 0.338，状态 (1, 2) 出现的概率为 0.037。这样总体看来在 2VS2 过程中，红方在近程格斗中要占优势一些，使得两个阶段交战后，交换比比 1VS1 要大一些。从这个角度上看，在第一阶段由于红方 W* 的掩护作用，使得红方 2VS2 对抗条件下，在近程格斗中占有更大的优势。

16.7.3 灵敏度分析

与 1VS1 的情况相同，对 BD* 导弹末制导雷达的智能系数、B* 机型先锁定 R* 机型的概率 p_{fj} (R* 机型先锁定 B* 机型的概率为 p_{jf})、p_{fjf} 以及 p_{jfj} 对两个阶段的 B* 机型与 R* 机型的交换比的影响进行灵敏度分析。

根据 16.5 节中的参数估计，典型参数的取值范围如下：

（1）将无人机当主战飞机的概率 p_s，p_s 取值范围为 0～0.95（导弹的智能系数 λ 从 1 到 0.05），典型值取为 0.5，其中，p_s 最为可能的取值范围 0.2～0.7。

（2）$p_{fj}+p_{jf}=1$，取 p_{fj} 变化范围为 0.3～0.7，典型值取 $p_{fj}=p_{jf}=0.5$。

（3）p_{jfj}、p_{fjf} 的变化范围为 0.7～0.9，典型值取 0.8，且取 $p_{jfj}=p_{fjf}$。

通过灵敏度分析得到如下结论：

（1）BD* 导弹的智能系数或者红方 W* 的伪装掩护能力是一个关键性因素，BD* 导弹智能系数很大程度上决定了红方无人机掩护效果发挥的好坏。

（2）第二阶段近程格斗对整个阶段的交换比影响不是很大。且对交换比影响最大的仍然是 BD* 导弹的智能系数 λ。

（3）p_{jfj}、p_{fjf} 的取值变化对交换比基本没有什么影响。这主要因为第一阶段的中程空对空导弹在两个阶段作战过程中占据重要的地位，红蓝双方的毁伤主要在第一个阶段。

（4）在经过两个阶段的作战后，2VS2 与 1VS1 在 p_{jf} 取相同值时，交换比相差不大。从这个阶段可以看出，第一阶段的中程空对空导弹作战在两个阶段的作战中占据重要的位置，直接影响着整个作战过程的总趋势。

16.7.4　R* 机型与 B* 机型间 2VS2 对抗的典型作战效果

在红方没有无人机配合的条件下，R* 机型和 B* 机型之间 2VS2 在第一阶段中程空对空导弹拦射的作战过程同 1VS1 情况下的作战过程相同，并且第一阶段中程空对空导弹拦射中，蓝方采取的措施是以一架 B* 机型应对红方一架 R* 机型。

1. 典型参数值情况下红方双方拦射状态转移及概率分析

用（m，n）表示红蓝双方小编队所处的状态，m 表示红方 R* 机型的数量，n 表示蓝方 B* 机型的数量。中程导弹攻击后，状态转移如图 16.18 所示。

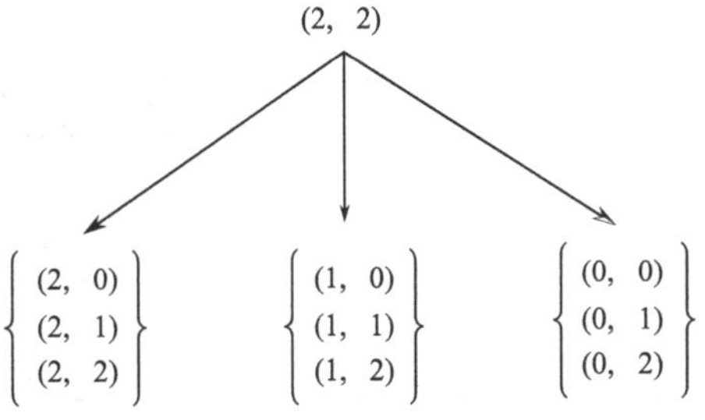

图 16.18　1VS1 第一阶段中程导弹攻击后状态转移图

各种事件发生的概率如表 16.18 所示，其中，B* 机型被击毁的概率 $p'_{df}=0.6237$，R* 机型被击毁的概率 $p'_{dj}=0.7128$。

表 16.18 各种事件发生的概率

拦射空战后出现的情况	发生的概率	计算公式
B* 机型被击毁	$p_1=0.1791$	$p'_{df}\times(1-p'_{dj})=0.6237\times0.2872$
B* 机型、R* 机型被击毁	$p_2=0.4446$	$p'_{df}\times p'_{dj}=0.6237\times0.7128$
R* 机型被击毁	$p_3=0.2682$	$p'_{dj}\times(1-p'_{df})=0.7128\times0.3763$
没有作战单元被击毁	$p_4=0.1081$	$(1-p'_{df})\times(1-p'_{dj})=0.2872\times0.3763$

根据 1VS1 过程中 B* 机型与 R* 机型的交换比，可以得到图 16.24 中九种状态转移的概率见表 16.19。

表 16.19 没有无人机支持下 2VS2 导弹拦射后状态转移结果

序 号	状 态	计算公式	概 率
1	(2, 0)	p_1^2	$p_{11}=0.0321$
2	(2, 1)	$2p_1p_4$	$p_{12}=0.0387$
3	(2, 2)	p_4^2	$p_{13}=0.0117$
4	(1, 0)	$2p_1p_2$	$p_{14}=0.1593$
5	(1, 1)	$2p_1p_3+2p_2p_4$	$p_{15}=0.1922$
6	(1, 2)	$2p_3p_4$	$p_{16}=0.0580$
7	(0, 0)	p_2^2	$p_{17}=0.1976$
8	(0, 1)	$2p_2p_3$	$p_{18}=0.2385$
9	(0, 2)	p_3^2	$p_{19}=0.0719$

2. 典型参数值情况下没有无人机支持下导弹拦射红蓝双方交换比

根据以上的结果，得到在没有无人机支持下导弹拦射后红蓝双方效果对比。

表 16.20 R* 机型与 B* 机型间的 2VS2 导弹拦射作战效果对比

蓝 方		红 方		交换比
B* 机型被击毁的架次	发射导弹数量（枚）	R* 机型被击毁的架次	发射导弹数量（枚）	B* 机型与 R* 机型的交换比
1.2474	2	1.4256	2	0.875

从表 16.20 可以得到如下结论：如果蓝方采用两架 B* 机型分别与 R* 机型作战，相对于没有无人机支持下的 1VS1 作战过程来说，B* 机型与 R* 机型的交换比和 1VS1 作战过程的交换比相同。

3. 典型参数值情况下没有无人机时近程格斗效果分析

和无人机支持下的情况相同，在 R* 机型和 B* 机型经过第一阶段直接对抗后，只有四种态势（2，1）、（2，2）、（1，1）、（1，2）能够进入下一阶段的近程格斗，概率为 0.3006。四种近程格斗的情况和 16.7.2 节中一样。

4. 典型参数值情况下没有无人机时两个阶段红蓝双方总的交换比

经过第一阶段中程空对空导弹拦射和第二阶段近程空对空导弹格斗，红蓝双方的交换比为

$$I'_{cs}=\frac{2p_{11}+(p_{12}+p_{12}\times p_{df\_nt11})+2p_{13}\times p_{df\_nt12}+2p_{14}+(p_{15}+p_{15}\times p_{df\_nt13})+p_{16}\times p_{df\_nt14}+2p_{17}+p_{18}}{p_{12}\times p_{dj\_nt11}+2p_{13}\times p_{dj\_nt12}+p_{14}+(p_{15}+p_{15}\times p_{dj\_nt13})+(p_{16}+p_{16}\times p_{dj\_nt14})+2p_{17}+2p_{18}+2p_{19}}$$

将典型值代入，得到交换比为 $I'_{cs}=0.8842$。两个阶段的总体结果见表 16.21。

表 16.21　没有无人机支持下两个阶段交换比

B* 机型被击毁的总架次	R* 机型被击毁的概率	B* 机型与 R* 机型的交换比
1.419	1.6049	0.8842

16.7.5　典型作战过程作战效果的比较与小结

1. 典型参数值情况下作战效果比较

对典型作战过程下的作战效果比较，其结果如表 16.22 所示。

表 16.22　2VS2 典型作战环境下的作战效果对比

各种情况	对抗模式	蓝方		红方			交换比及其变化情况	
		B* 机型被击毁的架次	发射中程导弹数量	R* 机型被击毁的架次	无人机被击毁架次	发射中程导弹数量	B* 机型与 R* 机型的交换比	交换比的比值
2VS2 中程空对空拦射典型作战过程	两个空中联合编队作战	1.2474	2	0.3038	1.6762	2	4.106	4.2696
	两架 R* 机型单独作战	1.2474	2	1.4256	×	2	0.875	
2VS2 考虑近程格斗时两个阶段作战结果	两个空中联合编队作战	1.7318	2	0.6678	1.6762	2	2.5935	2.8439
	两架 R* 机型单独作战	1.419	2	1.6049	×	2	0.8842	

在典型取值情况下，由以上分析及其结果可以得出如下结论：

（1）无人机能够大幅度提高 B* 机型与 R* 机型的交换比。和 R* 机型单独与 B* 机型作战模式相比，在第一阶段交换比提高到原来的 4.2926 倍，经过两个阶段后交换比的比值提高到 2.8439 倍，无论是相对效果还是绝对效果，空中联合编队作战效果都十分可观。这一点和空中联合编队 1VS1 作战得到的结论是一致的。

（2）2VS2 中第二阶段近程格斗对整个阶段的交换比影响不是很大，且第一轮作战的效果在整体作战效果中起主导作用。这一点和空中联合编队 1VS1 作战得到的结论是一致的。

（3）2VS2 的作战效果和 1VS1 的作战效果相差不大，并且在无人机的支持下，都能大幅度提高红方主战飞机的作战效果。并且对比分析可以得到同样的结论：第一轮作战的效果在整体作战效果中起主导作用，所以在第一轮作战过程中，双方应该尽可能地制敌于死地，而无人机恰恰是在第一轮作战中发挥作用，充分发挥无人机在中程空对空导弹作战过程中的掩护作用是空中联合编队以大优势获胜的关键。

（4）在小编队作战过程中，在无人机支持下，红方主战飞机不仅能够有效地破解蓝方先发制人的进攻，而且还能够在近程格斗阶段获得更大的优势，在无人机支持下近程格斗态势（2，1）的概率是态势（1，2）概率的 9.243 倍。

（5）虽然近程格斗在两个阶段的作战过程中不占据重要地位，但正是由于第一阶段的重要地位，使得红方近程格斗占据更大的优势。

2. 在小编队作战过程中 B^* 机型的作战原则

通过以上的分析，以及与 1VS1 作战效果的对比，对于 B^* 机型来说，同样存在如下的作战原则：

（1）B^* 机型在第一轮中程空对空导弹作战之后，如果双方都未被击毁，B^* 机型应尽可能地采用近程空对空导弹对抗的作战方式。

（2）与红方空中联合编队组成的小编队作战中，提高中程导弹的智能系数，是 B^* 机型提高作战效果的最佳途径。

3. 与 B^* 机型作战过程中小编队的作战原则

（1）充分利用无人机的掩护作用，尽可能地采用中程空对空导弹对抗形式，经过中程空对空导弹战后，由于无人机对第一阶段的重要作用，使得红方小编队在近程空战中占据更大优势。

（2）在对无人机 W^* 改造时，使其电磁特征尽量和 R^* 机型接近，接近程度越大，红方 R^* 机型生存概率越高。

4. 小结

（1）和 1VS1 的作战效果一样，无人机的支持极大地提高了 B^* 机型与 R^* 机型的交换比，无论是绝对值还是相对值，小编队的作战效果都十分可观；

（2）和 1VS1 的作战效果一样，无人机支持下的小编队作战模式具有适应性，对未来的环境具有较强的适应性，蓝方无法仅仅通过改变战术使得效果有质的改进。如果蓝方不是针对红方无人机支持下的小编队作战模式进行有针对性的研究和装备准备，B^* 机型小编队无法和红方无人机支持下的小编队进行有效的势均力敌的较量；

（3）和 1VS1 的作战效果一样，无人机 W^* 在中程空对空导弹作战过程中掩护 R^* 机型的效果十分明显，其中发挥主要作用的环节是以无人机为载体的冲淡式干扰。对于中程和远程空对空导弹而言，开发高保真目标为载体的冲淡式干扰将是未来应对中远程空对空导弹的有效措施，无人机就是这样一种廉价的高保真度的目标；

(4) 和 1VS1 的作战效果一样，在中程空对空导弹作战过程中，有无人机掩护时，R* 机型被击毁的概率都大大降低，并且中程空对空导弹作战的作战效果在两个阶段中占据重要的地位；

(5) 和 1VS1 的作战效果一样，蓝方 BD* 导弹的智能系数对红方小编队作战效果的影响比较大。因此，R* 机型和 W* 的相互伪装效果对小编队作战模式下的作战效果有显著的影响。所以在 R* 机型和 W* 的改造过程中，应该充分考虑 R* 机型和 W* 之间的相互伪装问题；

(6) 这个案例针对的是红方小编队带无人机 W* 和 B* 机型对抗的过程，由此案例获得的作战模式与作战原则具有通用性和普适性，对红方小编队带无人机组成空中联合编队对抗其他先进机型同样适用。

16.8 空中联合编队机群作战效果分析

本节简要分析由 8 个空中联合编队（每个空中联合编队包括一架主战飞机 R* 机型指挥两架由某特种无人机改造而成的无人机 W*）组成的机群对 8 架 B* 机型作战效果分析，简称空中联合编队机群作战效果分析。空中联合编队机群作战效果分析是建立在空中联合编队与 B* 机型间 1VS1 和小编队作战效果分析基础上的。本节只对空中联合编队机群作战的过程及其效果作简要的分析。

16.8.1 空中联合编队机群作战的描述

1. 机群作战前提假设

红方作战的最终目的是获得一定时空范围内的制空权，在作战过程中红方是进攻方，处于主动地位，可以选择特定的时空范围展开空战，因此，在空中联合编队机群作战过程中作如下假设：

(1) 机群作战时间为白天，且天气晴朗、目视效果良好；

(2) 在红方飞机进攻前，红方导弹部队已对蓝方机场进行了攻击，蓝方机场与飞机受到一定程度的损坏；

(3) 红方进攻机群由 8 个空中联合编队组成，每个空中联合编队为一架 R* 机型加两架无人机 W*；

(4) 在红方飞机攻击时，蓝方短时间内能够集结起来用于拦截的飞机数量为 8 架 B* 机型，并且在第一轮中程空战后，蓝方可以利用这段时间集结数架增援 B* 机型补充第一批次的损失，再次组成 8 架 B* 机型的机群；

(5) 双方机群均由各自预警机引导、指挥；

(6) 其他假设同 16.6 节中的 1VS1 作战模式。

2. 机群作战特点

编队机群作战不能等同于1VS1作战或小编队作战的简单累加，其作战过程更加复杂，更加强调相互之间的协同。

(1) 友机间信息共享、互补，可以扩大探测范围，提高信息精度和可靠性；

(2) 战场态势更透明，有利于战术决策、合理分配目标和攻击火力；

(3) 友机之间合理分工、互相支援、互为犄角，充分发挥各作战飞机武器装备的效能，便于集中兵力实施火力攻击，提高攻击效率；

(4) 需要优化多机飞行航线，有利于实施攻击和规避；

(5) 可以在时间和空间上进行密切协调，选择正确的作战时机和作战空域。

可见机群作战时，战术信息、飞行航迹、火力分配和攻击等协同的效果对最终作战结果会产生较大的影响，但这些因素很难进行定量分析，且不是空中联合编队作战效果研究的重点。因此，本节中假设双方机群都能在预警机的支持下获得较全面的战术信息，飞行航迹、火力分配等都得到了最佳的优化。

由空中联合编队组成机群作战与1VS1情况相比，对于空中联合编队作战效能的发挥有利有弊。

- 有利之处：预警机及友机之间的战术信息协同，一定程度上弥补了红方飞机探测距离短的缺陷；空中联合编队之间可进行协同防御、交叉掩护，无人机的诱饵与拦截作用可以得到充分利用。
- 不利之处：大量无人机在一定空域范围内飞行，增加了飞行航线设计与优化的复杂性。

3. 机群作战过程

机群作战建立在小编队作战的基础上，又具备自身的作战特点，对机群作战过程的描述，在不影响整体作战效果分析结果的基础上，对单机作战或单枚导弹的攻击过程进行了适当简化，而突出机群作战的特点。

(1) 红方机群进入目标空域，蓝方第一批次B^*机型机群升空到蓝方防空导弹火力圈外沿拦截；

(2) 蓝方机群在预警机的支持下，相距85km时，开始散开队形、进行目标分配与火力协同；

(3) 红方机群在预警机的支持下，相距80km时，开始散开队形、进行目标分配与火力协同；

(4) 假设双方机群经过目标分配后，形成4个2VS2的小编队作战态势，在中程拦射阶段为8个1VS1作战态势；

(5) 第一轮中程导弹拦射；

(6) 红方剩余飞机重新组织编队，搜索并分配目标；

(7) 蓝方剩余B^*机型与来援B^*机型组织编队，重新建立由8架B^*机型组成的机群，然后搜索并分配目标；

(8) 双方展开第二轮中程导弹空战；

(9) 空战结束。

对于机群作战，中程空战阶段获得优势的一方，在进入近程格斗时具有数量优势，而这些数量优势在近程格斗阶段又往往会产生系统性的放大，所以，中程空战是机群作战胜负的关键。因此，这里仅对机群中程空战的效果进行分析，双方进入近程格斗阶段后，对详细格斗过程不再进行描述。

16.8.2　典型参数环境下空中联合编队机群作战效果分析

以上描述的空中联合编队机群对 B* 机型机群作战过程由两次拦截作战构成：第一次红方 8 个空中联合编队对蓝方 8 架 B* 机型，第二次红方剩余飞机对蓝方剩余飞机与增援飞机（共 8 架 B* 机型）。中程拦射双方互射导弹，同时进行干扰与规避。作战效果的主要影响因素为导弹命中概率、诱饵（无人机）干扰概率与主战飞机规避成功概率等，其中无人机的掩护作用至关重要。

1. 典型参数及其取值

主要的典型参数及其取值范围：

(1) 导弹末制导雷达的智能水平与红方某特种无人机改装的无人机 W* 的“以假乱真”能力，决定了末制导雷达区分主战飞机和无人机的能力，把无人机当主战飞机的概率用 p_s 表示，p_s 取值范围为 0.9～0.1，典型值取为 0.5；

(2) 在 50km 范围之内发射的 RD* 中程空对空导弹，B* 机型机动摆脱 RD* 导弹的概率为 p_{mf}，p_{mf} 的取值范围为 0.2～0.4，典型值取为 0.3；

(3) 在 50km 范围之内发射的 BD* 中程空对空导弹，R* 机型机动摆脱 BD* 导弹的概率为 p_{mj}，p_{mj} 的取值范围为 0.1～0.3，典型值取为 0.2；

(4) 飞机对中程空对空导弹进行电子干扰（箔条弹冲淡式干扰）成功的概率 p_{be}，p_{be} 的取值范围为 0.05～0.2，典型值取为 0.1；

(5) 假设中程空对空导弹命中后被击毁的概率为 p_d，p_d 的取值范围为 0.95～1，典型值取为 0.99；

(6) 空中联合编队与 B* 机型之间 1VS1 交战时，损失一架无人机的概率 $p_{dw}=0.8381$，R* 机型被 BD* 命中的概率 $p_{dj}=0.1519$；

(7) 空中联合编队与 B* 机型之间 1VS1 交战时，红方无人机损失的概率 $p'_{dw}=0.6862$，R* 机型被 BD* 命中的概率 $p'_{dj}=0.3038$；

(8) 蓝方 B* 机型被 RD* 命中的概率 $p_{df}=0.6237$；

(9) 空中联合编队与 B* 机型之间 2VS2 交战时，R* 机型的损失概率 $p_{2dj}=0.1519$；

(10) 空中联合编队与 B* 机型之间 2VS2 交战时，B* 机型的损失概率 $p_{2df}=0.6237$。

上述 (1) ～ (8) 中的参数取值引自 16.6 节，(9) ～ (10) 中的引自 16.7 节。

2. 第一批次拦截效果分析

1）中程导弹拦射效果分析

在发现蓝方机群后，红方 8 个空中联合编队迅速分散，以 4 个小编队的形式协同作战。因此，中程拦截阶段的作战，为 4 个小编队分别作战，每个小编队作战在中程空战阶段又形成两个 1VS1 的作战。下面应用母函数方法计算 8VS8 机群作战效果。

设第一轮中程空对空导弹拦射后：

B* 机型剩余 l 架的概率为 B_8（l），引入变量 x；

R* 机型剩余 m 架，且无人机剩余 n 架的概率为 R_8（m，n），引入变量 y，z；

构造如下母函数

$$M_B(x)=\sum_{l=0}^{8}B_8(l)x^l=(p_{df}+q_{sf}x)^8$$

$$M(y,z)=\sum_{m=0}^{8}\sum_{n=0}^{16}R_8(m,n)y^m z^n=(p_{dj}z+p_{dw}y+q_{sj}yz)^8 z^8$$

其中，p_{df} 为 1VS1 时 B* 机型被毁概率；$q_{sf}=1-p_{df}$ 为 B* 机型未毁概率；

p_{dj} 为 1VS1 时 R* 机型被毁概率；p_{dw} 为 1VS1 时无人机被毁一架的概率；

$q_{sj106}=1-p_{dj}-p_{dj}$ 为 R* 机型与无人机均未被毁的概率。

则双方第一轮中程空战后剩余飞机形成态势（m，n，l）的概率为

$$G_8(m,n,l)=R_8(m,n)B_8(l)$$

由上可知，R* 机型剩余 m 架的概率 $R_8(m)=\sum_{n=0}^{16}R_8(m,n)$。

经计算，第一批次中程导弹拦射后，红方剩余 R* 机型的数量及概率如表 16.23 所示。

表 16.23 R* 机型剩余的可能数量及其概率

0	1	2	3	4	5	6	7	8
2.834×10^{-7}	1.266×10^{-5}	2.474×10^{-4}	2.763×10^{-3}	0.0193	0.8612	0.2404	0.3835	0.2677

蓝方剩余 B* 机型的数量及概率如表 16.24 所示。

表 16.24 B* 机型剩余的可能数量及其概率

0	1	2	3	4	5	6	7	8
0.0229	0.1105	0.2334	0.2816	0.2124	0.1025	0.0309	0.0053	0.0004

2）效果总结

第一批次中程拦射后，效果总结如表 16.25 所示。

表 16.25　8VS8 机群作战第一批次中程拦射效果对比

蓝方		红方		交换比
B^* 机型被击毁的期望数量	发射导弹的数量（枚）	R^* 机型被击毁的期望数量	发射导弹的数量（枚）	B^* 机型与 R^* 机型的交换比
4.9896	8	1.2152	8	4.106

从表 16.25 可以看出，机群作战第一批次中程导弹拦射的交换比与 16.6 节、16.7 节中 1VS1 和小编队的交换比相同。因为第一批次拦射，假设机群经过目标分配后形成 4 个 2VS2 的小编队作战，进一步形成 8 个 1VS1 的中程对射。

3. 第二批次拦截效果分析

1）中程导弹拦射效果分析

空中联合编队内主战飞机损失后，无人机失去控制，此处假设其他编队内的 R^* 机型不再对其进行回收控制。同时，红方剩余空中联合编队内，R^* 机型带两架无人机的概率也很小。因此，假设红方剩余的空中联合编队为 1R^* 机型“＋”1 无人机编队形式。而蓝方由于增援 B^* 机型的到达，重新组成了 8 架 B^* 机型机群。

下面对红方剩余 R^* 机型空中联合编队与蓝方新机群第二轮中程拦射的效果进行分析。

（1）一个 1R^* 机型“＋”1 无人机编队对 8 架 B^* 机型机群

双方经过目标分配后，形成一个 1VS2 的小编队作战态势。此处假设红方空中联合编队将选择一架 B^* 机型（例如，对其发射角最佳或与其距离最近的 B^* 机型）发射一枚 RD^* 对其进行攻击，同时受到蓝方两架 B^* 机型的两枚 BD^* 的攻击（假设每架 B^* 机型发射一枚 BD^*）。这里没有考虑蓝方 3 架或更多的 B^* 机型同时发射导弹攻击红方 R^* 机型，因为这样并不能大幅提高对 R^* 机型的毁伤概率，反而浪费了大量昂贵的 BD^*。

对于红方一架 R^* 机型指挥剩余的一架无人机 W^* 被蓝方两枚 BD^* 攻击的情况，由 16.6 节的分析可知，经过交接班后两枚 BD^* 导弹选择攻击目标状况如表 16.26 所示。

表 16.26　BD^* 交接班后的状态

情况序号	可能的状态	概率	计算公式
1	两枚导弹都攻击无人机	0.25	$p_s \times p_s = 0.5 \times 0.5$
2	两枚导弹共同攻击 R^* 机型	0.25	$(1-p_s)(1-p_s)=0.5\times0.5$
3	一枚导弹攻击 R^* 机型 一枚导弹攻击无人机	0.50	$2(1-p_s)\times p_s = 2\times0.5\times0.5$

双方第二轮中程导弹拦射后剩余飞机的期望数量为：

红方 R^* 机型期望毁伤数量 $N_{1J} = \{0.25\times(1-p_{mj})^2 + 0.5\times(1-p_{mj})\}\times p_d = 0.5644$；

蓝方 B^* 机型期望毁伤数量 $N_{1F} = p_{df} = 0.6237$。

(2) 两个 1R* 机型“+”1 无人机编队对 8 架 B* 机型机群

双方经过目标分配后，形成两个 1VS2 的小编队作战态势。双方第二轮中程导弹拦射后剩余飞机的期望数量为：

红方 R* 机型期望毁伤数量 $N_{2J}=2\times0.5644=1.1288$；

蓝方 B* 机型期望毁伤数量 $N_{2F}=2\times p_{df}=1.2474$。

(3) 3 个 1R* 机型“+”1 无人机编队对 8 架 B* 机型机群

双方经过目标分配后，形成 3 个 1VS2 的小编队作战态势。双方第二轮中程导弹拦射后剩余飞机的期望数量为：

红方 R* 机型期望毁伤数量 $N_{3J}=3\times0.5644=1.6932$；

蓝方 B* 机型期望毁伤数量 $N_{3F}=3\times p_{df}=1.8711$。

(4) 4 个 1R* 机型“+”1 无人机编队对 8 架 B* 机型机群

双方经过目标分配后，形成 4 个 1VS2 的小编队作战态势。双方第二轮中程导弹拦射后剩余飞机的期望数量为：

红方 R* 机型期望毁伤数量 $N_{4J}=4\times0.5644=2.2576$；

蓝方 B* 机型期望毁伤数量 $N_{4F}=4\times p_{df}=2.4948$。

(5) 5 个 1R* 机型“+”1 无人机编队对 8 架 B* 机型机群

双方经过目标分配后，形成 3 个 1VS2 和一个 2VS2 的小编队作战态势。3 个 1VS2 的情况计算过程同 (1)，其作战结果为：

红方 R* 机型期望毁伤数量 $3\times0.5644=1.6932$；

蓝方 B* 机型期望毁伤数量 $3\times p_{df}=1.8711$。

对于 2VS2 的情况，在中程拦射阶段其作战过程为两个 1R* 机型“+”1 无人机编队与 B* 机型之间 1VS1 的作战，因此，作战结果为：

红方 R* 机型期望毁伤数量 $2\times p'_{dj}=0.6076$

蓝方 B* 机型期望毁伤数量 $2\times p_{df}=1.2474$

总的作战效果为：

红方 R* 机型期望毁伤数量 $N_{5J10}=1.6932+0.6076=2.3008$

蓝方 B* 机型期望毁伤数量 $N_{5F16}=1.8711+1.2474=3.1185$

(6) 6 个 1R* 机型“+”1 无人机编队对 8 架 B* 机型机群

双方经过目标分配后，形成两个 1VS2 和两个 2VS2 的小编队作战态势。两个 1VS2 的情况计算过程同 (1)，其作战结果为：

红方 R* 机型期望毁伤数量 $2\times0.5644=1.1288$

蓝方 B* 机型期望毁伤数量 $2\times p_{df}=1.2474$

2 个 2∶2 的情况计算过程同 (2)，其作战结果为：

红方 R* 机型期望毁伤数量 $2\times2\times p'_{dj}=1.2152$

蓝方 B* 机型期望毁伤数量 $2\times2\times p_{df}=2.4948$

总的作战效果为：

红方 R* 机型期望毁伤数量 $N_{6J}=1.1288+1.2152=2.3440$

蓝方 B* 机型期望毁伤数量 $N_{6F}=1.2474+2.4948=3.7422$

(7) 7 个 1R* 机型“+”1 无人机编队对 8 架 B* 机型机群

双方经过目标分配后，形成一个 1VS2 和 3 个 2VS2 的小编队作战态势。一个 1VS2 的情况计算过程同 (1)，其作战结果为：

红方 R* 机型期望毁伤数量 0.5644

蓝方 B* 机型期望毁伤数量 $p_{df}=0.6237$

3 个 2VS2 的情况计算过程同 (2)，其作战结果为：

红方 R* 机型期望毁伤数量 $3\times2\times p'_{dj}=1.8228$

蓝方 B* 机型期望毁伤数量 $3\times2\times p'_{dj}=3.7422$

总的作战效果为：

红方 R* 机型期望毁伤数量 $N_{7J}=0.5644+1.8228=2.3872$

蓝方 B* 机型期望毁伤数量 $N_{7F}=0.6237+3.7422=4.3659$

(8) 8 个 1R* 机型“+”1 无人机编队对 8 架 B* 机型机群

双方经过目标分配后，形成 4 个 2VS2 的小编队作战态势。

4 个 2VS2 的情况计算过程同 (2)，其作战结果为：

红方 R* 机型剩余数量 $N_{8J}=4\times2\times p'_{dj}=2.4304$

蓝方 B* 机型剩余数量 $N_{8F}=4\times2\times p_{df}=4.9896$

(9) 总体作战效果

经过第二批次中程导弹拦射后，双方飞机的期望毁伤数量为：

红方 R* 机型期望毁伤数量 $N_2=2.3760$

蓝方 B* 机型期望毁伤数量 $N_2=4.9855$

2) 效果总结

第二批次中程导弹交战中，作战效果（不含第一批次战斗的毁伤效果）总结如表 16.27 所示。

表 16.27　8VS8 机群作战第二批次中程拦射效果对比

蓝方		红方		交换比
B* 机型被击毁的期望数量	发射导弹的数量（枚）	R* 机型被击毁的期望数量	发射导弹的数量（枚）	B* 机型与 R* 机型的交换比
4.2317	8	2.3760	6.7848	1.7810

在第二批次拦截作战中，B* 机型与 R* 机型的交换比相对于第一次显著下降，其原因主要是红方空中联合编队只剩一架无人机，掩护效果降低，同时部分空中联合编队受到蓝方两架 B* 机型的攻击，进一步加大了 R* 机型的毁伤概率。

4. 机群总体作战效果分析

对空中联合编队机群作战效果进行总结如表 16.28 所示。从表中可以看出，红方空中联合编队在对抗蓝方两次 B* 机型机群中程空战后，剩余 R* 机型的期望数量略多于 B* 机型。

若考虑蓝方第二次集结 B* 机型需要一定时间，而红方 R* 机型可以利用这段时间对无人控制的无人机进行回收，重新组成 1 "+" 2 的空中联合编队，这样可以使红方 R* 机型在第二批次拦截作战中具有更高的生存概率。同时，R* 机型可以同时攻击两个以上目标，若红方充分利用多目标攻击能力来弥补第二批次作战时数量上的劣势，红方对 B* 机型的毁伤概率还会进一步提高。

因此，表 16.28 中的作战效果是在分析计算时经过多方面退让假设得出的。实际作战中，红方空中联合编队机群发挥的作战效果可能会更好，因此，红方 R* 机型空中联合编队机群不仅可以对抗蓝方两个批次机群的攻击，而且在实际作战中红方具有更高的胜算。

表 16.28 空中联合编队机群作战效果总结

作战情况	蓝方 B* 机型			红方 R* 机型			交换比
	出动数量	被击毁的期望数量	期望剩余数量	出动数量	被击毁的期望数量	期望剩余数量	B* 机型与 R* 机型的交换比
第一次拦截	8	4.9896	3.0104	8	1.2152	6.7848	4.1060
第二次拦截	5	4.2317	3.7683	0	2.3760	4.4088	1.7810
总体效果	13	9.2213	3.7683	8	3.5912	4.4088	2.5677

16.8.3 灵敏度分析

1. 主要参数的取值范围

机群作战效果主要分析中程空对空导弹交战效果，对其产生影响的主要参数为：

(1) B* 机型对 R* 机型的中程毁伤概率 p_{dj} 和 p'_{dj}；

(2) R* 机型空中联合编队对 B* 机型的中程毁伤概率 p_{df}。

2. 主要参数的灵敏度分析

由 16.6 节、16.7 节可知 B* 机型对 R* 机型的中程毁伤概率 p_{dj} 和 p'_{dj} 主要受蓝方 *BD** 导弹的智能系数影响。因此，机群作战中，不分析 p_{dj} 和 p'_{dj} 的变化对交换比的影响，而分析智能系数的变化对双方交换比的影响（如图 16.19 所示）。

从图 16.19 可以看出，机群作战时，随智能系数的变化，交换比的变化趋势与 1VS1 和小编队作战时相似。对于机群作战来说，BD* 导弹的智能仍是一个关键性因素，BD* 导弹智能决定了红方无人机掩护效果发挥的好坏，亦即红方无人机的伪装措施对 BD* 的智能系数有巨大的影响作用，所以在机群作战时，充分发挥无人机的掩护作用是红方获胜的关键。

R* 机型空中联合编队对 B* 机型的中程毁伤概率 p_{df} 反映了 R* 机型的攻击效率，同时也反映了 B* 机型干扰和规避 RD* 的效果，其变化对机群作战交换比的影响如图 16.20 所示。

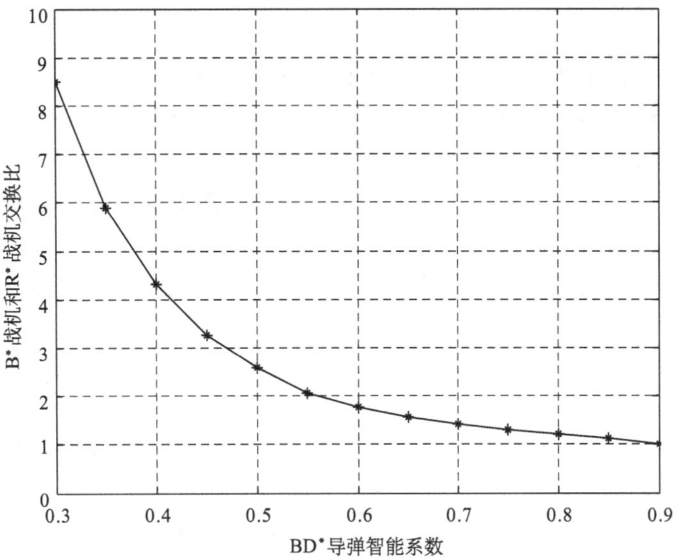

图 16.19　机群作战时 B* 机型与 R* 机型的交换比随 BD* 导弹智能系数变化的关系图

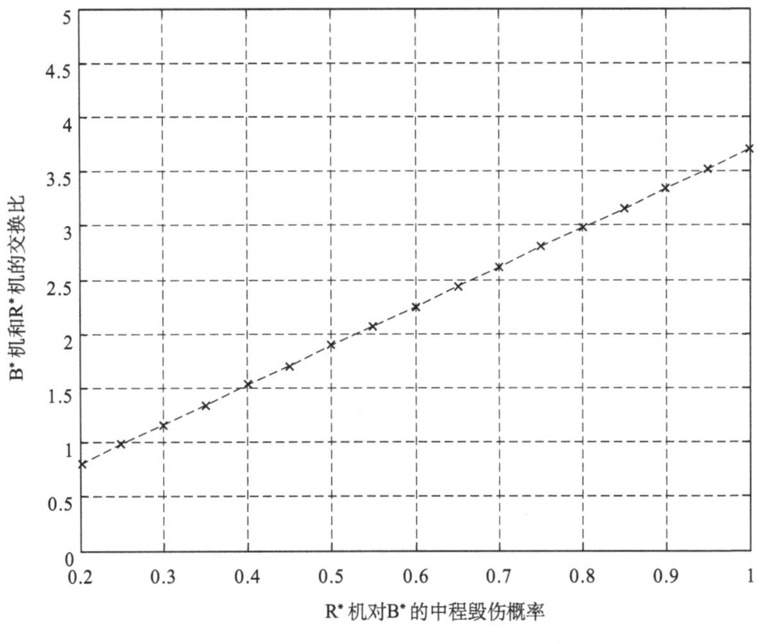

图 16.20　机群作战时交换比随 R* 机型对 B* 机型的中程毁伤概率变化的关系图

从图 16.20 可以看出，机群作战时，R* 机型空中联合编队对 B* 机型的中程毁伤概率 P_{df} 变化时，交换比的变化趋势与 16.6 节中的相似。R* 机型空中联合编队对 B* 机型的中程毁伤概率 P_{df} 是影响机群作战效果的又一关键因素，但其影响程度小于 BD* 智能系数。

16.8.4 小结

通过对空中联合编队机群作战效果进行分析，得出如下结论：

(1) 在空中联合编队机群作战中无人机的作用至关重要，主战飞机与无人机密切配合，充分发挥无人机的掩护作用是保证红方获胜的关键。

(2) 在机群对战中，中程空对空导弹命中概率是影响战争胜负的重要因素，尤其是第一次导弹拦射时的命中概率。

(3) 在没有无人机掩护时，同等数量情况下，红方无论采取何种战术都很难获胜。

16.9 空中联合编队扩展作战模式分析与作战设计总结

第 16.6 节～16.8 节主要分析了空中联合编队在典型空战中的作战效果，本节主要分析空中联合编队（一架 R* 机型和两架由某特种无人机改造而成的无人机 W*）在其他作战任务环境下的作战效果，简称空中联合编队扩展作战模式效果分析。空中联合编队作战应用模式主要包括对空作战、对地作战、对海作战（如图 16.21 所示）。通过分析空中联合编队在不同作战模式中的作战效果，总结出空中联合编队在未来作战中的作用以及空中联合编队作战设计的意义。

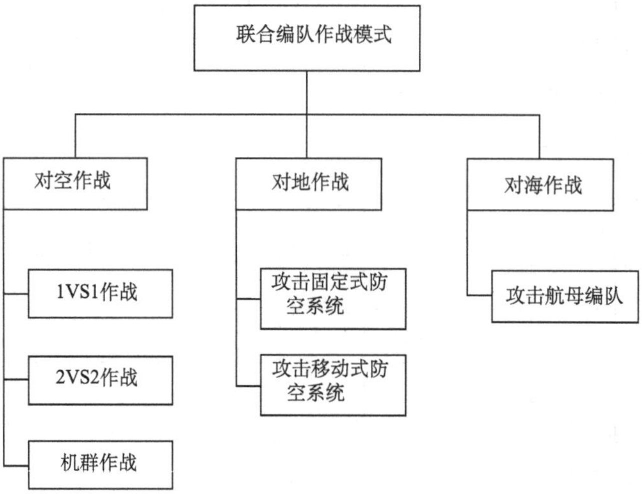

图 16.21 空中联合编队作战模式

16.9.1 空中联合编队的扩展应用模式及其效果分析

R* 机型与无人机组成空中联合编队进行空战是一种全新的作战模式，也是空中联合编队的典型作战模式。空中联合编队的运用有效地提高了红方空军的作战能力，体现了空军作战的新趋势，具有良好的应用前景。空中联合编队在其他作战领域也可以发挥很好的作战效果，下面选择空中联合编队攻击移动式地面防空系统和航母编队两种作战模式进行简要分析。攻击地面固定防空系统要相对简单，且攻击移动式地面防空系统的作战模式同样适用于攻击地面固定防空系统，因此不再对空中联合编队攻击地面固定防空系统的作战模式进行分析。

1. 空中联合编队攻击地面移动式防空系统的作战模式

现代移动式防空导弹发射装备具有隐蔽性和机动性，一般而言，移动式防空导弹阵地的展开时间的量级约为10分钟，撤退时间也在10分钟左右。红方空军很难在蓝方移动式防空武器装备暴露之前有效地将其摧毁，往往是受到蓝方地空导弹攻击之后才能确定蓝方移动式防空阵地的准确位置，无法先发制人。所以，常规作战模式下，红方飞机在进入蓝方地面防空火力范围内后，会以很大的概率被蓝方防空系统摧毁，或者因采用战术机动躲避导弹而失去攻击时机。

以空中联合编队形式进入蓝方地面防空火力范围后，如果蓝方发射防空导弹，红方空中联合编队可以充分利用无人机充当诱饵和盾牌的作用，破解蓝方防空系统的攻击，主战飞机伺机锁定目标发射引导空地导弹摧毁蓝方防空系统。

下面从对防空发射装备的摧毁概率和红方主战飞机的生存概率两个方面来分析空中联合编队在攻击地面移动防空系统中的作战效果。

1）空中联合编队攻击地面防空系统的作战过程

选择红方对地攻击能力强的某机型（S^*）与两架无人机组成空中联合编队，简要描述空中联合编队攻击蓝方移动防空系统的作战过程。

（1）首先，S^*带两架无人机采用密集队形进入蓝方防空导弹攻击范围（约120公里）；

（2）在预警系统支持下，蓝方地面防空雷达开机搜索目标，并且跟踪空中联合编队准备发射导弹（无论有无目标位置指示信息，都需地面雷达进行目标搜索）；

（3）当蓝方地面移动防空系统锁定红方空中联合编队时，S^*告警装置会发出警报。此时，针对特定方位，S^*机载雷达搜索到蓝方地面防空系统；

（4）蓝方防空系统发射导弹（齐射两枚）攻击空中联合编队；

（5）S^*扫描蓝方防空系统，准备发射空地导弹；

（6）S^*指挥空中联合编队飞机迅速形成疏散队形，蓝方防空系统雷达上出现3个目标，蓝方防空系统重新分配攻击目标，这个过程相当于对地空导弹实施冲淡式干扰；

（7）S^*发射空地导弹；

（8）S^*战术机动返航。

2）作战效果分析

与空对空导弹制导方式不同，地空导弹主要由地面防空雷达引导。地空导弹制导雷达性能强于机载雷达，且一直跟踪照射目标。所以空中联合编队攻击地面防空系统的作战过程中，无人机成功掩护主战飞机的概率会有所降低。例如，在对空作战过程中，冲淡式干扰阶段无人机W^*成功掩护主战飞机R^*机型的概率为$0.75(1-p_r=0.75)$，即使无人机成功掩护S^*的概率下降到0.6，无人机对S^*的掩护效果还是相当可观的。如果进一步考虑冲淡式干扰失败后，对地空导弹实施质心式干扰的效果，则无人机掩护

S^*的作战效果将会更加明显。空中联合编队攻击蓝方地面防空系统进行作战模式能够以无人机的损毁有效地换取S^*的安全。

2. 空中联合编队攻击航母编队的作战模式

1）航母编队防御系统介绍

典型的航母编队由航空母舰、防空舰艇、反潜舰艇、潜艇、各型舰载机等组成，构成一个全方位、立体化、大纵深的攻防体系（如图16.22所示）。

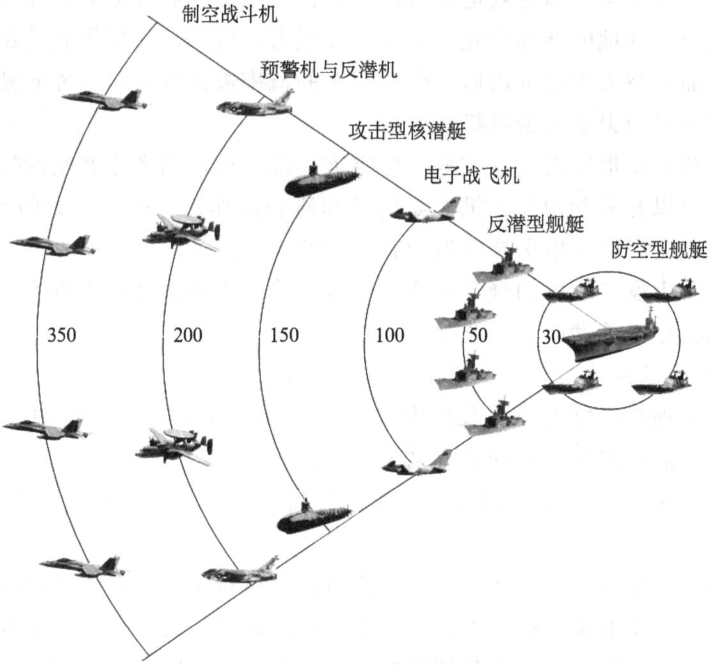

图16.22　典型的航母编队防御体系（单位：km）

航母编队的对空防御体系主要由三层构成：内层点攻防区，其防御范围大约为0～45km；中层区域攻防区，其防御范围大约为45～185km；外围攻防区，其防御范围大约为185～460km。

从航母编队的防御体系可以看出，空中联合编队突击时的主要威胁来自外围BH^*战斗机，若红方飞机能够成功突破外围防御，则可在180km处发射空舰导弹对航母实施饱和式攻击（此处假设空舰导弹射程为200km）。所以，空中联合编队突击航母编队的关键是能否突破蓝方外围战斗机的拦截，下面仅分析空中联合编队突破蓝方外围拦截机群的作战过程及其效果。

2）空中联合编队突击航母外围防空作战效果分析

蓝方预警机机型对R^*机型的探测距离约为400km（假设R^*机型的雷达反射面积为$1m^2$），由图16.22可知，红方机群在距离航母600km时，就可能被蓝方发现，此时距离蓝方制空战斗机约250km。但中程空战基本还是在100km左右开始，在30～50km

范围内发射导弹，所以红方空中联合编队突击航母外围防空的作战过程与第 16.8 节中空中联合编队集群作战过程基本相似。不同之处在于航母编队的防空战斗机为 BH*，其作战性能要高于 B* 机型，且蓝方预警机机型性能更高。

BH* 在机载雷达、火控系统、载弹量等方面都要优于 B* 机型，且在与预警机、电子干扰飞机的配合方面也优于蓝方的 B* 机型与预警机机型的配合。因此，BH* 在与红方 R* 机型的对抗中，在中程空战阶段将具有更大的优势。从第 16.6 节～16.8 节的分析可知，主战飞机数量相当时，红方 R* 机型很难独立突破由 BH* 构成的航母外围防御。

若改由空中联合编队突击，红方则能以很大的概率突破航母 BH* 外围防御。下面进行简要分析。

考虑红方空中联合编队（一架 R* 机型指挥两架无人机 W*）与 BH* 对抗时，因 BH* 的作战能力优于 B* 机型，因此红方 R* 机型发射 RD* 对 BH* 的毁伤概率 p_{dfh} 要小于对 B* 机型的毁伤概率 $p_{df}=0.6237$，假设 $p_{dfh}=0.5$。同时 BH* 对红方 R* 机型的毁伤概率 p_{dfh} 要高于 B* 机型对 R* 机型的毁伤概率 $p_{dj}=0.1519$，设 $p_{djh}=0.2$。此时，应用第 16.6 节～16.8 节中的分析方法，可得双方一次中程空对空导弹拦射的交换比仍大于 2，所以红方空中联合编队可以在与 BH* 的对抗中以很大的优势获胜。

若 BH* 装备了更先进的 BDD* 中程空对空导弹，则 BH* 可能会在 70km 左右发射 BDD* 攻击红方 R* 机型。这种情况下，R* 机型在接近 BH* 直到能够发射 RD* 的过程中，BH* 可以发射 1～2 枚 BDD* 攻击 R* 机型。因此，可以说如果红方 R* 机型单独与 BH* 对抗，在中程空战阶段将毫无还手之力。而运用空中联合编队的作战模式，由第 16.6 节中的分析可知，红方空中联合编队在承受蓝方两枚中程空对空导弹的先后打击后，仍有 0.75 的生存概率。此时，R* 机型即可发射 RD* 攻击 BH*，BH* 被一枚 RD* 攻击后生存概率为 0.5，即 BH* 与 R* 机型的交换比仍大于 1。所以，空中联合编队以无人机的掩护有效地为 R* 机型赢得了反击的机会，使得在 BH* 装备更先进的 BDD* 导弹的情况下，红方空中联合编队仍能处于优势。

若红方以 S* 机型替换 R* 机型组成空中联合编队，S* 不仅可以指挥更多的无人机进行掩护，而且作战能力也高于 R* 机型。这种情况下，红方空中联合编队的优势将更加明显，突破蓝方航母编队 BH* 外围防空的概率会更高。

空中联合编队攻击航母编队作战模式，不仅完成了主战飞机单独编队无法完成的任务，同时也为红方攻击航母编队提供了一种新的作战模式。

16.9.2 空中联合编队的有效性总结

将红方某特种无人机改造为 W* 型无人机，与 R* 机型组成空中联合编队夺取一定时空范围内的制空权，是一种全新的作战模式。第 16.6 节～16.8 节对空中联合编队在空战中的作战效果进行了分析。分析结果表明主战飞机与一定数量的无人机组成的空中联合编队是一种全新而有效的作战模式。相对于普通作战模式，红方主战飞机的生存概率得到了极大的提高。

(1) 提高了主战飞机的生存概率。

空中联合编队在与蓝方飞机作战过程中，通过指挥无人机充当诱饵进行冲淡式干扰和实施质心式干扰拦截，有效地降低了主战飞机被蓝方中程空对空导弹命中的概率。用无人机充当诱饵，在速度与雷达反射特征模拟方面都要比箔条弹诱饵更加接近于主战飞机，其引诱效果远远高于箔条弹。无人机拦截导弹的能力是一般空射诱饵所不具备的，能够在关键时刻挽救主战飞机。

(2) 为主战飞机的反击赢得了时间。

在无人机掩护下，红方主战飞机可以不必采用高难度的战术机动来规避蓝方导弹，从而为红方及时做出反击赢得了时间，使主战飞机可以从容跟踪并锁定蓝方战机，发射导弹对其进行攻击。无人机的掩护有效地弥补了红方飞机和导弹在中程空战阶段的不足，使红方主战飞机可以选择最佳的时机攻击蓝方飞机，充分发挥红方机载导弹的作战效能，击毁蓝方飞机。

(3) 以低价值装备消耗了蓝方有限的高价值武器装备。

蓝方的中程空对空导弹数量有限且价格昂贵。红方无人机是由红方空军某特种无人机改装而成，成本低廉，且数量较多。无人机在作战过程中既消耗了蓝方的中程空对空导弹，又有效地保护了主战飞机，无论从经济还是作战效果的角度考虑，都为红方获胜奠定了基础。

16.9.3 空中联合编队作战设计的意义

在夺取一定时空范围内制空权时，主战飞机与无人机空中联合编队作战模式的分析与设计，是一次全新而有益的探索。其意义不仅仅是提出了一种装备与战法相结合的作战模式，更重要的是给出了一条装备建设的新思路，是应用战争设计工程理论、方法和技术解决战争复杂系统问题的一次实践，为进一步解决其他战争复杂系统问题开创了先例。

(1) 提出了一种全新的作战模式。

在一般的作战模式下，无人机和主战飞机是分开运用的，无人机在作战中处于辅助地位，执行侦察、监视、定位等任务，而主战飞机则单独编队。将无人机引入激烈的空战，与主战飞机协同完成空战任务，是一种全新的作战模式，突破了传统的武器装备运用规则。典型情况下的作战效果分析证明，这种全新的作战模式是十分有效的。

(2) 提出了装备与战法相结合的新思路。

通过研究战法，提出了无人机改造的方式及发挥的作用，同时依据装备改造的可行性和效价比，修正了战法的可行性与作战效果。空中联合编队作战模式的研究过程，给出的是一种全新的装备与战法结合研究的思路，充分体现了装备、战法与作战效果相结合发展的思想，真正做到了“有什么装备打什么仗”和“未来打什么仗发展什么装备”的有机结合。

(3) 使红方较落后武器装备对抗并取胜蓝方先进武器装备成为可能。

在红方先进战机数量有限的情况下，通过对某特种无人机型的改装，与 R* 机型协同作战，从而使得红方 R* 机型在与 B* 机型、BH* 机型等战斗机的对抗过程中取得明显优势。

(4) 提供了一种武器装备改造后再利用的方式。

现今红方装备的大量无人机，主要用途为靶机、防空导弹诱饵。空中联合编队作战模式给出了 W* 无人机新的运用方式，扩展了其应用范围，使某特种无人机机型得到了更加充分的利用。同时，也为某特种无人机改造提供了改进方向。

(5) 为武器装备建设提供了新思路。

空中联合编队作战模式给出了全新的无人机的运用方式和可以发挥的作用，不仅为某特种无人机改装提供参考，也对红方今后其他机型的改造利用具有借鉴意义。

16.10　空中联合编队作战设计实现的条件

本节研究的主要目的是：系统化地分析空中联合编队作战设计实现的条件，包括创新性作战理念的推广、装备的改造与改进需求、合理的战法与科学的训练、无人机部队与主战飞机部队的统一建制、空中联合编队作战的保密需求等方面的内容。木桶原理告诉我们：在空中联合编队设计实现的所有条件中，一旦某方面条件没有跟上，则空中联合编队的作战效果将会大打折扣。所以，只有系统地分析空中联合编队作战实现的条件，才能快速有效地形成战斗力。本节列出的空中联合编队作战设计实现的条件，实际上是面向空中联合编队作战模式需求开发的初步结果。

16.10.1　空中联合编队的作战理念

新理念是创新的核心。空中联合编队作战模式的实现，首先要求空中联合编队作战的理念能够被广泛接受，尤其能够被军事斗争准备的战略决策者们所接受。一个作战理念能够被接受，首先需要证明该作战理念的有效性、合理性和可行性。

空中联合编队作战理念的有效性就是空中联合编队潜在的作战运用价值——各种可能的作战效果。案例采用定性与定量相结合的办法对空中联合编队的各种可能的作战效果进行了全面的分析，其中对空中联合编队与 B* 机型间的作战效果进行了详尽的分析。分析表明空中联合编队作战模式具有很强的军事运用价值，在未来工作中可对空中联合编队作战模式的作战效果进行更加全面、透彻的分析。

此外，空中联合编队作战理念的合理性，也是空中联合编队作战理念能够被广泛接受的前提之一。案例在时间上和空间上对空中联合编队的典型作战过程的合理性进行了论证，初步解决了空中联合编队作战理念的合理性问题。

最后，为了使得空中联合编队作战理念能够被广泛接受，必须解决空中联合编队作战理念实现的可行性。案例在 16.5 节中定性分析了空中联合编队实现的关键性技术——无人机改造的可行性，从技术可行性和经济可行性的分析表明：把某特种无人机型改造成为遂行空中联合编队作战任务的无人机（W*）具有很强的可行性。

16.10.2　空中联合编队作战的可行性分析

空中联合编队的作战思想是否可行，主要体现在三个方面：①作战过程中 R* 机型与 W* 之间通信的可行性；②作战过程中 W* 的战术动作是否能够满足 R* 机型的需要；③对现有的装备改造在技术上和费用上是否可行。下面就这三个方面进行具体分析。

1. 通信可行性分析

在空中联合编队作战过程中，编队内部 R* 机型和 W* 的通信主要包括两个方面：R* 机型与 W* 之间的数据交换以及 R* 机型对 W* 的指控命令通信。R* 机型与 W* 之间的数据交换主要是指在非对抗过程中 R* 机型和 W* 之间各种协同飞行过程中的数据交换（包括协同巡航飞行、爬升、协同占位等），这种数据交换利用 R* 机型已有的通信通道就可以完成。R* 机型对 W* 的指控命令通信主要是指在对抗过程中，R* 机型指挥 W* 进行冲淡式干扰和质心式干扰的命令，这些命令的传输在发射器和接收机的支持下，也只是几个 bit 信息的发送和接收。这个过程中即便是蓝方实施电子干扰，红方也可以采用变频的方式加强信息传输的稳定性。

从上面分析可以看出，R* 机型和 W* 之间的通信，只是几个简单命令的发送和接收，使得 R* 机型的操作者在几个简单“按钮”的支持下就能够完成对 W* 的指挥，以完成整个作战任务。

2. 战法可行性分析

空中联合编队作战过程中，战法的可行性主要反映在 R* 机型和 W* 协同动作的可行性以及 R* 机型对 W* 指挥过程中时间的可行性。

R* 机型和 W* 协同动作主要体现在协同巡航飞行、爬升、协同占位等。某特种无人机的最大飞行速度在 1.2 马赫左右，最大过载在 8G，由于 W* 实施了改造，使得 W* 的横向过载和纵向过载可能比 R* 机型大，其最大飞行速度虽然不能超过 R* 机型，但不会小于 1.2 马赫。由于现代空战都有预警机的支持，战斗机都能够在 80km 以外开始占位，并且影响中程空对空导弹作战效果的关键不是飞机的机动性能，而是雷达的探测距离和中程空对空导弹的有效攻击距离。所以在中程空对空导弹作战中，W* 的机动性可以满足 R* 机型战术动作的需要，并且通过 R* 机型和 W* 之间信息的不间断交互，R* 机型可以实施对 W* 的控制，使 R* 机型和 W* 尽量保持相对几何位置不变，从而为冲淡式干扰和质心式干扰提供充分的准备。

战法中时间的可行性主要体现在 R* 机型是否有足够的时间进行冲淡式干扰和质心式干扰，从 B* 机型发射 BD* 到 BD* 开启末制导雷达，这之间有 20 多秒时间为实施冲淡式干扰作准备。按照飞行员平时的反应训练，飞行员在这个过程中有足够时间实施冲淡式干扰（从判断蓝方 BD* 末制导雷达开机到实施冲淡式干扰可能只需要 3～5 秒的时间）。另外，即便是冲淡式干扰失败，此时 BD* 距离红方空中联合编队还有 15km 左右，这也为红方 R* 机型实施质心式干扰提供了大约 10 秒钟的时间，而红方 R* 机型指挥其中一架 W* 形成质心式干扰只需要 2～4 秒的时间。另外，一旦质心式干扰也失败，红方 R* 机型在规避 BD* 时，可以暂时抛弃 W*，因此，这个过程中对 W* 的战术动作和时间没有任何要求。

从以上分析可以看出，协同动作的可行性和时间的可行性为空中联合编队作战过程中战法的可行性提供了有力的支持。

3. 装备改造可行性分析

装备改造的可行性主要体现在改造技术的可行性以及改造费用的可行性。在改造技术方面，主要包括：①对 R* 机型和 W* 进行加装通信过程中信息发射装置和接收装置的改造；②增加 R* 机型控制 W* 进行战术动作命令的设备；③某特种无人机改造。某特种无人机的改造技术现在已经比较成熟。R* 机型和 W* 信息发射装置和接受装置现在也已经成熟，主要改造的地方在于设备的加装位置以及 R* 机型上 W* 状态的显示位置，这需要进行优化设计，但难度不大。R* 机型指挥控制 W* 的设备主要在于逻辑过程的设计，从以上战术动作可以看出，这些自动控制过程都是控制理论中最基本的理论，所以实现起来相对比较简单。

装备改造费用主要包括改造技术的研制费用和具体一架无人机的改造费用。从上面改造技术的难易分析可以看出，改造的技术难度不大，主要在于工作量以及技术研制后的试验费用，应该不会太大。而在技术攻关后，对每架飞机的改造设备主要是信息发送、接收装置以及 R* 机型对 W* 的控制装置，这些设备本身技术含量不是特别高，因此，估计平均改造每架的费用应不超过百万量级。

从上面的分析可以看出，装备改造技术和装备改造费用都是在可接受范围之内。另外，一旦这种技术应用于作战过程，所带来的经济效益非常大，所以，空中联合编队对装备改造的具体要求也是可行的。

16.10.3 装备的建设

装备的建设主要涉及无人机的改造、主战飞机的改造、无人机和主战飞机之间战术数据链的建设、无人机和主战飞机之间的伪装等四个方面的内容。

1. 无人机改造

无人机的改造包括无人机外部控制系统的改造和无人机飞行控制系统的改造。

1）无人机的外部控制系统的改造

无人机的外部控制系统的主要功能是向无人机发送控制指令。无人机的外部控制系统应该分为两大部分：地面控制系统和机载（R* 机型）控制系统。根据需要，不同控制系统间能够自由切换对无人机的指挥，无人机从地面起飞以及飞行到指定区域这一过程由地面控制系统进行控制，此后无人机的指挥权交给主战飞机（R* 机型），后续战斗由机载控制系统进行控制，当战斗结束或者无人机需要返回降落时，无人机的控制交由地面控制系统遂行。

2）无人机飞行控制系统的改造

无人机应该具有较强的自动控制能力，外部进行的控制只需要几个简单的指令就可以完成，无人机的飞行控制系统就是完成这一功能的，是无人机的心脏。无人机的飞行控制要求具有以下功能：①能够接受控制系统的命令；②控制无人机使之完成相应的飞行动作；③根据无人机飞行程序控制无人机飞行。例如，冲淡式干扰过程中能够接收主战飞机的散开飞行动作指令，并且遂行散开的战术飞行动作，空中联合编队密集队形飞行过程中，无人机飞行控制系统能够接收主战飞机的指令并以指令规定的速度和主战飞机同向飞行。

2. 主战飞机改造

主战飞机的改造包括三个方面：①在现有的主战飞机控制系统中增加主战飞机对无人机的控制单元；②加装对蓝方导弹末制导雷达开机状态的判断装置；③提高现有导弹威胁告警装置的性能，使之成为高精度的导弹威胁告警装置。

在主战飞机控制平台上增加对无人机的控制单元，是主战飞机改造中最主要的工作。主战飞机对无人机的控制单元应该具有如下功能：①能够向无人机发送控制指令，控制无人机进行典型的作战行动，包括控制无人机和主战飞机以不同编队方式飞行，控制无人机的散开、前突等空中联合编队作战所需的典型作战行动；②还能够根据空中联合编队各飞机的状态和空中联合编队的作战命令自动生成对无人机的控制命令。

冲淡式干扰实施的最佳时机在 BD* 末制导雷达开机前后较小的时间区间内，而机载雷达在对 20km 之外的空对空导弹的探测能力有限。为了在有限时间窗口内实施冲淡式干扰，需要判断蓝方导弹进入末制导的时间，对蓝方导弹末制导雷达开机状态的判断装置就是用于完成此功能的。由于末制导雷达频率和载机雷达的频率不一致，通过判断照射在主战飞机上的雷达波频率的变化就可判断导弹是否开始进入末制导。

实施冲淡式干扰后，空中联合编队需要快速判断冲淡式干扰是否成功。如果冲淡式干扰不成功，空中联合编队需要立即采用质心式干扰的方式拦截蓝方导弹的作战行动。为了使得空中联合编队有足够的时间完成质心式干扰，需要快速判断蓝方导弹是否选择主战飞机作为攻击目标。由于冲淡式干扰时主战飞机和无人机之间的距离在 1km 范围之内，因此告警装置的精度要求高。高精度的导弹攻击告警装置就是完成这一功能的。

3. 主战飞机和无人机之间的战术数据链

无人机和主战飞机之间的数据链，是实现主战飞机对无人机的有效控制的桥梁，无人机和主战飞机之间的数据链需具备以下功能：①能够把主战飞机的控制指令发送至无人机的飞行控制系统；②能够把无人机的飞行状态反馈给主战飞机的指控单元。

4. 无人机和主战飞机间的伪装

在空中联合编队与 B* 机型之间对抗过程中，无论是 1VS1 对抗形式，还是小编队对抗形式，抑或是机群对抗形式，一个关键性参数是中程空对空导弹区分主战飞机和无人机的智能系数。而主战飞机与无人机之间的伪装效果又是影响智能系数的关键因素。主战飞机与无人机之间的伪装能够有效地提高作战效果，大幅度提高 B* 机型与 R* 机型的交换比。应该针对中程空对空导弹识别目标的机理，有针对性地采取相应的伪装措施，使得中程空对空导弹不能有效地识别目标。如果采取伪装措施使得中程空对空导弹正确判断 W* 的概率从 0.5 下降到 0.3（即把 W* 当作 R* 机型的概率从 0.5 上升到 0.7），则 B* 机型与 R* 机型的交换比将从 4.1 提高到 15.2。伪装对作战效果的影响具有“四两拨千斤”的作用。

在电子对抗过程中，蓝方机载雷达信号特征是对抗双方重点关注的地方。为了防止 BD* 导弹根据目标发射的雷达信号特征区分主战飞机和无人机，无人机上应该有相应电子设备能够模拟主战飞机的机载雷达信号，使得空中联合编队作战过程中无人机和主战飞机具有同样的电磁信号特征。

16.10.4　战法及训练的研究与细化

1. 空中联合编队的作战活动

空中联合编队作战行动具体化，就是分析设计空中联合编队作战过程中的主要作战行动，包括以下内容：无人机起飞地点和时机的设计；主战飞机起飞地点和时机的设计；无人机和主战飞机集结地点的设计；无人机控制权交接规则的设计；空中联合编队各种协同飞行模式设计（包括飞行队形设计、密集飞行与疏散飞行、编队结构的设计，如前三角结构与后三角结构等）；空中联合编队的各种协同飞行方式变更规则的设计；空中联合编队实施冲淡式干扰的机动方案设计；空中联合编队对蓝方导弹实施拦截的机动方案设计；空中联合编队发射中程空对空导弹的作战行动设计以及空中联合编队返航的机动方案设计。

2. 空中联合编队的作战训练

作战训练是战斗力形成的关键环节之一，在装备建设方案和战法确定之后，需要细化相应的训练内容。空中联合编队作战训练的目标就是使得空中联合编队能够有效地遂行空中联合编队的各种作战行动。实际上，这些作战行动就是前一节中空中联合编队作战行动具体化的结果。主要训练内容包括：无人机与主战飞机的起飞与集结训练、无人机指控权的交接班训练、空中联合编队的各种协同飞行训练、空中联合编队的各种协同飞行方式变更的训练、空中联合编队实施冲淡式干扰的机动训练、空中联合编队对敌方导弹实施拦截的机动训练、空中联合编队发射中程空对空导弹的作战训练、空中联合编队返航的机动训练。

16.10.5　无人机部队与主战飞机部队的统一建制

空中联合编队作战模式的实质是无人机和主战飞机之间的一体化协同作战，主战飞机和无人机都是空中联合编队的有机组成部分。为了实现空中联合编队作战，主战飞机和无人机需要密切配合——按一定时序起飞、在一定时空范围内集结、协同飞行、协同防护等。为了提高无人机和主战飞机之间的协同能力，应该使得无人机和主战飞机在同一建制之下，实现对主战飞机和无人机的一体化管理，提高主战飞机和无人机之间的协同速度和协同效率，从而充分发挥空中联合编队的作战效果。如果不统一建制，将可能导致空中联合编队之间的协同低效，难于满足战场需求。例如，无人机与主战飞机无法在预定时间预定地点集结，有可能会贻误战机。无人机部队与主战飞机部队统一建制之后，也更有利于提高空中联合编队的作战训练效果。

16.11 战争设计工程在空中联合编队空战模式设计与开发中的运用

16.11.1 空中联合编队空战模式设计与开发的意义

通过在高技术局部战争对抗过程中，为“夺取一定时空范围内制空权”而进行的空中联合编队对抗蓝方 B* 机型空战模式的设计与开发，具有如下几个方面的意义：

(1) 开发一种运用无人机辅助空战的全新的作战模式（战法）。

通过在“夺取一定时空范围内制空权”作战设计中空中联合编队对抗 B* 机型空战模式设计与开发，达到的直接意义是提供一种在区域作战过程中“夺取一定时空范围内的制空权”的全新的空战模式（战法）。

现有的无人机运用模式已经在第 16.3 节分析过，从现有一般意义无人机的运用模式可以看出，无人机在作战过程中主要是训练、侦察、欺骗掩护、电子对抗、攻击任务、通信中继等。从以上的分析可知，现有一般意义无人机的运用，没有完全用于直接辅助空战的无人机运用模式。

在案例的设计中，主要通过对红方某特种无人机型进行改造，改造后的 W* 与主战飞机 R* 机型形成“空中联合编队”，使 W* 在对抗 B* 机型空战中对 BD* 导弹形成前期的冲淡式干扰和后期的质心式干扰，从而提高空战过程中 B* 机型与 R* 机型的交换比，提高空战中红方 R* 机型的生存概率，进而使得红方 R* 机型在空战中占有绝对优势，为后期突破蓝方防空系统提供一定时空范围内的制空权。从第 16.6 节～16.8 节的定量分析可以看出，通过将某特种无人机改造的无人机 W* 编入红方主战飞机形成空中联合编队，可使红方空军在与蓝方 B* 机型作战过程中的交换比有极大的提高，无论是相对效果还是绝对效果，W* 无人机支持下的空中联合编队、小编队和集群编队的作战效果都十分可观，论证了战法在时间和空间上的合理性。

在对各种情况下的作战过程分析后，提出了“空中联合编队”作战的原则、应对蓝方 B* 机型的各种策略、现有武器装备改造的条件、无人机改造后的控制等。

从前几章的定量分析可以看出，通过空中联合编队空战模式设计与开发，使得红方 W* 无人机支持下的作战这一无人机运用创新模式有很高的效率，极大提高了红方获取一定时空范围内制空权的可能性，达到了本项作战设计的效果。

(2) 运用战争设计工程的理论方法指导整个过程的研究。

空中联合编队空战模式的设计与开发，整个过程是采用战争设计工程的理论方法进行的，从某种意义上说，它是战争设计工程运用的案例。在整个案例设计过程中，体现了战争设计工程如下几个方面的理论方法：战争设计工程的流程应用、战争设计工程中设定动态深化及演化和设计动态深化及演化的过程、战争设计工程中专家群体智慧集成的过程、战争设计工程中装备和战法相结合研究的理念、战争设计工程中定性定量相结合解决问题的过程、战争设计工程中工程化方法解决问题的过程、从战争设计需求出发研究双方的策略对抗、红蓝双方干预策略设计的高度创新性、战争设计工程中基于机理分析的建模过程等。通过案例的设计，不但达到了本次作战设计的效果，也在一定程度上阐释和验证了战争设计工程的理论方法。

16.11.2　战争设计工程理论方法在空战模式开发中的具体体现

1. 战争设计工程流程在案例中的运用

本案例研究的整个过程都是按照战争设计工程流程进行的。整个过程按照①形成战争设计工程设定；②选择和组织本次战争设计不同阶段的战争设计工程团队；③研讨问题约束；④研讨敌我双方干预策略；⑤建立效果模型；⑥基于效果反思；⑦总结归纳这七个过程进行的。其中，②～⑥是个不断迭代的过程，在本案例中，这个迭代过程也表现得非常明显。

1) 关于本案例的“元设想”

所谓“元设想”就是关于战争（作战）设计目标的最根本的想法。本案例的“元设想”就是寻找区域作战夺取制空权过程中可能具有“杀手锏”作用的武器装备与相应战法。本案例中“元设想”最初的表现形式为开发对蓝方信息化作战过程中的一种高级信息战模式，主要是针对敌指控系统的软肋和漏洞进行高级信息战模式的开发。

2) 明确本案例需要解决的问题和目标

从最初提出研究高级信息战案例研究背景，到形成研究一定时空范围内的制空权共经过 5 次讨论。通过后期的 4 次讨论，逐步将问题聚焦到“夺取一定时空范围内的制空权”，并将具体的作战模式从“主战飞机和无人机混合编队下攻击敌方敌我识别系统模式”确定到最终的“主战飞机和无人机空中联合编队对蓝方 B* 机型的空战模式”。

3) 迭代研讨过程

在②～⑥的迭代过程共经过 16 次讨论，经过了若干次的设定和设计动态深化过程。在团队组成方面，由于受到条件的限制，在研究专家群体上远远没有达到战争设计工程要求的一流专家的标准。因此该设计不具有权威性，有许许多多可以改进的地方，尽管如此，该设计的结果仍然是个别专家用常规方法很难达到的。如果能有一流专家的参与，一定能使本项战争设计更加完善和实用。

经过若干次的迭代研讨，最终确定对由 R* 机型和某特种无人机型改造的无人机 W* 组成的空中联合编队的三种模式进行分析：空中联合编队的 1VS1 作战过程，即红方一架主战飞机 R* 机型和两架无人机 W* 组成的空中联合编队对抗蓝方一架 B* 机型的作战模式；小编队的 2VS2 作战过程，即两组编队（每组编队由一架 R* 机型主战飞机协同两架 W* 组成）组成的小编队对两架 B* 机型的作战模式；集群对抗的 8VS8 作战模式。对这三种作战模式的典型作战过程和非典型作战过程，以及各种作战过程的典型取值情况进行了数学建模和仿真运算，并在定量计算结果的基础上进行了对策研讨。另外，为了便于横向对比，分别对红方缺乏无人机支持情况下 R* 机型对抗 B* 机型的三种作战模式进行分析，并对比了相应的作战效果，得到了有益的结论。

4) 总结归纳阶段

在以上各个阶段分析的基础上，总结归纳以上三种作战模式的分析结果，包括空中联合编队 1VS1 作战过程、小编队 2VS2 作战过程以及集群对抗 8VS8 作战过程这三种情况下 R* 机型的作战原则；红方三种作战模式下某特种无人机以及 R* 机型改造的技术要求；红方三种作战模式实施的作战环境要求，包括作战过程的自然环境要求以及蓝方对红方各种信息的了解程度、干预策略等要求；红方三种作战模式实施的效果；蓝方针对红方三种作战模式可能采取的应对措施以及红方反制蓝方的应对措施等。

2. 战争设计工程中设定动态深化和设计动态深化的运用

在本案例的研究过程中，在“夺取一定时空范围内的制空权”目标的指导下，整个战争设计过程中设定动态深化和设计动态深化主要包含两个方面：作战模式设计的动态深化和确定作战模式下设定的动态深化。

1）“夺取一定时空范围内的制空权”下作战模式设计的动态深化

在最初的“元设想”表现形式——寻找区域空战过程中可能具有“杀手锏”作用的武器装备与相应战法，案例进行了三次讨论。经过深入地分析，将本次案例的作战设计聚焦到“对蓝方作战过程中对其敌我识别系统的饱和式干扰”，确立了本次战争设计的目标——“夺取一定时空范围内的制空权”，并在此基础上确定了敌我识别系统饱和式干扰运用方式——敌我识别系统在红方无人机和主战飞机混合编队攻击蓝方防空阵地过程中的应用。在研讨过程中确定了红方无人机是由某特种无人机改造而成，并通过讨论将目标进一步聚焦到“夺取一定时空范围内的制空权”条件下的“对蓝方作战中红方空中联合编队作战模式设计”。

在上述设定情况下，对红方主战飞机无人机混合编队突破蓝方防空系统作战过程中，攻击蓝方敌我识别系统的典型作战环境和典型作战过程进行分析，建立了概念模型，并经过定性分析提出了需要建立的数学模型和仿真环境。但在这个设定情况下定性分析发现，要攻击蓝方敌我识别系统，就需要对蓝方敌我识别系统的信号在短时间内截获、解调并复制。这几方面的技术比较复杂，是否能够实现难以明确给出各种实现条件，从而说服力不够。在此基础上，经过两次讨论，又将设定深化到“夺取一定时空范围内的制空权”条件下红方主战飞机和由某特种无人机改造的无人机 W^* 组成的空中联合编队空战模式的设计与开发。这种空战模式的设计与开发，通过作战理念的创新与技术整合，将劣势装备组成新的系统，改造成为“杀手锏”，有极大的军事价值和经济效益，并且具有很强的合理性和可行性。

2）“夺取一定时空范围内的制空权”条件下主战飞机和无人机空中联合编队对抗 B^* 机型空战模式设计与开发过程中设定的动态深化

当把问题聚焦到空中联合编队对抗 B^* 机型空战模式设计与开发后，在具体的研究过程中，包括如下两个方面设定的动态深化。

(1) 设定为空中联合编队对抗 B^* 机型典型作战过程的分析。在作战过程定性分析中，主要针对空中联合编队对抗 B^* 机型时 1VS1 的典型作战过程进行分析，具体分析过程详见第 16.6 节中的前 5 小节。主要分析了对抗过程中发射一枚中程空对空导弹以及近程空战的典型过程。在典型作战过程中，详细分析了蓝方可能采取的反制策略，以及红方应对蓝方反制策略的各种措施。

(2) 在空中联合编队对抗 B^* 机型典型作战过程分析的基础上，针对如下几个设定深化情况下的非典型作战过程进行了详细分析：空中联合编队进行第二次中程空对空导弹攻击、B^* 机型提前发射导弹、双方进行多轮中程空对空导弹作战、B^* 机型齐射多枚 BD^* 导弹等，详见第 16.6.6 小节。非典型作战过程的分析，使得空中联合编队对抗 B^* 机型的各种策略更加具有适应性，从而印证了设计出的战法的可行性、合理性和有效性。

3. 战争设计工程中专家群体智慧集成的运用

战争设计工程中专家群体智慧集成的运用在本案例中主要包括两个方面：不同阶段和不同设定条件下战争设计工程团队的组成以及本案例设计的不同阶段、不同时期的规范化研讨模式。

1）不同阶段和不同设定条件下战争设计工程团队的组成

在前面已经说过，在本案例设计中，专家群体的组成远远没有达到战争设计工程要求的一流专家的标准。因此该设计不具有权威性，有许多可以改进的地方。尽管如此，该设计的结果仍然是个别专家用常规方法很难达到的，因此本案例设计的意义更在于展示，如果有一流专家的参与，运用战争设计工程方法一定可以得到更有意义的结果。

在案例设计过程的不同阶段和不同时期，需要组建具有本阶段所需知识结构的战争设计工程团队。在实际解决问题过程中，针对案例设计的不同阶段和不同时期，对团队成员进行了合理的分工与协作，广泛了解大量的与本阶段或本时期问题相关的领域知识，并详细分析研究了与问题直接相关的知识。比如在分析空中联合编队对抗 B^* 机型时，通过分工协作，一部分成员详细了解 R^* 机型和 B^* 机型的相关现状，一部分人员详细了解现有无人机的应用现状（包括一般意义的无人机和特种无人机），并且按照系统工程师、军事工程师、装备工程师、模型工程师以及技术工程师各自职责的不同，进行了详细的分工。

2）不同阶段、不同时期的规范化研讨模式

在案例解决过程中，根据不同阶段、不同时期的特点，采用了不同的研讨形式，主要包括：头脑风暴法、名义群体法、深度汇谈、辩论、对抗式模拟，特别是研讨式模拟等。比如，在空中联合编队对抗 B^* 机型作战模式研讨过程中，案例首先采用了头脑风暴法，通过团队中各个成员分别发言的方式，对本次战争设计的目的进行广泛的探讨，并在此基础上，采用名义群体法在定性分析的基础上选择“夺取一定时空范围内的制空权”作为本次战争设计的主要目的，并在这一目标指导下，通过深度汇谈和辩论的交替使用，开发设计出了空中联合编队对抗 B^* 机型的作战模式及其作战过程，并对该作战模式及其作战过程的合理性在定量分析的基础上进行深入探讨，进而在第 16.6 节～16.8 节中定量结果分析的基础上，对空中联合编队对抗 B^* 机型作战模式的红蓝双方的各种干预策略进行定性分析，得到了很多有价值的结论。各种不同研讨形式的运用，使得问题分析与解决过程得以有效地进行。

4. 战争设计工程中装备与战法集成研究理念的运用

战争设计工程中装备与战法集成研究在本案例中主要表现为三个方面：现有某特种

无人机改造而成的无人机 W*、红方主战飞机 R* 和无人机 W* 之间的协同战法设计以及蓝方应对红方联合编队的战法。

在空中联合编队对抗 B* 机型空战模式设计典型作战过程中，红方的装备是 R* 机型和由某特种无人机改造而成的无人机 W*，蓝方的装备是 B* 机型。红方的进攻战法是在中程空战中 R* 机型发射一枚中程空对空导弹 RD*，而后进入近程格斗。红方的防御战法是首先利用 W* 无人机进行冲淡式干扰，若不成功则利用 W* 进行质心式干扰。蓝方的进攻战法是发射一枚中程空对空导弹 BD*，然后运用电子干扰和机动规避来躲避 RD* 的攻击，然后进入近程格斗。在这种装备、战法及其结合模式下，进行典型情况下的效果分析，具体分析过程详见第 16.6 节中的 16.6.1 节和 16.6.2 节。在定量结果分析的基础上，给出了典型作战过程中 R* 机型的作战原则。

在进行典型作战情况分析后，提出了战法的改进，提出 R* 机型可以根据蓝方的 BD* 导弹是否跟踪无人机决定是否进行第二轮中程空对空导弹攻击，进而探讨红方的可能改进战法是在中程空战中进行两轮中程空对空导弹的攻击，并在此基础上进行了定量的分析，详见第 16.6.6 小节。

在典型作战过程分析中，案例假设 B* 机型在距离 R* 机型为 50km 处发射第一枚 BD* 导弹，但由于蓝方预警机的探测距离及 BD* 导弹的有效攻击距离相对较远，所以 B* 机型可能在 50km 之外发射中程空对空导弹，如果蓝方 B* 机型采取这种战法，整个作战过程会有很大的变化，具体分析详见 16.6.6 节。

从以上的分析可以看出，在本案例中，采用了“装备－战法－效果”集成迭代分析的过程对红蓝双方的策略（包括装备、战法及其结合模式）进行了对抗式分析，使得红方设计的干预策略更加具有合理性和适应性。

5. 战争设计工程中定性定量相结合解决问题过程的运用

本案例分析的整个过程采用了定性定量相结合的分析方法进行论证，从双方空战实力的现状出发，在详细分析空战装备与空战战术，特别是无人机应用战术的基础上，提出这一作战设计。分析了这一作战设计从时间上和空间上的可行性，通过建立数学模型对作战效果进行分析，并考查了双方的各种战术对策和有关装备参数的变化对作战效果可能的影响。因此，论证是比较充分的。

比如，在设计空中联合编队对抗 B* 机型空战模式过程中，在各种相关现状了解的基础上，案例首先采用定性分析的方法对可控因素（包括红蓝双方的装备、战法及其结合模式）和不可控因素进行分析。在典型作战过程分析中，给出了红方可控因素的取值范围，在不可控因素的定性分析中，假设各种环境变量都是一般情况下的取值，并未对不可控因素进行深入分析。在不可控因素和可控因素定性分析的基础上，采用以定量为主的分析方法，根据典型作战过程中参数取值的变化建立了数学模型并进行仿真计算（详见第 16.6.1 小节和 16.6.2 小节），在定量分析结果的基础上进行进一步的定性分析，并给出了红蓝双方进一步的可控因素（决策变量）取值范围。比如，空中联合编队进行第二次中程空对空导弹攻击、B* 机型提前发射导弹、双方进行多轮中程空对空导弹作战、B* 机型齐射多枚 BD* 导弹等红蓝双方的新的干预策略，详见第 16.6.6 小节。

在小编队 2VS2 作战过程、集群 8VS8 作战过程的分析中，案例也采用了定性分析与定量分析相结合解决问题的方法，详见第 16.7 节和第 16.8 节。

6. 战争设计工程解决问题中工程化方法的运用

整个案例的设计过程，采用了工程化的方法。工程化是对复杂系统进行规划设计的重要方法，既为合理分工协作提供了重要的保障，也为工程进程控制提供了重要的保障。

在对案例进行研究的过程中，首先根据问题的特点，有针对性地将问题的研究分解为比较合理的几个阶段，即按照战争设计工程的流程以及整个战争设计的迭代过程进行问题分析。针对具体的研究内容，将问题分解为若干个部分，针对每类“领域专家”的特点以及问题的特点，对任务进行合理的分工与协作，不同的“领域专家”负责不同的研究内容，并将各部分研究内容有机结合，实现对问题的有效分析。

7. 从战争实际需求出发研究双方策略对抗以及干预策略设计的创新性

战争设计工程某种程度上就是解决未来信息化战争条件下装备、战法及其结合模式的军事需求。本案例从高技术局部战争过程中红蓝双方装备的实际需求出发，针对未来区域空战作战过程中制空权的重要性，研究以“夺取一定时空范围内的制空权”为目的的条件下，基于现有装备研究未来信息化条件下与蓝方 B^* 机型对抗过程中空战的新模式（装备、战法及其结合模式）。在这种背景条件下，设计开发了空中联合编队对抗 B^* 机型的空战模式，并研究了空中联合编队对抗 B^* 机型在 1VS1、2VS2、集群作战等对抗条件下，双方的各种策略对抗形式，并得出了很多关于双方策略的有益的结论，详见第 16.6 节～16.8 节。

双方干预策略的设计具有极大的创新性。一方面，在双方干预策略对抗的设计过程中，基本原则是：双方利益的对抗性，即双方都采用最优的干预策略以获得最大的自身利益；另一方面，由于本次设计与开发的空战模式是现在还未出现过，而在未来信息化空战中可能出现的作战模式，因此，空战模式设计本身就存在极大的创新性。这两个原因导致在双方干预策略的设计过程中，各方都会尽可能创新性地设计出最有利于己方利益的干预策略。

8. 战争设计工程中基于作战机理分析的建模方法的运用

在空中联合编队对抗 B^* 机型空战模式设计的建模过程中，参阅了大量的文献。但是由于空中联合编队作战模式的创新性，使得现有的各种模型不能直接用于本案例的分析。在建模过程中，案例采用基于空战过程机理的方法对中程空对空导弹作战过程中冲淡式干扰机理、质心式干扰机理等进行建模，从本质上反映了空战的作战过程，详见 16.6.2 节。

16.11.3　空中联合编队作战模式开发目前取得的成果

目前取得的成果主要包括以下 3 点：

(1) 开发了空中联合编队对抗 B* 机型的作战模式，在时间上和空间上比较充分地证明了这种模式的可行性。

(2) 采用定性与定量相结合的方式分析了空中联合编队作战模式的作战效果。在典型参数的取值下，B* 机型和 R* 机型的损失交换比在 3 左右，空中联合编队具有绝对优势，并且对相关参数进行了灵敏度分析。灵敏度分析表明，在参数可信变化范围内空中联合编队对抗 B* 机型具有绝对优势。

(3) 从技术发展趋势和蓝方应对策略分析证明了这种作战模式具有较强的适应性。除了对典型作战过程进行灵敏度分析之外，还分析了 5 种非典型作战过程。典型作战过程和 5 种非典型作战过程基本上包括了 B* 机型在理性条件下的所有可能的作战行动。通过对上述 6 种作战过程中双方的作战效果分析表明——空中联合编队具有绝对优势，这表明无论 B* 机型实现何种战术都很难获得优势。所以 B* 机型要获得优势就必须改变装备。而从一般技术发展而言，如果不是进行有针对性的技术攻关，则蓝方无法在 10 年内获得相应的克制空中联合编队的装备。所以，空中联合编队对 B* 机型的作战模式具有适应性。

16.11.4 空中联合编队作战模式研究中的问题与展望

“空中联合编队对抗某机型的作战模式研究”初衷作为战争设计工程的一个案例。首要目标是通过案例的研究来深入探究战争设计工程实践中可能遇到的理论问题和方法问题，并努力展示一次战争设计工程可以如何进行。其次，既然要做一个案例，就尽可能做“真”了，因此选择了一个在当时军事斗争背景下有一定现实意义的问题进行探索。但作为实际问题的探索，本案例有几个致命的弱点。

(1) 案例的研究者中缺乏一流、甚至二流的军事工程师与装备工程师。整个案例研究以国防科技大学管理科学与工程以及军事运筹学学科的博士生团队为主体，虽然其中不乏有一定军事知识和装备背景的博士生参与，但还难以算作真正的军事工程师与装备工程师。这对于整个设计的合理性、可行性等方面显然可能导致严重的、甚至致命的影响。这点缺憾，只有在这个问题正式列入有关部门的研究计划后才能消除。

(2) 由于保密的原因，本案例研究中回避了一切可能涉及秘密的资料，包括“内部”资料。案例中采用的资料，特别是有关武器装备型号、性能方面的资料全部来自于公开出版物或互联网等公开渠道。案例本身计算中获得的结果有些也经过了处理。这不仅对有关结论的合理性、准确性产生一定影响，同时也给结果的可读性、可理解性带来一定的损失。

(3) 由于以上原因，本案例并不是一个马上可以付诸实施的战争设计。事实上，一个有实际军事价值的战争设计是不可能发表在公开出版物上的。

如果读者认真阅读，一定可以找到以上设计中不完善或不合理之处，一定可以提出自己的改进措施。这正是我们所希望的。

本书提出的设计还很粗，走向实用还有很多工作要做，主要的后续性工作有以下 4 个方面：

（1）在目前阶段，虽然运用战争设计工程的方法取得了有重要创新的设计，但设计还比较粗糙，主要原因之一是本阶段设计的参与专家层次不高，面不够广泛。因此为了使得设计更加合理与完善，需要在严格保密的措施下组织水平更高的知识背景更广泛的专家完善本设计；

（2）根据蓝方各种可能空战战术行动，深入研究空中联合编队作战模式下的主要作战活动及其作战效果，形成更加完善、合理的空中联合编队作战模式下的战法；

（3）根据空中联合编队作战模式作战需求，提出更具体的相应武器装备的改进与改造需求，分析各类装备改进或改造的性能需求指标，并且评估性能需求指标的可行性，使得装备的改造既能满足作战需求又具有技术可实现性。

（4）空中联合编队作战模式的训练需求。作战训练是形成有效战斗力的关键性步骤，在空中联合编队战法和相应的装备发展需求确定后，需要提出相应的训练需求，空中联合编队作战模式训练需求设计也将是未来作战设计的后续工作之一。

参考文献

[1] 于晓明. 全球空对空导弹扫描. 环球飞行，2006，(11)：28～33.

[2] 戴岭. 国外新一代中程空对空导弹综述. 国际展望，2003，(8)：48～53.

[3] 谭复芝，武文军，刘子敏. 现代制空权发展的基本导向. 国防科技，2005，2：66～69.

[4] 樊会涛，王起飞，白晓东. 从伊拉克战争论夺取制空权的军事手段. 导弹与航天运载技术，2003，5：5～9.

[5] 李炳荣，王红星，陈知秋. 无人机作战应用策略初探. 无人机，2006，(2)：16～18.

[6] 陈胜强，施自胜. 反无人机战法初探. 无人机，2006，(1)：43～45.

[7] 郦能敬. 对空情报雷达的测量精度分析. 雷达科学与技术. 2005，1：5～12.

附录　主要符号列表

p_s	BD^* 导弹末制导系统把 W^* 当作真目标的概率
λ	BD^* 导弹末制导系统把 W^* 当假目标的概率，$\lambda=1-p_s$
p_r	冲淡式干扰下 BD^* 末制导雷达选择主战飞机 R^* 机型的概率
p_{cs}	质心式干扰时主战飞机和无人机在同一个分辨率单元的概率
p_c	质心式干扰成功后中程空对空导弹末制导系统选择主战飞机的概率
p_l	以无人机为载体进行质心式干扰后中程空对空导弹末制导系统选择攻击主战飞机的概率
p_d	被中程空对空导弹命中后，目标被击毁的概率
p_{df}	空中联合编队作战模式下 B^* 机型被导弹击毁的概率
p_{dj}	空中联合编队作战模式下 R^* 机型被导弹击毁的概率
p_{dw}	空中联合编队作战模式下 W^* 被导弹击毁的概率
p_{mf}	B^* 机型机动摆脱 RD^* 导弹的概率
p_{mj}	R^* 机型机动摆脱 BD^* 导弹的概率
p'_{df}	R^* 机型单独与 B^* 机型对抗下 B^* 机型被导弹击毁的概率
p'_{dj}	R^* 机型单独与 B^* 机型对抗下 R^* 机型被导弹击毁的概率
p_{fj}	近程格斗情况下 B^* 机型先锁定 R^* 机型的概率
p_{jf}	近程格斗情况下 R^* 机型先锁定 B^* 机型的概率
p_{jfj}	近程格斗两架 R^* 机型对抗一架 B^* 机型时，在 B^* 机型先锁定 R^* 机型后，我另一架 R^* 机型锁定 B^* 机型的概率
p_{fjf}	近程格斗一架 R^* 机型对抗两架 B^* 机型时，在 R^* 机型先锁定 B^* 机型后，蓝方另一架 B^* 机型锁定 R^* 机型的概率
p_{df_nt1}	空中联合编队对抗 B^* 机型时，中近程两阶段空战模式下 B^* 机型被击毁的概率
p_{dj_nt1}	空中联合编队对抗 B^* 机型时，中近程两阶段空战模式下 R^* 机型被击毁的概率
p'_{df_nt1}	R^* 机型单独与 B^* 机型对抗时，中近程两阶段空战模式下 B^* 机型被击毁的概率
p'_{dj_nt1}	R^* 机型单独与 B^* 机型对抗时，中近程两阶段空战模式下 R^* 机型被击毁的概率
p_{df_nt2}	空中联合编队对 B^* 机型进行两轮中程空对空导弹作战的模式下，B^* 机型被击毁的概率
p_{dj_nt2}	空中联合编队对 B^* 机型进行两轮中程空对空导弹作战的模式下，R^* 机型被击毁的概率
p_{df_nt3}	空中联合编队对抗 B^* 机型时，B^* 机型提前发射中程空对空导弹的作战模式下，首轮中程空对空导弹作战中 B^* 机型被击毁的概率
p_{dj_nt3}	空中联合编队对抗 B^* 机型时，B^* 机型提前发射中程空对空导弹的作战模式下，首轮中程空对空导弹作战中 R^* 机型被击毁的概率
p_{df_nt4}	空中联合编队对抗 B^* 机型时，双方进行两个回合中程空对空导弹作战模式下，B^* 机型被击毁的概率

续表

p_{dj_nt4}	空中联合编队对抗 B* 机型时，双方进行两个回合中程空对空导弹作战模式下，R* 机型被击毁的概率
p'_{df_nt4}	R* 机型单独对抗 B* 机型时，双方进行两个回合中程空对空导弹作战模式下，B* 机型被击毁的概率
p'_{dj_nt4}	R* 机型单独对抗 B* 机型时，双方进行两个回合中程空对空导弹作战模式下，R* 机型被击毁的概率
p_{df_nt5}	空中联合编队对抗 B* 机型时，双方齐射两枚中程空对空导弹作战模式下，B* 机型被击毁的概率
p_{dj_nt5}	空中联合编队对抗 B* 机型时，双方齐射两枚中程空对空导弹作战模式下，R* 机型被击毁的概率
p'_r	单架无人机掩护下，冲淡式干扰下 BD* 导弹末制导系统选择攻击 R* 机型概率
p'_l	单架无人机掩护下，质心式干扰下 BD* 导弹末制导系统选择攻击 R* 机型的概率
p_{df_nt11}	近程格斗两架 R* 机型对抗一架 B* 机型时，B* 机型被击毁的概率
p_{dj_nt11}	近程格斗两架 R* 机型对抗一架 B* 机型时，R* 机型被击毁的概率
p_{df_nt12}	近程格斗两架 R* 机型对抗两架 B* 机型时，B* 机型被击毁的概率
p_{dj_nt12}	近程格斗两架 R* 机型对抗两架 B* 机型时，R* 机型被击毁的概率
p_{df_nt13}	近程格斗一架 R* 机型对抗两架 B* 机型时，B* 机型被击毁的概率
p_{dj_nt13}	近程格斗一架 R* 机型对抗两架 B* 机型时，R* 机型被击毁的概率
p_{df_nt14}	近程格斗一架 R* 机型对抗两架 B* 机型时，B* 机型被击毁的概率
p_{dj_nt14}	近程格斗一架 R* 机型对抗两架 B* 机型时，R* 机型被击毁的概率
p_{2dj}	空中联合编队与 B* 机型之间 2VS2 交战时，R* 机型的损失概率
P_{2df}	空中联合编队与 B* 机型之间 2VS2 交战时，B* 机型的损失概率

跋

社会设计工程

在本书的结尾我们想重申一下，战争设计工程研究的最终目的在于消灭战争。我们期望使任何一个有发动战争企图的人、集团、国家……明白，不管他（们）如何强大，他（们）的计划总是有很多漏洞的，对付他（们）的手段是很多的。他（们）想通过战争获取非分利益的同时，也将失去更多，从而有可能打消战争的念头，犹如墨子成功地阻止楚王伐宋。

放弃战争的手段，采用政治的、经济的手段也许可以实现共赢，这就转化为社会设计工程问题。

社会设计工程问题与战争设计工程问题十分相像，而关键的不同在于战争问题是不同利益集团间你死我活的对抗性矛盾，而社会问题则有可能实现不同利益集团的合作与共赢。

社会科学，特别是经济学、管理学在20世纪有重大的进展。价值观念、效率观念、人的因素等都有众多研究。既有研究人们的决策、干预对社会环境产生的影响，也有研究人们如何适应环境的变化而采用相应的策略；既有研究信息对人们决策的作用，也有研究如何利用信息不对称而获取额外利润；既有研究国家应如何引导社会（包括通过立法)，也有研究国家机关工作人员（公务员）利用手中的权力获取额外的利益等问题；既有研究效率优先和如何鼓励个人奋斗的，也有研究公平优先和缩小贫富差异的……

社会设计工程中会采用所有这类研究的成果和方法，而其根本特点是：认为社会系统复杂性的最重要根源在于人们对社会系统的干预。人们对社会系统的干预策略改变着社会，同时又要适应人们的进一步决策。

社会设计工程的根本目的在于使人类社会的变化总体上让全体人民获得最大的利益，这点也许是政府或联合国之类机构努力的目标。为达成此目的必须同时研究个人、集团、各级组织……对社会系统的干预策略，要研究这些决策可能受到的信息、利益、习惯……的制约，要研究如何防止个别公务员出于私利而对政府决策产生的不良影响。于是，社会设计工程的流程和方法将在很大程度上需要借鉴战争设计工程。

社会设计工程涉及的面比战争设计工程更广，但是社会设计工程问题如同战争设计工程问题一样也是可大可小的。一些具体的相对较小的问题有可能比较容易解决，而如何降低金融风险、防止全球性金融危机等则是具有很强挑战性的社会设计工程问题。

社会设计工程也有比战争设计工程好办的地方。许多社会设计问题都有详细的统计数据（哪怕其中有明显的噪声），而战争设计问题则几乎没有比较充分的数据。

社会设计工程不可能在此展开了，有待（也许是其他作者）另行出版专著。